古代近江の原風景

■ 古代近江の原風景 ■
－渡来人、大津宮、壬申の乱……－

目　　次

序　章
　　古代近江の様相 …………………………………………………… 8
　　　－古代近江と「5つのkey word」－

第1章　渡来人と古墳
　　1．ミニチュア炊飯具形土器論 ………………………………… 30
　　　　－古墳時代後期横穴式石室墳をめぐる墓前祭祀の一形態－

　　2．古代近江の葬送儀礼 ………………………………………… 66
　　　　－考古学・民俗学からのアプローチ－

　　3．「ミニチュア炊飯具形土器」を考える …………………… 77

　　4．大津北郊の後期群集墳とミニチュア炊飯具形土器 ……… 83
　　　　－群集墳の支群構成と、その性格について－

第2章　大津宮遷都と壬申の乱
　(1)　大津宮の原風景
　　1．大津北郊にみる特殊地割について ………………………… 102
　　　　－大津京との関連性－

　　2．中大兄皇子"力の論理" ……………………………………… 113
　　　　－飛鳥から近江大津京へ－

3．近江大津宮新「京域」論 ………………………………… 122
　　－大津宮に"京域"は設定できるか－

4．なぜ、遷都の地が"大津"だったのか ………………… 155
　　－天智天皇が新都の地に大津を選んだ真の理由とは－

5．検証・大津京 ……………………………………………… 165
　　－大津京はどのような都だったのか－

(2) 大津宮と寺院
1．古道と遺跡 ………………………………………………… 180
　　－近江国滋賀郡に見る白鳳寺院の分布から－

2．石山寺創建時期の再検討 ………………………………… 199
　　－白鳳時代創建説について－

3．南滋賀町廃寺私論 ………………………………………… 213
　　－宮域内施設の可能性について－

4．南滋賀町廃寺・崇福寺跡出土の軒丸瓦Ⅰ ……………… 227
　　－南滋賀町廃寺出土の白鳳期複弁系軒丸瓦の形式分類試案－

5．南滋賀町廃寺・崇福寺跡出土の軒丸瓦Ⅱ ……………… 241
　　－奈良後期〜平安前期に見る軒丸瓦の形式分類－

6．南滋賀町廃寺・崇福寺跡出土の軒丸瓦Ⅲ ……………… 250
　　－平安時代後半期に属する軒丸瓦の形式分類－

第3章　壬申の乱と近江

1．壬申の乱と造寺 …………………………………………… 260
　　－近江に分布する「山田寺式」軒丸瓦の場合－

2．壬申の乱「山前」考 ……………………………………… 273
　　－乱に見える二つ「山前」の位置について－

第4章　壬申の乱以後の近江の変貌

1．平安京遷都と大津 ………………………………………………… 288
　　　－瓦から見た大津の変貌－

2．川と道を見据えた城郭配置 ……………………………………… 301
　　　－瀬田川筋の中・近世城郭群－

3．園城寺善法院庭園の発掘 ………………………………………… 317

第5章　近江と埋蔵文化財

1．大津考古学事情 …………………………………………………… 328
　　　－近年の発掘調査成果から－

2．琵琶湖の湖底遺跡を考える ……………………………………… 339
　　　－企画展「琵琶湖と水中考古学」の開催から－

第6章　博物館を考える

新しい試み『ミニ企画展』の開催について ……………………… 354
　　　－大津市歴史博物館の取り組み－

掲載論文初出一覧 ……………………………………………………… 362

あとがき

序　章

古代近江の様相 – 古代近江と「5つのkey word」 –

古代近江の様相
— 古代近江と「5つのkey word」—

1．はじめに

　中央に琵琶湖をもち、背後を山々で囲まれた近江国は、畿内の北東部に接するという位置関係から、中央と東国・北陸とを結ぶ交通の要衝として、早くから歴史の表舞台に登場する。畿外としては、異例ともいえる、都が3度（大津宮・紫香楽宮・保良宮）、伝承（高穴穂宮）を含めると4度も置かれた地であり、これ一つをとっても、当地がもつ重要性がわかる。従って、当地の歴史を彩った事象・人物も数え上げればきりがない。大津宮遷都、壬申の乱、聖武天皇東国行幸、紫香楽宮造営……、人物も、天智天皇、大友皇子、藤原鎌足、聖武天皇、良弁、藤原仲麻呂、桓武天皇、最澄、円仁、円珍……といったように、古代に限ってみても次々に浮かんでくる。これが中・近世となっても、木曽義仲、足利尊氏、新田義貞、足利義晴（室町幕府12代将軍）、明智光秀……、しかりである。もちろん、織田信長・豊臣秀吉・徳川家康が近江とひじょうに関わりの深い存在であったことも、誰もが知るところである。

　だが、この歴史の表舞台に幾度となく登場する近江という地域をより詳しく見ていくと、当地域の様相を大きく変えることになる時期・出来事、すなわち転換点（turning point）がいくつか存在することに気がつく。詳細に見ていけば、いくつも挙げられるが、巨視的に見れば、「渡来人」、「天智天皇」、「聖武天皇」、「藤原仲麻呂」、「桓武天皇」という5つのkey wordに集約されるのではないかと考えている。

2．古代近江と「5つのkey word」

　その時々の社会情勢に影響を与える出来事といったものは、それぞれの時期、数多く存在する。だが、その多くは、一つの事象が終息すれば、前代とほとんど変わらない状況に戻る。しかし、中には、それを境にして、社会体制や文化などを大きく変えることになる事象が存在する。これを後世の歴史学者は、「○○時代」の始まりという言葉で表現するのである。

　だが、これは、当時の政治の中心が置かれていた地域の歴史の流れであっ

て、地方では、中央の影響を受けながらも、それぞれ独自の歴史を刻み、その中にあっていくつかの大きな変革期が存在し、それが必ずしも中央の変化と一致しないのである。しかし、近江という国は、先に見たように、古代の中心地域"畿内"の北東部に接するという地理的環境から、中央の動きに直接繋がったり、影響を強く受けた事象が、他の地方とは違って数多く存在するという特徴をもつ。「古代」（平安時代の終わり、源平の争乱が始まる前まで）という時代を例にとってみても、当時の社会体制を大きく揺さぶった出来事がいくつかあげられる。その中心にあるのが、近江の歴史を特徴づけている、先にあげた3つの都城の造営と、それに関わる事象だろう。一つは、「天智天皇による大津宮造営と、続けて起こった壬申の乱」、次に「聖武天皇の突然の東国行幸と紫香楽宮造営」、そして「藤原仲麻呂が進めた保良宮造営と、その直後に起こった藤原仲麻呂の乱」。近年、各地で発掘調査が進み、これらの事象に関わる多くの遺跡が見つかってきており、いま、より具体的な姿となって我々の前に現れようとしている。

　だが、古代近江における変革期は、決してこれだけではなく、さらに、2つの事象を加えてよいのではないかと思っている。その一つは、桓武天皇の登場による近江、特に大津を中心とする湖南地域の変化であり、もう一つは、やや時代を遡るが、古墳時代に設定される渡来人の移住である。ただ、後者については、時期の設定が難しく、決して一度に行なわれたものでないことは明らかだが、その中にあって特徴的な時期を2つ想定している。それについては次章で詳しく述べることにし、以上、取り上げた「5つのkey word」をめぐる歴史的事象を、古代近江における歴史の流れの中でのturning pointとして位置づけてみたい。

　それでは、各々の事象について、次に詳しく見ていくことにしよう。

3．5つの歴史的事象－その概要－
(1) その1・渡来人の登場

　平安時代初頭に編纂された『新撰姓氏録』には、山城・大和・摂津・河内・和泉の5カ国に居住し、朝廷の要職にあった1,182氏の家系が載り、うち326氏が渡来系氏族とされている。なかでも有力氏族として倭漢直氏と秦造氏の2氏があり、各地に居住する渡来人を配下に組織していた。近江の渡来系氏族も倭漢氏系と秦氏系の大きく2つのグループに分かれるようで、9世紀以前の文献（『正倉院文書』など）に登場する居住氏族のうち30％強が渡来系氏族で占められている[1]。その分布を見ると、浅井郡・伊香郡など2

～3の郡を除いて、ほぼ全域に居住し、なかでも滋賀郡を中心とする湖南地域、犬上・愛知郡などの湖東地域に集中している。その大半は倭漢氏系の氏族で、秦氏系を圧倒していたようである。

では、いったい渡来人は、いつ頃、近江国に居住するようになったのだろうか。この移住は決して一度に行なわれたのではなく、何時期かに分かれて行なわれたことが予想されている。その時期をすべて明らかにすることは難しいが、いくつかは現在に残る文献史料や遺跡から、ある程度推測することができる。

例えば、『日本書紀』天智紀には、神崎郡や蒲生郡などへの百済人の移住記事（天智4・665年、男女400人余りが神崎郡に移住、天智8・669年、鬼室集斯らが男女700人余りを率いて蒲生郡に移住）が集中して載り、一方、遺跡においても、6世紀に入ると、変化の兆候が現れ始める。この時期になると、それまで住居形態の中心であった竪穴住居が少なくなり、それに代わって掘立柱建物が増加し、なかにいままで目にしたことがない新しいタイプの住居が見られるようになる。いわゆる、渡来人の住む集落の出現である。

写真1　穴太遺跡第2期遺構（『いにしえの渡りびと』より転載）

図1　穴太遺跡第2期遺構図（6世紀末〜7世紀初頭）[注2による]

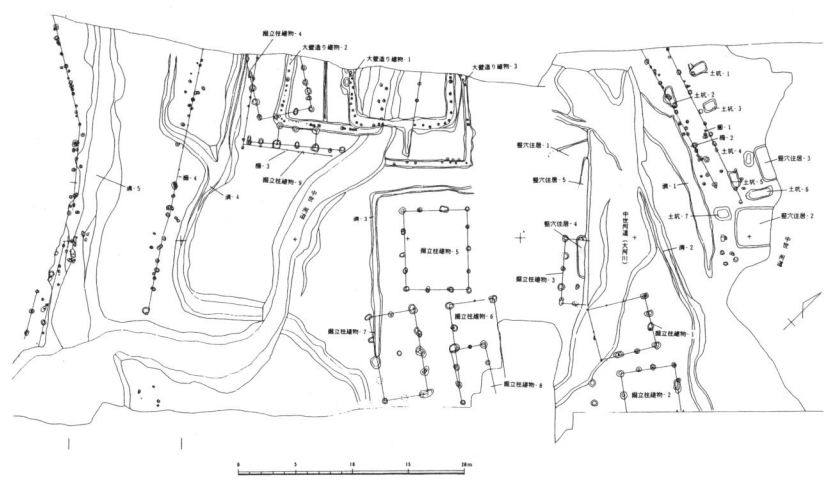

図2　穴太遺跡第3期遺構図（7世紀前半〜中頃）[注2による]

穴太遺跡[(2)]で、その変化の様子を具体的に見てみよう。ここでは一般国道161号西大津バイパス建設に伴う発掘調査で、6世紀中頃から7世紀中頃にかけての集落遺構が3時期に分かれて見つかった。最も古い遺構（第1期）は6世紀中頃から後半の時期で、竪穴住居はまったく見られず、掘立柱建物ばかりで構成されており、これに続く6世紀末から7世紀中頃の第2・3期になると、他地域にはほとんど例がない、特異な建物遺構が出現する（写真1、

写真2　穴太遺跡オンドル遺構（大津市教育委員会提供）

図1・2）。集落は、濠に囲まれ、板塀を巡らせた内側に、礎石建物や大壁造り建物などが造られていた。すぐ近くからは、朝鮮半島で現在も使われているオンドルに似た石組み遺構[3]（写真2）も見つかっている。

大壁造り建物跡の分布は、県内では、これまで穴太を中心とする大津北郊地域に限られていたが、近年、犬上郡多賀町木曽遺跡[4]（7世紀前半、写真3）や野洲郡中主町光相寺遺跡[5]などから見つかっており、県外での報告例も増加するなど、今後、さらに分布が拡大する可能性は充分にある[6]。また、石組み

写真3　木曽遺跡大壁造り建物（『いにしえの渡りびと』より転載）

写真4　野田道遺跡オンドル施設付き竪穴住居（『いにしえの渡りびと』より転載）

のオンドル遺構の発見例は、いまのところ穴太地域だけだが、これに類似する暖房施設（竪穴住居内の造り付けカマドから、壁沿いに住居外まで煙道を延ばした構造）が長浜市柿田遺跡[7]（7世紀後半）や蒲生郡日野町野田道遺跡[8]（8世紀初頭、写真4・図3）、県外の兵庫県神戸市郡家遺跡[9]などで見つかるなど、その発見例は徐々にではあるが、確実に増加している[10]。

加えて、大津北郊地域（大津市坂本～錦織）では、渡来人の住む集落の出現に合わせるように、山手の丘陵地一帯に、横穴式石室を内部主体とする直径10～20m程度の

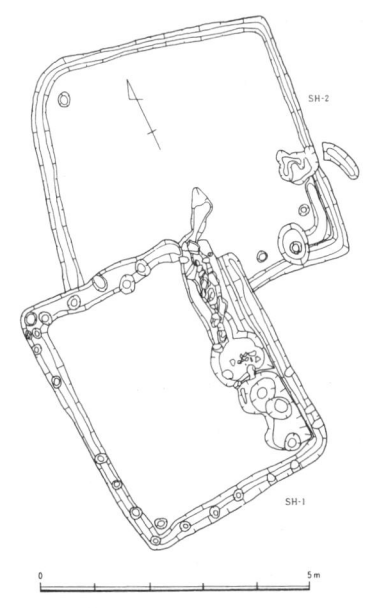

図3　野田道遺跡オンドル施設付き竪穴住居（『大津京の研究』より転載）

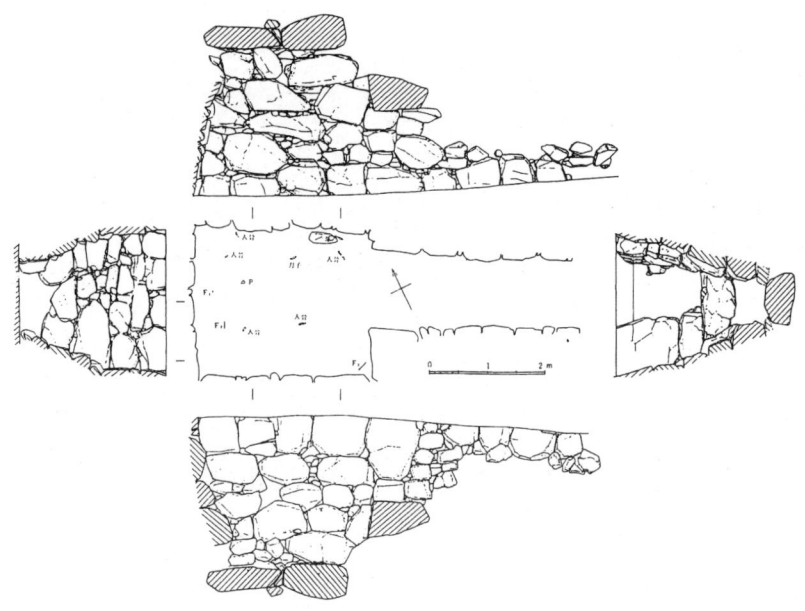

図4　福王子8号墳横穴式石室実測図(『滋賀県文化財調査報告書』第4冊より転載)

小規模な円墳が数多く築かれるようになる。200基近い古墳が密集するところもある。現在、確認されている古墳だけでも、総数700～800基に達しており、破壊されたり、地下に埋もれているものを含めると、千基を超えるだろうと推測されている。そして、その大半が、ドーム状を呈する天井、すなわち持ち送り技法で築かれた横穴式石室(図4)を採用し、集落で出土する土製竈や釜・甑などをミニチュアで作った炊飯具形土器(カマド・カマ・コシキ・ナベ)や銅・銀製の腕輪やカンザシなどの装身具を多く副葬するという極めて強い共通性を持つ。この特異な構造を持つ横穴式石室やミニチュア炊飯具形土器は、朝鮮半島にそのルーツを求める説が早くから提唱され、当地に居住していた渡来系氏族の墳墓と考えられている。6世紀から7世紀にかけて、大津北郊地域では、平地に大壁造り住居や礎石建物、さらには掘立柱建物を中心とする、それまで目にしたこともないムラが広がり、山手の丘陵地一帯には、彼らを埋葬する小さな円墳が次々に築かれていく、といった光景が展開していた。山手に土饅頭のような形をした小さな古墳が連なり、そこから見下ろす前面の平地には、いままでの見慣れていたものとは大きく異なる建物が並ぶムラが営まれ、朝鮮半島から渡って来た人々やその子孫たち

が生活をしていたのである。

(2) その2・大津宮遷都と壬申の乱

　昭和49年（1974）の暮れ、大津市錦織地区のいっかくで、初めて大津宮のものと見られる大規模な掘立柱建物跡（図5）が見つかって以来、30年余り経過したいま、ようやく大津宮中枢部の建物配置が浮かび上がってきた。いまは、錦織・皇子が丘地区で、前期難波宮に似た建物配置（写真5）を復原しているが、地形やそれぞれの建物群の方位・位置関係などから、南滋賀町

写真5　大津宮中枢部建物復原模型（大津市歴史博物館蔵）

廃寺が立地する南志賀地区を宮域に含めることも検討していく必要があると考えている。おそらく、大津宮の宮域は、南志賀から皇子が丘の一部を含めた南北に細長い地域に設定され、そこに、すぐ西に位置する皇子山（皇子山

図5　大津宮推定内裏正殿（上）・推定内裏南門（下）復原図（大上直樹作図、大津市歴史博物館提供）

古墳が築かれた丘陵）を取り込むなどしたやや特異な形態を呈していたのではないだろうか。

　だが、上記の宮域に、役所などの施設すべてを取り込むことは到底できないことから、宮に関連する諸施設は、官人たちの邸宅などとともに、周辺地域に分散して配置していたとする考え方が有力視されており、これらの施設を東西・南北に走る道路が繋いでいたとする説[11]（「点と線の都」）もある。従って、大津宮には、のちの藤原京や平城京・平安京のような大規模な条坊は伴っていなかったとするのが通説になっている。そして、近年の発掘調査の進展により、徐々にではあるが、先に紹介した説（周辺地域に関連施設を分散配置する）を裏付ける遺構・遺物の発見が、穴太[12]や南志賀[13]、浜大津[14]、さらには膳所[15]などの地域から報告されるようになってきたことから、新たに、条坊とは異なる区域設定の可能性を検討している。現時点では、これまで発見された大津宮に関連する遺跡や同時代の遺跡の分布などを基にして、北の「木の岡地区」から南の「瀬田橋・石山寺地区」までの範囲を、大津宮防衛の区域（「外郭」という名称で呼ぶ）として設定したいと考えている。

　このように、大津宮は、木の岡丘陵に「北口」、小関越に「西口」、瀬田橋に「東口」を置いて宮の最終防衛ライン（「外郭」）とし、そのほぼ中央にあたる南志賀から錦織の地区、すなわち、天智天皇が最も信頼を置く氏族（大友氏）の本拠地に設定したと考えてみたい。そして、宮域を中心に、北（北陸道）及び西（山陽道）・東（東海・東山道）に延びる官道を整備するとともに、これに沿うように山越えの道が交差する地点や湖岸部分に、寺院や役所、官人の邸宅、港湾施設などを配置した、いままでにない特異な形態を持つ都城として位置づけたいと思っている。天智天皇と渡来系氏族との緊密な関係から、宮は異国情緒がただよう漢風の華やかなものだったかもしれない。

(3)　その3・聖武天皇東国行幸と紫香楽宮

　天武天皇の直系の子孫（曾孫）にあたる聖武天皇（701〜756）は、天平12年（740）9月、九州の地で起こった藤原広嗣（藤原宇合の子）の乱にショックを受け、この乱から逃れるように、10月29日、平城京を出発し、長い東国行幸の旅に出る。文献史料の記載内容からは、"ある日、突然に"といった感を強く受ける。平城京をあとにした天皇は、伊賀→伊勢→美濃を経て、12月6日、近江国に入る。それは、あたかも曾祖父天武天皇のあとを追うかのように、壬申の乱のルートにほぼ一致しており、途中で伊勢神宮に奉幣するなど、天武天皇を強く意識したような行動を取る（図6）。そして、近江国に入

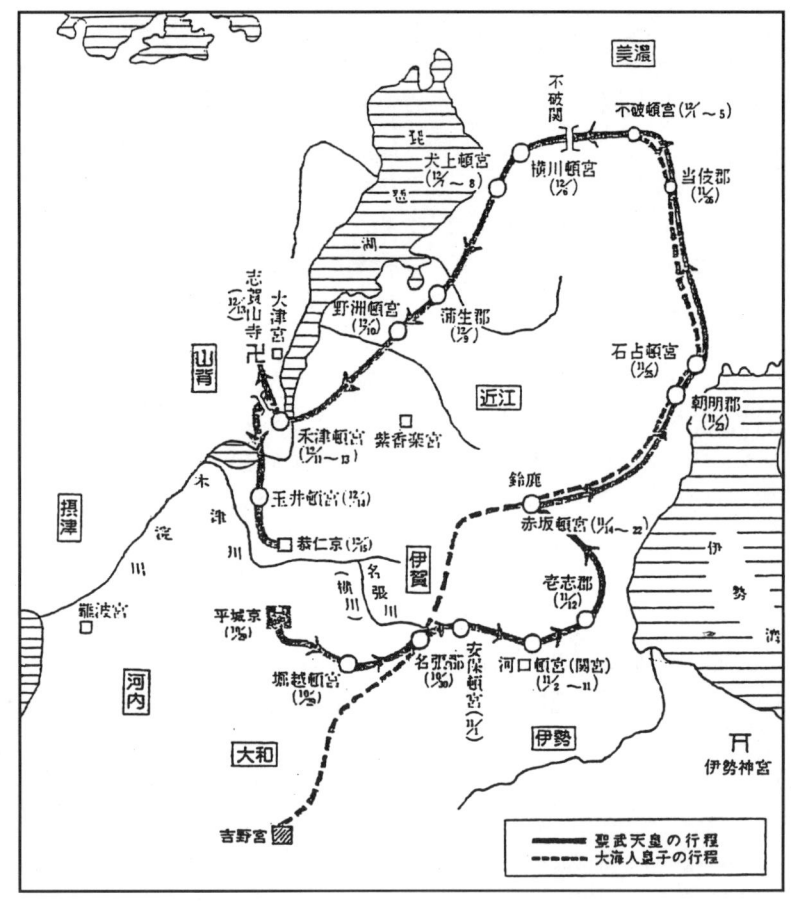

図6　聖武天皇の東国行幸行程図（『日本古代宮廷社会の研究』より転載）

った天皇は、琵琶湖の東岸を南下し、12月11日、禾津（粟津）頓宮に入って、3日間滞在し、その間、志賀山寺（崇福寺）に参詣している。志賀山寺といえば、天智天皇勅願になる寺院であることから、天智天皇への慰霊の思いもあったのだろうか。このあと、12月14日、山城国玉井頓宮に入るが、そのまま平城京には戻らず、急遽、恭仁京（京都府相楽郡加茂町）の造営に着手し、ここが正式な都となる。だが、天平14年になると、2月に恭仁京から近江国甲賀郡までの東北道を開くことが命じられ、直後に紫香楽（滋賀県甲賀郡信楽町）で「離宮」造営が始まる。天平15年（743）10月には、大仏（盧舎那仏）造立の詔が発せられ、宮近くにその大仏を安置する甲賀寺の建立も始ま

り、徐々に宮の姿をなしつつあった。そして、天平15年12月末には、先に着工していた恭仁京の造作が停止され、天平16年末には、紫香楽宮が事実上の都となったと考えられている。実際のところ、天皇は紫香楽宮を正式な都とする意志はなかったようだが、この後、天平17年（745）5月に平城京に帰るまで、一応宮都のような状況を呈していた。しかし、離宮としての造営が始まってから見ても、わずか3年余りという短命な宮であったため、どのような建物配置を取り、どこまで整備が進んでいたのか、近年まで明らかになっていなかった。ところが、昭和51年（1976）の柱根の発見をきっかけに、昭和58年から本格的に始まった紫香楽宮解明を目的とする発掘調査で、信楽町宮町地区に所在する宮町遺跡[16]から、紫香楽宮に関わると見られる建物遺構が相次いで検出されるようになり、同地域に宮が存在する可能性が強くなって

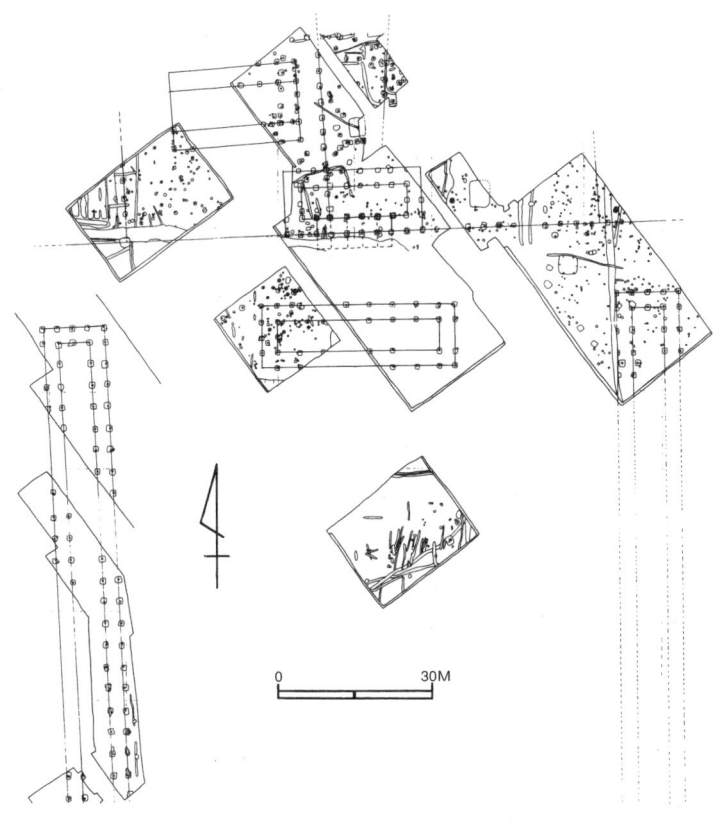

図7　宮町遺跡朝堂域建物遺構図（信楽町教育委員会提供）

きた。そして、ここ2、3年の発掘調査で、宮の中心にあたると見られる朝堂区画の建物群（主殿と見られる4間×9間の東西棟建物、南北にひじょうに細長い東・西脇殿など）が発見され、急速に、宮の姿が明らかになりつつある（図7、写真6）。

これに合わせるように、周辺地域の発掘調査も進み、河川に架かる橋脚跡及びそれに続く道路遺構などが見つかった新宮神社遺跡[17]（宮町遺跡と国史跡紫香楽宮跡のほぼ中間地点）、紫香楽宮に関連した役所の存在を推測させる覆屋付き大型井戸跡が見つかった北黄瀬遺跡[18]（宮町遺跡の南西約1.5kmに立地、写真7）、甲賀寺で用いられた梵鐘や仏像台座などを製作した官営工房（奈良時代中頃の溶解炉跡9基、鋳込み遺構11基、掘立柱建物跡5棟などが見つかり、遺構の前後関係から3期に区分）と推定されている鍛冶

写真6　宮町遺跡朝堂域建物遺構（信楽町教育委員会提供）

写真7　北黄瀬遺跡井戸施設遺構（信楽町教育委員会提供）

屋敷遺跡[19]（国史跡紫香楽宮跡の北東部に位置、写真8）などが次々と明らかになってきており、宮町遺跡の紫香楽宮遺構を中心に、それを取り巻く周辺部の風景が徐々に復原できるようになってきた。

さらに、恭仁京や紫香楽宮造営の発端となった聖武天皇の東国行幸の時、近江での宿泊地の一つであった「禾津頓宮」と見られる大規模な掘立柱建物跡（写真9）が、平成14年に実施した滋賀県立膳所高校敷地内（大津市膳所二丁目）の発掘調査（膳所城下町遺跡[20]）で発見され、聖武天皇東国行幸の状況を解明する貴重な資料として注目を集めている。

写真8　鍛冶屋敷遺跡製鉄遺構
（『滋賀埋文ニュース』No.273より転載）

写真9　膳所城下町遺跡大型建物遺構
（『滋賀埋文ニュース』No.268より転載）

(4)　その4・保良宮造営と藤原仲麻呂

紫香楽宮が廃され、聖武天皇が平城京に還幸（天平17年5月）すると、表面上、しばらくは平穏な日々が続いていたが、その間、光明皇后との繋がりから、藤原仲麻呂（706～764）が強大な権力を握りつつあった。彼の父・武智麻呂（藤原不比等の子）は、『家伝』（武智麻呂伝）によると、和銅5年（712）6月から霊亀2年（716）10月までの約4年間、近江守の地位にあり、近江国に赴任していた。この時、仲麻呂は10歳前後の時期にあたり、おそらく父について近江の地に来ていたと考えられる。その時の印象が強かったのだろうか、仲麻呂は、その後、天平17年（745）9月から、確認できるところでは、天平宝字2年（758）6月まで、実に13年という長きにわたって近江守の地位にあった。おそらく、同年8月の大保（右大臣）就任とともに、近江守を辞したものと考えられているが、その間、彼は、式部卿兼左京大夫、大納言紫微令兼中衛大将、紫微内相兼中衛大将などの要職を歴任しているにも

かかわらず、近江守を他に譲ることはなかった。彼がいかに近江国を特別視していたかを示す、一つのよい例だといえる。

そして、彼と近江国との強い繋がりを示す最大の出来事が保良宮造営である。この造営は、唐の複都制に習った天武天皇の複都主義以来の伝統に基づいて発意されたと考えられているが、仲麻呂の権力者としての勢威を示す狙いもあったのだろう。その新しい宮都の場所として近江国を選んだことに、仲麻呂が近江国に対して持つ特別な思いを強く感じるのである。

さて、造営に着手した保良宮は、当初、順調に進むかにみえた。天平宝字3年（759）11月に造営担当の役人が任命され、工事が実際に動き始めたが、一年余りたった同5年（761）正月の段階では、まだ完成していなかった。しかし、同年10月に保良宮を「北京」と決め、あわせて、すぐ近くにあった石山寺の大増改築工事を行なうなど、本格的な工事は進められていたようである。

だが、翌年（天平宝字6年）の正月になっても、まだ宮は完成せず、この頃から、道鏡をめぐる淳仁天皇と孝謙上皇の不和が表面化し、両者が平城京に戻ってしまう事態となるに及び、保良宮の造営は中止され、それを推進した仲麻呂の権勢に陰りが見え始めることになる。そして、その終着点が、天平宝字8年（764）9月に起った藤原仲麻呂の乱という悲劇的な事件である。この時期、近江国は藤原仲麻呂の盛衰に大きく翻弄されたのであった。

保良宮の位置は、まだ確定していないが、種々の文献史料から、石山国分の地が有力視されている。近年、石山国分地域及びその周辺で発掘調査が行なわれるようになってきたが、いまのところ保良宮に直接つながるような遺構の検出はない。しかし、大津市立晴嵐小学校（大津市光が丘町）南側丘陵

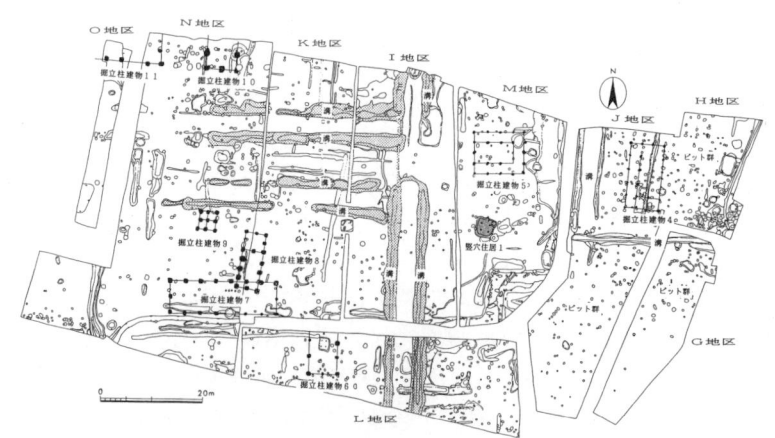

図8　石山国分遺跡遺構図（注21による）

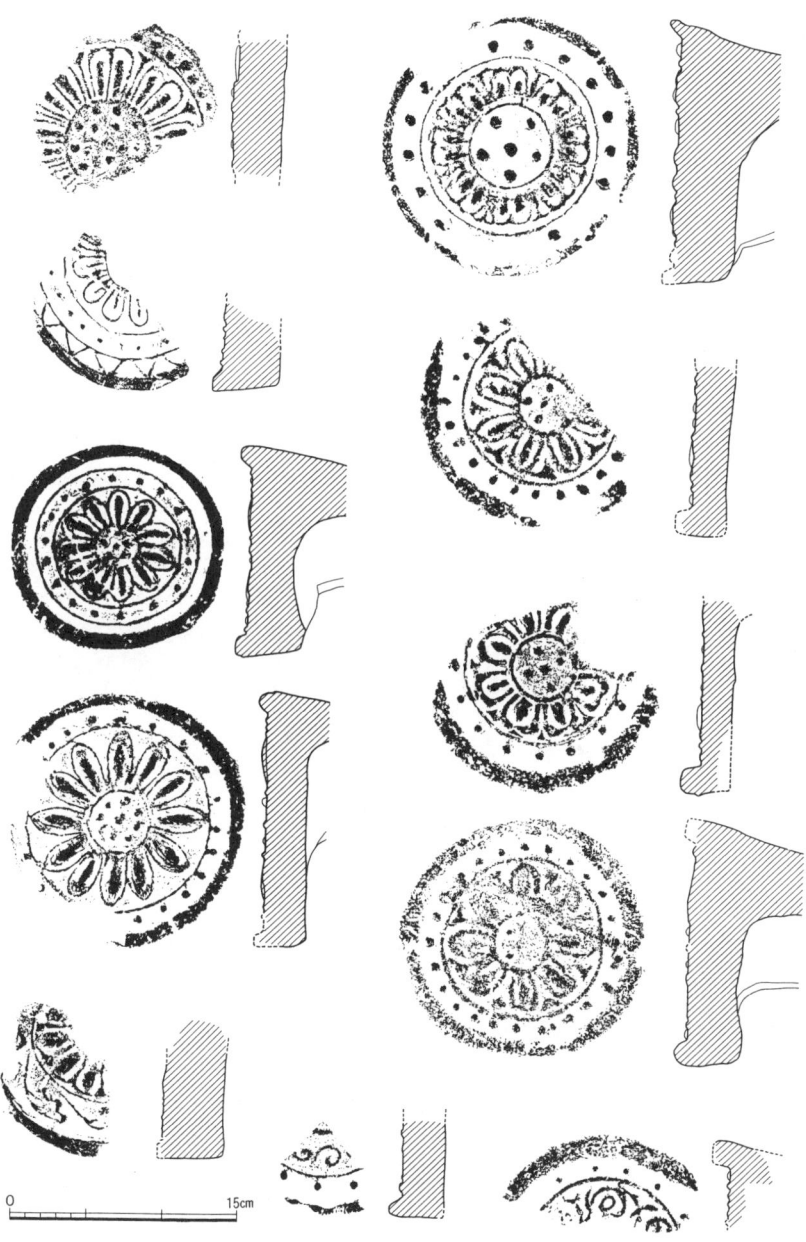

図9　石山国分遺跡出土主要軒丸瓦

地の石山国分遺跡発掘調査[21]（平成3年・4年）で、東西方向に延びる築地塀で囲まれた区画の一部や道路遺構（いずれも奈良時代）が見つかり、区画内からは、同方向の掘立柱建物跡も確認されている（図8）。しかも、溝などからは、保良宮造営の少し前頃に平城宮で使用された軒丸・軒平瓦と同笵と見られる瓦も出土しており（図9）これらの遺構の中に、保良宮に関わるものが存在する可能性は高いといえる。

だが、この丘陵地は東西に細長く、充分な平坦地を確保することが難しいため、ここに保良宮を想定することには無理があり、当然、北側に広がる平地（北大路地区）を含めて考えていく必要があるだろう。

保良宮は、先にも述べたように、藤原仲麻呂主導で造営が決定され、その没落とともに廃都となった宮であるため、宮が造営される時期には、石山寺の大増改築に見られるように、いっしょに近江国の官衙や寺院の改修を行なった可能性は高い。そして、仲麻呂の乱後、仲麻呂色を一掃する意図から、新たな改修が行なわれた可能性も充分にあると考えている。

加えて、先の「聖武天皇東国行幸と紫香楽宮」の項で紹介した禾津頓宮と見られる大型掘立柱建物跡（膳所城下町遺跡）と同じ場所から、8世紀後半頃と推定される防御施設が見つかっ

写真10　膳所城下町遺跡溝状遺構（『滋賀埋文ニュース』No.269より転載）

た[22]。この遺構は、後世の「虎口」のような状況を呈するもので、南北に長く延びる大溝（幅3～4m、深さ約1m）が途中で50m余り途切れ、その内側に3～4m程度、少しずらすように同規模の南北溝を掘っており、溝の縁や底部には弥生期の環濠に見られる逆茂木を思わせるような杭を不規則に立て並べ防御としていた（写真10）。さらに、北側にも、東西に延びる溝が見つかっており、区画内には同時期の掘立柱建物跡も確認されている。この遺構は、出土遺物から8世紀後半の短期間に存在したと推測され、その時期から、藤原仲麻呂の乱に関連した軍事施設とする見方が有力となっている。

いずれにしても、歴史の中で語られていた保良宮造営と、その後に起こった藤原仲麻呂の乱という事象を具体的に示す遺跡が見つかったことにより、その時期の歴史の流れの解明が急速に進むことはもちろんだが、それにもま

(5) 桓武天皇の登場と大津

聖武天皇のあと、天皇位は孝謙（女帝、在位749〜758）・淳仁（在位758〜764）・称徳（孝謙の重祚、在位764〜770）と続くが、いずれも天武天皇系の天皇であった。それが、称徳天皇崩御後、神護景雲4年（770）10月、光仁天皇が即位するに至り、天智天皇系の天皇位が復活する。光仁は天智天皇の皇子である施基皇子の第6子にあたっており、100年余り続いた天武天皇系の天皇位に終止符がうたれることになった。だが、光仁は、在位が10年余り（在位770〜781）と短く、その跡を継ぎ、天応元年（781）、天皇位に就いたのが、皇太子の山部親王（光仁天皇の長子）、すなわち桓武天皇であった（図10）。

しかし、即位直後から不安定な政情が続いていたため、桓武天皇は、平城京から長岡京・平安京へと2度都を遷すことになる。2度とも、都の地は京都盆地があてられており、その後の天皇の行動を見ていると、曾祖父・天智天皇を強く意識した遷都と考えられる。晩年に集中する唐崎や蒲生野といった天智天皇に関わり深い土地への行幸、山科駅の廃止と近江国勢多駅の拡充、最澄の重用、そして「古津」を先帝（天智天皇）の都があった地で、平安京に接する土地であることから、かつての呼び名の「大津」に戻すといったことなど、いずれも、天智天皇、さらには大津の地を意識した施策といえる。おそらく、この時期、大津で

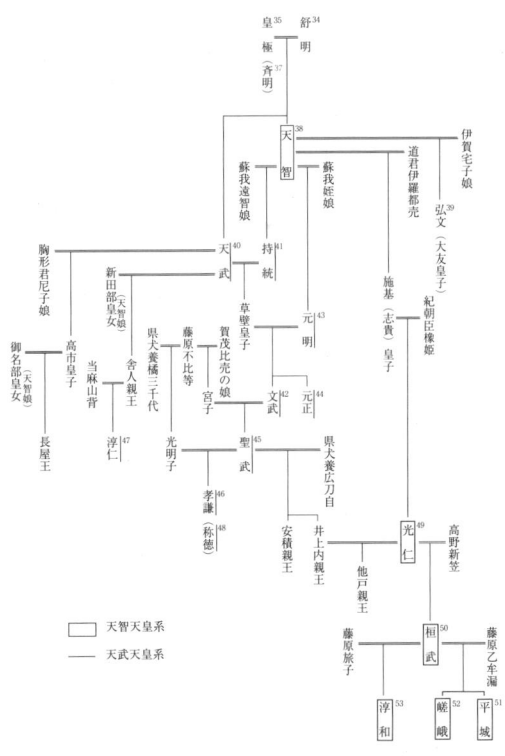

図10 皇室系図

は、勢多駅に見られるように、近江国府をはじめとする官衙や、天智天皇に強く関わった寺院（崇福寺、南滋賀町廃寺など）の大規模な改修が行なわれ、平安京の東の玄関口、かつて天智天皇の都であった地に相応しい姿に生まれ変わった可能性が極めて高いと考えている。

4．おわりに

　これまで見てきたように、渡来系氏族の居住によるムラの姿の変化に始まった近江・大津の変貌は、大津宮遷都で都として整備が行われるに及んでより加速していくが、壬申の乱で廃都の憂き目にあい、一頓挫する。その後、聖武天皇から藤原仲麻呂の時代に、再び、近江国、なかでも湖南地域が、歴史の激しい流れに翻弄され、短期間に、大きく様変わりしていくことになる。そして、その延長線上に、桓武天皇が登場し、大津が平安京の東の玄関口として相応しい姿に生まれ変わることにより、近江は新しい時代に入ったといえるのではないだろうか。

　なお、ここでは取り上げなかったが、常に近江の風景の中で中心的な位置を占め、欠かすことのできないものに琵琶湖がある。この琵琶湖の変化、特に湖水面の変化については、これまでほとんど研究対象となっていなかった。だが、近年、頻繁に行われるようになってきた湖岸や湖底に所在する遺跡の発掘調査で、多くの遺構・遺物が発見され、なかに地震による噴砂跡や地割れ跡、断層跡などが含まれていることから、湖岸一帯の地形の変化が急速に注目されるようになってきた。いくつかの著作も出版され、今後、この分野の研究が大きく進むものと思っている。これにより、琵琶湖の変化が明らかになれば、古代近江の風景も、より具体的な姿として復原されることだろう。

<注>
1　大橋信弥「渡来人と近江」（『図説大津の歴史』　大津市　1999）
2　『穴太遺跡発掘調査報告書』II（滋賀県教育委員会　1997）
3　『穴太遺跡（弥生町地区）発掘調査報告』（大津市埋蔵文化財調査報告書15　大津市教育委員会　1989）
4　『木曽遺跡－犬上郡多賀町木曽・中川原－』（滋賀県教育委員会　1996）
5　『滋賀埋文ニュース』No.232（滋賀県埋蔵文化財センター　1998）
　　　これ以外にも、県下では、栗東市上鈎遺跡、愛知郡愛知川町鯰遺跡、伊香郡高月町高月南遺跡などから、同様の遺構が見つかっている。
6　　県外では、奈良県御所市南郷遺跡、同市佐田遺跡、大阪府柏原市大県遺跡、同堺市小阪遺跡などから報告例がある。なお、「大壁造り建物」遺構は、これまでに全国で60例余り見つかっており、うち80％強が大津市穴太〜山上町地区に集中してい

る。
　また、韓国でも、近年の発掘調査で、「大壁造り建物」と見られる遺構が、忠清南道公州市艇止山遺跡・公山城跡などから見つかってきている。

7　『柿田遺跡発掘調査報告書－県道中山東上坂線道路改良事業に伴う埋蔵文化財発掘報告書－』（滋賀県教育委員会　1989）
8　『滋賀文化財だより』No.195（滋賀県文化財保護協会　1994）
9　『月刊文化財発掘出土情報』1987.7月号（ジャパン通信社　1987）
　この他にも、福岡県遠賀郡岡垣町墓ノ尾遺跡群、同宗像郡津屋崎町下ノ原遺跡、岡山県赤磐郡山陽町門前池東方遺跡、和歌山市田屋遺跡などから見つかっている。
10　中国東北部や朝鮮半島からも、幅広い時期のオンドル遺構が見つかっている。咸鏡北道慶興郡雄基貝塚（時期不明）、慈江道時中郡魯南里遺跡（紀元前1世紀）、平安南道北倉郡大坪里遺跡（1～3世紀頃）、中国吉林省集安県東台子遺跡（4世紀末）、京畿道安養市貴仁遺跡（3世紀末～4世紀）、忠清南道扶余郡扶蘇山城跡（百済時代）、平壌市定陵寺跡（4世紀末？）など。
11　田辺昭三『よみがえる湖都－大津の宮時代を探る』（NHKブックス　日本放送出版協会　1983）
12　田辺昭三ほか『湖西線関係遺跡調査報告』（滋賀県教育委員会　1973）
13　『南滋賀遺跡』（滋賀県教育委員会　1993）
　青山均「滋賀・南滋賀遺跡」（『木簡研究』第18号　木簡学会　1996）
14　『滋賀埋文ニュース』No.212（滋賀県埋蔵文化財センター　1997）
15　『滋賀埋文ニュース』No.269（滋賀県埋蔵文化財センター　2002）
16　『滋賀埋文ニュース』No.248・260（滋賀県埋蔵文化財センター　2000・2001）
　『宮町遺跡第30次発掘調査現地説明会資料』（信楽町教育委員会　2002）
17　『滋賀埋文ニュース』No.248（滋賀県埋蔵文化財センター　2000）
18　『北黄瀬遺跡第2次発掘調査現地説明会資料』（信楽町教育委員会　2002）
19　『鍛冶屋敷遺跡現地説明会資料』（滋賀県教育委員会　2002）
20　『滋賀埋文ニュース』No.268（滋賀県埋蔵文化財センター　2002）
21　『石山国分遺跡発掘調査報告書』（大津市埋蔵文化財調査報告書33　大津市教育委員会　2002）
22　注15に同じ。

第1章　渡来人と古墳

1．ミニチュア炊飯具形土器論
2．古代近江の葬送儀礼
3．「ミニチュア炊飯具形土器」を考える
4．大津北郊の後期群集墳とミニチュア炊飯具形土器

ミニチュア炊飯具形土器論
― 古墳時代後期横穴式石室墳をめぐる墓前祭祀の一形態 ―

はじめに－大津の歴史・地理的景観－

　滋賀県は近畿地方の北東部に位置し、その一部に伊勢湾から若狭湾にかけての地峡部を含むが、大半が四周を山地で囲繞された盆地状地形をとる。県境はほぼ山嶺で境し、中央に県面積の約1／6を占める琵琶湖が立地することから、滋賀県の地形は、盆地を取りまく山地、その内側に環状に発達した古琵琶湖層からなる低丘陵地、琵琶湖岸に発達した沖積地、そして琵琶湖の4つに大別できる。

　この琵琶湖の南湖を取り囲むように南北に細長く広がる大津市は、西側を北から南へ比良・比叡山地、南側を東から西へ信楽・田上山地が走り、その前面に古琵琶湖層からなる低丘陵（堅田丘陵・瀬田丘陵など）が湖岸近くまで迫っている。当地一帯は、平坦地が極端に少ない地域として、湖東とは異なった景観を呈する。

　大津市の西に連なる比良・比叡山地は、古生層からなる地塁山地で、西側は花折断層谷（葛川谷）を隔てて丹波山地と接し、東側は琵琶湖に急傾斜で下る。山地西半は主として粘板岩・砂岩・チャートで構成され、東半は花崗岩から成り立つ。特に、当地の花崗岩は風化が進み、ひじょうにもろく、同山地に源を発し、琵琶湖に注ぐ小河川の浸食を受け、深い谷が形成されるとともに、下流に大量の土砂が運ばれ、湖岸にいくつもの小さな三角州が発達する。沖積地は南北に細長くのび、幅の広い箇所で2km前後、平均1.0～1.5kmとひじょうに狭い。一方、平地に接する低丘陵地帯も小河川の浸食をうけ、小規模な開析谷が東西方向に幾筋も走り、複雑な地形を呈する。だが、丘陵縁辺部には湧水地帯が広がるため、付近に集落が徐々に形成され、これを結ぶように道が発達している。

　このように、湖東の広大な水田地帯とは異なった景観を呈する大津地域は、地形的なハンデキャップ（平地の狭さがハンデになるか否かは別問題だが）をもつにもかかわらず、丘陵縁辺部を中心に数多くの遺跡が立地し、県内でも有数の遺跡集中地帯として知られている。なかでも6世紀から7世紀にかけての古墳が滋賀丘陵の尾根上や南側斜面に数多く造られ、真野から皇子が

丘にかけての全長約15kmに及ぶ地域に、かつて千基を優に超す古墳があったという。

このひじょうに限られた地域に、古墳時代後期の古墳が集中する事実は、その中に多くの注目すべき事柄を含んでいる。ここで取り上げるミニチュア炊飯具形土器の副葬もその一つである。小稿では、これまでの各地出土例をもとに、その副葬がもつ意味の解明を通して、横穴式石室におけるミニチュア炊飯具形土器を中心とした墓前祭祀の形態について検討を加えることにする。

1．大津北郊地域の古墳群

大津北郊地域に立地する主な後期古墳群を列挙すると、真野：曼陀羅山古墳群（111）、堅田：春日山古墳群（146）、雄琴：法光寺古墳群（5）・苗鹿古墳群（10）、坂本：日吉古墳群（68）・裳立山古墳群（37）・裳立山東古墳群（22）、穴太：矢倉古墳群（5）・中山古墳群（12）・野添古墳群（141）・飼込古墳群（45）、滋賀里：大谷古墳群（46）・大通寺古墳群（25）・宮ノ内古墳群（13）・熊ヶ谷古墳群（9）・百穴古墳群（64）・池ノ内古墳群（19）・太鼓塚古墳群（27）、南志賀：福王子古墳群（15）、錦織：近江神宮裏山古墳群（4）・宇佐山古墳群（12）・山田古墳群（15）などがある（カッコ内の数字は分布調査・発掘調査で確認された古墳数を示す）。古墳総数は851という驚異的な数字を示す[1]。だが、滋賀里や穴太の集落内には、まだ多くの古墳が埋もれており、すでに宅地開発などの工事により破壊されてしまった古墳などを加えると、千基は優に超えるといわれている（図1）。

＜付記＞
　例えば、太鼓塚古墳群では、国道161号西大津バイパス建設や宅地開発に伴う発掘調査が頻繁に行なわれており、平成13年度時点で、すでに60基を超える古墳が確認されている。また、大通寺古墳群も同様で、確認した古墳は40基に達している。さらに、春日山古墳群は、大学や滋賀県教育委員会による分布調査や一部発掘調査などにより200基を超える古墳が明らかになっている。（『紀要』No.8　滋賀県文化財保護協会　1995）

これらの古墳は、少数例を除いて、大半が横穴式石室を内部主体とする直径10〜20mの小規模な円墳であるが、石室構造・出土遺物などから、大きく2つに区分できる。すなわち、真野・堅田を中心とした地域には、垂直に近く石材を積み上げた壁面をもつ石室が主流を占めるのに対し、坂本から皇子が丘にかけての地域では、横長・正方形プランをもち、持ち送り技法を用いた石室が主体となっており、この差はそれぞれの地域に本拠をおく氏族に起因するという考え方が定説化している（図2）。真野・堅田一帯は、湖西の

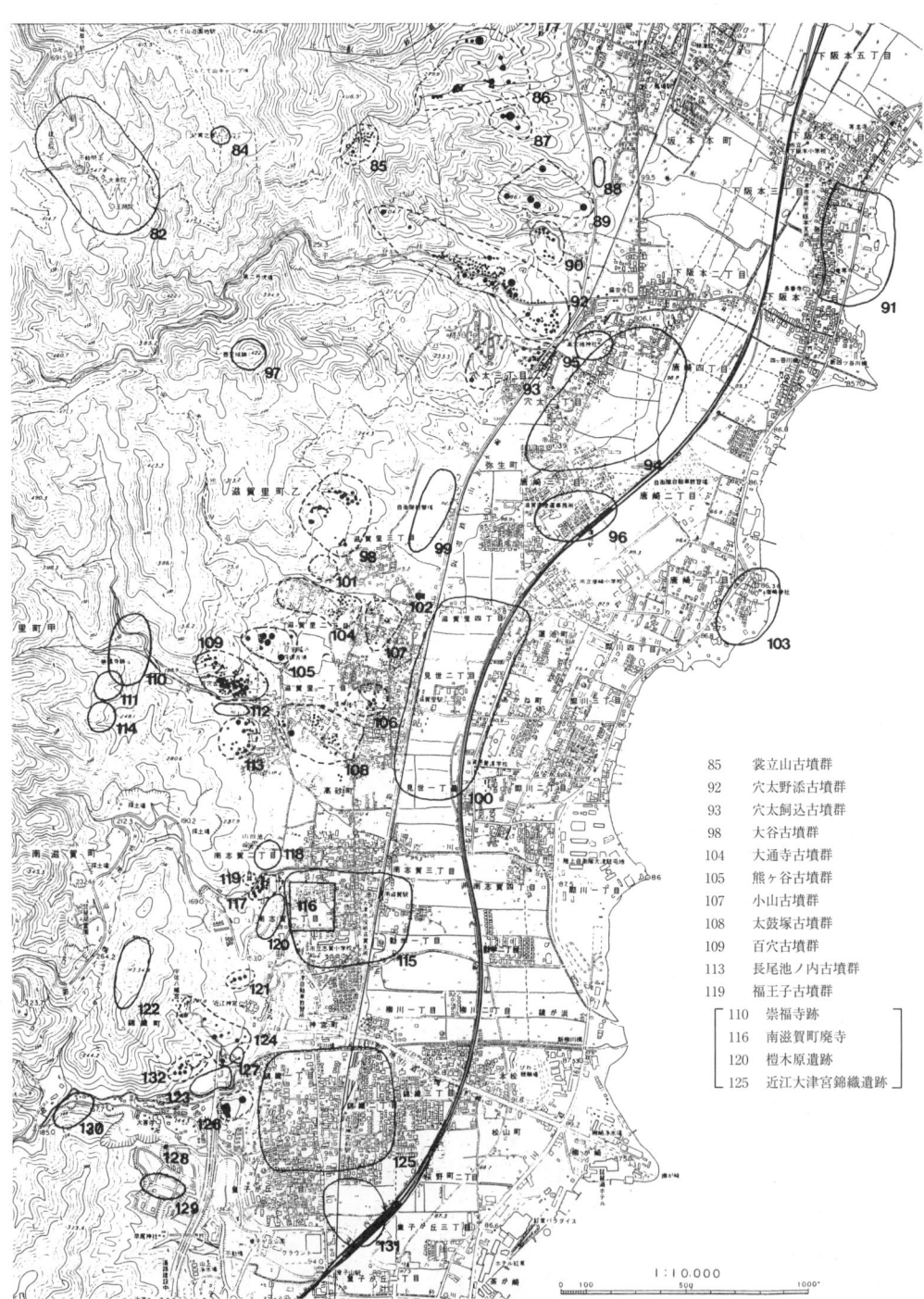

図1　大津北郊地域主要後期古墳群（注1による）

雄族・和邇氏の本拠地であり、一方坂本以南は、三津・穴太・志賀・大友・錦部氏などに代表される渡来系氏族の居住地であった[2]。したがって、坂本から皇子が丘にかけて見られる持ち送り技法を用いた石室、さらに当地域から数多く出土するミニチュア炊飯具形土器は、この渡来系氏族との関連で検討が加えられてきた。

　だが、真野・堅田地域にも、横長プランや持ち送り技法の影響を受けたと見られる石室をもつ古墳があり、一方、滋賀里・穴太地域で実施した発掘調査結果から、当地にも横長・正方形プランの石室は比較的少なく、縦長プランを持った石室が主流を占め、加えて石室の平面形態がバラエティーに富む古墳群の存在が明らかになるなど[3]、石室形態から単純に両地域を区分することは再検討（両地域間の人的・物的交流など）を要する段階にきているといえる。さらに、ミニチュア炊飯具形土器についても同じことがいえ、単純に当地に居住する渡来系氏族との関係だけで捉えてよいのか、今後慎重に検討していく必要があるだろう。

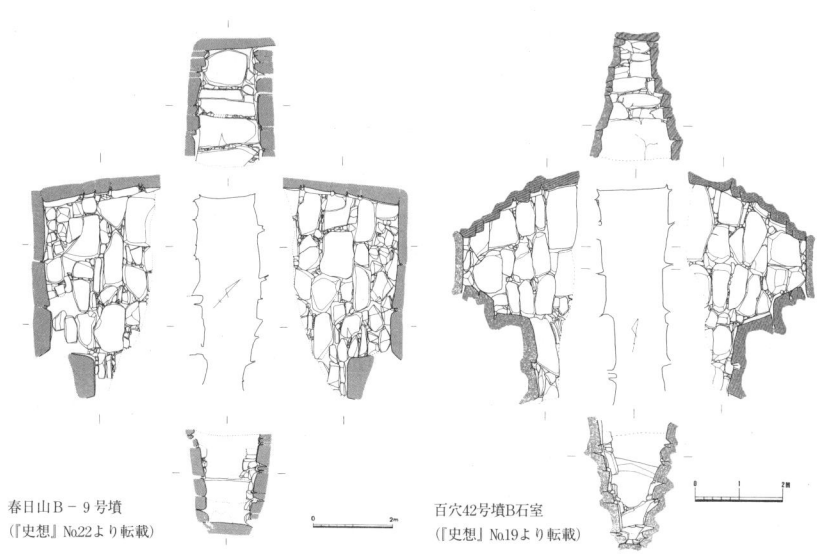

春日山B-9号墳
（『史想』No.22より転載）

百穴42号墳B石室
（『史想』No.19より転載）

図2　横穴式石室比較図（左-堅田・春日山古墳群、右-滋賀里・百穴古墳群）

2．ミニチュア炊飯具形土器の分布

　大津北郊地域の坂本から皇子が丘に見られる多くの後期古墳は、その大半が朝鮮半島に源流をもつといわれる持ち送り技法を用いた横穴式石室を内部主体としていることは先に述べた通りである。この石室は、基底石から2〜3段目まで垂直に近く積み、3段目前後から四壁を徐々に前方に迫り出し、ドーム状に近い天井を形作りながら、1個ないし2個の巨大な石材で石室天井に蓋をするという共通した構築法をとる。また、石室の平面形態は、縦長プラン・左片袖式が多く、古墳群によっては、正方形・横長プランや極端に細長い縦長プランを含むなど、古墳群ごとに様相を異にし、決して一様ではないことが発掘調査により明らかになってきている。

　ところで、この持ち送り技法を採用した横穴式石室が卓越する大津北郊地域では、副葬品の中に特殊な土器を含むことが早くから指摘されていた。小稿で取り上げるミニチュア炊飯具形土器（以下、「炊飯具形土器」という）がそれである。

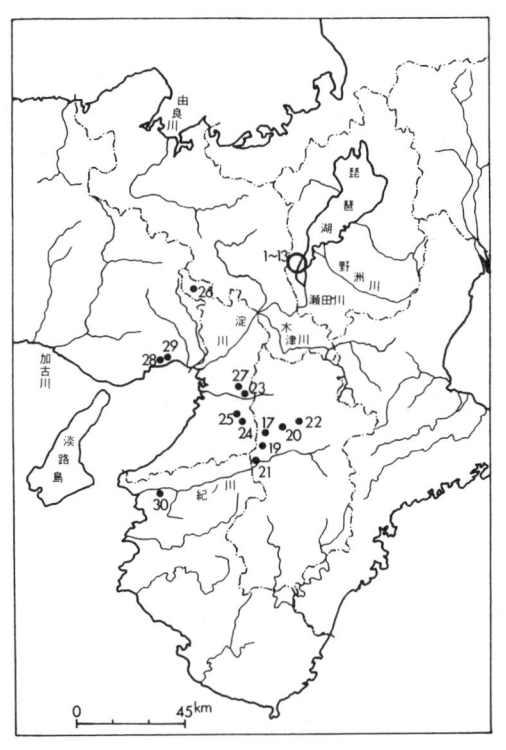

1〜13　大津北郊地域（図4参照）
17　北葛城郡新庄町笛吹古墳群
19　御所市オイダ山
20　橿原市沼山古墳
21　五条市勘定山古墳
22　桜井市桜井公園2号墳
23　柏原市高井田横穴
24　南河内郡河南町一須賀古墳群
25　羽曳野市宝剣塔山2号墳
26　豊能郡能勢町山内古墳群
27　八尾市高安古墳群
28　芦屋市三条古墳群
29　　同　城山古墳群
30　那賀郡岩出町船戸山古墳群

（遺跡番号は「滋賀県出土例・他府県出土例」の項の番号と同じ）

図3　炊飯具形土器出土地分布図

第1章 渡来人と古墳　35

1. 皇子山古墳群
2. 福王子古墳群
5. 太鼓塚古墳群
6. 大通寺古墳群
7. 熊ヶ谷古墳群
8. 小山古墳群
9. 大谷古墳群
10. 飼込古墳群
11. 嶽古墳
12. 野添古墳群
(遺跡番号は滋賀県出土例〈大津市〉
項の番号と同じ)

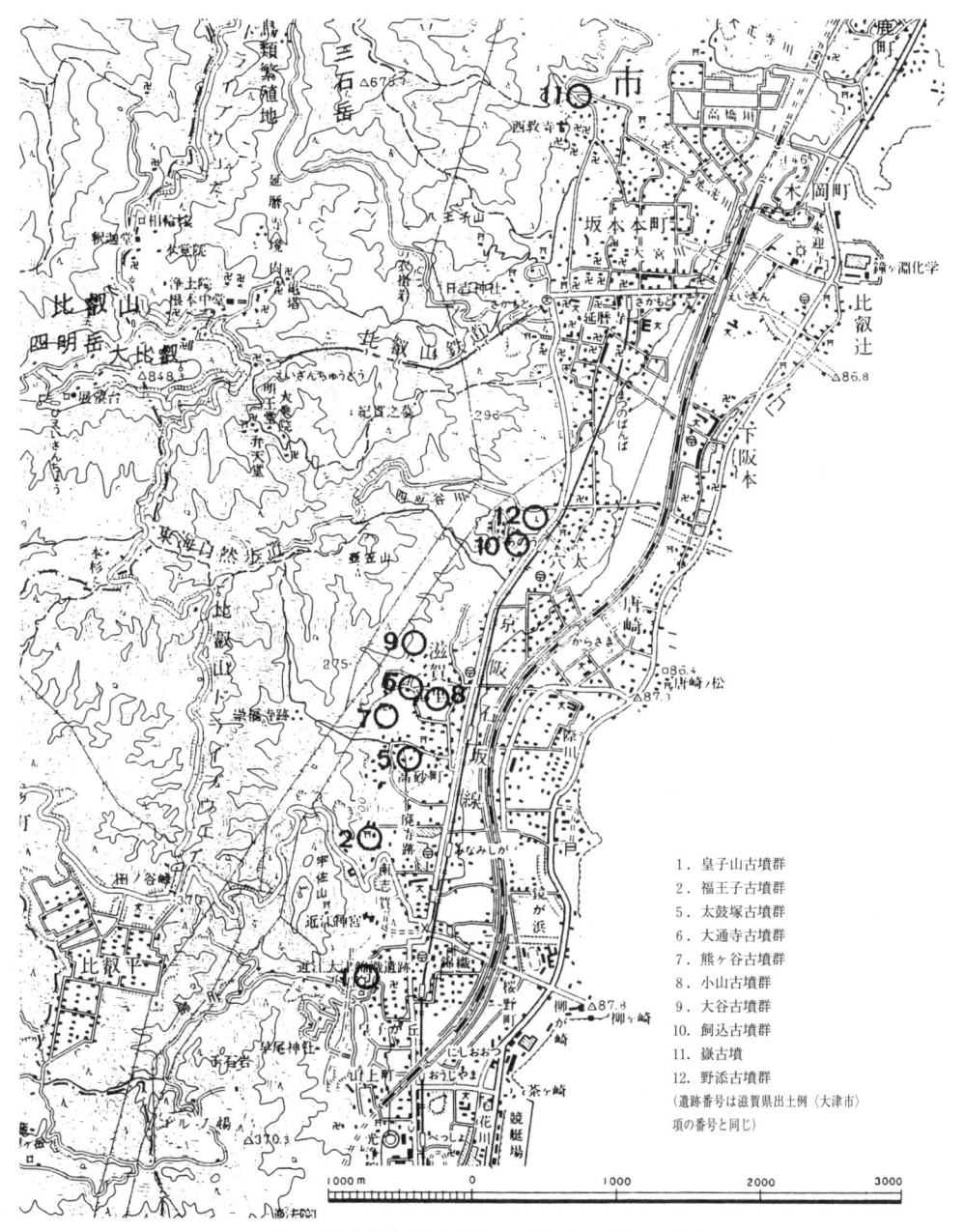

図4　大津北郊地域における炊飯具形土器出土地分布図

大津市内における炊飯具形土器の出土は、いまのところ、旧滋賀郡の大友郷・錦部郷[4]にあたる坂本から皇子が丘にかけての地域に限られ、真野・堅田地域や石山・瀬田地域では確認されていない。滋賀県内では、大津市の他に湖東と湖北で数例報告されているが、出土状況など、不明な点が多い。また、他府県では、奈良県・大阪府・兵庫県・和歌山県からの出土報告例（図3）があるが、和歌山県船戸山古墳群、大阪府一須賀古墳群、奈良県沼山古墳などの少数例を除き、いずれも発掘調査による発見例ではないため、出土状況は明らかでない。以下、各地の出土例を検出状況を中心に簡単に説明する。

(1) 滋賀県出土例

現在、大津北郊地域（図4）を中心に、16遺跡41例が報告されている（表1）。大津市以外では、栗太郡栗東町（現栗東市）・長浜市・東浅井郡浅井町から出土したと伝える3例がある。

＜大津市＞

① 皇子山古墳群出土例[5]

大津市錦織一丁目の皇子山中腹から、明治27年（1894）3月27日にコシキ（高さ約8cm）が出土している。偶然発見されたもので、出土状況については不明。現在、同丘陵には、前方後方墳と円墳（いずれも4世紀代、後者は3世紀に遡る可能性も）が立地するが、かって後期古墳も数基あったといい、これに副葬されていたものか。

② 福王子古墳群出土例[6]（写真1−1・図5）

大津市南志賀の山手に鎮座する福王子神社の境内地を中心に、15基の円墳からなる福王子古墳群がある。昭和39年（1964）・53年（1978）に、あわせて6基の古墳が発掘調査され、2号墳・6号墳・8号墳・16号墳の4基から炊飯具形土器が出土した。

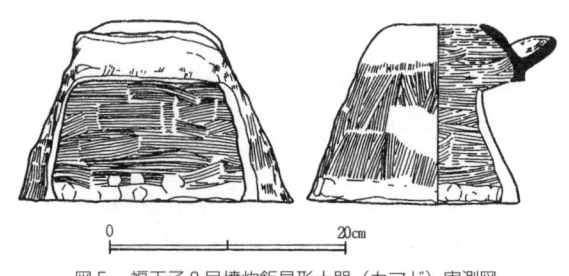

図5　福王子2号墳炊飯具形土器（カマド）実測図
（『滋賀県文化財調査報告書』第4冊より転載）

2号墳では、玄室に入ってすぐの地点の右側壁に沿って、原位置を保ったままの状態で、炊飯具形土器が出土した。カマドは焚口を羨門方向に向けて置き、これにカマを重ね、焚口内にナベを据えていた。ただ、コシキはカマ

ドから切り離して死者の傍らに置いたと、調査担当者は推定している。
　他の3例の出土地点を見ると、6号墳では、2号墳とほぼ同じ位置からカマドの破片が出土、16号墳では、玄室右側壁の羨道に近い地点からカマ・コシキが出土している（8号墳は出土地点不明）。
③　旧滋賀郡滋賀村古墳出土例[7]
　明治40年頃、滋賀村大字滋賀里（現滋賀里二丁目）の赤塚なる一古墳から、土師器壺・須恵器高杯などとともにコシキ（高さ約10cm）が出土したという。
④　旧滋賀郡滋賀村赤塚出土例[8]
　滋賀里の赤塚にあった一古墳の横穴式石室から、カマド（高さ約11.5cm）にコシキ（高さ約8cm）が重なった状態で見つかったというだけで、詳細は不明だが、No.③との関連が注目される。
⑤　太鼓塚古墳群出土例[9]（写真1－2～6、図6－2～4・図7－1～2）
　本古墳群は滋賀里集落内にあり、現在30基余りの古墳が確認されている。昭和52年・53年に8基の古墳が調査され、4号墳を除く7基の古墳から炊飯具形土器が出土した。2号墳を除く他の6例は、出土地点が似かよっており、炊飯具形土器に関する良好な資料が得られた。
　3号墳では、玄室へ入った地点の右側壁に沿うように、他の副葬品と分離して、炊飯具形土器セットを一列に並べて置いていた。焚口を西（石室は南に開口）に向けたカマドにカマを重ね、羨道側にコシキ（底部を上にした状態）、奥壁側にナベを配置。
　5号墳は、3号墳とは石室平面形態が異なるが、炊飯具形土器は玄室に入って右側の袖石に沿ってカマドが置かれ、付近からカマ・コシキ・ナベの破片が見つかっている。さらに、カマドの両側に平安時代後半頃の土師器皿が1枚ずつカマドを意識するように置かれていた。
　他の出土状況は、1号墳では、他の副葬品と離れて玄門よりやや玄室に入った地点から、カマド・カマ・コシキが散乱した状態で出土。6号墳でも、5号墳とほぼ同じ地点からカマドが壊れた状態で発見された。7号墳では、玄室右側壁中央付近よりカマドの破片が出土、やや離れた右袖石寄りの地点からコシキが見つかっている。8号墳は後世の攪乱を受け、カマドの破片が他の遺物といっしょに玄門付近から散乱した状態で発見された。
　＜付記＞
　　昭和61年～平成3年に実施した一般国道161号西大津バイパス建設に伴う発掘調査で、20基の古墳（内部主体はいずれも横穴式石室で、うち1基の古墳には2つの石室が築造）が見つかっている。また、平成2年度から行なわれた市営住宅改築に伴う発掘調査により、30基余りの古墳が確認された。（『太鼓塚遺跡発掘調査報告書』－大津市埋蔵文化財調査報告書19－　大津市教育委員会　1992、『太鼓塚古墳群発掘調査現地説明会資料』　大津市

教育委員会　1992、『滋賀埋文ニュース』No.143　滋賀県埋蔵文化財センター　1992)

⑥　**大通寺古墳群出土例**[10]（写真2－1・2、写真3－3、図6－1、図7－3）

　　太鼓塚古墳群から、小さな谷を隔てた北側に位置する大通寺古墳群は、昭和43年（1968）・51年・52年の発掘調査により、あわせて24基の古墳が確認された。

　　本古墳群は、石室の平面形態がバラエティーに富み、正方形・横長・縦長・極端に細長いもの・無袖式などがある。遺物の出土量が極めて少ないにもかかわらず、県下では珍しい羨道に排水溝をもつもの[11]（18号墳）、馬具（鏡板・雲珠・辻金具など）を副葬したもの（16号墳）が含まれるなど、ややアンバランスな感じを受ける。さらに、太鼓塚古墳群との対比で見れば、炊飯具形土器の出土が極端に少ない。本古墳群では、3号墳・5号墳・12号墳・15号墳・16号墳の5基に副葬されているにすぎない。

　　だが、3号墳と5号墳からは、実用に充分耐えられる規模をもつカマドが出土している。いずれも玄門付近から散乱した状態で出土し、原位置は保っていないが、3号墳例は当地では珍しい曲げ庇をもつカマドで、高さ38.4cmを測る。5号墳例は高さ35.2cm。また、15号墳からは、玄室に入った地点の右側壁に沿ってカマドが出土したが、いままでの出土例の中で最小、かつ稚拙な作りで、カマドにカマを作り付けた極めて特異な例といえる。

＜付記＞
　平成3年・4年の一般国道161号西大津バイパス建設に伴う発掘調査では、いずれも横穴式石室を内部主体とする16基の古墳が明らかになり、そのうちで炊飯具形土器は、わずか3基で見つかっただけである。さらに、炊飯具形土器の中心をなすカマドはまったく確認されていない。(『大通寺古墳群』　滋賀県教育委員会　1995)

⑦　**滋賀里仙果園内古墳付近出土例**[12]（写真3－6）

　　現在、近江神宮に、昭和13年（1938）に滋賀里仙果園内古墳（いまの熊ケ谷古墳群）付近から出土したというカマドが所蔵されている。

　　同神宮には、上記のカマドの他にも、片把手のカマが2点ある。出土地は明記されていなかったが、奈良県北葛城郡新庄町笛吹古墳群出土例に類例が認められ、大阪府宝剣塔山2号墳出土例にも、器種は異なるが、同様のコシキがあり、炊飯具形土器とセットとみてよいだろう。

⑧　**小山古墳群出土例**[13]

　　本古墳群は、大通寺古墳群の東側に接するように立地し、現在4基の古墳が確認されている。炊飯具形土器は、4号墳の玄門付近から出土した。カマドとコシキがあったが、いずれも破片のため、全体規模は不明。

⑨　**大谷古墳群出土例**[14]（写真3－4・5）

　　昭和40年代半ばに、宅地造成に伴う事前の発掘調査が実施され、6基から

炊飯具形土器が出土した。報告書が未刊のため、出土状況については不明だが、8号墳から大通寺15号墳例と同じカマを作り付けたカマドが出土している。

＜付記＞
　防衛施設局官舎建設（昭和60年）や国道161号西大津バイパス建設（昭和63年〜平成3年）に伴う発掘調査で、あわせて7基の横穴式石室をもつ古墳を確認したが、炊飯具形土器は、わずかに1基からカマドの出土が報告されているだけである。なお、今回新たに見つかった古墳は、従来の大谷古墳群の範囲からは少し東に離れた位置にあり、同一古墳群に含めてよいか否か、現時点では判断できない。（『大谷遺跡発掘調査報告書』－大津市埋蔵文化財調査報告書25－　大津市教育委員会　1994）

　⑩　飼込古墳群出土例[15]（写真2−3〜6、写真3−1・2、図7−4）
　昭和43年・53年の発掘調査で、17基の古墳（8基から炊飯具形土器が出土）を確認。昭和43年の調査では、7基の古墳から炊飯具形土器が出土したが、その出土状況を見ると、大半は玄室に入った地点から右側壁中央付近にかけての地点に集中する傾向にある。1号墳のように玄室奥壁左隅部分からカマドが見つかった例もあるが、これらは原位置を保ったものとは考え難く、後世の攪乱によるものとみたい。
　また、昭和53年の調査では、15号墳において、玄室奥壁右隅部分から、須恵器杯・蓋・短頸壺などとともに、カマを重ねたカマドが横倒しの状態で出土。コシキもすぐ横から見つかった。だが、土器群がやや散乱していること、カマドが横倒しになった状態で見つかったことから、追葬時における先の副葬品の移動など、後世の時期に動かされた可能性が強い。

　⑪　嶽古墳出土例[16]
　日吉大社の前面に広がる坂本集落の北の山裾に、天台真盛宗総本山西教寺が建つ。本古墳は、この寺院の北に延びる丘陵上に立地する。昭和56年、宅地造成に伴う発掘調査で、炊飯具形土器のカマド（曲げ庇）・ナベが出土した。玄室床面は後世の盗掘などにより、かなり攪乱が進んでいたが、炊飯具形土器は羨道部左袖石に接するように置かれていた。しかし、ナベは床面に接して出土したが、カマドは床面から浮いた状態で見つかっており、原位置を保ったものかどうか判然としない。
　この他、大津市内では、⑫**野添古墳群**（7号墳）と⑬**権現川古墳**（位置不明）から、炊飯具形土器が出土したというが、詳細は不明[17]。

＜付記＞
　野添古墳群（坂本一丁目ほか）では、昭和61・62年の墓地造成に伴う発掘調査（本古墳群で初めての本格的な調査）が実施され、17基の古墳（うち1基が竪穴式小石室で、他はすべて横穴式石室）が新たに明らかになり、うち6基から炊飯具形土器が出土している。なお、本調査の前に行なった試掘調査では28基の古墳が確認された。（『埋蔵文化財包蔵地分布調査報告書Ⅲ』－大津市埋蔵文化財調査報告書22－　大津市教育委員会　1992）

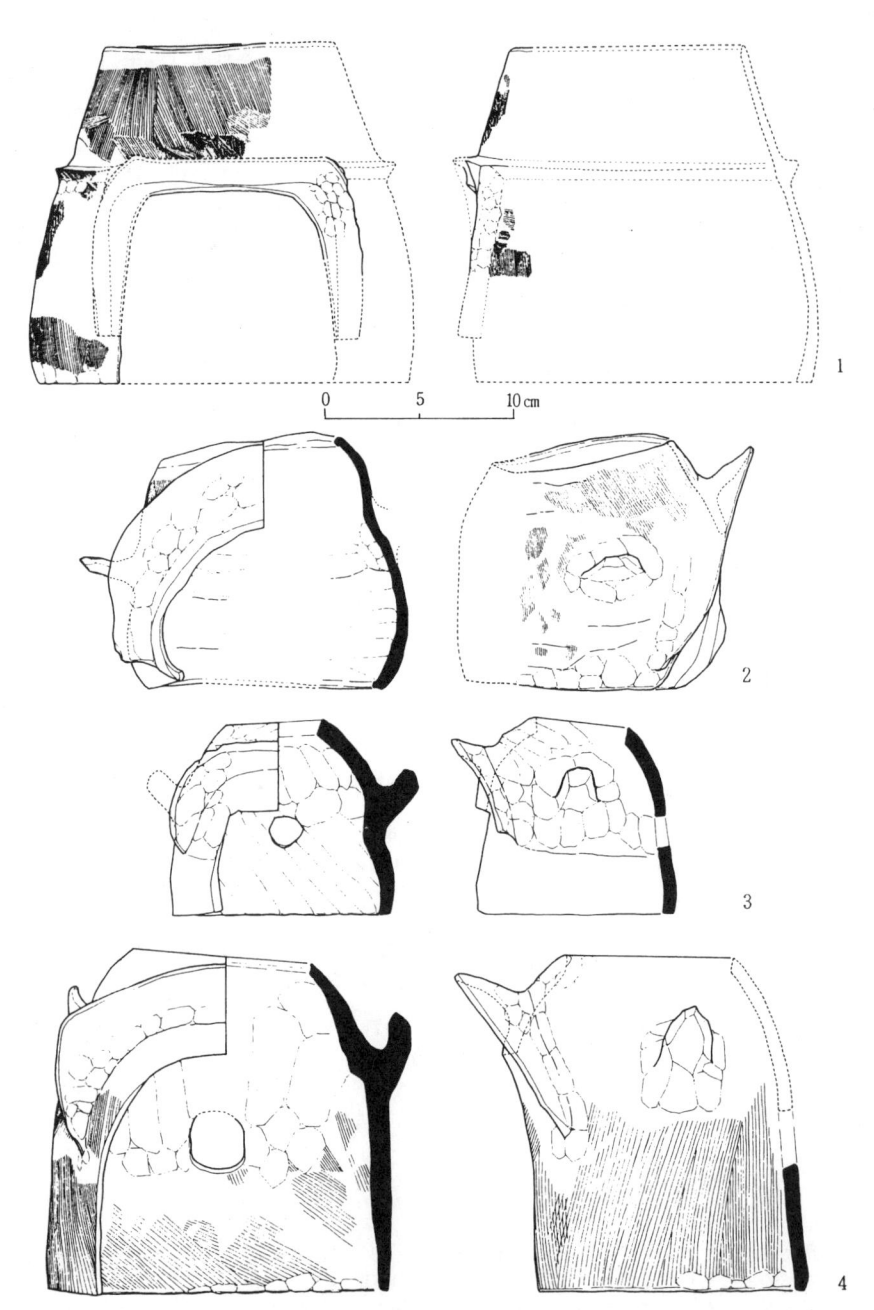

大通寺5号墳(1)　太鼓塚1号墳(2)　太鼓塚3号墳(3)　太鼓塚5号墳(4)

図6　炊飯具形土器（カマド）実測図(1)

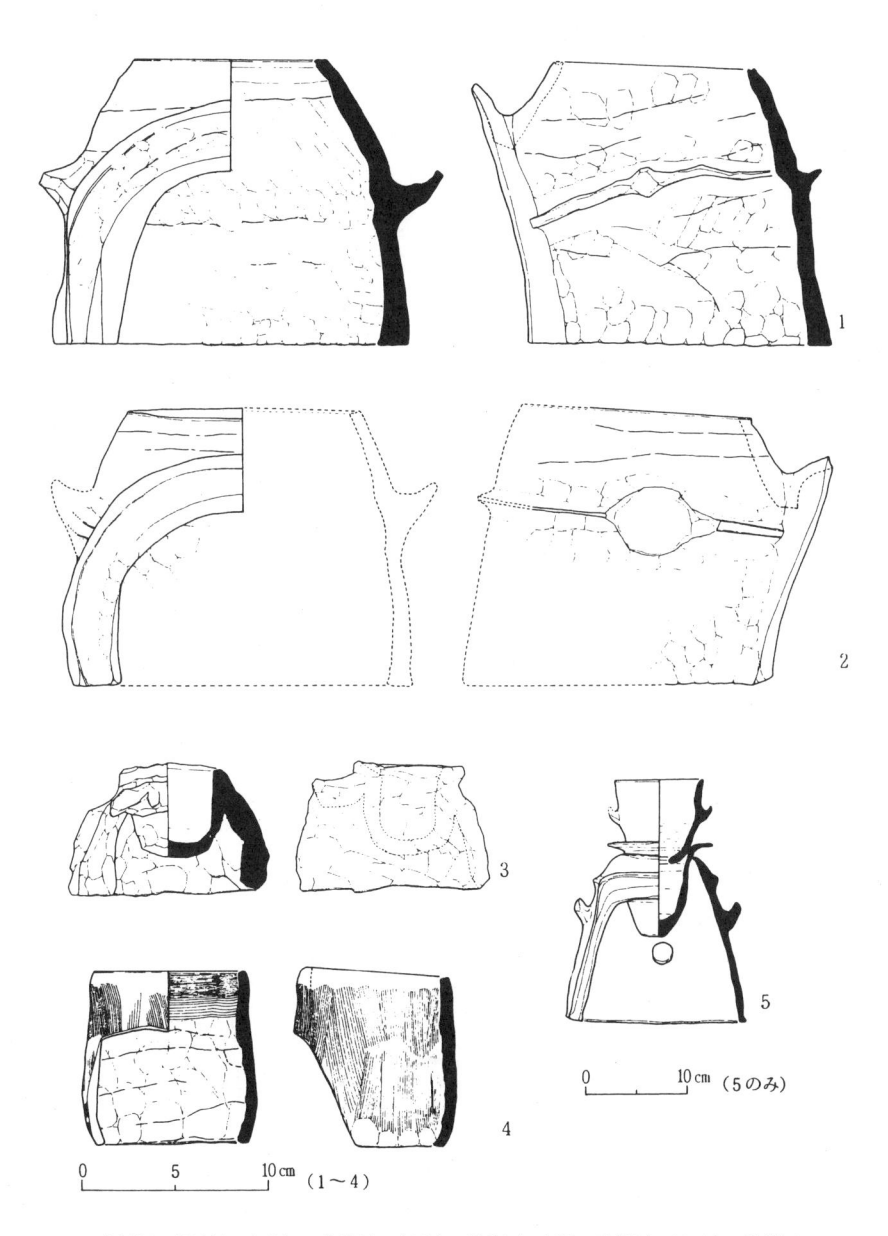

太鼓塚6号墳(1)　太鼓塚7号墳(2)　大通寺15号墳(3)　飼込15号墳(4)　船戸山3号墳(5)
図7　炊飯具形土器（カマド）実測図(2)

＜大津市域外＞

　大津市以外の出土例には、⑭栗太郡栗東町、⑮長浜市、⑯東浅井郡浅井町（写真3－7）の3例がある。だが、いずれも出土状況など詳細が明らかになっていないため、当地の古墳から出土したものか否か判然としない。ただ、この3件の出土例については、今後、後世における他地域からの移入の可能性を含めて、その出土経過を明らかにしていかなければならないと考えている。したがって、いまのところ、県下で炊飯具形土器が横穴式石室の副葬品として出土した確実な例は、大津北郊地域に限られている。

(2)　他府県出土例

　滋賀県以外で、炊飯具形土器の出土例が報告されているのは、奈良県・大阪府・兵庫県・和歌山県の4府県に及ぶ。なかでも、生駒・葛城山系の東・西山麓に集中する傾向にあり、その分布が注目されている。だが、大半は偶然に出土したもので、詳細な出土状況などが明らかになっていないため、資料的価値が乏しく、大津北郊地域出土例との対比がひじょうに難しい。

＜付記＞
　　上記の地域以外に、三重県・岐阜県でもミニチュア炊飯具形土器の出土報告例がある。(№③以外は、『古墳時代の竈を考える』第2分冊　埋蔵文化財研究会　1992)
①　三重県三重郡菰野町奥郷浦1号墳出土例
　　戦後すぐの時期に、炊飯具形土器のカマドが見つかったというが、出土状況など詳細については不明。
②　三重県上野市久米山51号墳出土例
　　直径約11m、高さ約2mの円墳で、昭和51年・52年に発掘調査が行なわれ、横穴式石室内から炊飯具形土器のカマド・コシキが出土した。カマドは伏鉢形の形状で、器高18.5cm、裾部径24.5cmを測り、庇・ツバ・把手はない。コシキは器高10cm。
③　三重県一志郡嬉野町まんじゅう山3号墳出土例
　　横穴式石室の羨道部閉塞石の直下から、炊飯具形土器のカマド・カマ・コシキがバラバラの状態で出土している。(『月刊文化財発掘出土情報』1993年2月号　ジャパン通信社)
④　岐阜県郡上郡美並村釜口古墳出土例
　　岐阜県では、炊飯具形土器の中心となるカマドの出土報告例はないが、コシキを横穴式石室に副葬する古墳が岐阜市や大垣市などで見つかっている。だが、いずれもミニチュアではなく、ただ1例、本古墳にミニチュアのコシキが副葬されていた。
⑤　愛知県では、石室への炊飯具形土器の副葬はないが、名古屋市東古渡町遺跡で見つかった12基の方墳のうちの1基の周溝から、カマド片が数点出土している。これが石室内に副葬されるカマドと同一のものであるのか、注目される資料である。

＜奈良県＞

①　**北葛城郡新庄町笛吹古墳群出土例**[18]

　大正元年（1912）冬、新庄町山口の道路工事現場から、炊飯具形土器のカマド・カマ（高さ約11.5cm）・コシキ2（高さ約10cm・約5cm）・ナベ2（いずれも長い角状把手が片側に付く）、あわせて6点が出土した。出土状

況・伴出遺物などは不明だが、付近一帯に広がる笛吹古墳群に含まれる古墳の一つに副葬されていたと考えられている。

カマドはやや内弯気味に「ハ」字状に開く器形を呈し、高さ約18.5cm、底径約29cmを測る。体部背面に煙孔、同側面に1対の把持孔を穿つ。

なお、笛吹古墳群の東方約600m付近に、新羅系の特異な瓦（鬼面紋軒丸瓦）などを出土する慈光寺跡があり、渡来系の忍海氏の氏寺といわれている。したがって、同寺院跡に近接する本古墳群も忍海氏の奥津城とする説が有力である。

② **北葛城郡出土例**[19]

出土地不詳。カマドとカマが出土しており、総高約16.5cm。カマドには左右に下向きの角状把手が付く。

③ **御所市オイダ山出土例**[20]

通称オイダ山の麓にある住宅地を拡張するために土砂を除去した際、カマド・カマ（高さ約12.5cm）・コシキ（高さ約9cm、底部に5個の円孔を穿つ）が重なって出土したという。だが、共伴遺物の存否、出土層位などについてはいっさい不明。

カマドは「ハ」字状に開く単純な器形を呈し、高さ約17cm、口径約13cm、底径約23cmを測る。背面に3個の煙孔を穿ち、把手はない。

④ **橿原市沼山古墳出土例**[21]

本古墳は、橿原ニュータウン内の小丘陵上に立地する直径18mの円墳で、横穴式石室（左片袖式、南南西に開口、玄室長4.95m、同幅2.95m、羨道長4.50m、持ち送りが顕著）を内部主体とする。昭和57年に発掘調査が実施され、石室玄室部の東半部に遺物が散乱していた。炊飯具形土器は、玄門から少し入った右側壁に接するように、カマド・カマ・コシキ・ナベがやや散乱した状態で出土。カマドは把手がなく、「ハ」字状に単純に開く体部をもち、やや幅広の庇が焚口を全周する。

上記以外に、奈良県下では、⑤**五條市勘定山古墳**[22]から炊飯具形土器の出土が報告されている。さらに、⑥**桜井市桜井公園2号墳**からも炊飯具形土器（カマド・カマ・コシキ・ナベ）が出土した（昭和29年）。

なお、奈良県下出土のカマドは、他地域例とやや異なり、背面に煙孔を持ち、把手の代わりに胴部中ほどの左右両側に把持孔を穿つ例が多い。

＜付記＞
① 桜井市浅古所在古墳出土例
　鳥見山西南麓の丘陵上に立地する古墳で、昭和38年（1963）の発掘調査時には、すでに古墳の大半が破壊されてしまっており、墳丘・石室の詳細は不明だが、炊飯具形土器

のカマドが出土している。(『古墳時代の竈を考える』第1分冊　埋蔵文化財研究会　1992、以下②・③とも同じ)
② 　御所市小林古墳群出土例
　　葛城山から東へ延びる小丘陵上に立地するが、工事中に不時発見された遺跡(昭和61年)で、詳細は不明。だが、横穴式石室を内部主体とする古墳と見られ、炊飯具形土器のカマドが見つかっている。カマドは、左肩部が把手ではなく、煙出しになっている珍しい例である。
③ 　高市郡高取町与楽古墳群出土例
　　210基余りの古墳が確認されており、昭和61年・62年に2支群8基の古墳が発掘調査された。横穴式石室は、いずれも玄室天井をドーム状に造る持ち送り技法が顕著で、炊飯具形土器は、ヲギタ2号墳、ナシタニ1・2・5・6号墳の5基から出土しており、基本的にカマド・カマ・コシキ・ナベのセットを備えている。

<大阪府>
① 　柏原市高井田横穴墓群出土例[23]

　大正6年(1917)10月、男爵藤田家の墓地造成の際、横穴墓が数基発見され、その1基から炊飯具形土器(カマド・カマ)が出土した。横穴墓からの出土例は、他に報告がない。

　カマドは、前室両側壁に人物像が描かれた4号横穴墓に副葬されていたといい、奥壁中央部付近から出土したらしい。

② 　南河内郡河南町一須賀古墳群出土例[24]

　北方に竹内街道をのぞみ、西方に石川の流れを見下ろす丘陵上に立地する本古墳群は、谷を隔てて葉室古墳群と対峙し、横穴式石室を内部主体とする6世紀前葉から7世紀中葉に至る時期の所産といわれ、数支群から構成されている。

　その中で、中央に位置するB支群が、昭和49年(1974)冬に発掘調査され、横穴式石室を内部主体とする円墳・方墳10基が確認された。炊飯具形土器が副葬されていた古墳は、2号墳・3号墳・6号墳・7号墳(1号石室)・8号墳の5基を数える。だが、原位置を保った出土例がなく、いずれも破片が散乱した状態で発見されており、良好な資料とはいえないが、いま少し出土状況を詳細に検討していくと、玄室奥壁右隅部分と玄室袖石付近に出土地点が集中する傾向にある。しかし、床面から浮いた状態や破片が散乱した状態で出土するなど、いずれも原位置を保っているとはいえず、現時点では、本古墳群における炊飯具形土器の副葬地点の復原は困難といわざるをえない。

<付記>
　『一須賀古墳群資料目録Ⅰ－土器編』(大阪府教育委員会　1992)によると、炊飯具形土器の中心をなすカマドは、B4・L4・O5・Q1・Q9・WA1・WA6・WA11・WA19・WA20号墳の10基から出土している。さらに、カマドは見つかっていないが、コシキが出土した古墳として、B3・B8・E1号墳の3基があげられている。また、平成2年度に実施した大阪府立近つ飛鳥博物館建設に伴う事前の発掘調査(『一須賀古墳群Ⅰ支

群発掘調査概要』　大阪府教育委員会　1993）では、Ⅰ－19号墳から炊飯具形土器のカマド（曲げ庇）・カマ・コシキが見つかっており、そのうちカマド・カマが玄室に入ってすぐの左袖石に沿った部分に置かれていた。なお、このカマドは、手づくねの粗雑なつくりの小型品で、高さ約7cmを測る。

③　羽曳野市宝剣塔山2号墳出土例[25]

一須賀古墳群の北北西約3.6kmの地点に立地する円墳で、南面する片袖式の横穴式石室を内部主体とする。昭和28年（1953）に発掘調査が行なわれ、刀剣・金環・土器類に混ざって、石室袖部分から炊飯具形土器セットが2組出土した。

カマドは、庇を付けた小型品と、それを欠くやや丈高のものがあり、伴出したコシキも、片方に細長い角状把手をもつものと、左右に短い角状把手を付けたものがある。なお、1つの石室から炊飯具形土器セットが2組出土した例は他になく、ひじょうに珍しい例といえる。

上記以外に、大阪府下では、④豊能郡能勢町山内古墳群、⑤八尾市高安古墳群から出土したという報告がある（詳細不明）。

＜付記＞
① 柏原市平野・大県古墳群出土例
　　42支群272基の古墳が確認されており、第10支群1号墳（カマド・カマ・コシキ・ナベ2が副葬）などから炊飯具形土器が出土している。（『発掘速報展　大阪'98』　大阪府立近つ飛鳥博物館　1998）
② 羽曳野市飛鳥千塚古墳群出土例
　　大谷2号墳（直径20mの円墳、横穴式石室）で、玄室に入ってすぐの右袖部から、カマがカマドにはまった状態で、さらに玄門中央付近からコシキ・ナベが出土している。また、切戸2号墳（直径14mの円墳、横穴式石室）の石室内には、カマド・カマ（?）・コシキ・ナベが副葬されていた。（『古墳時代の竈を考える』第1分冊　埋蔵文化財研究会　1992）

＜兵庫県＞

兵庫県下では、2例報告されており、出土地はいずれも芦屋市に属する。

①　芦屋市三条古墳群出土例[26]

芦屋市三条町寺ノ内で、昭和3年（1928）5月、地ならし中に2基の古墳が発見され、うち1基（三条寺ノ内1号墳）からカマド（幅広の庇が焚口を全周する）・カマ・コシキが出土した。だが、出土地点・出土状況などは不詳。3点セットの総高は約26.5cm、伴出遺物には、鉄鏃、須恵器杯・高杯・蓋・提瓶・大型脚付盤などがあった。

②　芦屋市城山古墳群出土例[27]

城山山麓一帯には多くの古墳が築造され、本古墳群を含め3グループ、あわせて61基の古墳が確認されている。

炊飯具形土器は、大正8年（1919）、城山山麓で開墾工事の際に出土した

もので、カマド・カマがある。出土状況などは不明だが、カマドは高さ約28cmで、出土例の中では大型品に属する。庇は焚口上面を折り曲げて作る「曲げ庇」の形態で、体部左右に下向きの小型角状把手が付く。

<付記>
① 芦屋市城山古墳群出土例（新規分）
　　新たに、3号墳（平成3年調査）・10号墳（昭和55年調査）から炊飯具形土器が出土した。前者は小型横穴式石室（無袖式）の入口部と見られる箇所から、後者も小規模な横穴式石室（無袖式）の開口部付近から、それぞれカマドが見つかっている。（『古墳時代の竈を考える』第3分冊　埋蔵文化財研究会　1992）
② 揖保郡揖保川町袋尻浅谷3号墳出土例
　　炊飯具形土器のカマド（器高8.1cm、下向き把手、付け庇）・カマ（羽釜型式）・コシキが出土。播磨地方では初めて。（『袋尻浅谷遺跡』－揖保川町文化財報告書Ⅰ－　揖保川町教育委員会　1978）

<和歌山県>

和歌山県では、紀ノ川流域の岩出町で2例が報告されているだけで、他地域からの出土報告はない。

① **那賀郡岩出町船戸山古墳群出土例**[28]（写真3－8、図7－5）

本古墳群は、岩出町西南端を西流する紀ノ川の南岸にあり、北に張り出す低丘陵上に立地する。この丘陵には多くの古墳があり、本古墳群から西へ田中・明楽山・寺山・小倉・岩橋千塚の各古墳群が立地している。本古墳群では、7基の古墳が確認されており、発掘調査が行なわれた3号墳（2号石室）と6号墳から炊飯具形土器が出土した。前者は、玄室中央の石障付近でカマド、左側壁中央付近でカマ（高さ9cm）・コシキ（高さ8.9cm）が散乱した状態で見つかっている。

カマドは、高さ16.5cm、口径7.0cm、底径18.5cmを測り、背面に煙孔を穿つ。口縁部直下にツバを巡らせ、器体外面はナデ調整が施されている。庇は、幅広のものが焚口を全周する。

炊飯具形土器は、いずれも玄室床面上に薄く堆積した土の上に散乱しており、石棚に置かれていたものが落ちたか、追葬時の撹乱によるものなのかは明らかになっていない。なお、後者では、玄室左側壁中央よりやや南寄りの地点から、ナベが出土している（原位置は保っていない）。

<付記>
① 田辺市後口谷1号墳出土例
　　内部主体の横穴式石室は遺存状態が極めて悪く、石室や遺物の出土状況など、判然としない部分が多いが、石室内部に炊飯具形土器のカマド・カマ・ナベが副葬されていた。出土状況は比較的よく分かっており、カマドの中にカマ・小型丸底壺を落とし込み、カマドの横に置かれたナベに、土師器杯1・須恵器杯身2が入れられていた。（『古墳時代の竈を考える』第1分冊　埋蔵文化財研究会　1992）

表1．炊飯具形土器滋賀県出土例一覧

No.	遺跡名	器高	カマド 口径	カマド 底径	型式	カマ	コシキ	ナベ	石室規模 (m) 玄室長	玄室幅	玄室高	羨道長	羨道幅	平面プラン	備考	（所蔵者及び機関）
1	皇子山古墳群	15.2	7.4	23.3	IIB	○	○	○	3.00	2.50		3.70		左片袖式	・口縁部外面に横ナデ調整。同内面に横位のハケ目。	（京都大学）
2	福王子2号墳														・体部内面に縦位の指頭押圧調整。・裾部内面に粗い指頭押圧調整。・庇は焚口上面のみに反り気味。	（滋賀県教育委員会）
3	同 6号墳	?	?	?	?	○	-	-	3.40	2.50		3.00		左片袖式	・カマドは小破片のため全体規模不明。	（同上）
4	同 8号墳	?	?	?	?	○	-	-	2.90	2.50		3.50		両袖式	・カマドは小破片のため全体規模不明。	（同上）
5	同 16号墳	?	?	?	?	○	-	-	2.90	2.35		2.35		左片袖式	・土師器甕にコシキが入った状態で出土。	（同上）
6	旧滋賀郡貴貫付古墳					○										
7	旧滋賀郡貴貫村斜塚	(11.5)	?	?	?										・庇は焚口全面にめぐる。	（京都大学）
8	太鼓塚1号墳	13.5	9.5	12.6	IIA	○	○	-	2.20	1.90		2.50		左片袖式	・ややとびつらなり、庇は幅広く、焚口を全周する。・裾部外面に細かいハケ目、同内面に指頭押圧調整。・裾部と庇接合部に指頭押圧調整。・体部内面に粘土紐巻を上げ痕がのこる。	（同上）
9	同 2号墳	-	-	-	-	-	-	-	3.40	2.80		2.40以上		左片袖式		（大津市教育委員会）
10	同 3号墳	10.2	4.5	11.6	IIA	○(2)	-	-	4.50	2.20		2.10		左片袖式	・口縁部外部に粗いヘラ削り。・全面に指頭ナデ調整。・焚口は方形に切れ、焚口上半部に庇がつく。・体部背面に煙孔をもつ。	（同上）
11	同 5号墳	17.0	9.4	17.8	IIA	○	○(2)	-	4.50	3.10		4.40		両袖式	・比較的丁寧なつくり、体部外面下半に縦位のハケ目。・庇は幅広く、焚口上半部につく。	（同上）
12	同 6号墳	15.2	10.0	18.6	IIA	○	-	-	2.50	2.20		4.40		両袖式	・比較的丁寧なつくり、口縁部に横ナデ調整、裾部に指頭押圧調整、裾部に粘土紐巻を上げ痕がのこる。・庇幅はあまり広くなく、焚口に接して貼付。	（同上）
13	同 7号墳	14.6	(12.5)	(18.5)	IIA	-	-	-	2.50	1.70		2.10以上		左片袖式	・太鼓塚6号墳例に類似。	（同上）
14	同 8号墳	?	?	?	?	-	-	-	2.80	1.80		3.80		左片袖式	・カマドは小破片のため全体規模不明。	（同上）
15	大通寺3号墳	38.4	26.3	50.8	I	○	○	-	4.10	5.10		3.20		両袖式	・曲げ痕系、庇の最大幅約5.5cmを測る。・体部は直線をつくり、ハ字状に開き、下向きの把手がつく。さらに内側の3ヶ所に支柱をつくり付け、体部を補強している。	（同上）

（カマド頂の（ ）内数値は復原値を示す。）

No.	遺跡名	カマド 器高 (cm)	カマド 口径	カマド 底径	カマド 型式	セット関係 カマド	セット関係 コシキ	セット関係 ナベ	石室規模 玄室長 (m)	石室規模 玄室幅	石室規模 玄室高	石室規模 羨道長	平面プラン	備考（所蔵者及び機関）
15	大通寺3号墳	35.2	(12.2)	(40.0)	I	○	-	-	4.10	3.35	-	7.40	両袖式	・体部外面に縦位のハケ目、内面に斜位のハケ目と粗い指頭ナデ調整。・内面に粘土紐巻き上げ痕が顕著に残る。（琵琶湖文化館）
16	同 5号墳	-	-	-	-	-	-	-	-	-	-	-	-	・大半が欠損しているため、器形の詳細不明。・体部内外面にハケ目、裾部に指頭押正調整、口縁部内外面に横ナデ。・庇は幅が狭く、焚口を全周せず。（同上）
17	同 12号墳	6.9	5.8	11.1	III	○	○	-	5.80	1.90	-	1.25	左片袖式	・カマド上にカマをつくりつけた粗雑なつくりのもの。（滋賀県教育委員会）
18	同 15号墳	-	-	-	-	-	-	-	3.80	2.15	-	1.20	左片袖式	・内外面に粗い指頭押正調整。・庇は短く粘土紐を焚口上辺に貼り付けている。（同上）
19	同 16号墳	-	-	-	IIA	○	○	-	3.20	3.70	-	0.90	両袖式	・口縁部付近を全周する。庇幅広の庇が焚口上を全周する。（同上）
20	滋賀里遺跡内古墳	(20.7)	?	18.4	IIA	-	-	-	-	-	-	-	-	・庇は焚口に斜位のハケ目（下位は横のハケ目）・同内面に縦位のハケ目、同内面とも粗い指頭ナデ調整。（近江神宮）
21	小野山4号墳	?	?	(19.0)	IIA	-	○	-	2.65	2.65	-	4.80	両袖式	・以前は大谷南古墳群としての報告。（大津市教育委員会）
22	大谷4号墳	-	-	-	-	-	-	-	3.45	4.00	-	-	-	・カマドにカマをつくりつけた、手づくねに近い粗いつくり。・庇は焚口からうにでこの形態をとどめ、ほぼ全周する。・内外面とも粗い指頭ナデ調整。（滋賀県教育委員会）
23	同 8号墳	8.3	(5.2)	9.5	III	-	-	-	(3.45)	2.00	-	-	-	・体部内外面に指頭ナデ調整。・庇のものが垂直に近く外上方へのびる。（近江風土記の丘資料館）
24	同 10号墳	-	-	-	-	-	-	-	3.20	2.10	-	-	-	（滋賀県教育委員会）
25	同 14号墳	-	-	-	-	-	-	-	3.70	2.50	-	-	-	（同上）
26	同 15号墳	11.5	5.2	(12.7)	IIB	-	-	-	2.85	1.85	-	-	-	（近江風土記の丘資料館）
27	同 16号墳	-	-	-	-	-	-	-	2.80	1.65	-	-	-	・体部内面に斜位、下端に比較的丁寧なナデ調整。上半に縦位のハケ目、下半に粗い指頭ナデ調整。・庇は焚口上面に限られており、幅は狭い。（滋賀県教育委員会）
28	鋳込1号墳	16.7	6.7	21.8	IIA	○	-	-	4.55	2.90	-	-	左片袖式	（近江風土記の丘資料館）
29	同 2号墳	?	?	?	?	-	-	-	3.15	4.20	-	-	両袖式	・体部内外面に指頭ナデ調整。（滋賀県教育委員会）
30	同 3号墳	(19.0)	13.0	(21.3)	IIA	○	○	-	4.40	2.95	-	-	左片袖式	・本次飯冥形土器セットは3号墳出土のものと断定できます・筒状に近い体部に下向きの把手がつき、庇は焚口上面に横位のハケ目。・体部に縦位のハケ目、同内面に横位のハケ目。カマドとセットをなすカマは羽釜型式の大型品。（ツバ径15.5cm、器高14.0cm、口径約10cm）（カマド頭の（　）内数値は復原値を示す。）（近江風土記の丘資料館）

第1章　渡来人と古墳

No.	遺跡名	カマド 器高	口径	底径	型式	セット関係 カマ	コシキ	ナベ	石室規模(m) 玄室長	玄室幅	羨道幅	平面プラン	備　考（所蔵者及び機関）
31	胴込4号墳	11.5	(10.0)	14.2	IIB	-	-	-	2.65	1.65		左片袖式	・筒状に近い体部をもつが、全体に粗いつくり。・庇は焚口を全周するが、厚手の粗雑なつくり。・体部外面に縦位、同内面に横位のハケ目。（近江風土記の丘資料館）
32	同5号墳	15.3	7.0	20.5	IIA	○	-	○	3.55	1.80		左片袖式	・幅広の庇が垂直に外上方へのびる。（焚口全周せず）・体部内面は縦位のハケ目のち、指頭による粗い縦位のナデ調整、上半部は丁寧な指頭ナデ調整。・体部背面に煙孔を穿つ。（同上）
33	同10号墳	16.5	8.3	18.7	IIA	○	-	-	2.60	1.45		左片袖式	・体部背面のみにツバがめぐる。（両側の把手間）・庇は焚口を全周し、外上方へ大きく張り出す。（やや内彎ぎみ）・体部内面全体に斜位のハケ目、下端に粘土紐の痕（幅2cm）あり。・体部外面上半に指頭ナデ調整、同下半に斜位のハケ目。（同上）
34	同13号墳	9.2	6.0	14.4	III	-	-	-	2.00	?		両袖式	・本次飯具形土器が13号墳より出土したものか否か判然とせず。・庇は焚口上面に粘土紐を貼り付けた程度の退化した型式。・体部外面に縦位のハケ目、同内面に横位の指頭のナデ調整。（同上）
35	同15号墳	9.3	7.8	8.2	III	○	-	-	3.62	2.04	2.18	左片袖式	・円筒形に近い体部、庇は認められない。・体部外面に縦位のハケ目、同内面上半に横位に粗い指頭押頭調整、下半に指頭ナデ調整。・口縁部内外面に横ナデ。・内面に粘土紐巻き上げ痕がのこる。（大津市教育委員会）
36	野添7号墳								4.40	0.95		無袖式か	不　明
37	権現川古墳												・羨道部左袖石に接してカマド（床面より浮いた状態）が出土。・曲げ庇系、ツバが全面にめぐるが、把手はつくり出していない。・器体は「ハ」字状に開く単純な形を呈するが、口縁部がややとらえあがる。・内面には縦位のハケ目、口縁部外面に縦位、下半部に横位のハケ目。
38	鎌田古墳	12.3	10.3	17.2	IIA	-	-	○	3.15	3.15	5.00	両袖式	（滋賀県教育委員会）
39	栗東町												
40	長浜市												
41	浅井町	13.1	9.8	16.9	IIB								・体部は「ハ」字状に近く単純に開くらしいが、把手はない。・庇は幅がせまく、厚ぼったいつくり。内面に粘土紐巻き上げ痕が顕著に残る。・体部外面に縦位のハケ目、口縁部外面に横ナデ調整。（上許曽神社）

（カマド項の（　）内数値は復原値を示す。）

3．炊飯具形土器の特徴

　前章で、主だった炊飯具形土器の出土例を検出状況を中心にながめてきたが、出土例は、ここ数年、大津北郊地域を中心に確実に増加しつつある。にもかかわらず、いままでに炊飯具形土器を取り上げた論考は極めて少なく、当分野の研究は大きく立ち遅れているといってよい。だが、炊飯具形土器の出土はすでに戦前から知られており、これが、集落遺跡において、5世紀末頃から出現するようになる土製竈を手本に製作されたものであることは、誰もが認めているところである。

　すでに、前項で明らかにしたように、炊飯具形土器の出土例は、滋賀県を中心に、奈良県・大阪府・兵庫県・和歌山県の5府県に及び、30遺跡61例が報告されている（昭和57年8月現在）。だが、他府県の出土例は偶然に発見されたものが多く、大津北郊地域例との対比が難しいため、ここでは大津北郊地域を中心に、炊飯具形土器がもついくつかの問題点の中で、特に「形式分類・編年」と「副葬位置」について取り上げ、考証していくことにする。

(1) 形式分類・編年

　炊飯具形土器は、カマドやカマを単独に副葬するのではなく、カマド・カマ・コシキなど数点をセットにして石室に納置することはよく知られている。さらに、炊飯具形土器セットは、従来カマド・カマ・コシキの3点により構成されているといわれていたが、最近では、これにナベを加えた4点が基本となっていることも明らかになってきた。

　このように、炊飯具形土器を取りまく状況が徐々に解明されつつあるなかで、研究の基礎といってもよい、セットの中心をなすカマドの形式分類及び編年については、まったく手がつけられていない。その原因には、①副葬時期が明確にできないこと、②分布地域が限られ、出土例が少ないこと、③石室に副葬する風習が短期間に終わることなど、いくつか指摘できるが、最大の原因はその器形にある。すなわち、器体規模・形状、庇・把手・ツバなどの有無及びその形態、調整・焼成方法などが個体ごとに異なり、これが細かい形式分類・編年の大きな障害となっている。だが、カマドの全出土例を詳しく検討すると、器体規模に類似性が認められ、これに調整手法などを加えた基準から見ると、大きく3型式に分類できるようである。

　＜Ⅰ型式＞　大通寺3号墳（写真2－1）・5号墳例（写真2－2、図6－1）に代表される器高30cmを越える大型品。両例とも器高35～38cmを測り、調整手法は比較的丁寧で、充分実用に耐えうる規模をもつ。いまのとこ

ろ、上記２例以外に出土はなく、カマドの中では特殊な例といえる。特に、３号墳例は、曲げ庇、下向きの把手、口縁部直下に幅広のツバが付くカマが共伴することなどから、大阪府河内地域出土の土製竈との関連が注目される。

　＜Ⅱ型式＞　３型式の中で最も出土例が多く、カマドの主流をなす。規模は15cm前後のものが多く、20cmを越える例もある。本型式は、把手・ツバの有無などにより、さらに２種類に分かれる。

　Ａ類は、把手が付き、庇の形態も整い、かつ調整手法もひじょうに丁寧に施されている。さらに、体部中位にツバを巡らせ、極端に幅広の庇を付けるなど、３型式の中で最も整った器形を呈する。太鼓塚５号墳（写真１－４、図６－４）・６号墳（写真１－５、図７－１）・７号墳例（写真１－６、図７－２）にその典型を見ることができる。

　Ｂ類になると、器形の簡素化が進む。把手・ツバがなくなり、庇だけが取り付くシンプルな器形となる。大津北郊地域では、出土例はそれほど多くなく、わずかに福王子２号墳例（写真１－１、図５）などがこの型式にあたる。

　＜Ⅲ型式＞　高さ10cm未満の小型品。Ⅰ型式同様、出土例が少なく、特殊な例に入る。大通寺15号墳（写真３－３、図７－３）・大谷８号墳（写真３－４）・飼込15号墳例（写真３－２、図７－４）に代表されるもので、粗雑な作りが目立ち、未焼成の例もある。把手はなく、庇も付かなくなるか、あってもわずかにその痕跡をとどめる程度になる。特に、大通寺15号墳・大谷８号墳例はカマドにカマを作り付けた手づくねのひじょうに粗雑な製品といえる。また、Ⅰ型式同様、出土は大津北郊地域に限られ、他府県からの出土はない。

　以上、カマドを規模・調整手法などにより３型式に分類したが、器体規模が縮小化するにともない、作りが粗雑になる傾向がうかがえることや、伴出遺物などから、一例として、Ⅰ型式（６世紀半ば）⇒Ⅱ型式（６世紀後半）⇒Ⅲ型式（７世紀初頭）という編年が考えられる。

　この新たに設定した形式分類及び編年から各出土例を再度検討すると、新しく地域差の存在が浮かび上がってくる。それは次の２点に集約される。

　【地域差Ⅰ】－大津北郊地域例と他府県例－

　先に、器体の規模及び調整手法などから分類したカマドの各型式について、Ⅰ・Ⅲ型式は、現在のところ大津北郊地域に出土が限られ、他府県の出土例はすべてⅡ型式の範疇に入る。なかでも、奈良県出土例はⅡ型式Ｂ類が大半を占める。ツバの付く例はまったくなく、把手も省略され、それに代わって把持孔が穿たれるなど、器形の簡略化が見られ、個体間に強い類似性が認め

られる。
　このような状況から考えて、炊飯具形土器の横穴式石室への副葬は、6世紀中頃の早い時期に大津北郊地域で始まった可能性を考えている。それが周辺地域へ伝わり、大津地域以外では、この風習が比較的短期間（Ⅱ型式の時期＝6世紀後半）で終わり、Ⅲ型式の段階（7世紀初頭）では、大津北郊地域のみに残った。だが、それも無袖式の小規模な横穴式石室が採用される頃（7世紀前半）には、石室への副葬もなくなり、この時点で、炊飯具形土器を石室へ副葬する風習は完全に消滅したと思われる。
　だが、大通寺3号墳出土のミニチュアカマドが、大阪府河内地域出土の土製竈との関連性が考えられること、他地域で古く遡る例が発見される可能性もあることから、これは、現時点における一つの考え方として捉えていただきたい。

＜付記＞
　5世紀後半になると、大阪府の生駒山西麓地域に、渡来人により製作・使用された土製竈（すべて付け庇）が出現する。6世紀初頭頃には、新たに焚口上辺を外側にわずかに折り曲げて庇とする「曲げ庇」をもった竈が現れる。生駒山西麓地域では、6世紀前半になると、これらの竈を模倣して造ったカマドを横穴式石室に副葬する風習が始まるが、「曲げ庇」カマドは、「付け庇」カマドよりやや遅れて、6世紀中頃から石室に副葬するようになる。高安古墳群や大津市大通寺古墳群が最も早く、この時期のカマドは、同時期の生駒山西麓のムラから出土する竈を忠実に模倣している。その後、6世紀後半に入ると、一須賀古墳群（大阪府南河内郡河南町）・宝剣塔山古墳群（大阪府羽曳野市）・与楽古墳群（奈良県高市郡高取町）・城山古墳群（兵庫県芦屋市）などにも、「曲げ庇」カマドの副葬が見られるようになる。だが、「曲げ庇」カマドの石室への副葬は、生駒山西麓や石川流域の古墳に集中しており、奈良・兵庫・滋賀県にも点在するが、それは生駒山西麓一帯を本拠とする人々の拡がりを示しているといわれている。特に、大津市大通寺3号墳例は、生駒山西麓のムラから出土する「曲げ庇」竈と羽釜に、規模・形態とも類似するもので、両地域の繋がりが注目される。（『渡来人とのであい』　東大阪市立郷土博物館　1999）

【地域差Ⅱ】－大津北郊地域の各古墳群例－

　前項では、大津北郊地域と他府県との間に存在する地域差について述べたが、大津北郊地域における状況も決して一様ではなく、各古墳群間に明らかな地域差が認められる。
　大津北郊地域において、後期古墳群の状況が把握できるものはあまり多くはないが、その中で滋賀里・大通寺、同・太鼓塚、穴太・飼込の3古墳群は比較的広い面積が調査された数少ない例といえる。この3古墳群におけるカマドの型式別出土状況をまとめたものが表2である。
　これを見ると、まず、大通寺古墳群では、出土例がⅠ・Ⅲ型式に限られ、最も出土例の多いⅡ型式の副葬がまったく認められない。これに対し、太鼓塚・飼込古墳群は、Ⅱ型式が大半を占め、なかでも太鼓塚古墳群では、Ⅰ・

表2　大津北郊地域古墳群におけるカマド各型式出土状況

（　）内は出土数を表す。

番号	古墳群	Ⅰ型式	Ⅱ型式 A類	Ⅱ型式 B類	Ⅲ型式	備　　考
1	大通寺	○(2)			○(1)	
2	太鼓塚		○(5)			3号墳例はⅡ型式A類としては規模が小さい。
3	飼込		○(4)	○(1)?	○(2)	4号墳例はⅡ型式B類に入れたが、退化現象が顕著にみられ、Ⅲ型式に近い。
4	大谷			○(1)	○(1)	
5	福王子			○(1)		出土例が少ない。
6	小山	○(1)				出土例が少ない。

Ⅲ型式をまったく含まず、すべてⅡ型式、その中でもA類の範疇に入る。また、飼込古墳群は、Ⅰ型式を除く、Ⅱ型式A・B類、Ⅲ型式のすべてが副葬されていた。

　このような古墳群間に存在する地域差は石室の平面形態などからも指摘されており、それぞれの古墳群を残した氏族の消長、さらには氏族間の関係を示すものともとれ、6世紀から7世紀にかけての大津北郊地域の動静を探る有力な資料となる。

　なお、炊飯具形土器の手本となった「土製竈」については、稲田孝司が、庇の製作手法により、付け庇・曲げ庇の2系統に大きく分け、さらに各々の系統を庇の形態と位置により細分することで、形式編年を試みている[29]。それによると、横穴式石室出土の炊飯具形土器は、わずかな例（大津北郊地域では、大通寺3号墳・飼込3号墳・嶽古墳出土の3例が曲げ庇をもつ）を除いて、大半が付け庇系統第1段階に属し、一部第2段階に含まれるものがある。

(2)　副葬位置

　前項で炊飯具形土器の全出土例を、出土位置・検出状況を中心に検討した結果、先に指摘した地域差の存在とともに、副葬にも一つの傾向が認められることが明らかになってきた。

　図8は、大津北郊地域で発掘調査により発見された炊飯具形土器の横穴式石室における出土地点（セットの中心になるカマドの位置）を図示したものである。同図から、炊飯具形土器の出土地点は、明らかに1箇所に集中する傾向がうかがえる。すなわち、両袖式石室では玄室右袖石付近、また左片袖式石室では玄門・袖石付近から玄室に入った地点の右側壁に沿った所に置か

```
  1. 太鼓塚5号墳      11. 福王子16号墳
  2. 同   6号墳      12. 同   2号墳
  3. 大通寺3号墳      13. 同   6号墳
  4. 同   5号墳      14. 太鼓塚1号墳
  5. 飼 込13号墳      15. 同   8号墳
  6. 太鼓塚7号墳      16. 嶽 古 墳
  7. 船戸山3号墳      17. 飼 込10号墳
     2号石室         18. 同  15号墳
     (和歌山)        19. 同   1号墳
  8. 飼 込5号墳      20. 小 山4号墳
  9. 太鼓塚3号墳
 10. 大通寺15号墳
```

(○原位置を保つとみられるもの
 ×原位置を保っていないもの)

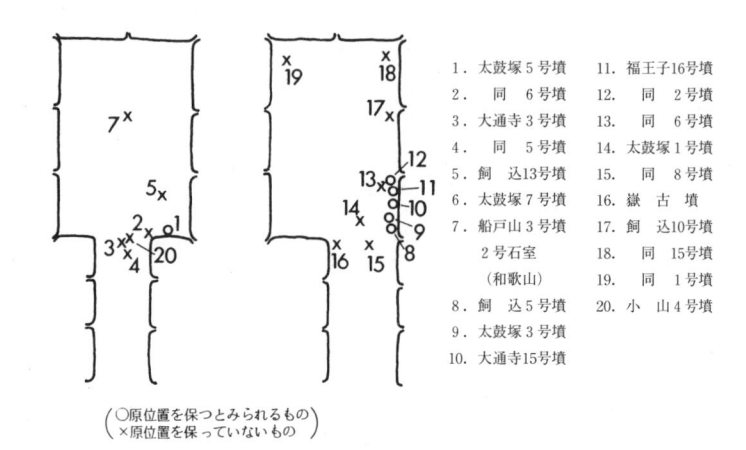

図8　横穴式石室内炊飯具形土器（カマド）出土地点略図

れており、平面形態の違いはあるが、出土地点はほぼ一致する。他にも、大通寺3号墳・5号墳のように羨道部や、太鼓塚1号墳例のように玄室に入った地点があるが、いずれも散乱した状況で発見されており、付近に置かれていたものが何らかの理由で散乱したことを考慮に入れると、上記の出土地点と大差はない。また、玄室奥壁付近から出土した飼込1号墳・15号墳などは、検出状況などからいずれも原位置を保っているとはいえない。

　こうしてみると、炊飯具形土器が他の副葬品類とは完全に分離され、まったく別の地点に副葬する傾向にあったことは明らかである。当時の人々が炊飯具形土器を他の副葬品と完全に区別し、特別なものとして扱ったことは、これらの事例から充分にうかがえるだろう。

　だが、このような炊飯具形土器の出土傾向が大津北郊地域に限られた特色なのか、あるいは他地域の出土例にも共通するものなのかについては、他地域の正確な報告例が極端に少ないため、現時点では対比することができない。しかし、大阪府一須賀古墳群や和歌山県船戸山古墳群などの出土例を見る限り、この傾向は認め難い。だが、いずれの検出状況も、玄室内が後世の攪乱を受けたことを明瞭に示しており、原位置を保ったものとはいえず、炊飯具形土器が本来どの地点に副葬されていたのか明確にできないため、副葬位置が大津北郊地域と異なっていたと結論づけるのは時期尚早だろう。

　＜付記＞
　先に見たように、近年の調査で、横穴式石室の入口右側に炊飯具形土器のカマド・カマ・コシキを置いた大阪府羽曳野市大谷2号墳例（『月刊文化財発掘出土情報』1989.9月号　ジャパン通信社）、羨道閉塞石の直下から炊飯具形土器のカマド・カマ・コシキがバラバラの状態で出土した三重県一志郡嬉野町まんじゅう山3号墳例（『月刊文化財発掘出土情報』1993.2月号　ジャパン通信社）などがあり、大津北郊出土例と共通した事例が増えつ

つある一方で、これまでにはなかった副葬状況の事例も確認されている。

4. 炊飯具形土器の副葬と墓前祭祀

　横穴式石室に副葬する炊飯具形土器が、5世紀後半頃から集落内での出土が確認されるようになる"土製竈"を手本として作られたものであることは先に述べたとおりである。さらに、奈良・平安時代には、都城遺跡からも同様な土器が出土している。土製竈の性格については、稲田孝司の考察[30]があり、数多くの考古資料及び『正倉院文書』『延喜式』『皇太神宮延暦儀式帳』などの文献史料から、この土器が日常的な炊飯に使われたものではなく、非日常的な臨時の炊飯（宗教的祭祀での神に捧げる食物の調理）に使用したものと定義づけ、別火の信仰に奉仕するカマドとして、宮廷から竪穴住居の住人に至るまでの広範囲に普及し発達してきたと結論づけている。

　炊飯具形土器もこの土製竈を手本としているため、土製竈同様に、宗教的祭器としての性格をもつ可能性は高い。小林行雄も「黄泉戸喫の伝承を暗示させるもの」と指摘しているように[31]、炊飯具形土器は『古事記』『日本書紀』に載る一連の黄泉国伝承と深く関わる遺物として一般に位置付けられている。

　『記紀』記載の黄泉国伝承は、イザナギの黄泉国からの逃亡説話としてよく知られ、後期古墳の内部主体として採用された横穴式石室の構造を反映したものであることは早くから指摘されていた[32]。確かに、黄泉国伝承に登場する「黄泉戸喫」や「度事戸之時…」「千引石引塞其黄泉比良坂…」[33]を暗示する遺構や遺物が横穴式石室の構造や副葬品に見出され、この伝承が横穴式石室墳における葬送儀礼の影響を受けて成立したことを示している。したがって、「黄泉戸喫」との関連を指摘する炊飯具形土器も、それ自身がもつ性格・用途からみて、横穴式石室をめぐる葬送儀礼の中心をなす器物として重要な位置を占めていたことは充分に考えられるのである。

　ここでは、炊飯具形土器を組み入れた横穴式石室をめぐる葬送儀礼－特に、古墳前庭部付近で行なわれた墓前祭祀－の形態解明に主眼を置き、これに関連して副葬時期の問題にも触れ、ここでの結論としたい。

(1) 副葬時期

　古墳時代後期、6世紀から7世紀にかけて爆発的に築造された群集墳、その大半の内部主体として採用された横穴式石室は、竪穴式石室にみる一主体部一被葬者の単次葬ではなく、複数の遺骸を埋葬できる構造をもつ。それは、同時に数体を埋葬する場合と、時期を異にした数回の埋葬を行なう場合（追

葬）があり、横穴式石室を取りまく状況を一層複雑にしている。

　横穴式石室は、2～3回の追葬を行なうのが通常で、大津北郊地域の炊飯具形土器を副葬する古墳においても、2回前後の追葬が確認されている。だが、追葬が確認できる古墳であっても、石室内に副葬する炊飯具形土器は、大阪府宝剣塔山2号墳例を除いて1組に限定され、しかも、他の副葬品とは完全に分離し、特定の場所に納置する傾向にあった。この場所は、追葬の際に少なからず障害になる可能性をもっていたにもかかわらず、原位置を保った状態で出土する例があり、原位置を保っていない場合でも、後世の盗掘などによる攪乱で動かされたと考えてよい例が大半を占める。しかも、追葬時に炊飯具形土器の副葬位置を別の場所に移したとする確実な例はない。

　上記のような炊飯具形土器の副葬状況からみて、この土器の石室内への副葬は最終埋葬時に行なわれた可能性が強い。すなわち、大津北郊地域の横穴式石室では、炊飯具形土器セットの副葬が1組に限られ、しかも他の副葬品と完全に分離して玄門付近に納置することから、最終埋葬時に何らかの特別の意味（例えば、今後当石室を一切使用せず、完全に封鎖するという、現世との別離を象徴する器物）をもたせて副葬したものと考えられる。

　横穴式石室の大半は追葬が認められており、家族墓としての性格が強い。石室に追葬する人物も、特殊な例を除いて、第1次被葬者の血縁者に限られていたと考えてよい。そこには、横穴式石室の築造条件及び追葬順序・回数などの細かな取り決めが存在していたとみて差し支えなく、最終埋葬時（あるいは石室を今後使用しないと判明した段階）、石室を完全に封鎖する際に、それまでの埋葬時とは異なった葬送儀礼を行なった可能性は充分にある。その葬送儀礼－現世との完全な別離を意味する祭祀－に、土製竈から継承した宗教的祭器としての性格をもつ炊飯具形土器が使われ、一連の儀礼が終了すると、石室内に埋納し、石室入口を完全に封鎖する。炊飯具形土器が一般の副葬品と完全に分離され、特定の地点に置かれるのは、このような事情が反映したものと考えている。

(2)　墓前祭祀の形態

　いままで多くの紙面をさいて、炊飯具形土器のもつ特殊性について、その副葬状況から検討を加えてきたが、終わりに、もう一歩踏み込んで、炊飯具形土器と横穴式石室をめぐる葬送儀礼、なかでも墓前祭祀との関連性について触れてみたい。

　横穴式石室における墓前祭祀の形態については、早くから『記紀』記載の

「黄泉戸喫」伝承との関連が指摘されてきた。確かに、この伝承を暗示するような事例が発掘調査により数多く明らかになってきている。炊飯具形土器の副葬もその一つだが、これに加えて、横穴式石室内部や周辺部からも、墓前祭祀を暗示する遺物が出土している。

横穴式石室を内部主体とする古墳から出土する遺物は、玄室への入棺時に副葬する土器類が大半を占めるが、羨道部や石室外からも土器類の出土が報告されている。出土地点別に見ると、次の4つの地点に分かれる。

① 羨道部閉塞石

閉塞石直下の床面や石積み中から、多量の土器が発見されることがある。例えば、京都府竹野郡網野町大泊1号墳[34]では、羨道部閉塞石床面部分に土師器壺1・杯1、須恵器横瓶1・長頸壺3・甑1・高杯2・杯6を置き、その上に石材を積み、途中で土師器杯1、須恵器脚付椀1・高杯脚部2・杯身7・杯蓋1を納めていた。また、大津市福王子16号墳[35]では、閉塞石上から須恵器甕片、閉塞石中から須恵器高杯片が出土しており、東大阪市山畑33号墳においても、閉塞石上面から須恵器子持台付壺、土師器皿・坩などが、同10号墳からも、閉塞石中から須恵器蓋・高杯、金環などが出土するといったように[36]、閉塞石部分から土器類が出土する例は比較的多く報告されている。

② 羨道部閉塞石周辺

羨道部では、閉塞石中だけでなく、その前面（羨門側）及び後面（玄室側）に多量の土器類を埋納する例がある。

鳥取県倉吉市大宮古墳[37]では、閉塞石（薄い板石）前面に多量の須恵器類（11点、すべて完形品で、台付長頸壺1・杯蓋5・杯身3・短頸壺1・提瓶1）・刀子1とともに、カマド形土器（小片のため、ここで取り上げている炊飯具形土器と同一のものかは不明）が置かれていた。調査担当者は、この土器群を石室構築時のものではなく、最後の埋葬時のものと考えている。

また、奈良県五條市南阿田大塚山古墳[38]（全長約30mの前方後円墳）では、倉吉市大宮古墳例とは正反対の位置＝閉塞石の後面（玄室側）に、ウマ・シカなどの装飾を付け、小型甑を蓋の鈕とした台付壺を中心に約30点の須恵器が供献されていた。

③ 羨門

羨道部では、先にあげた閉塞石及びその周辺部に加えて、羨門付近から墓道にかけての地点からも土器が出土し、その出土状況には、強い共通性がある。すなわち、須恵器大甕1個体が破片の状態で羨門付近から出土し、他の土器はまったく伴わない。しかも、大甕は破片を接合して復原しても完形に

なることはない。すべて破片となっているため、どのような状態で置かれていたのか不明だが、大津市太鼓塚8号墳[39]のように、意図的に破砕したような状態で出土する例があり、一つの考え方として注目してよい。

なお、羨門付近から須恵器大甕を検出する例はかなりあり、大津市福王子16号墳[40]、奈良県御所市石光山31号墳・49号墳[41]などでも報告されている。特に、前者は、閉塞石中から出土した甕と同一個体の破片が羨門付近から出土しており、羨道部付近で行なわれた葬送儀礼の形態を知る貴重な資料といえる。

<付記>
東大阪市出雲井12号墳（7世紀中頃の築造）では、横穴式石室（無袖式）の羨門部に拳大の礫を使用した閉塞があり、その周囲に須恵器大甕の破片が多数散乱していた。（『東大阪市の古墳－改訂版－』東大阪市教育委員会　2001）

④　前庭部

京都市東山区旭山Ｅ－10号墳[42]では、羨門から西側に続く外護列石の前から、須恵器長頸壺1・杯蓋1・杯身2がほぼ完全な形で出土した。また、滋賀県東浅井郡湖北町四郷崎古墳[43]でも、前庭部から須恵器杯セット1・杯蓋1・高杯2が見つかっている。この他にも、滋賀県愛知郡秦荘町上蚊野2号墳・5号墳[44]や東大阪市山畑33号墳[45]、福岡県大野城市城山Ｃ5号墳[46]などがあり、前庭部から土器類が見つかる例も多い。

<付記>
「前庭部」とは少し異なるが、東大阪市花草山23号墳（無袖式横穴式石室）では、墳丘裾に須恵器甕を据えた事例が報告されている。（『東大阪市の古墳』　東大阪市教育委員会　2001）このような墳丘裾に須恵器甕を据える例は、他地域にも報告例がある。

以上、羨道部や石室外における土器の出土例を地点別にながめてきたが、これを『記紀』の黄泉国伝承の記載内容と照らしあわせて考えると、「為黄泉戸喫…」を炊飯具形土器の副葬との関連でとらえ、「千引石引塞其黄泉比良坂、其石置中、各対立而、度事戸之時…」については、羨道部閉塞石の床面や石積み中、さらに閉塞石前面や後面に置かれた多量の土器類をあて、「事戸わたし」、すなわち死者に対して現世から永遠の別れを言い渡し、死霊を石室＝黄泉国に完全に封じ込めてしまう儀礼の際に使用されたものと見る。さらに、羨門付近の土器群は、一連の葬送儀礼で穢れた身体を浄化する「禊ぎ」の儀礼を行なった際に使用された器物と考え[47]、前庭部の土器群は墓前祭祀の存在を示すものととらえられるのではないだろうか。

このように、横穴式石室に関わる葬送儀礼の形態は、各地に共通した要素を多くもつが、その中にあって炊飯具形土器の副葬は特異なものとして映る。

この土器を石室内に副葬する大津北郊地域では、前庭部における土器群の良好な出土例がないため、断定はできないが、他地域とは異なった墓前祭祀の存在が充分に考えられる。

加えて、大津市以外の地域からも、炊飯具形土器ではないが、炊飯を示す特殊な遺物の出土例はわずかだが報告されている。例えば、島根県地方では、出土地点が炊飯具形土器とは異なるが、墳丘裾付近から土製支脚が出土する古墳がいくつか報告されている[48]（八束郡東出雲町大木権現山4号墳など）。土製支脚は、いうまでもなく3個を1組にして地面に立て、その上にナベを置き、炊飯の用に供した炉の支脚として使われたもので、葬送儀礼の一段階として、墓前に炊飯のための火炉を設ける風習があったとも考えられる。大津では、炊飯具形土器の石室への副葬、一方島根では、墳丘裾からの土製支脚の出土、いずれも炊飯に直接関わる器物である。

＜付記＞
　土製支脚は一般の集落跡からも見つかっており、松江市鷹沢A遺跡（標高約30mの丘陵斜面に立地する古墳時代後期〜奈良時代の遺跡）では、竪穴住居跡や掘立柱建物跡・柵状遺構とともに、移動式竈・甑や土製支脚が多量に出土している。（『古墳時代の竈を考える』第1分冊　埋蔵文化財研究会　1992）

さらに、間接的な資料だが、民俗例にも、葬式時の炊飯に関係した風習が各地に残る。例えば、三重県志摩地方では、葬式の時にホウロクメシを供えるため、庭に石を組んで北向きのクドを作り、ホウロクで飯を炊く[49]。また、宮城県陸前地方の女川町・本吉町では、屋外に三ツ叉木（3本の木の端を結わえて立てる）を立て、これにナベを吊って飯を炊く風習が残る[50]。他にも、埼玉・東京・神奈川・静岡・山梨などに、同じようなカマドを作る風習がある。

このような事例から判断して、前庭部の墓前祭祀で、死者との完全な別離を意味する炊飯の儀礼を行なっていた地域の存在が浮かび上がってくる。炊飯の儀礼が行なわれたと推定できる地域は、いまはまだ限られており、その内容は各地で異なるようであるが、ここで取り上げている大津北郊地域では、集落遺跡から出土する土製竈を小型化した模造品を作り、前庭部での儀礼に使用したのではないかと考えている。

おそらく、前庭部において、炊飯具形土器を中心とした、被葬者（先の被葬者も含む）との永遠の別離を示す炊飯の儀礼が行なわれた後、儀礼の中心となっていた炊飯具形土器を、同じ儀礼で使用していた他の器物から分離して玄門付近に副葬したのではないだろうか。だが、炊飯儀礼が、どのような内容のものであったかを知るような遺物は、残念ながら、これまでのところ

見つかっていない。

おわりに

　小論では、大津北郊地域の後期古墳から集中して出土する炊飯具形土器を取り上げ、その特徴から横穴式石室をめぐる墓前祭祀の形態まで言及したが、問題点が当時の人々の精神生活の領域に含まれるものであるため、いずれも推論で終わってしまったことについてはお許しをいただきたい。だが、葬送儀礼に関係すると考えている羨道部や石室外から出土する土器群を、玄室内の出土土器と対比し、詳細な検討を加え、前者の年代決定を行なえば、墓前祭祀を中心とした葬送儀礼が、いつの時期に、どのような形態で行なわれていたかが、より一層明確になるだろうと考えている。

　最後になりましたが、小論をまとめるにあたって、資料を提供していただいた大津市文化財専門委員・西田弘氏、滋賀県教育委員会文化財保護課・丸山竜平氏、滋賀県立琵琶湖文化館、滋賀県立近江風土記の丘資料館、和歌山県教育委員会文化財課・永光寛氏、同課・吉田宣夫氏には、心から感謝の意を表する次第であります。

第1章 渡来人と古墳　*61*

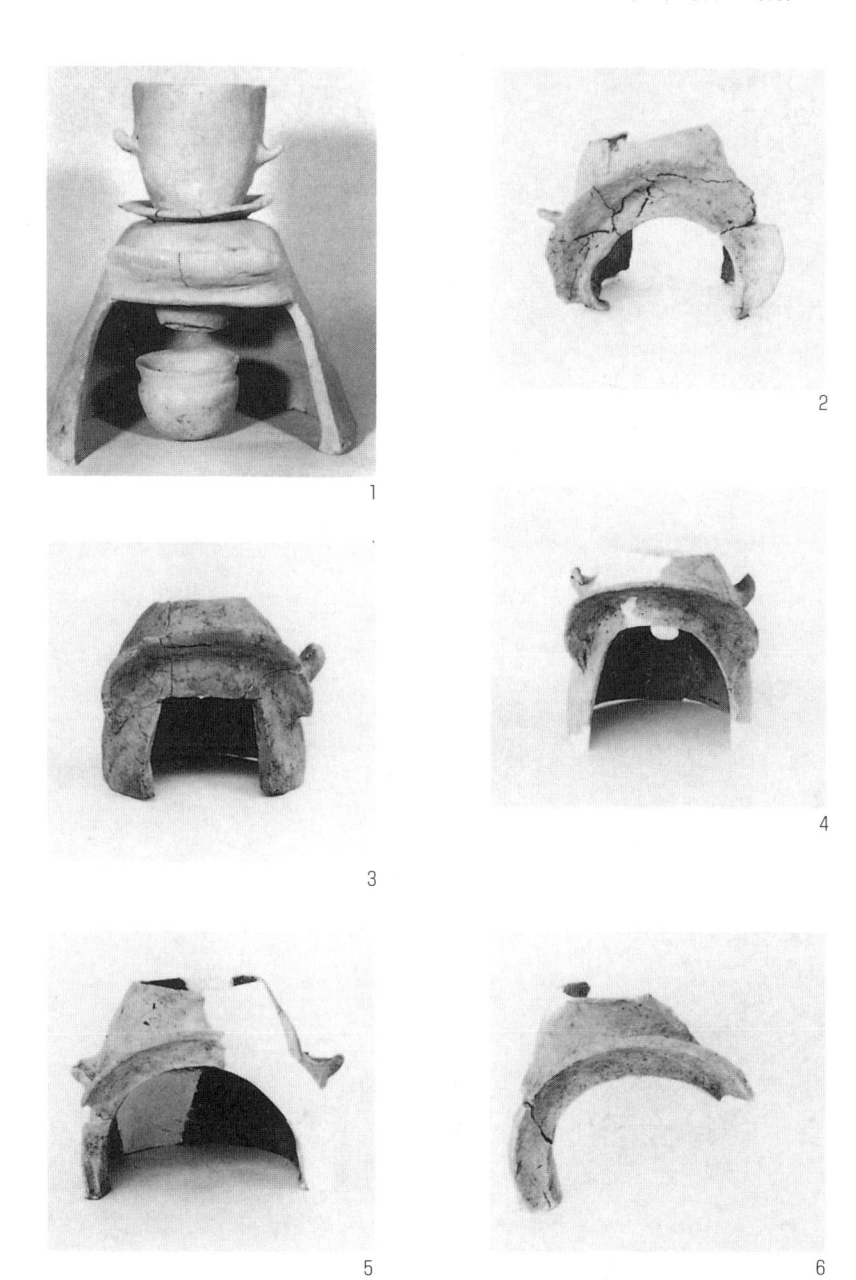

1．福王子2号墳　2．太鼓塚1号墳　3．太鼓塚3号墳
4．太鼓塚5号墳　5．太鼓塚6号墳　6．太鼓塚7号墳

写真1　ミニチュア炊飯具形土器(1)

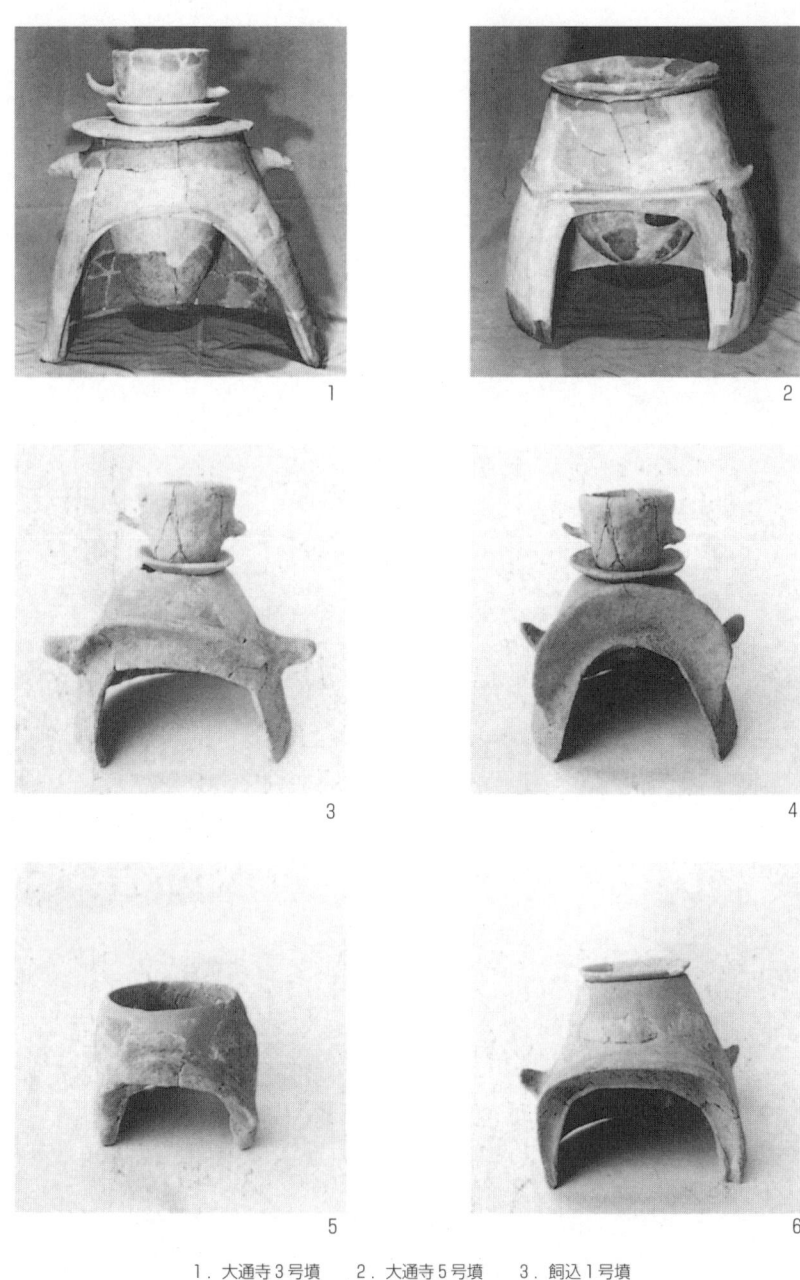

1. 大通寺3号墳　　2. 大通寺5号墳　　3. 飼込1号墳
4. 飼込5号墳　　5. 飼込4号墳　　6. 飼込10号墳

写真2　ミニチュア炊飯具形土器(2)

第1章 渡来人と古墳　63

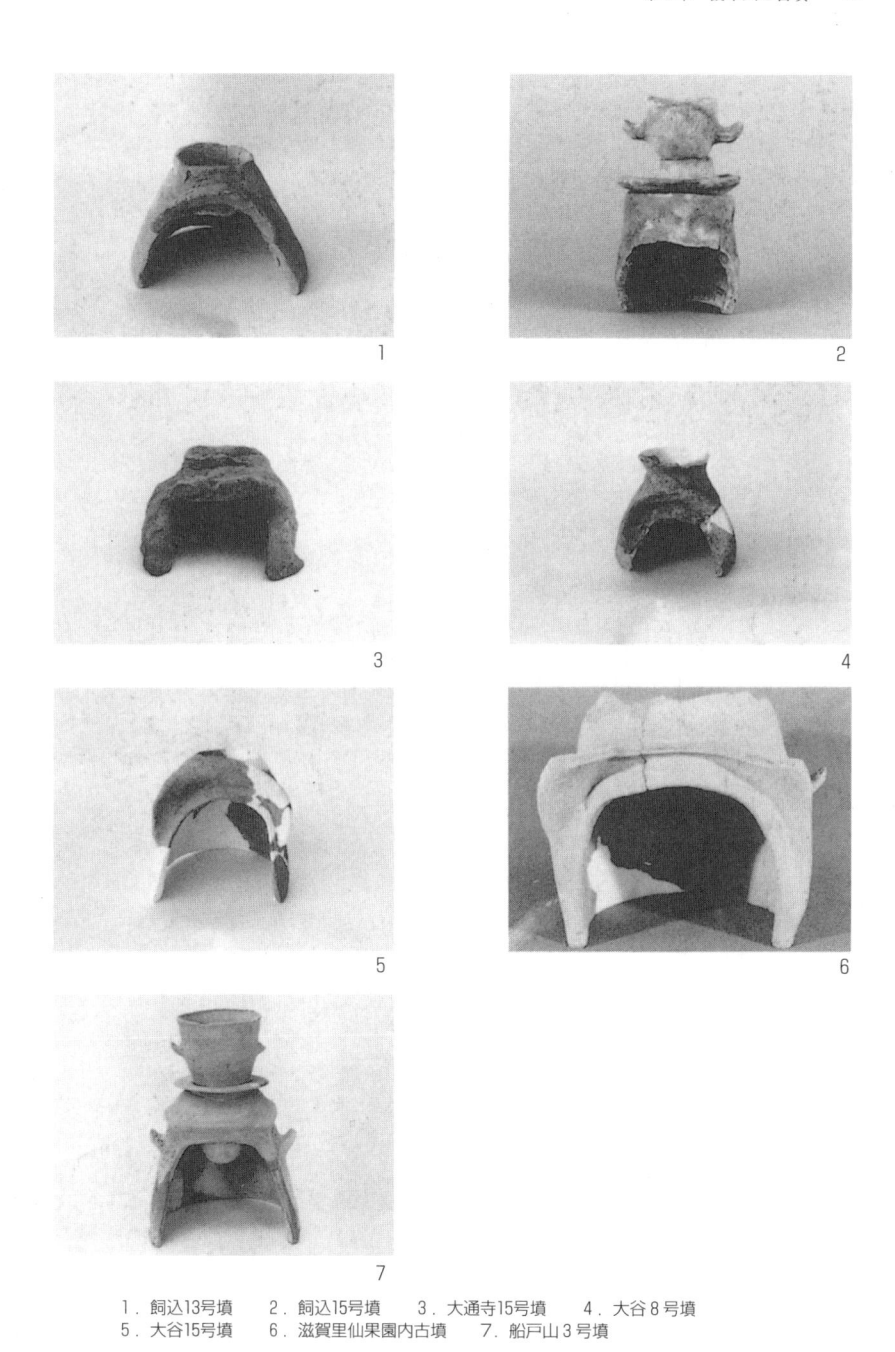

1．飼込13号墳　2．飼込15号墳　3．大通寺15号墳　4．大谷8号墳
5．大谷15号墳　6．滋賀里仙果園内古墳　7．船戸山3号墳

写真3　ミニチュア炊飯具形土器(3)

<注>

1 『埋蔵文化財包蔵地分布調査報告書』（大津市埋蔵文化財調査報告書2　大津市教育委員会　1981）
2 水野正好「滋賀郡所在の漢人系帰化氏族とその墓制」（『滋賀県文化財調査報告書』第4冊　滋賀県教育委員会　1969）
3 松浦俊和「大通寺古墳群の調査を終えて」（『季刊大津市史』No.6　新修大津市史編集委員会　1978）
4 　大友郷は、坂本を中心に、北は雄琴付近から南は柳川まで、錦部郷は柳川から石場付近までとする考え方がある（西田弘「古代の浜大津周辺」（『大津城跡発掘調査報告書』Ⅰ－大津市埋蔵文化財調査報告書1－　大津市教育委員会　1981）による）。
5 島田貞彦「本邦古墳発見の竈形土器」（『歴史と地理』第22巻第5号　1926）
6-1 『滋賀県文化財調査報告書』第4冊（滋賀県教育委員会　1969）
 -2 『樫木原遺跡発掘調査報告Ⅲ－南滋賀廃寺瓦窯－』（滋賀県教育委員会　1981）
　　　16号墳では、コシキが小型の甕に入った状態で出土。調査担当者は、甕をカマに転用し副葬されたものと推定。
7 注5に同じ。
8 注5に同じ。
9 『滋賀里・穴太地区遺跡群発掘調査報告書』Ⅰ－太鼓塚古墳群－（大津市文化財調査報告書12　大津市教育委員会　1980）
10-1 水野正好「大津市滋賀里大通寺古墳群調査概要(1)」（『滋賀文化財だより』No.11　滋賀県文化財保護協会　1978）
 -2 『大通寺裏山古墳群－考古資料にみる湖西－』（展示パンフレット　京都教育大学考古学研究会　1977）
11 　大津市内で羨道部に排水溝を有する古墳は、本例と嶽古墳の2例だけである。
12 　大津市教育委員会文化課が1980年に実施した近江神宮所蔵遺物調査で確認。
13 『滋賀里・穴太地区遺跡群発掘調査報告書』Ⅱ（大津市埋蔵文化財調査報告書5　大津市教育委員会　1982）
14 　大津市文化財専門委員・西田弘氏のご教示による。
15 注13・14に同じ。
16 『嶽古墳現地説明会資料』（滋賀県教育委員会　1981）
17 注6-1に同じ。
18-1 島田貞彦「再び竈形土器に就いて」（『歴史と地理』第24巻第4号　1929）
 -2 『奈良県の主要古墳』Ⅱ－緑地保全と古墳保護に関する調査報告2－（奈良県教育委員会　1974）
19 注5に同じ。
20 島本一「竈形土器に就いて」（『大和志』第4巻第8号　大和国史会　1932）
21 『大和を掘る』－1981年度発掘調査速報展－（奈良県立橿原考古学研究所附属博物館　1982）
22 　奈良県立橿原考古学研究所附属博物館のご教示による。
23 注5・18-1に同じ。
24 「一須賀古墳群発掘調査概要(1)」（『大阪府文化財調査概要』1973年度－1　大阪府文化財センター　1976）

25　野上丈助『河内の古墳』(2)－石川上流の古墳群－（古美術鑑賞社　1968）
26-1　『新修芦屋市史』－資料篇１－（芦屋市）
　-2　注５に同じ。
27　注５・26－１に同じ・
28-1　『船戸山６号墳発掘調査概報』（和歌山県文化財研究会　1974）
　-2　吉田宣夫「ミニチュアカマドを出土した船戸山古墳群」（『月刊文化財』1977年８月号　第一法規出版）
　-3　『埋文情報』№２（和歌山県教育委員会　1977）
29　稲田孝司「忌の竈と王権」（『考古学研究』第25巻第１号　考古学研究会　1978）
30　注29に同じ。
31　小林行雄「黄泉戸喫」（『古墳文化論考』　平凡社　1976）
32-1　白石太一郎「日本神話と古墳文化」（『講座・日本の神話』12－日本神話と考古学－　有精堂　1978）
　-2　白石太一郎「ことどわたし考－横穴式石室の埋葬儀礼をめぐって－」（『橿原考古学研究所論集－創立35周年記念－』　吉川弘文館　1975）
33　『日本書紀』では、「黄泉戸喫」を「飡泉之竈」、「度事戸之時…」を「建絶妻之誓…」、「千引石引塞其黄泉比良坂…」を「以千人所引盤石塞其坂路…」と記載する。なお、古事記は『日本古典文学大系』１（岩波書店　1974）、日本書紀は『日本書紀前篇』（国史体系－新訂増補－　吉川弘文館　1974）から引用した。
34　「丹後大泊古墳群調査報告」（『同志社考古』３・４　同志社大学考古学研究会　1964）
35　注６－２に同じ。
36　藤井直正・都出比呂志ほか『原始・古代の枚岡』第１部－各説（河内歴史研究グループ　1966）
37　『大宮古墳発掘調査概報』（倉吉市教育委員会　1979）
38　『奈良県遺跡調査概報』－1980年度－（奈良県立橿原考古学研究所　1982）
39　注９に同じ。
40　注６－２に同じ。
41　『葛城・石光山古墳群』（奈良県史跡名勝天然記念物調査報告第31冊　奈良県教育委員会　1976）
42　『旭山古墳群発掘調査報告』（京都市埋蔵文化財研究所調査報告第５冊　京都市埋蔵文化財研究所　1981）
43　『北陸自動車道関連遺跡発掘調査報告書』（滋賀県教育委員会　1974）
44　『ほ場整備関係遺跡発掘調査報告書』Ⅳ－Ⅱ・Ⅴ（滋賀県教育委員会　1977・78）
45　注36に同じ。
46　『九州縦貫自動車道関係埋蔵文化財調査報告』Ⅸ（福岡県教育委員会　1977）
47　注32に同じ。
48　小林行雄「土製支脚」（『古墳文化論考』　平凡社　1976）
49　佐藤米司『葬送儀礼の習俗』（民俗民芸双書　岩崎美術社　1977）
50　注49に同じ。

古代近江の葬送儀礼
— 考古学・民俗学からのアプローチ —

1．大津市仰木、杉谷遺跡の発掘調査

　私が古代の葬送儀礼に関心を持つようになったのは、いま考えてみれば、10年余り前に行なった一つの発掘調査がきっかけとなっているように思う。

　ＪＲ湖西線雄琴駅のすぐ北側の山手に大規模な宅地造成地が広がる。日本住宅都市整備公団による造成工事がいまも行なわれており、将来は緑に囲まれた美しいニュータウン（現在の"仰木の里"）として生まれ変わる。かつては「仰木の棚田」と呼ばれる美しい階段状の水田がつらなる、のどかな田園風景が広がっていた。ここに、日本住宅都市整備公団によるニュータウン建設計画がもちあがり、これに先立って、昭和52年（1977）～54年に発掘調査が行なわれた。この調査を通じて、それまで考古学上の空白地帯といわれていた仰木・雄琴地域で興味ある遺跡がいくつか見つかり、注目されるようになってきた。

　雄琴駅を下り、県道仰木雄琴線を仰木方面へ向かう途中、辻ケ下の集落に入る少し手前の右手山側に村の共同墓地がある。この墓地と小さな谷を挟んだ東方の小丘陵上に、2段になった平坦地が広がっていた。ここは、当時の遺跡台帳には遺跡として登録されていなかったが、上段の平坦地の南隅に、文化4年（1807）7月の刻銘のある墓石が3基並び、その前面に小さな盛土状の高まりがあり、周囲に石材が散乱していたので、遺跡かどうかを確認するための発掘調査を行なうことになった。地面を20～30cm掘り下げると、すぐに地山層が現れ、同層を掘り込む形で円形や方形を呈した土壙（素掘りの穴）があちらこちらから見つかり、調査終了時には、上・下2段の平坦地で、合わせて55基に達していた。

　土壙は、その形とともに、深さもまちまちで、10cm前後の浅いものから、1mを超える深いものまであった。しかし、よく見ると、深さが1mに達するような土壙は、一辺も1mを超える正方形か、それに近い形をしているが、浅いものは楕円形を呈した小規模な例が多い。土壙の中からは、わずかだが鉄釘や陶器小皿・銅銭などが底近くから、また五輪塔・宝篋印塔・石仏などの石造品が上層から見つかっており、ここが室町時代終わり頃から江戸時代

にかけての共同墓地であったことが明らかになった[1]。
　いま少し、この遺跡（地名から「杉谷遺跡」と命名）から見つかった墓壙群を見ていくと、SK2という番号を付けた墓は、長径90cm×短径70cmの楕円形をした穴で、深さは20cm余りであったが、中から6枚の銅銭が重なった状態で出土している。また、SK11（長さ115cm×幅95cmの長方形を呈する穴、深さ50cm）からも、重なった状態の6枚の銅銭と鉄釘3点が見つかった。銅銭は、この他にも、SK16（10枚、寛永通宝・開元通宝ほか）・SK20（3枚、元豊通宝）・SK21（9枚）・SK22（6枚、永楽通宝・洪武通宝ほか）・SK44（4枚、景徳元宝・祥符元宝・熙寧元宝ほか）・SK47（6枚、寛永通宝・永楽通宝ほか）などで確認されており、コヨリなどの紐状のものでくくり、紙か布の袋に入れたような状態で納められていた例もあった。
　この他に、注目すべき出土遺物として、石造品がある。SK40・43・44に集中しており、いずれも墓の中に流入した土砂の比較的浅いところから出土している（図1）。種類としては、五輪塔の火輪・水輪部、宝篋印塔の笠部、そして阿弥陀如来坐像を浮き彫りにした石仏などがある。さらに、上記の墓以外にも、埋土中から1～3個の石材（自然石で、加工の痕跡はない）が検出されることがあり、全部で10基の墓から石造品

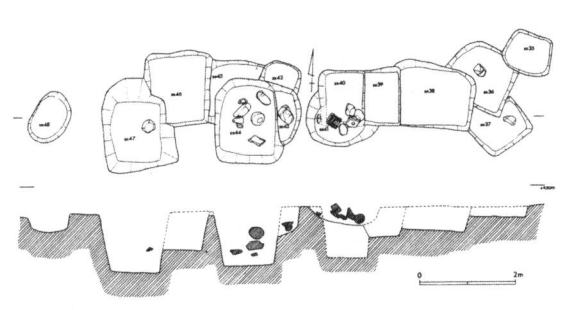

図1　杉谷遺跡土壙（SK35～SK48）実測図（注1による）

や石材が見つかっている。そのいずれもが墓の中に少し落ち込んだ状態で出土することから、墓の上に安置していたと考えており、おそらく規模の大きな墓には、円形か方形をした座棺が埋められていたのだろう。
　大津市域で初めて明らかになった近世のムラの共同墓地。それは当初思い描いていたよりは、はるかに簡素な埋葬だという印象を強く受けた。いままでほとんど調査例がなく、他地域との比較検討はできないが、現在に残る各地の民俗例と照らし合わせると、葬儀の内容は別にして、埋葬方法にそれほど差はないように思える。私にとっても、近世墓地の発掘調査は初めての経験であり、その時、自分が軽い興奮状態にあったことをいまでもよく覚えている。それまでに、弥生時代から古墳時代にかけての墓制に関心をもっては

いたが、これを契機に、民俗学や中・近世考古学の成果をもとに、古代、なかでも大津北郊地域（大津市錦織〜坂本）に集中する古墳時代後期の群集墳で行なわれていた葬送儀礼の復原を行なってみたい、と思うようになった。

2．民俗学からのアプローチ

　杉谷遺跡の発掘調査を終えて、しばらく、近世墓地を調査する機会がなかったが、今年（昭和62年）になって、まったくの偶然から、江戸時代の墓地の一部を発掘調査することになった。

　大津市滋賀里地区は、坂本や穴太地域と同じように、山手一帯に古墳時代後期の古墳が数多く造られている地域としてよく知られている。昭和62年6月、この滋賀里地区（滋賀里二丁目）で住宅新築の申請があり、工事に先立って大津市教育委員会による発掘調査が行なわれた。当然、調査目的は後期古墳の有無を確認することであり、予想通り、横穴式石室を1基検出したが、それ以外に、まったく予想外の江戸時代の墓地遺構が見つかった。あとで考えてみると、調査地点の北側に当集落の小さな共同墓地があり、今回見つかった遺構はこれに続くものであったのだが、発見の一報を受けた時には、驚いたというのが本音であった。

　墓の遺構は全部で8基。1基を除いて、似かよった形をしており、直径80㎝×深さ60〜80㎝前後の円形の穴。しかも、ほとんどの墓に、ほぼ完全な形の人骨が残っており、出土遺物も杉谷遺跡より多く、当時の人間の骨格や埋葬方法を知る貴重な資料となった[2]。

　埋葬状況を詳細に見ていくと、人骨は足をかかえるような形に折り曲げ、首が前方に倒れた状態で見つかっている。おそらく、膝をかかえ、紐でくくった状態で、棺に入れ埋葬したのだろう。棺内には、銅銭の他に、伊万里の染付碗や土師製皿などが納められていた。また、墓の上面からも伊万里の染付碗などが見つかっており、棺を墓穴に入れ埋め戻したあとで、地表に何らかの供え物をしていたのだろう。このような事例は、いまも各地に残る埋葬の風習に似かよっており、200年近くの時間の隔たりはあるが、その内容はあまり変化していない。

　従って、現在に伝わる埋葬の風習、すなわち葬送儀礼を調査すれば、少なくとも江戸時代のそれを復原することは可能だろうし、さらに時代を遡り、中世あるいは古代における葬送儀礼のあり方もある程度推測できるのではないか、そこに何かのヒントがあると考えている。ここでは、この考え方に立ち、民俗学による葬送儀礼の調査例や他地域における考古学の成果を参考に、

大津北郊地域における古墳時代後期の群集墳の発掘調査結果から、当地域の群集墳をめぐる葬送儀礼の様相を追いかけてみたい。これは、民俗学と考古学の調査成果を検討することにより、抽象的で実態のない古代人の精神文化の一端を明らかにしようとする一つの試みである。

さて、「死」は、昔から人間にとって避けることのできない厳粛な事実であり、科学が高度に発達した現代社会でも、どうすることもできない問題である。従って、確実に迫ってくる「死」に対して、いかに対処し、死者をどのように取り扱い、死後の霊をいかに祀るかといったことが、死者の家族、さらには彼の属する組織・集団にとっては避けて通ることができないものになってくる。そこで、死に直面した人間を蘇生させようとしたり、死が確認された後は、死者との関係を断ち、別の世界の者として取り扱おうとするなど、死に直面した段階から、死の確認、墓地への埋葬、死霊を祀るまでの一連の儀礼＝葬送儀礼が行なわれるようになる。そして、この「死」に関わる一連の儀礼は、その内容により、大きく３つの段階に分けることができる[3]。

第１段階は、死期が真近に迫ってから死を確認するまで、すなわち「生と死の分かれ」に関する儀礼である。これには、「千人祈祷」だとか「お百度参り」といったように、多くの人々の力で病魔を退散させようとする儀礼だとか、いまではほとんど見られなくなった「タマヨビ」などがある。「タマヨビ」とは、その名の通り、魂を呼び戻すことであり、屋根の棟に上がって（この時、枡・菅笠などを持って登る地方もあったらしい）、死に直面している人の名を呼び、身体から離れようとする魂を呼び戻して、その人を蘇生させようという儀礼である。また、井戸に向かって呼んだり、枕元で大声で叫んだりする例も多い。

さらに、死を確認する儀礼として有名なものに、「モガリ」がある。『日本書紀』に記された「天稚彦が死んだ時に、喪屋を造って殯をした」という一文は有名であるが、奄美大島の南西に位置する沖永良部島では、墓所の近くに「モヤ」という小屋を造って、棺を安置し、数日間、近親者がそこに行き、死者の顔をのぞいて、酒肴をくらい、楽器を鳴らして踊り狂ったという。まさに、『日本書紀』にある「八日八夜、啼び哭き悲び歌ぶ」の記述を連想させる光景だったことだろう。また、青森県では、死者の家に"モガリ"と呼ぶ、木や竹などで斜め十文字に組んだものを立てるところがある。古代の殯宮にも、竹などで組んだ垣根状の施設が造られていたかもしれない。

次に第２段階は、死を確認した後の死者の家での諸々の儀礼から、墓地での埋葬を終え帰宅するまでをいう。いわゆる葬式である。この段階は、さら

に、①出棺まで、②出棺から墓地に到着するまで、③墓地、④埋葬終了から帰宅まで、という４つに細区分できる。その主な儀礼をあげていくと、①に該当するものとして「枕飯」がある。これは、死者の枕元に飯などを供える風習で、これを作るのに日常使用しているカマドとは別に、戸外に木や竹で三叉に組んだ簡単なカマドを造り、それに鍋を吊るして炊くところが多い。そして、これに使った道具はしばらく使わなかったり、あるいは二度と使わないように捨てる地方もある。厳格なところでは、火を燃やして出た灰まで捨てるらしい。

次に、②では、出棺時に、先の枕飯を茶碗ごと投げて割るところがある。出棺に際し、死者の使用していた茶碗などの容器類を割る風習は、近畿・中国・四国を中心に広く分布しており、例えば、兵庫県加東郡では、病気があとに残らないように、日常使用している二斗（約36ℓ）入りの水甕を割ったという。また、出棺時に、門口で火（ワラ火が多い）を焚く風習もある。門火・送り火・別れ火などといい、兵庫県加古郡では、戸口でワラを一把燃やし、「そのまま帰ってくるなよ」といって死者の茶碗を割ったらしい。どちらも死者の霊との縁を断ち切ろうとする儀礼である。また、出棺時に棺を通常の出入口から出さず、縁側から運び出したり、仮の門（茅や竹・紙製）を造ってくぐらせる風習なども残る。

このように、出棺時前後には種々の儀礼が見られるが、その中で注目したいのが、「死者の枕元に別火で作った飯を供える」「出棺時に茶碗を割る」「同じく出棺時に門火を焚く」という３点であり、これらは、あとで述べる古代の葬送儀礼を復原する際に、大いに参考になる儀礼だと考えている。

さらに、③・④の出棺から墓地での埋葬が終わり、帰宅するまでの儀礼のなかで、注目すべきものとして、墓穴を掘り始めてから埋葬が終わるまで、焚き火をするという地方がある。魔除けのためだという。また、墓穴を掘り始める前に、麦を播き、穴あき銭をコヨリで竹にくくり付けたものを中央に立て、一文銭を１枚ずつ四隅に置いてから掘るところもある。死者のために、地の神から土地を買うという気持ちの表れだといわれているが、地の神の祟りを押える意味が多分に含まれているように思う。この他にも、死者の枕元に供えていた枕飯を墓地へ持って行くところ（墓に供えたり、棺に弁当だといって入れる）や、枕飯を炊いた火を火縄に移して墓地へ持って行ったり、飯を炊いて出た灰を墓地へ持って行き、墓の上に撒く風習がある。

墓地での埋葬が終わり、会葬者が帰宅して家へ入る時、いまでもよく見る光景だが、塩や水などで清めてから入る風習が広く分布している。また、埋

葬後、墓で餅をちぎって後ろに投げるなど、餅を使う儀礼も多い。

　最終の第3段階は、死霊を祀る一連の儀礼である。いまも各地で行なわれている初七日、三十五日、四十九日、一周忌、三回忌、七回忌などと呼ばれる儀礼がこれにあたり、長いところでは五十回忌、百回忌を行なっているところもある。このような長期にわたって死者の霊を祀る風習がいつ頃から定型化したのかはわからないが、形はどのようであれ、古代においても埋葬後の死者の霊を祀る儀礼の存在は当然考えられるし、一般的に広く行なわれていたと思う。

　これまでは、文献史料の極めて少ない時代、すなわち古代の時期に行なわれていた葬送儀礼を復原することは到底できないだろうと思っていたが、近年の考古学のめざましい進展により、各種の儀礼を暗示する遺構・遺物が各地で出土するようになってくると、まったく不可能だとはいえなくなってきた。いまでは、先に述べた民俗学の調査事例を参考に、現在までの発掘調査成果から、古墳時代後期の横穴式石室墳に係わる葬送儀礼の様相を復原することはある程度可能だと考えている。

3．考古学調査の成果

　ここで取り上げている大津北郊地域とは、大津市役所（御陵町）付近から坂本にかけての地域をいい、これから詳しく見ていく古墳時代後期、すなわち6世紀中頃から7世紀前半にかけての古墳が数多く集中するところとして早く

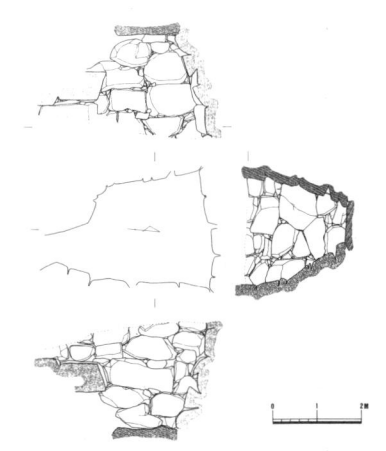

図2　持ち送り技法を採用した横穴式石室
　　　－百穴8号墳－（『史想』No.19より転載）

写真1　百穴9号墳横穴式石室

から注目されていた。現在確認されているものだけでも、600基前後を数え、すでに消滅してしまったり、未確認のものを含めると、おそらく千基近い数字になるだろうといわれている。これがわずか一世紀たらずの間に造られたのである。

　これらの古墳の大半は円墳で、埋葬施設として横穴式石室を採用している。しかも、当地域の石室が周辺地域とは異なり、特異な構造を持つことも早くから知られていた。すなわち、棺を納める玄室部の四壁の石積みが上方へ行くにつれて前方に迫り出し、ドーム状の天井を形作りながら、1個ないし2個の巨大な石材で石室天井に蓋をする、いわゆる「持ち送り技法」と呼ぶ構築法を採用している（図2、写真1）。その源流が朝鮮半島に求められることから、当地域一帯に居住していた大友・錦部・穴太・三津といった渡来系氏族との関連が早くから指摘されていた。これに加えて、当地域の古墳には、滋賀県下の他地域ではまったく出土例を見ないミニチュア炊飯具形土器（写真2、以下、「炊飯具形土器」という）が副葬されることもよく知られている[4]。

　この土器は、滋賀県以外にも、大阪・奈良・兵庫・和歌山の各府県から出土しているが、全出土例の7割以上が滋賀県、それも大津北郊の限られた地域に集中する。他にあまり類例を見ない特異な分布を示す遺物といえるだろう。しかも、その起源は、持ち送り技法と同じように、朝鮮半島に求めるのが定説となっている。

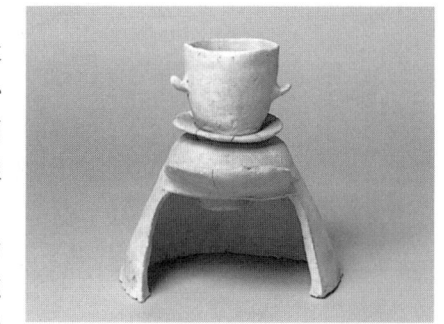

写真2　福王子2号墳ミニチュア炊飯具形土器
（滋賀県立安土城考古博物館蔵）

<付記>
　平成14年末現在、この他に三重県（上野市一志郡嬉野町ほか）から炊飯具形土器が出土している。さらに、炊飯具形土器の中心をなすカマドは出土していないが、岐阜県下の古墳ではミニチュアコシキが見つかっている例が報告されている。（『古墳時代の竈を考える』第2分冊　埋蔵文化財研究会　1992　ほか）

　以上、大津北郊地域に見た2つの事実、すなわち特異な構造を持つ横穴式石室と、そこに副葬される炊飯具形土器、そのいずれもが当地域に居住する渡来系氏族と密接な繋がりがあるという。そこに、他地域とは異なった横穴式石室をめぐる葬送儀礼が行なわれていたことは容易に想像がつく。それは、半島の葬送儀礼の様式を色濃く残したものかもしれない。最近、大津北郊の穴太や滋賀里地域で、このような古墳を残した渡来系氏族の人たちのムラと

考えられる遺跡が相次いで明らかになり、他地域ではほとんど報告例のない遺構（大壁造り建物・写真３、礎石建物、オンドル遺構[5]）が見つかっている。同一地域で、渡来系氏族の人たちのムラと墓地の両方が近接して存在する、渡来系氏族の文化を研究するにはまたとないところである。そこで、これまでに発掘調査で発見された遺構・遺物から、精神文化に関わりを持つと見られるものを取り出し、当地域の葬送儀礼について考えてみたい。

写真３　穴太遺跡大壁造り建物
（『よみがえる大津京』より転載）

４．遺構・遺物から見る葬送儀礼の形態

　先に簡単に触れた炊飯具形土器について、もう少し詳しく見ていくと、まず、この土器は、カマド・カマ・コシキ・ナベの４点からなり、それがセットで副葬される。しかも、その副葬には、一定の約束事が存在する。一つは、一般的に横穴式石室には数回の追葬が認められるにもかかわらず、わずかな例を除き、原則として、１セットだけを副葬すること（カマドに限って見れば、大阪府羽曳野市宝剣塔山古墳群の１例を除いて、すべて１個体）。もう一つは、副葬位置も決められていたようで、玄門から玄室に少し入った右側壁沿いに集中する傾向にあること。この２つの事実から、この土器セットは、石室への最終埋葬時（当初から埋葬する人物が決められている）に一緒に入れられたのではないかという考え方が導き出されてくる。しかも、カマドは先学の研究ですでに論じられているように、『記紀』記載の「黄泉戸喫」伝承と深く関わった遺物として、一般に位置付けられている[6]。

　さらに、これ以外にも、横穴式石室では葬送儀礼を暗示する遺物が見つかっており、羨道・羨門及び前庭部に集中する傾向がある。その内容を見ていくと、
　　①羨道部閉塞石直下の床面及び石積み中から、大量の土器が出土する。
　　　　京都府竹野郡網野町大泊１号墳・大津市福王子16号墳など
　　②閉塞石の前面（羨門側）及び後面（玄室側）に、大量の土器を安置する。
　　　　鳥取県倉吉市大宮古墳・奈良県五條市南阿田大塚山古墳など

③羨門付近から意識的に割られたような状態で須恵器大甕が出土する。
　　　　　　　　大津市太鼓塚8号墳・奈良県御所市石光山32号墳・同49号墳など
　④石室前庭部付近から、土器が1カ所に集中して出土する。
　　　　　　京都市旭山E－10号墳・滋賀県東浅井郡湖北町四郷崎古墳など
といった状況である。
　また、近年の調査で、玄室内からも葬送儀礼の存在を暗示する遺物が出土している。例えば、鉄地金銅装の豪華な馬具の副葬で話題を呼んだ牧野古墳（奈良県北葛城郡広陵町、国史跡）の玄室から桃の実が見つかっており、『日本書紀』の黄泉国の項に登場する「桃の実を投げつける‥‥‥云々」という記述との関連が指摘されている。
　この他にも、島根県地方では、出土地点が炊飯具形土器とは異なるが、古墳の墳丘裾付近から、土製支脚が出土するという報告がある[7]。土製支脚は、いうまでもなく、3個を1組にして地上に立て、その上にナベを置き、炊飯の用に供したもので、一連の葬送儀礼の過程の中に、墓前に炊飯のための火炉を設ける風習があったか、あるいは集落内で行なわれた炊飯に関わる儀礼（民俗例の「枕飯」を作る際、戸外に設ける簡単なカマドのことを連想させる）で使われたものを、遺骸といっしょに埋葬場所へ持って行ったとも考えられる。
　このように、横穴式石室の内部及びその周辺からは、葬送儀礼の存在を暗示する事例が数多く報告されている。その中にあって、炊飯具形土器は、他の遺物と異なり、特異なものとして目に映る。そこに、この土器を使った特別な葬送儀礼が存在したことは充分に予想できるのではないだろうか。

5．ミニチュア炊飯具形土器をめぐる葬送儀礼

　そこで、先に見た各地に残る民俗例の中から、炊飯具形土器との関連で、"炊飯"、もう少し範囲を広げて"火"を使う儀礼を拾い上げていくと、"炊飯"・"火"を扱った事例は案外と多い。
　まず、出棺前の死者の家での儀礼から順次見ていくと、最初に、死者の枕元に飯を供える風習がある。これに用いる飯は、日常使っているカマドではなく、戸外に木や竹で簡単なカマドを作り、そこで炊くという。このカマドや枕飯は、忌みがかったものとして捨てたり、川に流すことが多いが、なかには枕飯を墓に持って行って供えたり、弁当だといって棺の中に入れる例がある。また、カマドで使った火や灰も墓地へ運び、そこで燃やしたり、撒いたりする地方もあるという。

また、炊飯に関連したものとは異なるが、出棺の時に、門口で火を焚く風習がある。この時、死者の使っていた茶碗を割るところもあるという。出棺時に茶碗を割る風習は、近畿・中国・四国などの西日本に多く見られ、水甕だとか、枕飯を入れた茶碗を割る例などが報告されている。

　この他に、墓地で火を使う風習が残る地方も多く、魔除けのため、墓穴を掘り始めてから埋葬が終了するまで焚き火をするところだとか、埋葬の際、導師が掛け声とともに棺に向かってタイマツを投げつけるといった例がある。

　上記の事例を要約すると、死者の枕元には、別火で炊いた飯を供え、出棺時に門口で火を焚くとともに、枕飯の入った茶碗や水甕などを割る。墓地へ埋葬する時、枕飯を一緒に持って行って墓に供えたり、棺の中に入れることもある。この時に、先のカマドの火や灰までも墓地へ持って行き、そこで燃やしたり、墓の上に撒いたりする。これ以外にも、墓地での儀礼に火を使うことが多い。

　このように見てくると、大津北郊地域に数多く築かれた古墳時代後期の円墳の内部主体である横穴式石室に副葬される炊飯具形土器も、いわば"火"、すなわち炊飯に関したものであり、民俗例に見える別火のカマドにあたる可能性が強い。カマドは集落内での日常生活には欠くことができない重要な施設である。これを模したといわれるミニチュアのそれは、先に見た枕飯を作る別火のカマドと同じように、集落内での葬送儀礼に使われていたとも考えられる。だが、実際に使った痕跡がないことから、別火のカマドをミニチュアで作って、枕飯を墓地へ運んで供えたり、棺の中に入れたりしたのと同じように、横穴式石室内に副葬したのではないだろうか。近年、穴太地区の遺跡から、やや時代の下る大型のカマド（高さ37.0㎝、底部径53.0㎝）が出土した。十分実用に耐えられるだけの大きさだが、使われた痕跡がない。このようなものが集落内での何らかの儀礼に使われていたのだろう。

<付記>
　穴太遺跡以外にも、近年、滋賀県下の集落遺跡から移動式の土製竈が見つかってきている。例えば、長浜市東上坂町柿田遺跡では、2基のカマドが出土しており、うち1基は「曲げ庇」をもつものである。もう1基は、羽釜・甑がセットになっていた。（特別展図録『湖北の王たち－神功皇后から継体天皇へ－』　市立長浜城歴史博物館　2003）

　古墳時代後期、大津北郊地域では、一つの横穴式石室に最後の人物（石室築造時から決まっていたと考えている）を埋葬する時、集落内でカマド（あるいは"火"）を使った炊飯の儀礼を行なったのち、それをミニチュアで作り、死者とともに墓地へ運ぶ（当初は、儀礼に使ったものを持っていった可能性がある）。石室の前庭部では、『記紀』に見る「黄泉戸喫」に似た儀礼が

行なわれ、棺とともに炊飯具形土器を石室内に持って入り、特定の場所に置く。そのあと、牧野古墳から出土した桃の実を使ったような何らかの儀礼を行なったのち、閉塞石を積んで完全に封鎖する。この時にも、汚れた身体を浄めるためか、あるいは死者の霊が外へ出てさまよわないようにするために、閉塞石の石積みの中や、その前後の位置に、多くの土器類を安置する（意識的に割った可能性も考えている）。そして、羨門で死者との縁を完全に断つために、甕を割る。そのあと、前庭部で簡単な儀礼を行なったのち、集落にもどる。前庭部から出土する土器類には、現在でいう、一周忌だとか三回忌だとかいった死者の霊を祀る儀礼に使われたものが含まれている可能性も考えている。

このような流れの中で見ると、炊飯具形土器の石室への副葬は、ただ単に死後の世界へ旅立つための食糧を調理するという単純なものではなく、集落内での一連の儀礼を具現化したものとして、ひじょうに重要な位置を占めていたように思う。

6．おわりに

現在に残る各種資料から、古代における人間の心の中の問題を完全な形で明らかにすることは、おそらく不可能といってよいだろう。従って、ここで取り上げた後期古墳の葬送儀礼についても、完全に復原することはかなり難しい。しかし、この試みはこれからも続けていきたいと思っている。今後、新たな遺構・遺物が出土して、葬送儀礼の解明が大きく進展することを期待したい。

<注>

1 　『日本住宅公団仰木地区土地区画整備事業対象地内埋蔵文化財包蔵地発掘調査報告書』（大津市文化財調査報告書11　大津市教育委員会　1980）
2 　大津市教育委員会調査担当者のご教示による。
3 　佐藤米司『葬送儀礼の習俗』（民俗民芸双書　岩崎美術社　1977）
　　『日本民俗地図』Ⅶ－葬制・墓制－（国土地理協会　1980）
　　『日本民俗学講座』2－社会伝承－（朝倉書店　1976）
4 　松浦俊和「ミニチュア炊飯具形土器論－古墳時代後期横穴式石室墳をめぐる墓前祭祀の一形態－」（『史想』No.20　京都教育大学考古学研究会　1984）
5 　木村至宏編『図説滋賀県の歴史』（河出書房新社　1987）
6 　小林行雄「黄泉戸喫」（『古墳文化論考』　平凡社　1976）など。
7 　小林行雄「土製支脚」（『古墳文化論考』　平凡社　1976）

「ミニチュア炊飯具形土器」を考える

1. ミニチュア炊飯具形土器の分布

　6世紀に入り、半ばを過ぎる頃になると、琵琶湖南湖西岸、大津市山上町～坂本地域の山手一帯に、大規模な群集墳（古墳群）がいくつも姿を現すようになる。200基に達する例（穴太野添古墳群）もあり、現在確認しているだけで700基前後に達し、未確認のものを含めると千基に近い数値を示すといわれている。多くは直径が10m前後から20m程度までの小規模な円墳で、内部主体は横穴式石室が大半を占める。それも畿内に通有の石室とは異なり、極めて特異な構築法（持ち送り技法）を取ることでよく知られている。遺体を安置した玄室部の各壁面が3段目前後の石材から徐々に前方に迫り出し、天井部中央に巨大な石材を1個ないし2個置いて蓋をする構造である。

　このような技法で築かれた横穴式石室内から、県下の他地域ではほとんど見られない副葬品が数種類出土することは早くから知られていた。その一つに、集落から出土する移動式の土製竈や釜、甑などをミニチュアで製作した一群の土器がある。「ミニチュア炊飯具形土器」（以下、「炊飯具形土器」という）の名で呼ぶこの土器群は、県内では、先の「持ち送り技法」で築かれた横穴式石室が分布する地域（大津市山上町～坂本）に重なるように分布しており、それ以外にはまったく見つかっていない。県外の分布状況を見ても、奈良県桜井市・御所市周辺、大阪府南河内郡河南町・柏原市周辺、同豊能郡能勢町、兵庫県芦屋市・揖保郡揖保川町、和歌山県田辺市・那賀郡岩出町、三重県上野市・三重郡菰野町・一志郡嬉野町などで出土しているだけである

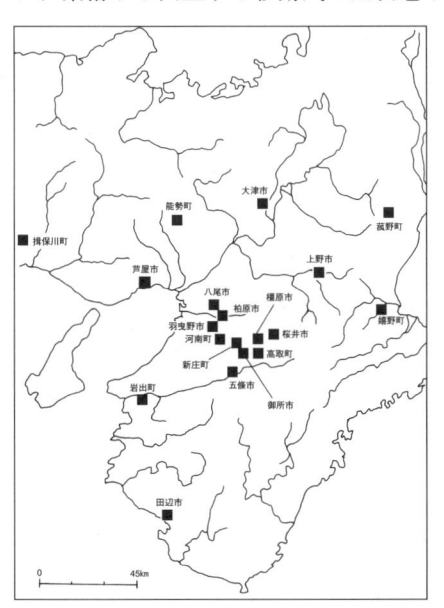

図1　ミニチュア炊飯具形土器出土地分布図

（図1・2）。しかし、岐阜県下においても、ミニチュアカマドの出土報告はないが、ミニチュアのコシキが釜石古墳（郡上郡美並村）から見つかっており、今後、分布範囲が拡大する可能性は残されている。だが、同時期の古墳への副葬品として、普遍的に見られるものでないことには変わりない。

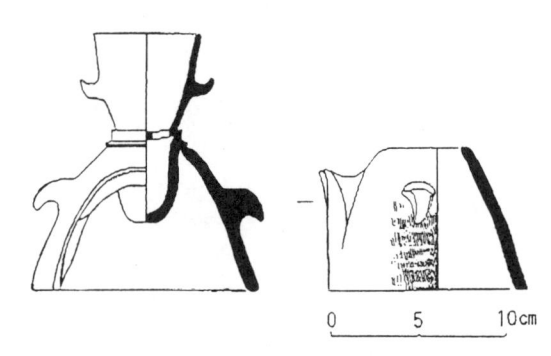

図2　兵庫県揖保川町袋尻浅谷3号墳ミニチュア炊飯具形土器実測図
　　　（揖保川町教育委員会『袋尻浅谷遺跡』より転載）

2．ミニチュア炊飯具形土器の特徴

　この土器は、先に見たような極めて偏った分布を示すだけではなく、大津市域例には、その他にも、いくつかの特徴がある。その主なものとしては、
(1)　カマドを中心に、カマ・コシキ・ナベの4点で構成される（写真1）
(2)　器形に統一性がない（「高さ10cmにも満たない稚拙な作りの小型品」から「実用とも見られる高さ30cmを超える大型品（写真2）」まで）
(3)　副葬は一石室1組に限られる（県外の出土例にも共通）
(4)　石室内の副葬場所に一定の規則性がある
があげられる。

　まず、(1)は、カマドにカマをのせた形で出土する例があり、本来はカマドにカマを重ね、その上にコシキを置いた状態で副葬した可能性が強い。ナベはカマドの横か、焚口の前に置かれていたようである。次に、(2)は、カマドをはじめ、4種の器形すべてに統一性がなく、極端な言い方をすれば、一つとして同じものがないという状況を示す。

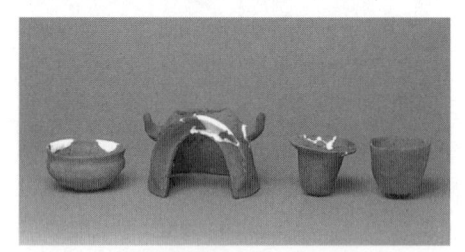

写真1　野添20号墳ミニチュア炊飯具形土器
　　　　（大津市教育委員会蔵）

太鼓塚6号墳・7号墳や同22号墳・23号墳（大津市滋賀里一丁目）のように、一墳丘に2基の横穴式石室（石室ごとに古墳名を付けている）を近接して築く例（ほぼ同時期と見てよい）では、それぞれの石室から極めて類似した器

形のカマドが出土しており、同じ手になる可能性が強いが、これは極めて特殊な例といってよい。また、カマドは高さ15〜20cmのものが一般的で、「曲げ庇」（焚口上辺を外側に少し折り曲げて庇とする）がほとんどなく、「付け庇」（焚口の周囲に、別に作った庇を貼り付ける）が大半を占めるといったように、いくつかの共通点も認められるが、大半は器高、器形、ツバ・把手・庇の有無など、どれをとっても同じものがなく、すべてが形状を異にしている。おそらく、横穴式石室を築いた家族ごとに、カマドを作っていたことによると見てよいだろう。

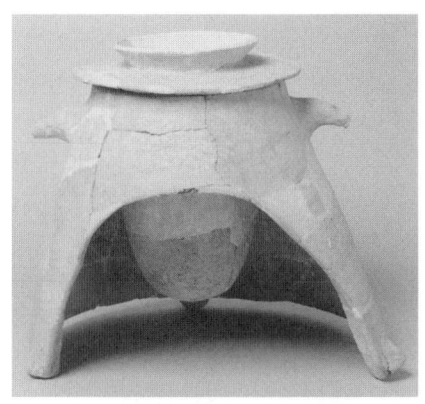

写真2　大通寺3号墳ミニチュア炊飯具形土器
　　　（滋賀県立琵琶湖文化館蔵）

さて、残る2つの項目だが、実はこの(3)と(4)が、炊飯具形土器の特殊性を最もよく表している特徴といえる。横穴式石室の場合、何回かの追葬が可能で、一石室に2〜3人の遺体を埋葬するのが一般的だが、にもかかわらず炊飯具形土器の副葬は1組に限られている（写真3）。カメ・コシキ・ナベには複数の出土例はあるが、中心をなすカマドはすべて1個体で、複数個体が出土した報告は、大阪府羽曳野市宝剣塔山古墳群例（2個体）以外には知らない。

さらに、この土器は他の副葬品と完全に切り離し、まったく異なった場所に納置する傾向がある。原位置を保ち出土する例は決して多くはないが、納置場所が動いていないと考えられる例を見ると、羨道から玄室に入ったすぐ右手の側壁に沿った場所（両袖式・片袖式石室ともほぼ同じ）に置かれる例が圧倒的に多い（図3）。例えば、太鼓塚3号墳（大

写真3　穴太飼込古墳（穴太廃寺寺域内）
　　　ミニチュア炊飯具形土器出土状況
　　　（大津市教育委員会提供）

津市滋賀里一丁目、左片袖式石室）では、玄門から1m余り玄室に入った右側壁沿いに、カマを重ねた状態でカマドが置かれ、その右側に底部を上に向けたコシキ（本来はカマの上に乗った形で置かれていた可能性が強い）、左

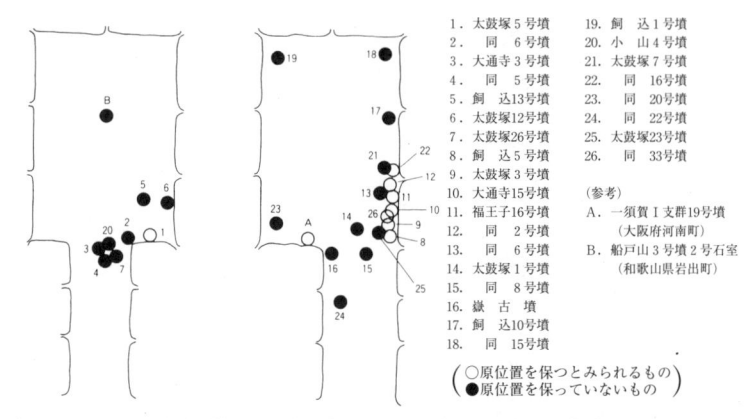

```
 1. 太鼓塚5号墳      19. 飼  込1号墳
 2.  同  6号墳      20. 小 山4号墳
 3. 大通寺3号墳      21. 太鼓塚7号墳
 4.  同  5号墳      22.  同  16号墳
 5. 飼込13号墳       23.  同  20号墳
 6. 太鼓塚12号墳     24.  同  22号墳
 7. 太鼓塚26号墳     25. 太鼓塚23号墳
 8. 飼  込5号墳      26.  同  33号墳
 9. 太鼓塚3号墳
10. 大通寺15号墳     (参考)
11. 福王子16号墳     A. 一須賀Ⅰ支群19号墳
12.  同  2号墳          (大阪府河南町)
13.  同  5号墳      B. 船戸山3号墳2号石室
14. 太鼓塚1号墳         (和歌山県岩出町)
15.  同  8号墳
16. 嶽  古  墳
17. 飼  込10号墳
18.  同  15号墳

(○原位置を保つとみられるもの)
(●原位置を保っていないもの)
```

図3　大津北郊地域横穴式石室内ミニチュアカマド出土地点（略図）

側に把手付きナベが並べられていた。さらに、同5号墳（両袖式石室）では、玄室内の右袖石に沿って置かれたカマドを意識するかのように、両側にやや時代の下がる土師器皿（追葬時のものか、性格不明）が1個体ずつ並べられており、この土器が他の副葬品と明らかに区別されていたことを物語るよい例だと思われる。近年、県外においても、似かよった地点に納置する例が、徐々にではあるが増えてきている。

　このように、炊飯具形土器は、他の副葬品と完全に区別し、数回の追葬があるにもかかわらず、1組だけを決められた場所に副葬する、という特徴をもつ極めて特異な遺物といえる。そうすると、いったいこの土器はいつ作られ、石室内に納められるのか、という問題が次に出てくる。石室が築かれ、最初の埋葬が行われた時期、また石室への埋葬が終了する最終段階、それとも他の時期‥‥、いくつかの考え方が成り立つようである。

　横穴式石室は通常数回の追葬が行われることから、家族墓としての性格が強いといわれる。したがって、石室に追葬する人物も、特殊な例を除いて、第一次被葬者の血縁者に限られていたと考えてよい。そこには、当然、横穴式石室の築造条件（どのような時に新たに築くのか）や追葬順序・回数（誰をどのような順序で埋葬するのか）、葬送儀礼の内容などについて、詳細な取り決めがあったと見てよいだろう。なかでも、葬送儀礼については、石室を新たに築造し、最初の死者を埋葬する時、追葬時、さらに最終埋葬後に石室を完全に封鎖する時、それぞれ異なった形の祭祀が決められていたと考えられ、その中で、炊飯具形土器が重要な役割を果たしていたと見ている。

　だが、それがいつの埋葬時なのか、発掘調査の結果だけで判断を下すこと

はなかなか難しく、当初は、最終埋葬時に作り、石室を完全に封鎖する際に使用し、石室内に副葬したという考え方を示したが、今はカマドがもつ性格や民俗例などから、石室築造当初の第一次埋葬時に作り、各埋葬時に使っていたとする説の可能性も考えているところである。

　最後に、炊飯具形土器の石室への埋納率を古墳群ごとに見てみると、その数値にかなりのバラツキのあることがわかる。後世の攪乱を受けた石室では、炊飯具形土器を埋納していたか否か判断でないことが多く、埋納率の数値をそのまま信用することはできないが、例えば、大津市滋賀里地区に所在する太鼓塚古墳群（滋賀里一丁目・高砂町）と大通寺古墳群（滋賀里二丁目）を比較すると、前者は、60％を超える高い数値を示す例（西大津バイパス建設に伴う調査）があるように、埋納率が高いのに対し、後者の調査例（西大津バイパス建設に伴う調査、及び隣接する宅地開発に伴う調査）では20％前後と極めて低い埋納率であった。さらに、穴太に立地する野添古墳群や飼込古墳群をみると、各調査例で、その中間にあたる40％前後の数値が出ている。その差は歴然としており、後世の攪乱といったような単純な理由だけでは説明できない。そこには、古墳群を形成した氏族ごとに、炊飯具形土器を石室へ副葬する基準に差が存在するとしか考えられないのである。さらに、この埋納率の差は、一つの古墳群を形成する支群間にも存在する可能性があり、今後は、古墳群間だけでなく、古墳群の群構成の状況も把握しながら、炊飯具形土器の副葬を考えていく必要がある。

3．墓前祭祀の復原と性格

　これまで見てきた発掘調査による炊飯具形土器の資料に加えて、もう一つ、間接的な資料になるが、各地に残る民俗例に、葬式時の炊飯を伴う風習がある。例えば、三重県志摩地方では、葬式時にホウロクメシを供えるため、庭先に石を組んで北向きのクドを作り、ホウロクで飯を炊く。また、宮城県女川町・本吉町周辺では、屋外に三本の木（三ツ又木）の先端を結わえて立て、これにナベを吊るして飯を炊く風習が残っている。この他にも、埼玉・東京・神奈川・静岡・山梨などで、葬式時にカマドを作るよく似た風習があり、比較的広い範囲で炊飯を伴う儀礼が行われていたようである。また、考古資料にも、墓前で炊飯の祭祀が行われたことを暗示する遺物が出土している。例えば、地域は限られているが、島根県下では、墳丘裾付近から土製支脚の出土例が見られるという。この遺物は、3個体を1組として地面に立て、その上にカマを置くか、カマを据える底部の支えとして、炊飯の用に供したも

のと考えられ、古墳へ遺体を埋葬する際の葬送儀礼の中に、墓前で炊飯のための炉を設ける祭祀があったことを示唆する遺物として注目される。

　これらの事例から判断して、横穴式石室の墓前にあたる前庭部で、炊飯を伴った祭祀が行われていた可能性は充分にあり、各埋葬時、死者との完全な別離を意味する炊飯の儀礼が行われ、その際に、集落から出土するカマドを小型化した模造品が使われた（実際に火を焚いた痕跡はない）のではないかと考えている。そして、一連の儀礼が終わった後、その中心となっていた炊飯具形土器（カマド・カマ・コシキ・ナベの4点）だけ、他と区別し、死者のために死後の世界での食事を作るという新たな意味を持たせ、玄室内に納置したのではないだろうか。一つの考え方として、「第一次埋葬終了後、炊飯具形土器は住居内または集落内の一画に保管し（あるいは石室に仮に納めるか）、追葬時、再度それを使って炊飯の儀礼を行い、終了後は先と同じようにする。この行為を繰り返し、最終埋葬後、石室を完全に封鎖する時（最終埋葬と石室の完全封鎖の時期は必ずしも一致しない）には、現世との関わりを完全に断ち、来世での平穏な生活を願う炊飯を伴った特別な儀礼を行ない、石室入口を封印する」という一連の行為を想定している。

　近年、墓前で繰り広げられた儀礼に使ったと見られる土器群が石室羨道部の閉塞石周辺や石室前面の前庭部から見つかることがよくある。いずれも古墳の墓前で行なわれた祭祀の様子を知る貴重な資料である。今後は、国内の他地域例との比較（器形や出土状況、埋納時期など）、さらには、日本や東アジアの民俗例、朝鮮半島・中国の考古資料などを比較検討しながら、この土器が古墳祭祀の中で果たした役割など、その性格について考えていく必要がある。

【参考文献】

1　松浦俊和「ミニチュア炊飯具形土器論－古墳時代後期横穴式石室墳をめぐる墓前祭祀の一形態－」(『史想』第20号　京都教育大学考古学研究会　1984)
2　『古墳時代の竈を考える』第1・2・3分冊－第32回埋蔵文化財研究集会資料集－(和歌山県文化財センター・埋蔵文化財研究会　1992)
3　『太鼓塚遺跡発掘調査報告書』(大津市埋蔵文化財調査報告書19　大津市教育委員会　1992)
4　『一須賀古墳群Ⅰ支群発掘調査概要』(大阪府教育委員会　1993)
5　佐藤米司『葬送儀礼の習俗』(民俗民芸双書　岩崎美術社　1977)

大津北郊の後期群集墳とミニチュア炊飯具形土器
―― 群集墳の支群構成と、その性格ついて ――

1．はじめに

　大津市街地の北郊、山上町〜坂本地域の山手一帯では、6世紀も半ば頃になると、大規模な群集墳（古墳群）がいくつも出現する。最大で200基に達する例もあり、現在確認しているだけで700基前後、未確認のものを含めると、総数は千基に近い数値となるだろうといわれている（図1）。多くは直径10〜20m程度の小規模な円墳で、内部主体は横穴式石室が大半を占める。しかも、この石室の構築法は畿内地域で一般的に見られる石室（玄室の側壁や奥壁を垂直に近く積み上げる）とは異なり、玄室部の各壁面が基底石より3段目前後の石材から徐々に前方に迫り出すように積まれ、天井部中央に巨大な石材を1個ないし2個置いて蓋をする構造、すなわちドーム状の天井を形作っているのである。
　このような特徴をもつ横穴式石室に、県下の他地域ではほとんど出土せず、他府県でも限られた地域にしか出土しない副葬品が数種類納められている。その中で、もっとも目を引くものに、集落から出土する土製竈や釜・甑などをミニチュアで製作した一群の土師器がある。「ミニチュア炊飯具形土器」（以下、「炊飯具形土器」という）と名付けたこの一群の土器は、その分布をはじめ、副葬個体数・副葬場所などに、極めて明確な特徴を有している。これについては、別稿で報告している[1]ので簡単に触れるにとどめ、ここでは炊飯具形土器の中心をなすカマドに焦点をあて、その規模、形状、整形手法などの比較検討から、群集墳における支群の構成状況、及びその消長・性格などについて言及する。

2．ミニチュア炊飯具形土器の特徴

　大津北郊に集中する群集墳に数多く副葬されている炊飯具形土器には、いくつかの極だった特徴があり、主なものに次の5点があげられる。
　　① カマドを中心に、カマ・コシキ・ナベの4点から構成される
　　② 器形に統一性がない（特に、カマド）
　　③ 副葬個体数は基本的に、一石室1組に限られる（県外の出土例にも

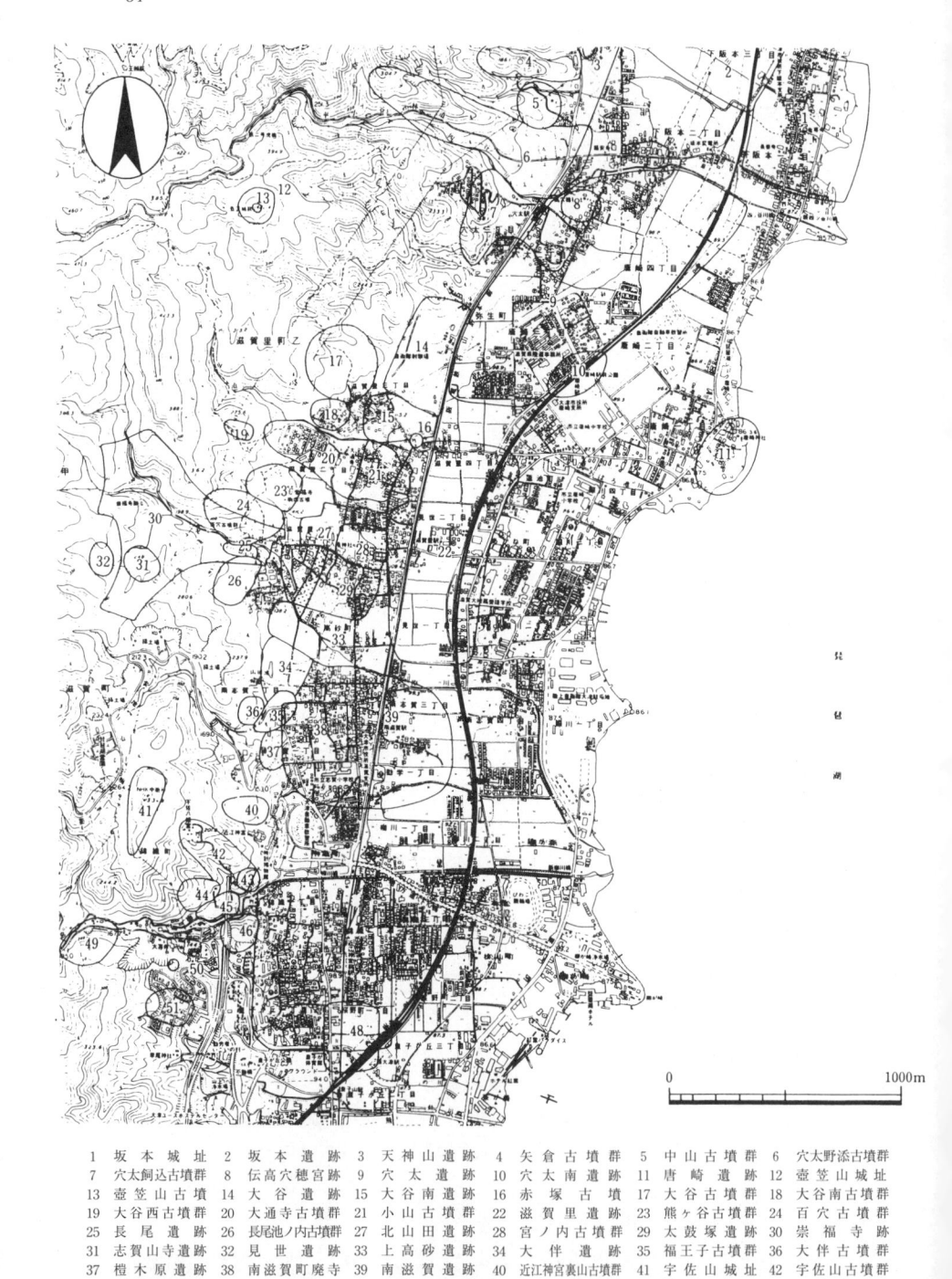

1	坂本城址	2	坂本遺跡	3	天神山遺跡	4	矢倉古墳群	5	中山古墳群	6	穴太野添古墳群
7	穴太飼込古墳群	8	伝高穴穂宮跡	9	穴太遺跡	10	穴太南遺跡	11	唐崎遺跡	12	壺笠山城址
13	壺笠山古墳	14	大谷遺跡	15	大谷南遺跡	16	赤塚古墳	17	大谷古墳群	18	大谷南古墳群
19	大谷西古墳群	20	大通寺古墳群	21	小山古墳群	22	滋賀里遺跡	23	熊ヶ谷古墳群	24	百穴古墳群
25	長尾遺跡	26	長冠池ノ内古墳群	27	北山田遺跡	28	宮ノ内古墳群	29	太鼓塚遺跡	30	崇福寺跡
31	志賀山寺遺跡	32	見世遺跡	33	上高砂遺跡	34	大伴遺跡	35	福王子古墳群	36	大伴遺跡
37	橙木原遺跡	38	南滋賀町廃寺	39	南滋賀遺跡	40	近江神宮裏山古墳群	41	宇佐山城址	42	宇佐山古墳群
43	平尾山遺跡	44	部屋ヶ谷古墳	45	宇佐山遺跡	46	皇子山古墳群	47	錦織遺跡	48	北大津遺跡
49	水車谷遺跡	50	部屋ヶ谷古墳	51	部屋ヶ谷遺跡						

図1 大津北郊遺跡分布図

共通）
　④　石室内の副葬場所に一定の規則性がある
　⑤　分布に極めて強い偏りがある

　まず、①は、カマドにカマがのる状態で出土する例があり、本来はカマドにカマを重ね、その上にコシキを置いた形で副葬したと見られ、ナベは横か焚口の前に置く例が多い。次に、②は、カマドをはじめ、4つの器種とも、器形に統一性がなく、なかでもカマドは「高さ10cmにも満たない稚拙な作りの未焼成の小型品」から「実用ともとれる高さ30cmを超える大型品」（写真1）まで、千差万別である。

　続く③については、横穴式石室は何回かの追葬が可能で、一つの石室に平均2〜3体を埋葬するが、副葬する炊飯具形土器は1組に限られる。カマ・コシキ・ナベが複数出土する例はあるが、カマドは1個体に限られ、大阪府羽曳野市宝剣塔山古墳群例（2個体）以外、複数個体を副葬した例は確認していない。この事実がより一層この遺物の解明を複雑にしており、いつの埋葬時に炊飯具形土器を作り、副葬したのかが特定できないのである[(2)]。

　そして、④では、この土器は石室内の特定の場所に副葬される傾向がある。すなわち、他の副葬品から完全に切り離して、玄門を入ったすぐ右側の側壁沿いに置く例が圧倒的に多い。最後の⑤は、滋賀県下では大津北郊の地域から出土するだけで、県外でも、奈良県（桜井市・御所市周辺）、大阪府（南河内郡河南町・柏原市周辺、豊能郡能勢町）、兵庫県（芦屋市、揖保郡揖保川町）、和歌山県（那賀郡岩出町、田辺市）、三重県（上野市、一志郡嬉野町、三重郡菰野町）など、ごく限られた地域でしか見つかっていない。

　岐阜県下では、カマドの出土はないが、郡上郡美並村釜石古墳でミニチュアコシキが出土しており[(3)]、今後分布範囲が拡大する可能性はあるが、今の状況が大きく変わることはないだろう。そして、不思議なことに、京都府下では、これまで出土報告例がまったくない。

写真1　大通寺5号墳ミニチュア炊飯具形土器
（滋賀県立琵琶湖文化館蔵）

3．古墳群とミニチュア炊飯具形土器の副葬
－太鼓塚古墳群の発掘調査から－

　前項で、炊飯具形土器にはいくつかの際立った特徴があり、その一つに、炊飯具形土器の中心をなすカマドの器形が千差万別で、一つとして同じものがないことを紹介した。大津の場合、カマドは器高15～20cmのものが一般的で、「曲げ庇」（焚口上辺を外側に少し折り曲げる、写真2）がほとんどなく、「付け庇」（焚口の周囲に、別作りの庇が付く）が大半を占めるなど、いくつかの共通点は見受けられるが、多くは器高・器形、ツバ・把手・庇の有無及び形状、調整手法・焼成方法などが異なり、極端な表現をすれば、どれ一つを取っても同じものがないという状況である。これはいささか誇張した言い方かもしれないが、それに近い状況だと考えてもらってよい。

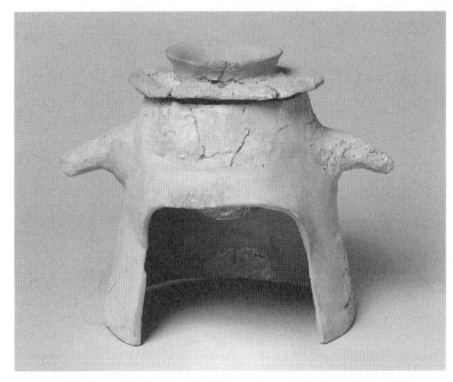

写真2　飼込8号墳ミニチュア炊飯具形土器
（滋賀県立安土城考古学博物館蔵）

　だが、その中で、わずかだが同一の手になると考えられる出土例がある。それは太鼓塚6号墳・7号墳[4]、同22号墳・23号墳のように、同一墳丘上に近接して築かれた横穴式石室から出土するカマドで、ひじょうによく似た作りをしている。このことから、カマドの作りを詳細に検討し、類似する器形が抽出できれば、それを副葬した古墳の被葬者間の関係が明らかとなり、群集墳の成立やその性格を解明する有力な手掛かりになりえると考えている。

　そこで、大津北郊にあって、発掘調査の進展により、群集墳の状況が比較的把握でき、しかも多くのカマドを

←西大津バイパス発掘調査地点

写真3　太鼓塚古墳群遠景（大津市教育委員会提供）

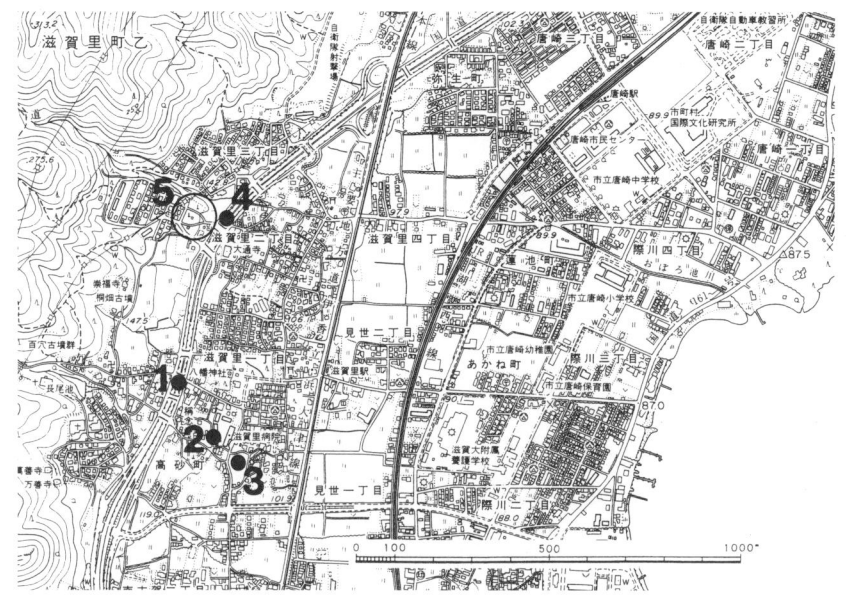

図2　太鼓塚・大通寺古墳群発掘調査地点

出土する太鼓塚古墳群を取り上げ、カマドの分類から、群集墳の群構成などについて検討を加えたいと思う。

　太鼓塚古墳群は高砂町～滋賀里一丁目に広がる滋賀里集落に重なるように分布しており、昭和50年代初めから宅地開発や住宅改築工事などに伴う発掘調査が頻繁に行われてきた。現在までに、県道（主要地方道伊香立・浜大津線）付近から一般国道161号西大津バイパス付近にかけての一帯（標高110m～150m）で、60基前後の横穴式石室墳が確認され、これに合わせて、石室に隣接したり、墳丘裾付近から、竪穴式小石室・土器棺墓・土壙墓などの埋葬施設が見つかるなど、群集墳内部の状況が徐々に明らかになってきている。本論で使う資料は西大津バイパス建設に伴う昭和61年～平成3年の発掘調査（図2-1、写真3）で得られたもので[5]、竪穴式小石室や土器棺墓を除き、20基の横穴式石室墳（一古墳二石室が1例あるため、確認された石室数は21基）が検出された。

　調査地は東西方向に延びる緩やかな低丘陵の南東斜面にあり、北東－南西に縦断する形で幅約40m（道路幅）×長さ約270mの調査区を設定し、発掘調査を実施した。その結果、古墳は調査区の中央付近から北側に集中していることが明らかになり、確認された21基の横穴式石室は東南東－南の方向に開口していた。報告書は、北西－南東に走る3筋の小規模な谷状地形（溝）

など、明らかになった調査区内の地形を手掛かりに、これらの古墳を5つの支群（A支群－9号墳、B支群－10～17号墳、C支群－18～25号墳、D支群－26～29号墳、E支群－30～33号墳）に分け（図3）、出土遺物から築造順序を復原している（ここで言う支群は、一つの古墳群を形作っているいくつかの支群の中の一つの支群を構成する最小単位で、いわば「子群」と呼ぶべきものであることから、本論では、混乱を避けるため、A群、B群といったように「群」の名称を使うことにする）。

さて、本調査における炊飯具形土器の副葬を見ると、カマド・カマ・コシキ・ナベのいずれか1点でも出土した石室は21基のうち13

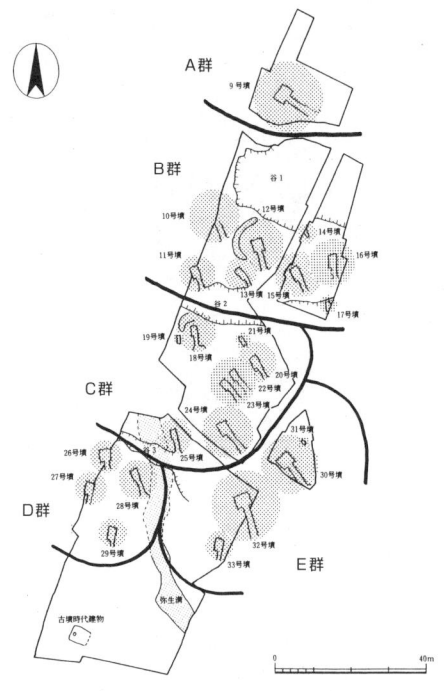

図3　太鼓塚古墳群古墳分布図

基あり、60％を超える高い埋納率（62％）を示している。同古墳群内における他の発掘調査例と比較すると、昭和52年・53年に実施した隣接する3カ所の宅地造成に伴う発掘調査[6]（高砂町・滋賀里一丁目、図2－2）では、8基の横穴式石室のうち6基から炊飯具形土器が見つかり、埋納率は実に70％を超えている。さらに、平成2年・3年の市営住宅改築に伴う発掘調査[7]（高砂町、図2－3）を見ると、出土遺物が未整理のため正確な数値は出ないが、例えば調査区D区では、13基の横穴式石室（うち1基は玄室部の大半が調査区域外のため、ほとんど未調査）がかなり密集した状態で見つかり、4基から炊飯具形土器が出土、埋納率は30％を少し超えた数値であった。この調査例は、先にも述べたように、出土遺物の整理が終わっていないため、埋納率が低い数値となっているが、整理が完了すれば、当然埋納率は高くなると予想される。ここで取り上げる西大津バイパス建設に伴う発掘調査例でも、先に見たように62％という埋納率の数値が一応は出ているが、なかに後世の大きな撹乱を受けた石室もあり、埋納率は実際にはもっと高かった可能性が充分にある。

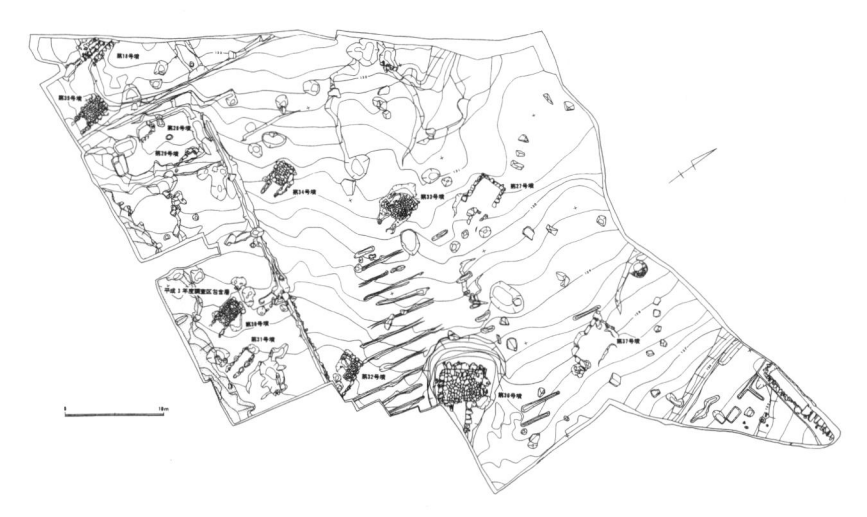

図4　大通寺古墳群平成3年度調査区遺構分布図（注8による）

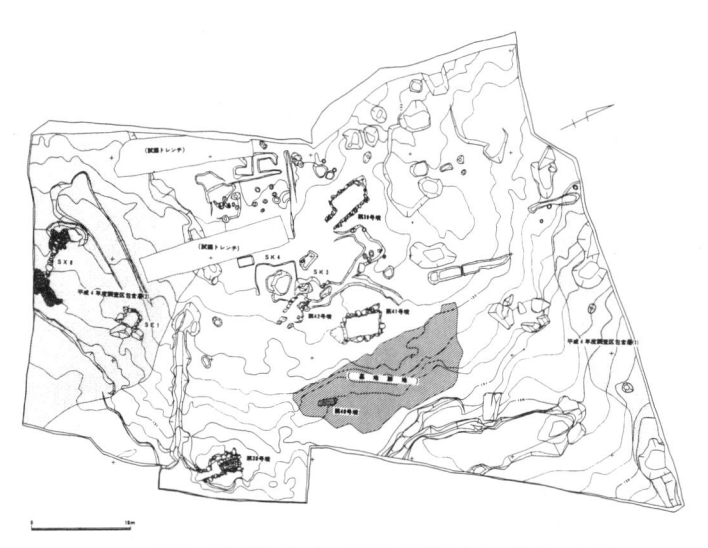

図5　大通寺古墳群平成4年度調査区遺構分布図（注8による）

　これと好対照をなすのが大通寺古墳群である。この古墳群は太鼓塚古墳群の北、一つの谷を隔てた低丘陵の南東緩斜面に立地し（滋賀里二〜三丁目）、これまでに一般国道161号西大津バイパス建設や宅地開発などで広い範囲が調査され、太鼓塚古墳群とともに、古墳群の状況が比較的よく把握できている。その中で、西大津バイパス建設に伴う発掘調査例[8]（平成3年・4年度、

図2-4）を見ると、16基の横穴式石室墳（図4・5）が明らかになったが、石室の遺存状況が極端に悪く、各古墳の正確なデータが得られなかったことを差し引いたとしても、あまりにも副葬品が少ない。なかには残りのよい石室もあり、逆に遺存状態が悪い石室でも金銅製剣菱形杏葉が出土するなど、注目を引く遺物が見つかっているにもかかわらず、副葬品全体の出土量が極端に少ない。これに比例するように、炊飯具形土器もほとんど見られず、16基のうちわずか3基（埋納率約19％）だけであった（炊飯具形土器の中心をなすカマドは出土していない）。また、これに隣接する地域で昭和43年・51年・52年に実施した宅地開発に伴う発掘調査[9]（図2-5）でも、24基の横穴式石室が確認されたが、炊飯具形土器が出土した石室は3・5・12・15・16号墳の5基にとどまり、埋納率は約20％であった。ここでも鏡板・轡・雲珠などの馬具類を副葬する石室もあったが、副葬品全体の出土量がやはり少ない。これをどのように考えればよいのか。明らかに古墳群ごとに炊飯具形土器の埋納率が異なっており、ここで取り上げた2つの古墳群はその両極端にあるといえる。

＜付記＞
　穴太地域の状況を見ると、まず、飼込古墳群では、昭和43年・53年の発掘調査で17基の横穴式石室墳が確認され、うち8基から炊飯具形土器が出土しており、埋納率は約47％である。（『滋賀里・穴太地区遺跡群発掘調査報告』Ⅱ　大津市埋蔵文化財調査報告書5　大津市教育委員会　1982、ほか）
　また、野添古墳群では、昭和61年・62年の発掘調査により16基の横穴式石室墳が確認され、うち6基から炊飯具形土器が見つかっている。埋納率は約38％となり、飼込・野添古墳群とも、太鼓塚古墳群と大通寺古墳群の両者の中間的な数値を示している。（『埋蔵文化財包蔵地分布調査報告書』Ⅲ　大津市埋蔵文化財調査報告書22　大津市教育委員会　1992）

4．ミニチュアカマドの形式分類

　前項で少し触れたが、西大津バイパス建設に伴う太鼓塚古墳群発掘調査では、21基の横穴式石室のうち、10・12・15・16・20・22・23・24・26・29・32・33号墳の12基からミニチュアカマドが出土している（写真4、30号墳ではカマのみが出土）。この中で、29・33号墳の2例[10]は手づくねの粗雑な作りの小型品（未焼成）である。

写真4　太鼓塚古墳群出土ミニチュア炊飯具形土器
　　　　（大津市教育委員会蔵）

第1章 渡来人と古墳　91

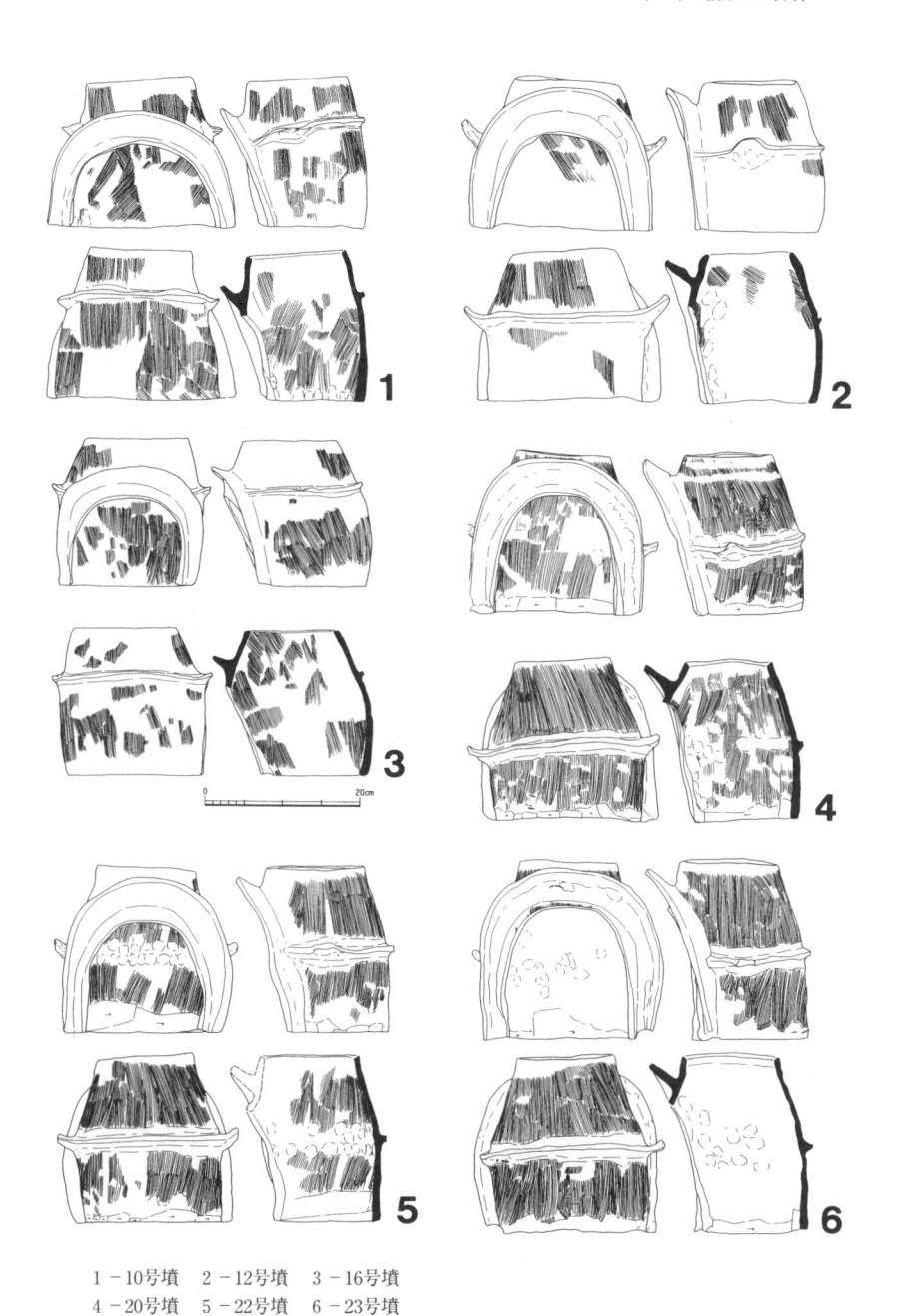

1－10号墳　2－12号墳　3－16号墳
4－20号墳　5－22号墳　6－23号墳

図6　太鼓塚古墳群出土ミニチュアカマド(1)

92

1 – 15号墳
2 – 33号墳
3 – 24号墳
4 – 32号墳
5 – 26号墳

図7　太鼓塚古墳群出土ミニチュアカマド(2)

また、24号墳例も高さが10cmを少し超えた小型品で、粗雑な作りを呈する。さらに、15・26・32号墳例も、他の出土例とは器形が異なっており、別型式と見てよい。以上の6例を除いた、残りの6例は、器形・器高、整形方法などに共通点が多く、類似した作例といえる。

この一群（「A型式」、図6）は、器高18〜22cm、釜口径11〜12cm、裾部径15〜20cmの規模をもち、釜口径：裾部径の比率（釜口径を「1」とする）は1:1.35〜1.63となる。裾部径にやや差が認められるため、比率の数値に少しバラツキはあるが、全体的には似通った数値を示している。さらに、焚口には幅広（幅3〜4cm）の「付け庇」が全周し、胴部中位付近にツバ（幅0.6cm前後）が巡り、その一部に上向きの把手が付く。調整手法も、器体内外面に縦位のハケ目を施したのち、釜口部分の内外面に横ナデ調整、裾部内外面に横位のヘラ削りを行い、庇・ツバ・把手を付け、接合部にナデ調整を施して、器形全体を整えている。

器形は、裾部から内弯気味に垂直に近く立ち上がり、胴部中位付近から徐々にすぼまりながら釜口にいたる。釜口部は横ナデ調整により、外反気味に終わったり、端部が凹む例が多い。内弯度の強弱により、全体に丸みを帯びた器形や、筒状に近い丈高の感じを受ける器形、さらにやや歪な作りのものがあり、若干の差異は認められるが、全体から見れば、同一型式に含めてよいと考えている。ただ、庇とツバの位置関係により、2種類に細分できる。一つは、焚口上端部の庇接合部とツバの位置が異なる例（Ⅰ類－庇は釜口に近く、ツバは胴部中位、図6－2・4〜6）、もう一つは、庇とツバがほぼ同位置にある例（Ⅱ類－釜口から1／3前後にあたる胴部上位に位置、図6－1・3）で、カマド断面図を見れば違いは明らかである。ただ、それを除けば、ひじょうに似通った器形を呈しており、同一型式として取り扱うことにする。

そこで、A型式のカマドを副葬する古墳の分布を見ると、B群とC群に集中していることがわかる。なかでもC群の20・22・23号墳例はすべてA型式Ⅰ類に属し、極めて類似性が高い[11]。特に、22・23号墳例は、同一墳丘に築かれた2基の石室から見つかったもので、同一の手になる作例と見て

写真5　太鼓塚20・22・23号墳
（大津市教育委員会提供）

差し支えない。20号墳例もこの2例に類似し、石室規模も22・23号墳に近似することから、3つの石室に埋葬された被葬者間には、極めて強い繋がりがあったと考えられる（写真5）。さらに言えば、20号墳と23号墳の石室がほぼ並行して築かれ、奥壁の位置が一致するなど、平面形態に極めて強い類似性が認められ、規模・器形・調整手法ともよく似たミニチュアカマドが出土することから、22・23号墳同様、20・23号墳間にも強い繋がりが感じられる。築造時期もそれほど差がなく、同一家族とみて差支えないだろう。

　次に、B群の出土例を見ると、**A型式Ⅰ類**が1例（12号墳、図6－2）、**同Ⅱ類**が2例（10・16号墳、図6－1・3）見られ、C群ほどの画一性は認められないが、12号墳例はC群例に類似し、他の2例も同型式と見て差し支えないことから、間に小さな谷状地形（墓道を想定）をもつB・C群の被葬者間に何らかの繋がりがあった可能性は充分に考えられる。さらに、B群で興味深いことは、古墳の分布状況である。すなわち、カマドが出土した10・12・16号墳に沿うように11・13・17号墳が築かれており、地形から、10－11号墳、12－13号墳、16－17号墳という図式が描け、前者が主、後者が従の関係にあるように受け取れる。調査範囲が狭いため、推測の域をでないが、前者にはすべてカマドを伴うのに対し、後者にはまったく副葬されず、石室規模も小規模なことから、あながち不可能ではないと考えている。

　このような中で、B群における15号墳の存在がかなり異質に映る。この古墳は16号墳の南西側に接するように築かれ、墳丘は一部重なると推定される。内部主体は通有の片袖式横穴式石室で、玄室長3.5m、同幅2.2m、羨道長3.5m、同幅1.3mの規模をもち、周囲の古墳との差はほとんどない。だが、ここから出土したカマド（図7－1）はA型式とは大きく異なる形状で、釜口径：裾部径の比率が1:1.33となり、胴部の張りがほとんどなく、器高も本調査の出土例の中で最大（24.5cm）であることから、丈高の筒形のような器形を呈する。さらに、焚口周囲には庇が付いていた痕跡は残るが、胴部には一対の小規模な把手が付くだけで、ツバはない。調整手法も器体外面にはハケ目調整が行われているが、内部はナデ調整となるなど、他の出土例とは異なった点が多々あり、別型式（**B型式**）と考えてよく、15号墳は、B群の中でA型式のカマドを副葬する古墳とは異なる要素をもつ古墳と位置づけられるようである。

　ならば、15号墳はどのような性格の古墳なのだろうか（築造時期は出土須恵器類から、16号墳より先行すると推定）。これに対する明確な答えは、今のところ持ち合わせていないが、B群中に築かれていることから、被葬者は

同群を残した有力家族の構成員とする考え方もあるが、10－12－16号墳の被葬者とは系統を異にする別の集団の人物と見ることもできる。両カマド（A・B型式）間に存在する差は、子群を構成する家族集団の違いを示しているとも取れる。すなわち、一つの子群内での15号墳の被葬者を含む集団と10－12－16号墳の被葬者集団との間の関係（勢力変化など）が、古墳の選地状況や規模だけでなく、カマドの型式差からも明らかにできそうである。

　この考え方に立ち、他の出土例を見ていくと、24・26・29・32・33号墳例のなかで、29・33号墳の2例は手づくねの粗雑な作りの小型品（前者：高さ不明、後者：高さ6.3cm）で、焼成されていない（**C型式**、図7－2、写真6）。29号墳はD群に属し、石室（玄室長3.3m、同幅2.2m、羨道長1.4m、同幅1.0m）は、すぐ東側に位置し、同型式のカマドを副葬するE群33号墳の石室（玄室長3.2m、同幅2.0m、羨道長2.1m、同幅0.9m）に規模が似通っており、石室の主軸も大差なく、南に開口するなど、両者はひじょうに近い存在に見える。また、C群24号墳例（図7－3）は、

写真6　太鼓塚33号墳ミニチュアカマド（出土状況）（大津市教育委員会提供）

器高が11.5cmと低く、庇が剥離するなど粗雑な作りが目立つが、C型式と異なり、焼成は行われている（**D型式**）。だが、作りの稚拙さから見れば、C型式に近いといえるかもしれない。さらに、E群の32号墳からもカマド（図7－4、器高17.0cm、釜口径10.5cm、裾部径22.5cm）が出土しており、どちらかといえばA型式に近い。だが、裾部の開きが大きく（釜口径：裾部径＝1:2.14）、庇の形態も少し異なり、胴部内面には縦位のヘラ削り調整が行われるなど、A型式とは異なる。ただ、大きく見ればA型式の系統に属する可能性は考えられ、さらに裾部の開き方や胴部内側の調整方法はC群24号墳例と共通しており、両者の中間的な位置にある型式（**AD型式**）といえるかもしれない。

　最後に、26号墳例については、同古墳を含む一群はD群として位置づけられ、小さな谷状地形を隔ててC群の南に広がっている。カマド（図7－5）はこれまで見てきたいずれの型式とも異なり、異質な感じを強く受ける。器高23.0cm、釜口径12.0～13.0cm、裾部径22.2cmを測る大型品だが、把手・ツバはなく、庇も焚口を全周しない。器体内外面の調整手法も異なり、外面はハ

ケ目ののちナデ調整を行うが、内面の調整は粗く、粘土紐の継ぎ目が明瞭に残る。作りは粗く、表面に凹凸が見られ、器体もずんぐりとした感じで、シャープさに欠ける（E型式）。このように、本例は他の群のいずれの出土例とも異なり、しかもD群を構成する古墳の横穴式石室も他の群と異なって南かそれに近い方向に開口するなど、他の群との繋がりがほとんど認められないことから、C型式のカマドを出土する29号墳は同群に含めず、E群との繋がりで考えた方がよいだろう。

5．古墳被葬者の検討

　こう考えてくると、古墳群を形成する各支群、さらには一つ一つの支群を構成するいくつかの子群を残した集団間の繋がりの有無を明確にする基準資料として、ミニチュアカマド間に存在する型式差が使える可能性は充分にあるといえる。

　すなわち、西大津バイパス発掘調査区でいえば、A型式を副葬するB群とC群は同一家族の墓域の可能性があり、なかでも20・22・23号墳の被葬者は夫婦・親子・兄弟といったように、ごく近い血縁者と考えてよい。さらに、B群では、10-11号墳、12-13号墳、16-17号墳といったように、古墳の配列に一定の規則性を示す部分もある。その中で、B型式を出土した15号墳は異質な古墳と位置づけられ、被葬者を同一家族集団とする考え方もとれるが、築造が10→16→12号墳と続く被葬者集団とは別集団の人物と推測した。従って、両者から出土したカマド間に存在する型式差は、15号墳が同群中で10号墳とともに最も古い時期の築造であることから、勢力の中心が15号墳の被葬者の家族から、10→12→16号墳と続く被葬者の家族へ移ったことにより生じたものと考えたい。また、両者が同一家族内に含まれると見るならば、内部での勢力の変化と位置づけることも可能だろう。

　次に、C型式は小型の稚拙な作りの未焼成品で、29号墳（D群）と33号墳（E群）から出土している。さらに、C型式に近いカマド（D型式）が24号墳（C群）から、A型式とD型式の中間的な位置にあるとも取れるカマド（AD型式）が32号墳（E群）から出土しており、本調査区の中でこの一帯は特異な空間を創り出しているといってよい。この一群は当初独立した集団であったが、のち他の群との繋がりを少しずつ持つようになっていったのではないかと見ている。

　また、E型式については、他の型式（A・B・C・D・AD）とは大きく異なることから、C型式と同様に、まったく別系統のカマドと考えている。

また、E型式を副葬する26号墳を含めたD群の横穴式石室は、開口方向が他の群とは異なり、南かそれに近い向きとなっていることもあり、D群は29号墳を除き、他とはほとんど関わりを持たない一群といってよい。29号墳はE群との繋がりで考えたい。これによく似た状況がA群にも見られる。
　A群は、低丘陵の尾根上近くの良好な場所を占地し、ただ1基確認されている9号墳（写真7）は単独墳のような状況を呈する。調査区域が狭いため断定はできないが、墳丘が重なるように近接して築かれた古墳もなく、すぐ北側は北向きの緩やかな斜面となり、古墳は認められなかった。9号墳（直径約18mの円墳）の横穴式石室は羨道が長く（7.0m）、横長の平面プランを有する玄室（長さ3.1〜3.3m×幅4.2m、巨石を使用）を持つなど、当地特有の形態を呈し、石室の開口方向も真東に近い。残念ながら、ミニチュアカマドは見つかっ

写真7　太鼓塚9号墳（大津市教育委員会提供）

ていないが、南側緩斜面に立地する他の古墳とは明らかに状況が異なる。A群は当支群の盟主墳的な性格を持った一群と位置づけられ、比較的大型の古墳が充分な間隔を取って、数基築かれていると考えている（図8）。
　最後に、各古墳の築造年代を見ると、33号墳が群中で最も古く、6世紀中頃かやや下る時期にあたり、24号墳もそれに近い時期だといわれている。両墳からは、C及びD型式のカマドが出土しており、カマドが古墳築造当初の第1次埋葬時に作られ納められたとする考え方を取れば、C型式とそれに近いD型式のカマドが最も古い時期に属することになり、C・D⇒AD⇒A型式（「稚拙な作りのカマド」から「完成されたカマド」へ）という変遷の基本的な図式が想定できる[12]。だが、C型式を副葬する古墳とほとんど築造時期に差がない古墳からA型式のカマドが出土したり、築造時期が異なる古墳に同型式のカマドを副葬するなど、「型式差」を時期差ととらえるより、制作集団の差と見た方が理解しやすいように思う。このように考えると、子群を構成する家族集団ごとに制作するカマドの器形がある程度決っていたと見ることもできるのではないだろうか。

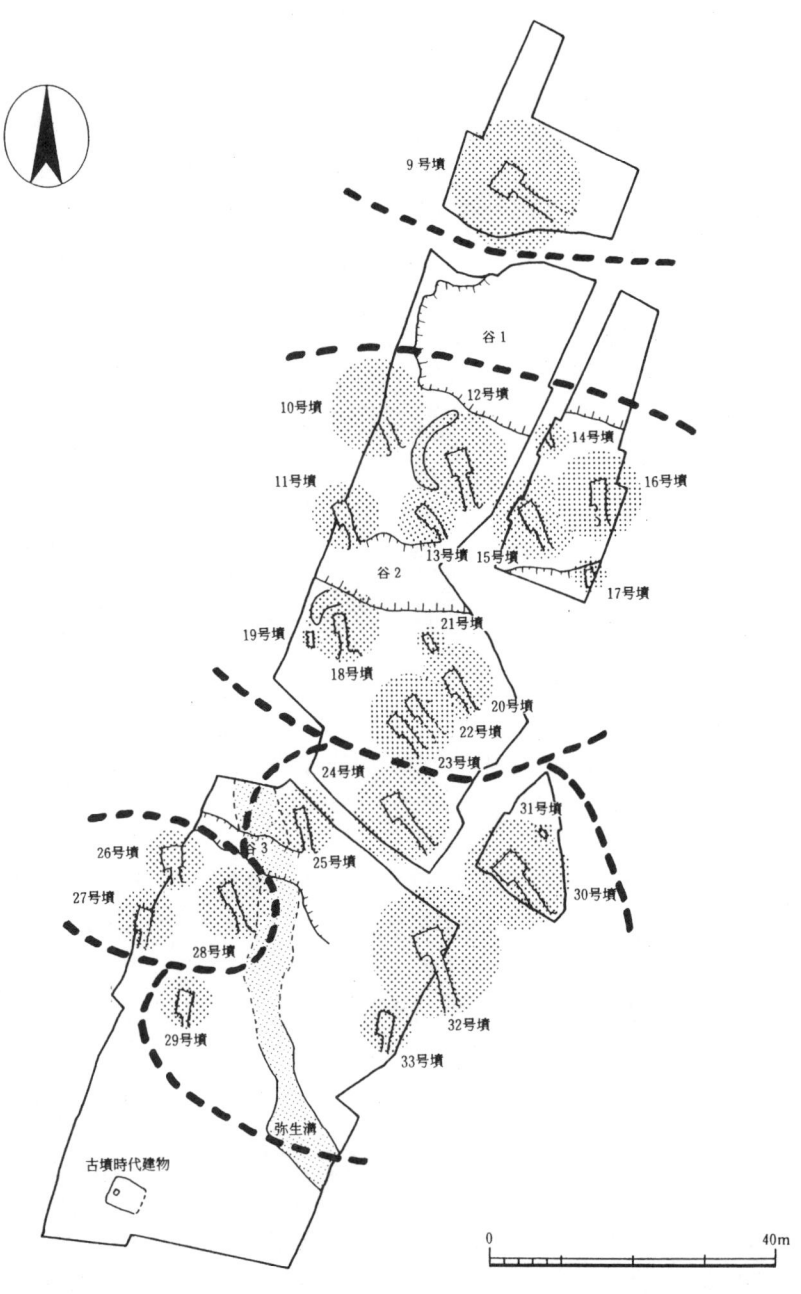

図8　太鼓塚古墳群支群構成図

6．おわりに－ミニチュア炊飯具形土器から何が言えるか－

　これまで多くの紙面をさいて、ミニチュアカマドを取り上げ種々検討を加えてきたが、これにより、古墳に埋葬された被葬者間の繋がりを少しは明らかにできたのではないかと思う。まだまだ、仮定の段階にすぎず断定はできないが、カマドが群集墳の一つ一つの支群を構成する子群の状況、支群間の関係、さらには群集墳の成り立ちまでを解明する有効な資料の一つとなりえる条件は充分に備えているといえる。

　炊飯具形土器は、横穴式石室内での副葬位置や副葬個体数など、他の副葬品とは異なった特徴を持っている。他とは完全に区別した扱い方をしていることから、明らかに特別な意味を持った遺物といってよい。さらに、カマドは、首長権の継承で重要な位置を占める遺物とする考え方が早くから出されており[13]、埋葬された被葬者の性格を象徴する遺物ととらえることも可能だろう。

　今後は、炊飯具形土器がもつ特殊性を解明することは勿論だが、加えて、同じ古墳群にあって、この土器を副葬する古墳と副葬しない古墳が現実に存在し、子群・支群・古墳群間で埋納率に明確な差があることから、これらも含め、より大きな視点から炊飯具形土器を検討していく必要がある。

＜注＞

1　松浦俊和「ミニチュア炊飯具形土器論－古墳時代後期横穴式石室墳をめぐる墓前祭祀の一形態－」(『史想』№20　京都教育大学考古学研究会　1984)
2　松浦俊和「"ミニチュア炊飯具形土器"を考える」(平成13年度春季企画展『韓国より渡り来て』所収　滋賀県立安土城考古博物館　2001)
3　『第32回埋蔵文化財研究集会資料集－古墳時代の竈を考える－』第2分冊（和歌山県文化財センター・埋蔵文化財研究会　1992)
4　『滋賀里・穴太地区遺跡群発掘調査報告書Ⅰ－太鼓塚古墳群－』(大津市文化財調査報告書12　大津市教育委員会　1980)
5　『太鼓塚遺跡発掘調査報告書－一般国道161号（西大津バイパス）建設に伴う－』(大津市埋蔵文化財調査報告書19　大津市教育委員会　1992)
6　注4に同じ。
7　『太鼓塚古墳群発掘調査現地説明会資料』(大津市教育委員会　1992)
　　市営住宅改築に伴う調査で出土したカマドは、本論で取り上げた一般国道161号西大津バイパス調査例と比較すると、その様相がかなり異なっている。ツバが胴部の上下に二重に巡り、釜口と上段のツバとの間に縦方向の突起を5カ所に貼り付け、さらに焚口が通有の半円形ではなく、上位に山形状の突起を作り出すひじょうに特異なカマド（これまでに出土例なし）が出土しているかと思えば、背面に煙出しの孔を開ける例が多く、ツバ・把手・庇などが一切付かない簡素な例や、曲げ庇をもつ例も見受けられるなど、実にバラエティーに富んでいる。このように見てくると、

これまで同一古墳群として位置づけられていたものでも、将来別個の古墳群に分かれる可能性は充分にあると思われる。
8 『大通寺古墳群-一般国道161号（西大津バイパス）建設に伴う発掘調査報告書-』（滋賀県教育委員会　1995）
9 水野正好「大津市滋賀里大通寺古墳群調査概要(1)」（『滋賀文化財だより』№11　滋賀県文化財保護協会　1978）など
10 29号墳では、未焼成のカマドらしき破片が出土しているが、復原は不可能。ただ、ミニチュアカマ（未焼成）が一緒に見つかっていることから、手づくねの小型カマドと見てよい。
11 20・22・23号墳例ともに、焼成が堅緻で、色調もやや黒ずんだ褐色を呈する。いずれも重量感があり、同じ粘土を使用したものと推定される。
12 かつて拙稿（注1）で、まったく逆の「大型品」から「稚拙なつくりの小型品」へという変遷の図式を示したことがある。
13 稲田孝司「忌の竈と王権」（『考古学研究』25-1　考古学研究会　1978）

第2章　大津宮遷都と壬申の乱

(1) 大津宮の原風景
　1．大津北郊にみる特殊地割について
　2．中大兄皇子"力の論理"
　3．近江大津宮新「京域」論
　4．なぜ、遷都の地が"大津"だったのか
　5．検証・大津京
(2) 大津宮と寺院
　1．古道と遺跡
　2．石山寺創建時期の再検討
　3．南滋賀町廃寺私論
　4．南滋賀町廃寺・崇福寺跡出土の軒丸瓦Ⅰ
　5．南滋賀町廃寺・崇福寺跡出土の軒丸瓦Ⅱ
　6．南滋賀町廃寺・崇福寺跡出土の軒丸瓦Ⅲ

(1)-1.
大津北郊にみる特殊地割について
— 大津京との関連性 —

1. はじめに

　昭和40年代半ばを境にして、大津市を中心とする湖南地域の開発が急速に進み、日毎に周囲の景観が変化している。これに伴って、大津市域においても、開発工事前に行なう埋蔵文化財包蔵地（遺跡）の発掘調査の件数が増加の一途をたどり、貴重な遺跡が次々と発見されている。

　最近5カ年間を例にとると、昭和46年から1年余りにわたって行なわれた湖西線建設に伴う発掘調査[1]では、滋賀里地区（大津市見世一・二丁目ほか）で縄紋時代晩期の墓地（甕棺墓・土壙墓）・貝塚、弥生時代中期から古墳時代前期にかけての方形周溝墓群（**滋賀里遺跡**）、穴太地区における大津京時代の東西に走る大溝（**穴太南遺跡**）、さらに西大津駅付近（**北大津遺跡**、大津市皇子が丘二丁目）から、同じ大津京時代の南北に走る溝とその溝内から木簡（文字の語義や読み方を列記した「音義木簡」、図1）が発見されている。また、一般国道161号線の交通混雑を解消するために計画された西大津バイパス建設に伴う路線敷の発掘調査で、穴太（大津市穴太二丁目）・南志賀（同南志賀一丁目）地区で白鳳期の瓦窯（**穴太瓦窯跡・橿木原遺跡**[2]）が検出された。この他にも、**衣川廃寺**[3]（飛鳥時代後半～白鳳時代、大津市衣川二丁目）、勢多駅家の可能性が指摘されている**堂ノ上遺跡**[4]

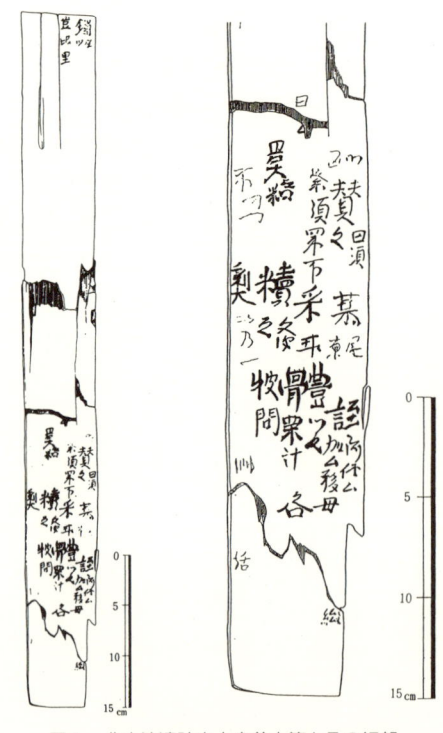

図1　北大津遺跡出土音義木簡とその細部
　　　（『第3回木簡研究集会記録』より転載）

(大津市神領三丁目)などの発掘調査があり、あげていけばきりがないといった状況である。だが、いずれの発掘調査例よりもはるかに多くの人々の注目を集めたのは、やはり大津京に関連した一連の発掘調査だろう。

　大津京は、その崩壊の過程があまりにも悲劇的であったため、人々を引きつけるものが多く、"幻"と呼ばれて久しいが、最近になって、ようやく科学的な発掘調査のメスが入れられ、徐々にではあるが、着実にベールがはがされつつある。そこで、この小論では、大津京に関連した一連の発掘調査の結果を踏まえて、従来から大津京を考えるうえで大きなウエートを占めていた大津北郊地域に残る地割について、新たな角度から検討を加えてみたい。

2．大津北郊の条里制

　大津市街地の北郊、錦織から坂本にかけての地域では、宅地化が進行し、景観が急激に変化しているにもかかわらず、いまなお条里制の遺構がよく残っている。しかも、この地域の条里制は穴太付近を境にして、方向を異にする2種類の条里が施行されていることはよく知られた事実である。すなわち、穴太付近から北では、北東－南西方位を示す斜行条里が施されており、穴太付近から南では、南北方位の条里が見られる（図2）。

　これまでの大津京研究では、錦織から穴太にかけて残る南北方位の条里遺構から大津宮の位置及び大津京の条坊制を考えていた。例えば、喜田貞吉[5]は条里地割から、東限を二本松付近、西限を山麓、北限を唐崎付近、南限を錦織村と山上村の境界に求め、この範囲に東西10町×南北約20町の京域を設定した。また、田村吉永[6]は、条里制を大化改新直後に実施されたものと考え、大津京造営は条里の上に合わせて行なわれたとする説を提唱し、南志賀から錦織の地域に東西9町×南北12町の京域を想定した。さらに、米倉二郎[7]も田村同様に、滋賀郡の条里から大津京を検討している。

　この条里制と呼ばれる制度は、古代における土地区画制度で、土地を縦横の線で碁盤目状に区画し、条・里・坪の名称により正確に位置を明示できるようにしたものである。まず、土地を間隔6町（360歩、約654m）の平行線で"条"を画し、条と同じく間隔6町の平行線により縦に分割する。これによりできた6町四方の区画を"里"と呼ぶ。さらに、この区画は、一辺を1町ごとに6等分し、溝・畦などで36個の小区画（坪）に分ける。従って、条里制の最小区画は"坪"と呼ばれる1町四方、すなわち約109m四方の大きさとなる（図3）。

　この制度の起源論については、これまで大化改新を境にして、それ以前に

図2 大津市街地および大津北郊地形図（明治42年）

実施されたとする説と、改新以後に実施されたとする説があった。だが、どちらにしても、条里制の実施は全国一斉に行なわれたわけではなく、地域によってかなりの時期差があるのは当然考えなければならないことである。従って、条里制については、その起源論と合わせて、各々の地域に残る条里がいつ頃実施されたかを的確に把握することにも力を注がなければならない。特に、大津京を考える場合、条里制の実施時期が重要な問題となる。例えば、大津京以前に条里制が実施されてお

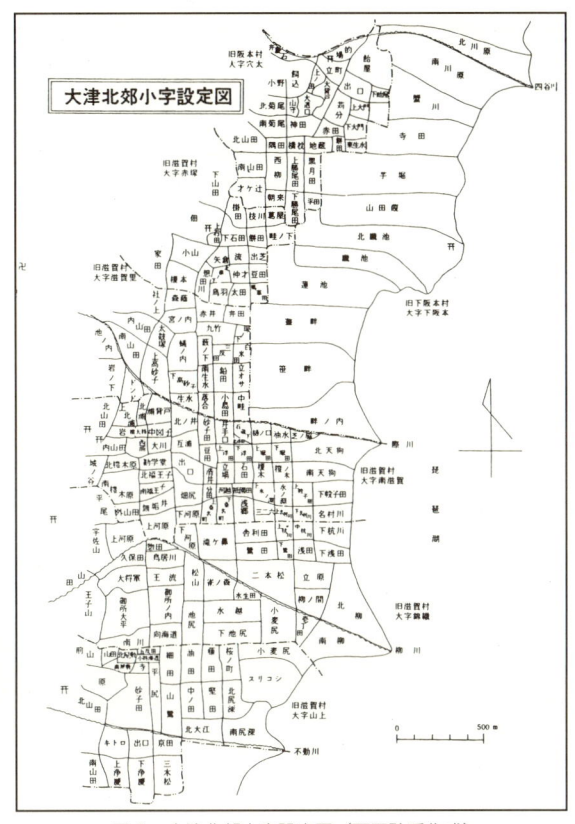

図3　大津北郊小字設定図（西田弘氏作成）

れば、造営にあたって、条里制の地割を基準にした可能性が充分に考えられる。また、大津京廃都以後に条里制が実施されたとすれば、大津京造営時の地割を基準にしたか否かは速断できないだろう。いずれにしても、条里制の実施時期が明らかになれば、大津京の姿の復原にも一つの方向性を見い出せると考えている。しかし、条里制による大津京の復原には、障害がいくつか残されている。その一つに、条里区画の大きさの問題がある。

3．条里制と条坊制

　条里制は、前項で述べたように、1町（約109m）四方を最小単位とする方形地割であり、大津京の推定地となっている錦織～穴太の、水田が比較的よく残る地区では、道路や畦畔・水路などで区画された南北方位の方形地割が顕著に認められる。だが、最近活発になってきた都城遺跡の発掘調査によ

り、都城制に見られる条坊区画が必ずしも条里のそれとは一致しないという事実が指摘されている。従って、条里地割は、宮あるいは京の姿を明らかにする一資料にはなりえても、それにより都城を完全な形に復原することは不可能になってくる。

例えば、大津京廃都後、飛鳥浄御原宮をへて、都が置かれた藤原京（694年12月遷都）では、古道（中ツ道・下ツ道・横大路・山田道）により限られた京域内に南北12条×東西8坊の条坊（図4）が造られているが、その一区画の大きさは条里とは異なり、一辺約265m（900尺）の規模を有することが判明している[8]。

また、大津京の前に都が置かれていた難波宮においても、最近発掘調査が進み、前後2時期にわたる難波宮跡が発見されている[9]。ここで後期難波宮と呼ばれている遺構は、奈良時代の瓦を伴出するもので、神亀3年(726)に着手し、天平6年(734)頃に完成したといわれている難波宮であることは間違いな

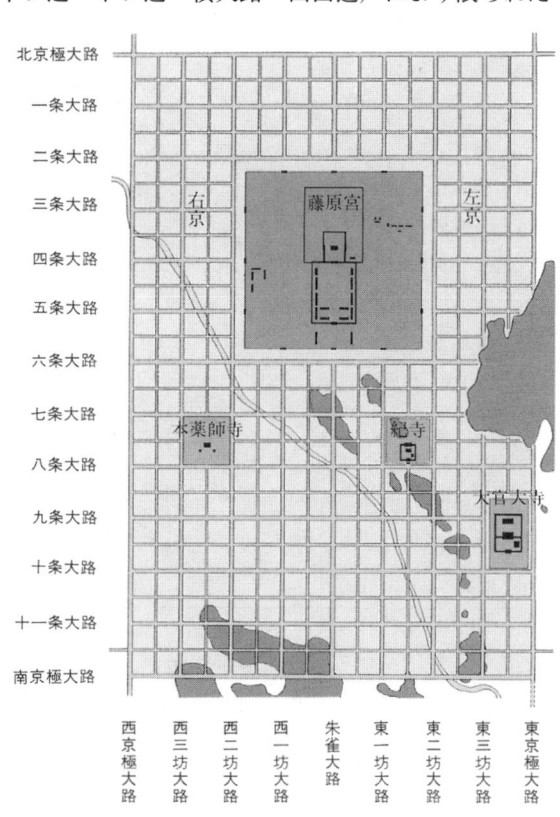

図4　藤原京条坊図（『藤原宮と京』より転載）

く、従来から聖武朝難波宮と呼ばれていたものである。これに対して、後期難波宮より一時期古い時代の遺構は前期難波宮と呼ばれており、全面に火災があった痕跡が明瞭に残ることから、『日本書紀』天武紀朱鳥元年（686）正月条に、「難波の大蔵省失火し、宮室悉く焼く」と記載されている難波宮の遺構と見てほぼ間違いないといわれている。さらに、この遺構が立地する整地層に含まれている土器群には7世紀中頃以降のものが含まれず、また、建物

によっては1回の建て替えが認められるものがあることから、前期難波宮の遺構は、大化改新直後に遷都された孝徳朝難波長柄豊碕宮まで遡るとする説が強い。このような中で、いつの時期に条坊制が採用されたのかという問題については、孝徳朝の難波宮では条坊制を伴った京は存在せず、条坊を備えた都城は、藤原京が最初であるとする説が一般的であった。だが、藤岡謙二郎・沢村仁・長山雅一らは文献史料や発掘調査資料から、条坊制は孝徳朝から造営が始められていたと考え、規模は異なるが、それぞれ京域を想定し、条坊の一区画を藤原京と同様、一辺900尺四方としている。

<付記>
　『日本書紀』天武12年（683）12月庚午条や『続日本紀』天平6年（734）9月13日条などに、難波に京域が設定されていたことをにおわせるような記述が載ることから、これまで「京」の存在についての議論が活発に行われてきた。明治19年（1886）作成の「大阪実測図」からは、四天王寺の東側地域を中心に一辺265m前後の方形地割の存在が読み取れる。また、同地域を貫く南北道路の一つは難波宮の中軸線を南に延長した位置にあり、朱雀大路の痕跡とする考え方もある。発掘調査では、いまだに朱雀大路の遺構は確認されていないが、さらに南方の大和川今池遺跡では、幅約18mの道路遺構が検出されるなど、今後朱雀大路の遺構が見つかる可能性はあるといわれている。
　なお、推定京域内での発掘調査では、何箇所かで東西・南北に延びる溝状遺構は見つかっているが、道路の側溝として確認できたものはまだない。（特別展『遷都1350年記念難波宮』図録　大阪市立博物館　1995）

　次に、時代は少し下るが、奈良朝聖武天皇の時代に、一時期都が置かれていた恭仁京においても、同じように条里とは異なる地割の存在が指摘されている。現在、恭仁京は京都府相楽郡加茂町の山城国分寺跡を中心とした地域に想定されており、この付近の地割を見ると、木津川の両岸には、道路や水路などで1町四方に区画された条里地割が顕著に認められる。ところが、宮域と推定されている山城国分寺跡付近には、条里とは一致しない1町四方よりやや大きい地割が存在している。

<付記>
　恭仁京の京域については、現在のところ、明確な条坊関連遺構は確認されていない。ただ、条坊側溝の可能性をもつ遺構が3箇所で見つかっている。宮南面大路（二条大路）の南・北側溝跡、宮東面大路（東一坊大路）の東・西側溝跡、そして推定朱雀大路東側溝跡の3箇所だが、いずれも部分的な確認にとどまっており、断定までには至っていない。（『恭仁宮跡発掘調査報告』Ⅱ　京都府教育委員会　2000）

　このように、宮あるいは京の地割が条里と一致しない事例がいくつか指摘されることから、逆に条里とは一致しないやや大きい区画を有する地割を探求・検討していけば、いままで不明であった宮の位置や京域の条坊区画などをある程度正確に復原できるのではないかと考えている。従って、大津京についても、従来から宮が推定されていた大津北郊の錦織から穴太にかけての

地域に残る条里を詳細に検討し、これに一致しない別の地割が存在するか否かを明らかにすれば、宮の位置、さらには条坊制の有無についても、いままでとは異なった答えが導き出されるものと確信している。

4．大津北郊に残る特殊地割

　大津京が推定されている大津北郊の地形を見ると、いくつかの特徴が認められる。それらを拾い上げてみると、

① 比叡山系の山並が湖岸近くまで迫っているため、狭い平野が南北に細長く延びる（錦織〜穴太の山麓から湖岸までの直線距離－最大約1.5km、平均1.1km）。
② 東西の傾斜が大きく、特に京阪電鉄石坂線付近より山手はかなりの急傾斜である。
③ 複合扇状地が小河川により浸食され、開析谷が発達しているため、土地が南北に大きくうねっている。
④ 錦織から南志賀にかけての地域は、比叡山系の山並がほぼ南北に走り、湖岸線もほぼ同様に南北方位を示す。これに対して、滋賀里以北では、山並が北東－南西方向に走り、湖岸線も同方位を示す。
⑤ 近年の発掘調査の成果から、当時は、現在の海抜90m近くまで低湿地が広がっていたという説が出されている。

などがある。

　このような地形的特徴をもつ地域に、大規模な条坊制を備えた都城を造営することは、まず不可能である。だが、それならば、大津京は宮のみが造られて、京はなかったのかといわれると、果たしてそうであったのだろうか。この問いに対する答え－それがここでの結論なのだが－を先に申し上げると、大津京は当初条坊制を備えた都として計画され、造営が開始されたが、短命な都であったため、条坊制は完成までは至らなかった。さらに、計画された条坊制は諸々の事情（地形、遷都の特殊性など）に制約され、かなり小規模なものであったと考えられる。この考え方の基盤にあるのが、前項で詳細に述べた条里とは一致しない別の地割の存在である。

　ここで、大津北郊地域をもう一度詳しくながめてみると、ここには2種類の条里が見られ、滋賀里・穴太地区に両者が混在することはすでに述べた通りである。南北条里は京阪電鉄石坂線付近から湖岸にかけての、水田が比較的多く見られる地域によく残っており、古くからの集落が立地する山手側一帯にはほとんど見られない。ところが、この地区では、条里とは異なるやや

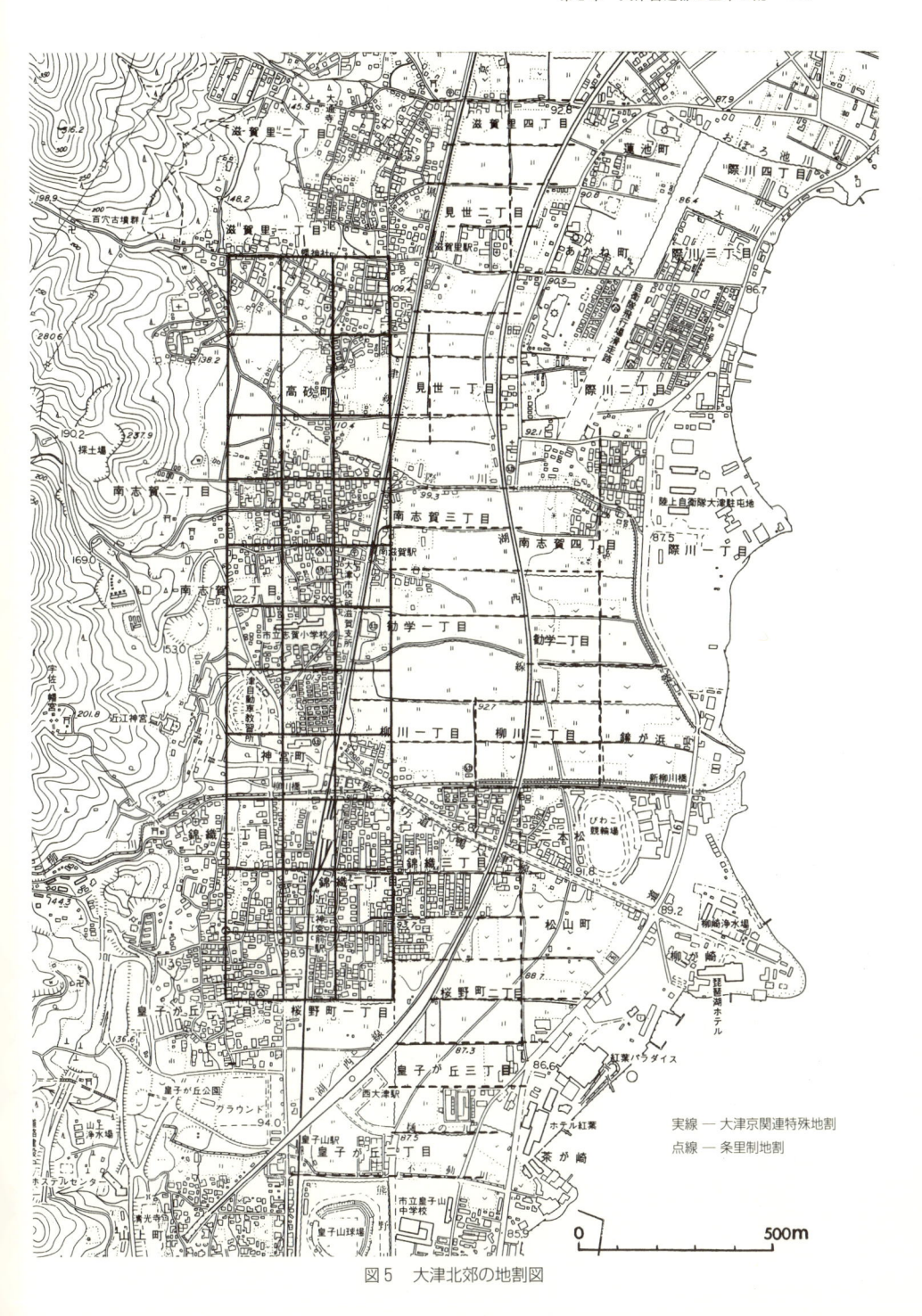

第2章 大津宮遷都と壬申の乱　109

実線 — 大津京関連特殊地割
点線 — 条里制地割

図5　大津北郊の地割図

大きい区画を有する地割が存在する。この事実は、すでに福尾猛市郎[10]や岸俊男[11]などが指摘しているが、福尾は南志賀地区のみに限定し、岸は特殊な地割が存在することを指摘するにとどめている。

まず、この特殊地割で注目されるのが、錦織から滋賀里にかけて並行して走る3本の南北道路である。一つが大津市役所前の道路（現在の主要地方道伊香立・浜大津線）。これは、柳川付近で右折するが、真っ直ぐ北に延長すると、南志賀集落内の道路にほぼ一致する。次に、志賀小学校東側の道路。これは、先の県道と交わる神宮町付近でとぎれとぎれになっているが、錦織地区でも、この延長線上にのる道路がある。最後に、皇子山球場東側の道路。これは、南志賀で途切れているが、北へ延長すると、滋賀里集落内を走る道路にほぼ一致する。この3本の道路の間隔は、いずれも1町より広く、130～150m前後を測る。さらに、大津市役所前の道路より西側にも、途中とぎれとぎれになっているが、南北の道路が認められる。

次に、この3本の南北地割に対応する東西方向の地割をながめてみよう。東西地割が最もよく残る地域として、まず南志賀があげられる。例えば、志賀小学校北側の道路、旧正興寺境内地（現在は西大津バイパスの山手に鎮座する福王子神社の隣接地に移転）北側の道路、南志賀北端の道路など。これに比べて、錦織地区は旧集落内に新しい住宅が次々と建ち、新しい道路が造られており、旧地割の復原は困難であるが、上記の地割に関連すると見られる道路が皇子が丘公園グランドの北約170m地点に位置する道路、柳川に沿う道路などがあげられる。また、滋賀里地区では、八幡神社境内（滋賀里一丁目）に至る道路より北側に、この地割に関連する道路が認められないため、この道路が特殊地割の北限とされる。ここで注目されるのが、八幡神社境内に至る道路を地図上で西へ延長すると、崇福寺跡へ向かう道に一致することである。さらに、興味深いことには、この道は「山中越」（「志賀の山越」、「今路越」とも呼ぶ）と呼ばれ、現在では使われていないが、明治頃までは、京都と大津を結ぶ山越えの道の一つとして頻繁に使われており[12]、古代においても京都から大津に入る重要な道の一つであった。この事実は、上記の地割を施行するにあたり、その基準として「山中越」の道が使われていた可能性を示すものとして注目してよいだろう。

以上のような事実から、大津北郊の滋賀里南半から錦織にかけての地域に、条里制には一致しない、条里区画より一回り大きな特殊地割の存在が明らかになってきた。そこで、この地割をもとに大津京の条坊を復原したのが図5である。これによると、大津京は東西3坊（ないし4坊）×南北11条という

特殊な区画をもった都城ということになる。従って、大津京の場合は、平城京や平安京のように整然とした都城ではなく、特殊な配置をとる都域と考えざるをえないのである。では、このように復原した条坊を、はたして都城・京域と呼んでよいのだろうか。これについては、大津京では、宮の中枢部の建物を錦織地区に配置するが、周辺部の復原条坊区域内にも、宮に関係する施設を置くといったような構成を取っていたのではないかと考えている。このような推測から、今後は、先に設定した復原条坊が、のちの宮域にあたるような性格を持つ区画だった可能性も視野に入れて検討していきたいと思っている。

5．おわりに

　ここでは、大津北郊に残る特殊地割から大津京の条坊制の復原を試みてみた。だが、現在、大津宮の建物に直接関係すると見られる遺構が検出されたのは3カ所にすぎず、いずれも錦織地区に含まれている[13]。南志賀・滋賀里地区でも南滋賀町廃寺や崇福寺跡など当時の遺跡は発見されているが、宮に関連する建物や、条坊制の存在を示す道路などの遺構は皆無である。従って、先に述べた大津京条坊制実施論は、あくまで現在に残る条里制とは異なる地割から復原したものであって、考古学ではまったく裏付けられていない考え方である。今後、さらに発掘調査が進み、新知見が次々と得られれば、まったく異なった考え方が提唱されることもあるだろう。近い将来、大津京研究を飛躍的に前進させるような新しい発見が必ずやあらわれることを期待して筆を置くことにする。

　　　＜追記＞　小論は、『大津宮関連遺跡－皇子が丘地域・その2』（大津市文化財調査報
　　　　　　　告書8）の「第Ⅴ章　考察」部分の文章を一部修正、加筆したものである。

＜注＞
1　田辺昭三『湖西線関係遺跡調査報告書』（滋賀県教育委員会　1973）
2　『櫟木原遺跡発掘調査報告書』Ⅰ・Ⅱ（滋賀県教育委員会　1976・77）
3　『衣川廃寺発掘調査報告』（滋賀県教育委員会　1975）
4　『昭和50年度滋賀県文化財調査年報』（滋賀県教育委員会　1977）
5　喜田貞吉「大津京遷都考」（『歴史地理』15－1・2　1910）
6　田村吉永「大津京考」（『大和志』4－8　1937）
7　米倉二郎「条里よりみたる大津京」（『歴史と地理』34－1　1934）
8　岸俊男「飛鳥から平城へ」（『古代の日本』5　角川書店）
9　難波宮址を守る会『難波宮と日本古代国家』（塙書房）
10　福尾猛市郎「上代大津の開花」（『大津市史』上巻　大津市　1942）

11 　『日本文化の源流・近江2－大津京をさぐる－』(大津市教育委員会　1976)
12 　　地元の古老の話による。
13 　　滋賀県教育委員会の発掘調査で2箇所、大津市教育委員会の発掘調査で1箇所。
　　　後者は、『大津市文化財調査報告書』6・8（1976.77）で報告。

(1) - 2．

中大兄皇子"力の論理"
── 飛鳥から近江大津京へ ──

1．はじめに

　『日本書紀』天智6年（667）3月の条に、「都を近江に遷す。是の時に、天下の百姓、都遷すことを願はずして、諷へ諫く者多し。童謡また衆し、日日夜夜、失火の処多し」という近江遷都の記述がある。この遷都には多くの人たちの反対があった。突然の遷都に、貴族・官人から百姓にいたるまで大いに驚き、これに反対する声があちこちに起こっていた。しかし、中大兄皇子（天智天皇）は、あえてこれを無視し、近江に都を遷した。何故、突如遷都を行なったのか、それは"中大兄皇子のみぞ知る"ところなのだが、当時の国内外の政治状況を考えれば、その理由をある程度推測することはできる。そこで、まず、日本を取りまく東アジアの国際情勢の変化からながめていくことにする。

2．朝鮮半島の緊張

　後漢滅亡（220年）ののち、魏・呉・蜀の三国時代を経て、五胡十六国などの群雄割拠の時代を589年に再統一したのが隋（581～618）であった。わが国では、その2年前（587）、仏教帰依に関わる蘇我馬子と物部守屋の対立から、馬子に守屋が討たれるという事件が発生し、物部氏に代わって蘇我氏が権力の中枢の座についていた。
　さて、中国を統一した隋は、周辺地域への遠征を繰り返し、自国の版図拡大をはかる政策を押し進めていく。朝鮮半島北部に位置する高句麗にも、文帝・煬帝、あわせて4回に及ぶ遠征を行なったが、いずれも失敗する。結局、これが原因となって、国内各地で反乱が相次ぎ、ついには隋帝国を滅亡へと導くことになる。
　隋の4回にも及ぶ遠征を撃退した高句麗という国は、紀元前1世紀頃から部族的連合国家の形態を取りながら、徐々に勢力を拡大し、1世紀頃から中国とも交渉をもつようになった。だが、西方へ版図が広がるにつれて、中国としばしば戦闘を交えるようになり、2世紀に入ると、後漢とはげしい戦闘をくりひろげた。その後も、三国・晋といった国々と幾度となく抗争を繰り

返しながら、自身の国力を徐々に強化していく。そして、4世紀から5世紀にかけての時期に広開土王や長寿王といった有能な指導者が相次いで登場し、強固な国家体制を作り上げていった。

　一方、隋に続く唐（618～907）は、618年に李淵（高祖）が唐王朝を樹立して以来、10年余りの歳月をかけて中国統一をなしとげた。その間、北方部族との戦闘は行なわれたが、朝鮮半島への遠征はまったくなかった。第2代太宗も内政を重視し、貞観律令の制定、均田法の施行、租・庸・調の税制整備など、世に「貞観の治」と呼ぶ新しい政策を次々と行なっていく。だが、こと外征に関しては、極端なまでに慎重な態度を取っていた。そこには、隋の高句麗遠征の失敗が大きく影響していたと考えられている。

　この時期、朝鮮半島では、北部に高句麗、慶州に都を置く新羅が東部に、そして西部に百済があり、三国鼎立の時代をむかえていた。7世紀には、唐と高句麗、そして新羅と百済との対立抗争を縦軸に、4カ国が半島を舞台にして同盟・対立を繰り返しながら、密かに自己の領土拡大という野望を実現しようとしていた（図1）。この半島の複雑な政治情勢は、当然日本にも大きな影響を及ぼすことになり、国内政治も半島の動きに敏感に反応しながら展開していく様相をとるようになっていく。

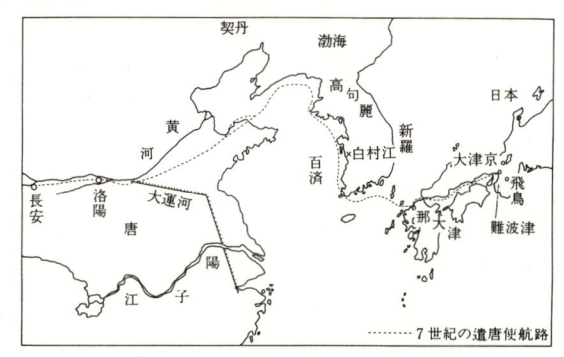

図1　7世紀の中国・朝鮮半島と日本
（『大津京』－考古学ライブラリー27－より転載）

　そこで、半島の状況をいましばらく追ってみよう。百済は641年に義慈王が即位すると、高句麗と結び、新羅との対立姿勢をより明確にし、翌年には新羅を攻め、40カ所余りの城を落としたといわれている。だが、この直後、高句麗ではクーデターが起こり、建武王を倒した泉蓋蘇文が宝蔵王を擁立して政権を掌握したり、百済でも643年に内紛が勃発、多くの百済人が日本に亡命するなど、両国内でも依然として不安定な状況が続いていた。

　一方、百済・高句麗の攻撃を受けた新羅は、同年唐に救援を求めている。これに対して、唐は三国間の調停に乗り出し、新羅には唐の王族を新羅王に据えることを条件に、百済討伐を約束する。また、高句麗・百済には、新羅

との争いを収めるように要請した。だが、百済の義慈王がこの調停を承諾したのに対し、高句麗の泉蓋蘇文が拒否したため、唐の太宗は、主君を殺害し、政権を奪取した泉蓋蘇文の討伐を決意し、ようやく高句麗へ軍隊を進めた。重臣たちの中には、遠征に対し慎重な意見を具申する者も多かったが、太宗はこれを無視し、645年、一斉に高句麗へ進軍、遼東城を落したが、安市城攻撃に失敗し、遠征の目的を達することができず、軍を撤退せざるをえなくなった。

2年後にも、再び軍隊を高句麗に派遣したが失敗に終わる。この間、敵対する新羅・百済両国に高句麗攻撃を命じるが、新羅がこの要請に応えて高句麗を攻めたのに対し、百済はその隙をついて新羅へ侵入するといったように、半島は収拾のつかない泥沼的な様相を呈するようになっていく。

このようななか、655年、新羅で金春秋が即位して武烈王となった際、国内が一時内紛状態になり、この機会に乗じ高句麗が百済と申し合わせて新羅に侵攻し、北辺の30余りの城を攻略した。これに対し、新羅も反撃に出て、百済に侵入するとともに、唐に救援を求めた。ここに、「高句麗・百済」対「唐・新羅」という図式がはっきりとできあがることになる。

この時、唐の高宗は、高句麗を滅ぼすには、その背後に位置する百済討伐が必要であると判断し、660年、蘇定方らを派遣し、新羅の協力をえて、一気に百済

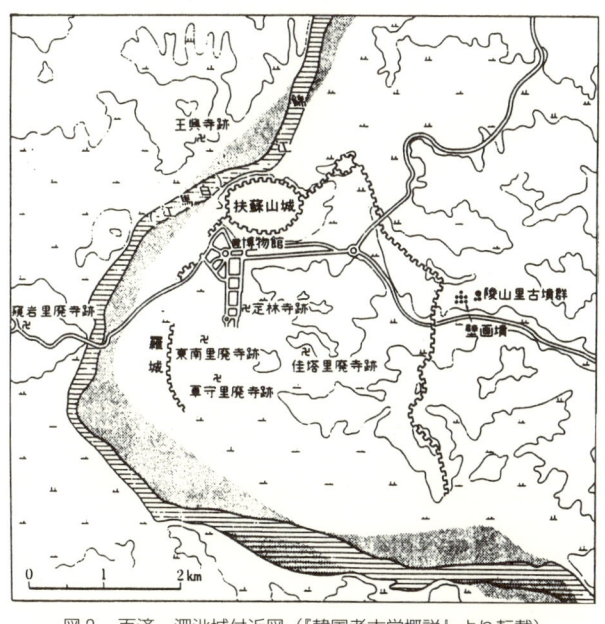

図2 百済、泗沘城付近図（『韓国考古学概説』より転載）

の都泗沘城を落とし、百済を滅ぼした（図2）。だが、百済の遺臣たちは、その後も根強い抵抗を試み、日本に亡命していた義慈王の子・余豊璋を迎え、百済の復興をねらっていた[1]。この時、百済が、唐・新羅との戦闘にあたり、

日本へ初めて援軍を求めてきたのである。

　この百済からの出兵要請に応じ、時の政権の中枢にいた中大兄皇子は、天智2年（663）3月、400隻余りの軍船に3万人近い兵を乗せて、百済に派遣した。ここに、日本軍が初めて唐・新羅軍と直接戦うことになる。6月、日本軍は新羅の2城を落とし、8月にいたって、白村江（錦江の河口）で唐の水軍と対峙する。そして、日本は百済と連合して、170隻余りの唐水軍と戦う（27日）が、日本に利あらず大敗し、百済の余豊璋は高句麗に逃げ、ここに百済は完全に滅びることになる[(2)]。

　そして、白村江の敗戦後、高句麗も独裁者泉蓋蘇文が死亡し、その際に生じた内紛がもとで、唐・新羅連合軍に平壌を包囲され、ついに668年に滅びてしまった。

写真1　扶余の扶蘇山城から見た錦江の流れ
（林博通氏提供）

3. 白村江敗戦後の国内情勢

　白村江の敗戦で大きな打撃を受け、強い危機感をもった中大兄皇子は、この緊迫した局面を打破するために、矢継ぎ早に、新しい施策を実施していった。唐との国交回復、その一方で、唐・新羅の来襲に備える軍事施設の設置などが、その主なものである。唐との国交回復については、665年に第5次の遣唐使を派遣することで一応の成功をみるが、軍事施設の設置はかなり長期にわたって続けられている（写真2）。それを『日本書紀』の記述に見ると、敗戦の翌年（664）に、対馬・壱岐・筑紫国に「防人」を置き、急を告げる通信施設として「烽」を設置している。さらに、西国の拠点である大宰府を守るために、その前面に大堤を築いて水を貯えさせた。いわゆる「水城」の建設である。

　665年に入っても、軍事施設の建設は続き、8月には答㶱春初（百済人）に命じて長門国に山城を築かせ、また憶礼福留・四比福夫を筑紫国に派遣して、大宰府の防御のために、北に大野城、南に椽城の2城を築いた。

　このような西日本を中心とした防御施設建設の延長線上に、近江への遷都があらわれてくる。したがって、いくつか考えられる遷都の原因の一つには、

白村江の敗戦による国際関係の緊迫化があげられる。だが、それはあくまでも原因の一つにすぎず、もっと大きな理由が中大兄皇子を取りまく当時の国内情勢に求められるように思う。結論から先に言えば、中大兄皇子を中心とする新政権の行き詰まりが、まったく未知の世界といってもよい近江への遷都を実現させたのではないか。このあたりの事情をいま少し詳しく見ていくことにする。

　7世紀前半、政権の中枢にあり、朝廷を思うままに動かしていた蘇我氏から政権を奪取した中大兄皇子は、いままでになかった強力な中央集権国家建設を目指し斬新な政策を次々と実施していく。だが、なぜか彼は皇位にはつかず、皇極天皇の弟・軽皇子（孝徳天皇）を推薦する。そして、新政府にふさわしい都・難波長柄豊碕宮を造営し、645年12月に遷都した。翌年の正月には、この新都で大化改新の詔を発し、唐の官制にならった天皇を中心とする強力な律令国家を作り上げるための第一歩を踏み出したのである。

　改新の詔には、①部民・屯倉・田荘を廃止し、公地公民制を始めること、②中央・地方の行政組織及び交通・軍事体制の整備、③戸籍・計帳を整備して班田収授法を実施すること、④新しい税制体制（租・庸・調）の開始などがあり、これにより新政府の目指す方向が初めて内外にはっきりと示されることになる。

　今では大化改新そのものを疑問視する考え方が強く、先に述べた施策が一挙に行なわれたかどうかは疑わしいといわれているが、少なくとも、強力な中央集権国家の建設を目指そうとしていたことは確かだろう。だが、このような急激な政治変革は、それまで政権の中枢にいた旧勢力（大和を中心に勢力をもつ豪族たち）には、大きな危機感をもってむかえられたことだろう。新政府は発足当初から大きな矛盾を抱えていたといってよい。この矛盾が徐々に表面化、ついに孝徳天皇と中大兄皇子との不和という形となって具現化したのではないか。653年には、これが決定的な形となってあらわれ、中大兄皇子が皇極太上天皇（母）・間人皇女（妹、孝徳天皇の皇后）や多くの群臣たちを連れて飛鳥へ帰ってしまう。このように、新政府はその発足当初から、多くの問題をかかえることになり、中大兄皇子の抱いていた理想は大きくつまずき、前途多難を思わせる船出であった。

　ちょうどこの内政の行き詰まりに呼応するかのように、朝鮮半島をめぐる唐・新羅と高句麗・百済の対立が決定的となり、緊迫した状況を呈するようになっていた。このような半島の動きを反映して、高句麗や百済などの使節がたびたび日本を訪れるようになり、否応なしに半島を取りまく緊迫した政

治情勢の影響を受けることになっていった。
　考えるに、中大兄皇子は半島の緊張状態をうまく利用し、国内政治に不満をもつ豪族たちの注意を外へ向けさせようと、百済からの援軍の要請を受け入れ、半島に大軍を派遣したのではないか。この戦いに勝てば、国内にくすぶり続けていた不満は一挙に解消され、自らの地位はより強固なものとなる。そのために、どうしても勝たねばならない戦いであった。だが、白村江で大敗を喫してしまう。中大兄皇子をはじめとする政権中枢部にいた人たちが受けた打撃は計り知れないものだったと思われる。
　急いで敗戦のショックから立ち直り、何時来襲してくるかもしれない唐・新羅連合軍に備えなければならない。だが、国内では、敗戦の責任問題も含め、政治に対する不満が以前にも増して大きくなっていた。中大兄皇子にとって気の休まる時はなかっただろう。この四面楚歌のような状態を一挙に打破し、体制を立て直すために何をなすべきか、考え抜いた結果、最終的に到達したのが、当時における国家の最大事業といえる遷都だった。近江での新都造営は、遷都による人心の一新をねらった大きな賭だったと見ている。
　新都の位置としては、大和を中心に勢力をもつ豪族たちの影響がまったく及ばない地域で、しかも防御上有利な内陸の土地、加えて交通の要衝である必要があった。ここに、難波や大和からかなり離れた内陸の地で、しかも日本海方面へも抜けることができる大津の地に白羽の矢が立つことになる。土地の選定にあたっては、地形や思想上の条件より、中央の豪族たちにとってほとんど知識のない土地で、しかも中大兄皇子がよく知る場所ということが第一条件だったのではないか。
　かくして、都は近江大津の地に遷った。だが、そこには各層の人たちからの猛烈な反対があった。中大兄皇子は、遷都を思いついた時点から、反対は当然予想していただろう。しかし、あえてその反対を無視し、遷都を強行した。そこに彼の強い意志を感じるが、その一方で、自分の理想とする国家建設が思うように進まない焦りやいらだちもはっきりと読み取ることができる。
　一方、大和に勢力をもつ豪族たちも、反対はしたものの、遷都に従わなければ、それはすなわち一族の没落を意味する。反対ではあっても、近江大津の地へは行かなければならない。これも中大兄皇子のねらいの一つだったかもしれない。自分に協力しない豪族たちを切り捨て、支持勢力だけで強力な政治体制を作っていく。もしこれが成功すれば、遷都に反対していた連中も自分に従うだろうという、彼独自の「力の論理」をそこに見る思いがする。

このような複雑な政治情勢の下で、近江大津宮が誕生した。

4．近江大津宮の姿

　大津宮は、667年3月の遷都後、わずか5年余りで廃都となるひじょうに短命な都であったため、ながらくその正確な位置はわからなかった。その間、古代文献史学や歴史地理学の分野での研究が中心となり、「穴太説」「滋賀里説」「南滋賀説」「錦織説」といった所在地論争が盛んに行なわれていた（図3）。そして、昭和49年の暮れ、まったくの偶然から大津市錦織の地で大津宮に関係すると見られる巨大な掘立柱建物跡の一部が発見されるに及んで、大津宮錦織説が俄然クローズアップされることになった。

　その後、滋賀県と大津市の両教育委員会が中心となって、錦織地区の発掘調査を実施し、これまでに16カ所余りから大津宮に関係すると見られる遺構が検出されている[3]。その中には、推定内裏南門・推定内裏正殿・東西棟長廊状建物・倉庫・回廊・塀（柵）・推定朝堂院西第一堂などがあり、錦織地区に大津宮の中心建物が配置されていたことが確実となった。さらに、平成5年度には、推定内裏正殿の北約70mの地点から、これに匹敵する大規模な建物が見つかり[4]、天皇の私的な生活空間の建物ではないかとの説も出されている。

1．大津市街地説　2．御所之内説　3．南滋賀説
4．滋賀里説　5．穴太説　6．園城寺遺跡
7．南滋賀町廃寺　8．崇福寺跡　9．穴太廃寺

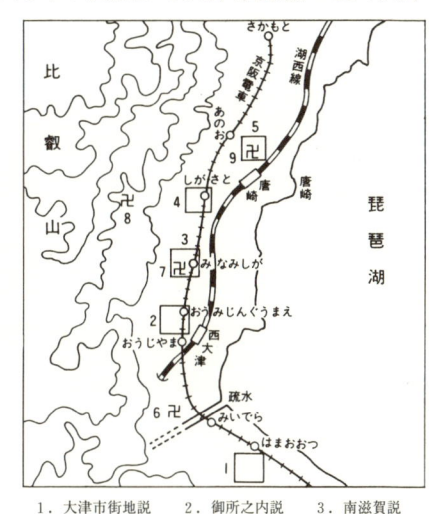

図3　大津宮所在地各説
（『大津京跡の研究』より転載）

　しかし、地形的にみて、遺構が立地可能な範囲は、最大限東西400m×南北500m程度であることから、直前の前期難波宮やすぐ後の藤原宮に相当するような大規模な宮を造ることは不可能であった。最近では、宮の中枢、すなわち内裏や朝堂院などの部分が錦織地区に建てられ、役所の建物や役人の邸宅などは、周辺地域、例えば南志賀や滋賀里地域に分散して配置していたとする考え方があり、このことから大津宮を「点と線の都」と呼ぶ研究者[5]もある。

　『日本書紀』の大津宮に関する記述を見ると、「内裏」「浜臺」「大蔵」「宮

門」「朝廷」「漏剋」「西小殿」「臥内」「大殿」「内裏仏殿」「内裏西殿」などの建物が確認できるが、わずかな例を除いて、いずれもが内裏を中心とする区域に集中する建物と考えられる。これ一つを取ってみても、大津宮が大規模な都城ではなかったことが窺えるだろう。大津宮への遷都が、いかに異常な状況下で行なわれたかがわかっていただけると思う。

5．「大津宮副都制」の可能性

　近江大津への遷都後も、対外的に緊張した状態が続いていたと見られ、遷都した年の11月には、対馬・金田城、讃岐・屋嶋城、大和・高安城を築いている。さらに、670年にも高安城を修築し、長門城や筑紫城を築くなど、防御に力を入れていた。

　このような緊張状態が続くなかで、近江大津宮での天智天皇は比較的穏やかな日々を過ごしている。即位した天智7年（668）5月に湖東の蒲生野（写真3）、翌年5月には山科野に猟をし、琵琶湖での舟遊び、内裏内や浜臺でのたびたびの酒宴など、半島との緊張状態が嘘のような日々を送っている。このなかで注目すべき記事が『日本書紀』に載る。天智9年（670）2月条に記載された「天皇、蒲生野の匱迮野に幸して、宮地を観す」という短い文章で、これは明らかに新しい宮地を蒲生野方面

写真2　鬼ノ城跡（総社市）

写真3　船岡山万葉歌碑（八日市市）

に探しに行ったことを示している。この時、天皇は大津宮とは別の新しい都の造営を考えていた。2年余りののちに、天智天皇が崩御するため、この新都造営は実現しなかったが、仮に天皇が存命であれば、広大な平地をもつ湖東の地への遷都が実現した可能性は高い。では、その時、大津宮は廃都になる運命にあったのだろうか。

これはなかなか難しい問題だが、天智天皇の大津宮での生活をながめていると、風光明媚な地にある大津宮を、離宮的な性格をもった副都のような形で利用しようという考え方をもつようになっていたかもしれない。遷都当時の政治状況を見ていると、遷都前からそのような構想をもっていたとは到底思えないが、おそらく大津宮で過ごすうちに、自然とそうなっていったとしても不思議ではない。それほど、季節ごとに変化する琵琶湖の風景はすばらしかったことと思う。対岸の湖東の地は、船で湖上を渡れば容易に行き来が可能であり、広々とした蒲生野の地に新しい壮大な都城を築く一方で、風光明媚な地にある大津宮を離宮として存続させようという構想が徐々に固まっていったのではないだろうか。琵琶湖を挟んで東と西に、2つの都を配置するという、いわゆる「大津宮副都制」という壮大な構想が進んでいたとする考え方を、あながち荒唐無稽なものとして一蹴してしまうには惜しいと思う。

6．おわりに

いままで大津宮遷都について、6～7世紀の朝鮮半島の政治情勢を縦軸に、国内情勢をからませながらながめてきた。これまで、大津への遷都の直接の原因は、先に述べたように白村江の敗戦による打撃と、それからくる唐・新羅連合軍の来襲を恐れる恐怖感がもたらしたものだといわれてきた。それも確かにあっただろうが、決してそれだけではなかった。天智天皇の心の中には、この機会を利用して、なかなか進まない中央集権体制による強力な国家建設を一挙に押し進めたいとの思いがあったのではないか。そこに、天智天皇特有の「力の論理」が強く働いていたと見るのである。

＜注＞

1　2年前（661）の8月（前月に斉明天皇が崩御）に、阿曇比羅夫連らを百済に派遣した記事が載り、さらに、同9月に、狭井連檳榔らが兵5千余りを率いて、百済の王子・余豊璋を送る記事が、また、天智元年（662）5月にも、阿曇比羅夫連らが170艘余りの船とともに、余豊璋を百済に送った記事が続けて載るなど、百済への軍隊の派遣に関する記述に重複が見られることから、この内容について種々の見解が出されている。

2　天智2年（663）9月25日、百済救済で派遣されていた日本軍が、佐平余自信、達率木素貴子、谷那晋首、憶礼福留や、多くの百済人たちを伴って帰国する。

3　『錦織遺跡－近江大津宮関連遺跡－』（滋賀県教育委員会　1992）

4　『滋賀埋文ニュース』№158（滋賀県埋蔵文化財センター　1993）

5　田辺昭三『よみがえる湖都－大津の宮時代を探る－』（NHKブックス　日本放送出版協会　1983）

(1)-3.
近江大津宮新「京域」論
― 大津宮に "京域" は設定できるか ―

1. はじめに

　昭和49年（1974）の暮れ、大津市錦織一丁目の住宅街のいっかくから、大津宮のものと推定される大規模な掘立柱建物跡（推定内裏南門）が発見された。以来、四半世紀余りを過ぎ、現在では錦織一・二丁目を中心に20箇所近い地点から、大津宮に関連すると見られる建物遺構が検出されている。その中には、前期難波宮の内裏前殿にあたる可能性をもつ大規模な建物跡や、区画のための板塀跡、推定朝堂院西第一堂にあたる建物跡などが含まれており、ようやく宮の中枢部分の建物配置が復原できるようになってきた[1]（図１）。これに並行して、周辺地域の発掘調査も進み、穴太廃寺など、大津宮に関連する遺跡の発見が相次いでいる。

　その一方で、明治期以降、多くの研究者たちが取り組んできた「京域」研究は、その存在を示す道路跡などの遺構の検出がなく、停滞してしまっているのが現状

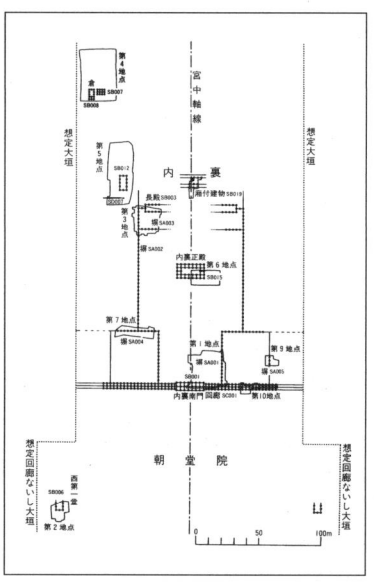

図１　大津宮中枢部建物配置図
（『よみがえる大津京』より転載）

である。錦織地区の発掘調査が盛んになった昭和50年代以降、"大津宮には「京域」は存在しない" とする考え方が大勢を占めるようになり、大津宮「京域」論は話題にものぼらなくなってしまった。

　本論は、この死語と化してしまった大津宮の「京域」を改めて取り上げ、まったく別の視点から検討を加えることにより、新たな大津宮「京域」論を提唱することを論旨とする。

2．「京域」研究の歩み

　明治期以降の「京域」研究の流れを紹介するまえに、まず、古代の主要な文献の中に「大津宮」がどの様な名称で記載されているのかを、いま一度確認することから始めたい。

①　『日本書紀』（720年成立）
　　〇天智天皇紀－「近江宮」のみで、他の名称は登場しない。
　　〇天武天皇紀－「近江朝」「近江朝廷」となり、先の「近江宮」は使われていない。ただ、一箇所、「近江京」という名称が「倭京」に対応する形で登場する[2]。
　　〇持統天皇紀－「近江宮」の名称にもどり、新たに「近江大津宮」が使われ始める。以後、天智天皇を指す言葉として「近江大津宮天皇」や「近江大津宮御宇天皇」がしばしば使われる。

②　『続日本紀』（797年成立）
　　　　『紀』天武天皇紀に見られた「近江朝」の名称が数箇所で使われている。

③　『万葉集』（仁徳天皇から759年までの歌を収録）
　　　　柿本人麻呂の作歌には「大津宮」の名称が見られる。

④　『扶桑略記』（平安時代末期の成立）
　　　　天智天皇の項で「大津宮」の名称が登場する。

　以上、古代の主要な文献に登場する「大津宮」の名称を示したが、これを見る限り、「京」が使われているのは一箇所だけで、大半は「近江宮」「大津宮」「近江大津宮」の名称が採用されている。大津宮の場合、なぜか「京」という語句がほとんど使われず、「宮」の名称で呼ばれていたようである。では、次ぎに本題の「京域」研究の流れを明治期からたどってみよう。

　「京域」研究の端緒は、明治34年（1901）に発表された木村一郎の論考だといわれている。彼は、当地に残る字名や崇福寺との位置関係から、宮を滋賀里に求め、その南側一帯の地域に、地割などから平城京や平安京のような大規模な京域を設定しており、その範囲は現在の大津の市街地にまで及ぶ壮大なものであった[3]。

　以後、多くの研究者が、この問題を取り上げ考証しているが、論旨は概ね似かよったもので、地名と滋賀里山中の寺院跡（いずれも崇福寺跡と断定）から宮の位置を推定し、当地の条里制地割などから京域を考え出している。例えば、喜田貞吉は木村説と同様、滋賀里に宮を置き、これをもとに東西10

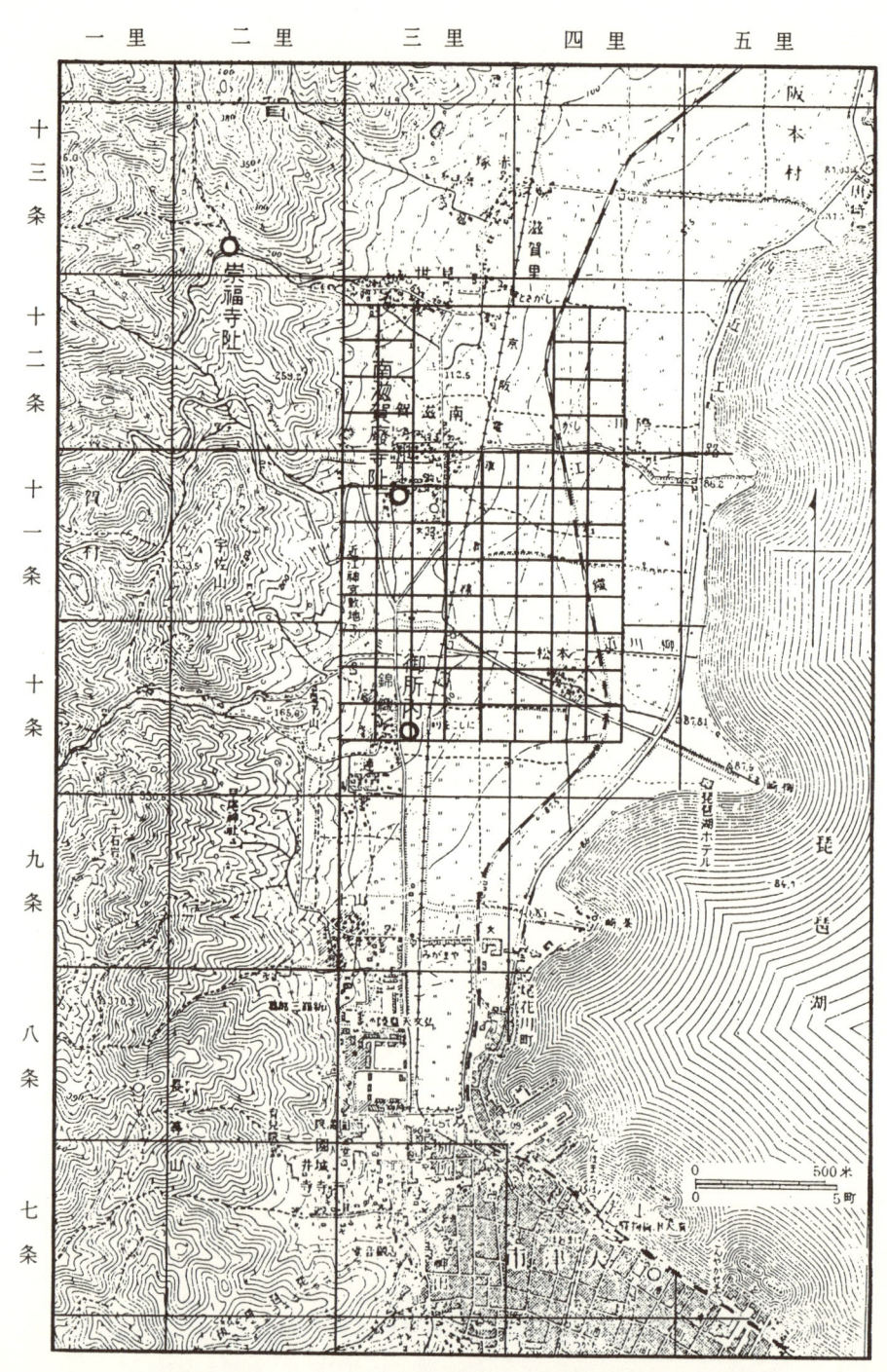

図2 藤岡謙二郎氏による大津北郊条里復原および大津京条坊復原図（注8による）

町×南北20町（南端は錦織と山上町の境に位置する道路）の京域を考えている[4]。また、田村吉永は宮を錦織にあて、南志賀から不動川よりやや北あたりまでの地域に東西9町×南北12町の京域を設定した[5]。さらに、米倉二郎は、大津北郊の条里に、より詳細な検討を加え、田村説とほぼ同規模の京域を求めている[6]。

このような中で、福尾猛市郎は、当地に残る、条里制地割とは異なる特殊地割（一辺80間＝約150m）の存在に注目し、昭和16年（1941）刊行の『大津市史』上巻で、滋賀里字宮之内付近から錦織・山上の境界線までの京域を発表した（宮は南志賀に想定）[7]。

大津宮の「京域」研究は戦後にも引きつがれ、藤岡謙二郎や秋山日出雄らが自説を展開している。藤岡は、山城国にまたがる条里制地割を基に、広大な京域（滋賀里〜皇子が丘）を想定し、宮を北辺中央部の滋賀里字蟻之内付近から際川（滋賀里と南志賀との間）の地域に求めている[8]（図2）。また、秋山は南北10条×東西6坊の京域を、崇福寺へ通ずる東西道路から錦織・山上境界線までの地域に設定した（宮の位置は触れていない）[9]。

最後に、田辺昭三は、自らの著書『よみがえる湖都』の中で、大規模な京域の存在を否定し、「宮を中心に、役所・寺院・貴族官人邸宅などが、東西に狭い平野部から山裾にかけて点在し、それらを結んで東西・南北の方位にのった規則的に走る道路が縦横に走っていたのではないか」とする、まったく新しい"点と線の都"（範囲は穴太〜錦織の地域を想定）という考え方を提唱した[10]。

なお、私も拙稿で大津北郊の特殊地割（一辺130〜150m前後）を取り上げ、滋賀里から錦織にかけての地域に、南北11条×東西3坊（ないし4坊）の、南北に極端に細長い特異な京域を想定したことがある[11]。これについては、滋賀里地区に古墳時代後期の群集墳が発掘調査で多数確認され、しかも保存状態が極めて良好な横穴式石室が多いことなどから、同地域を含めてよいのかという問題があり、再考の必要があると思っているので、以下の記述の中で一緒に検討していくことにする。

3．新「京域」論へのアプローチ

前項で「京域」研究の流れをながめたが、宮の位置や京域の規模に差はあるものの、大半が滋賀里から山上町にかけての地域に広大な京域を設定している。だが、近年の発掘調査の増加にもかかわらず、錦織地区を除いて、滋賀里や南志賀などでは、京域の存在を示す遺構が発見されないこと、古墳時

代後期の群集墳が比較的良好な形で遺存していること、さらに平地が極端に狭いという地形上の問題などから、「京域」の存在を否定的に見る考え方が大勢を占めている。だが、大津北郊に残る特殊地割や、大津宮時代の遺跡の分布状況等々からみて、平城京や平安京のような条坊とは異なった、宮を中心に一つのまとまりをもつ区域が設定されていた可能性があるように思う。これを「京域」と呼んでよいのか問題は残るが、ここでは考古・民俗・地理などの分野から、大津宮をより広い視野で検討することで、宮を中心とする特別な区域が存在する可能性を探っていくことにする。

(1) アプローチ①－白鳳寺院の分布から－

　平成7年度滋賀県遺跡地図で、瓦窯跡を除き、白鳳期（7世紀後半～末）の寺院跡として登録されているもの、及びその可能性をもつ遺跡を拾い上げていくと、実に80箇所を超える[12]。その分布を見ると、県下全域に散在するという状況ではなく、いくつかの地域に集中する傾向が認められる。なかでも最も密集度の高い地域が旧滋賀郡から旧栗太郡にかけての琵琶湖南湖をとりまく地域で、現在、全体の1／3に近い25箇所余りの遺跡が登録されている。これを大津宮が位置する旧滋賀郡内に限ると、真野廃寺、坂本八条遺跡、穴太廃寺、崇福寺跡、南滋賀町廃寺、園城寺前身寺院、大津廃寺、膳所廃寺、国昌寺跡、石山寺前身寺院（本寺を白鳳期の寺院とした理由は後に述べる）の10箇所（いずれも大津市）で、郷別では真野郷1、大友郷4、錦部郷2、古市郷3となり、大友・古市両郷に集中する傾向がある。

　次に、北から順に、各遺跡の状況を簡単に見ていくことにする。

　[真野廃寺]（真野一丁目）　春日山丘陵から派生し東に延びる低い丘陵上に立地する遺跡[13]で、早くから古瓦の出土が知られ、「観音寺」「寺門」などの小字名が残ることから、寺院の存在が予想されていた。しかも、出土瓦の中に、わずかだが複弁八葉蓮華紋軒丸瓦の小片が含まれており、白鳳期に遡る寺院の可能性が指摘されている。この小片は、現在、写真でしか確認できないので、外縁（面違い鋸歯紋の有無）や中房（蓮子数）の状況がつかめないが、蓮弁がやや偏平で、かつ間弁先端部が蓮弁につながるような様子がうかがえることから、南滋賀町廃寺や崇福寺跡で出土している、外縁に輻線紋をもつ型式に類似しているようにも見える。

　なお、本遺跡は発掘調査が行われていないため詳細は不明だが、丘陵上には、周囲の平地に残る条里地割とは方向を異にする東西・南北方向の地割が認められることから、寺院を含めた公的な施設の存在が考えられている。

<付記>
　当地の自治会館建設に伴う発掘調査が昭和55年（1980）に行なわれ、真野廃寺の東側に広がる中村遺跡の一端が初めて明らかになった。遺構は6世紀代の竪穴住居跡と、奈良〜平安時代の掘立柱建物跡があり、なかでも後者は、建物方位が当地に残る南北方向の地割にほぼ一致していた。この地割は南北約2町×東西約4町に及び、真野郷に関係した官衙の立地が想定されている。（『埋蔵文化財包蔵地分布調査報告書』Ⅱ　大津市埋蔵文化財調査報告書12　大津市教育委員会　1987）

　[坂本八条遺跡]（坂本六丁目）　日吉大社の参道沿いに広がる坂本の集落のいっかくにあり、すぐ北を大宮川が流れている。昭和58年（1983）の発掘調査で新たに発見された遺跡[14]。この調査では、寺院建物の遺構は未検出に終わったが、区画を示すと見られる溝跡、堤状遺構、掘立柱建物跡などが上下二層の遺構面から見つかっており、付近に寺院の主要伽藍が立地すると考えられている。

　出土瓦には、複弁系・単弁系の軒丸瓦と重弧紋軒平瓦が含まれていた。複弁系軒丸瓦はすべて同一型式で、出土した軒丸瓦の大半を占める（図3）。外縁（平坦縁）に面違い鋸歯紋をもち、中房は周縁部に圏線を巡らせ、内部に1+4+8の蓮子を配する。この蓮子数は当地域では珍しく、穴太廃寺に見られるだけで、南滋賀町廃寺や崇福寺跡からは出土しないタイプである。また、単弁系軒丸瓦は小片が1点出土するのみで、全体像はわからないが、外縁は素縁の平坦縁を呈しており、蓮弁はややシャープさに欠けるが、穴太廃寺・南滋賀町廃寺例と同系統のものとみてよい。

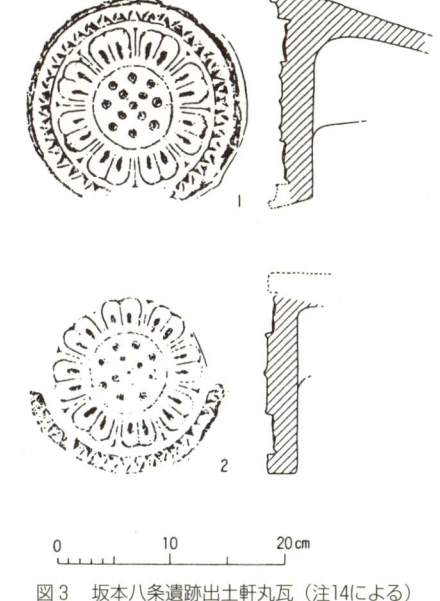

図3　坂本八条遺跡出土軒丸瓦（注14による）

　なお、当地は、「郡園」「倉園」の名称をもつ神社が鎮座することから、滋賀郡衙の推定地の一つになっており、官衙との関連性から本寺院を検討していくことも必要と思われる。

　[穴太廃寺]（穴太二丁目ほか）
　[崇福寺跡]（滋賀里町甲）
　[南滋賀町廃寺]（南志賀一丁目）

この三寺院跡については、多くの論文・報告書[15]などで取り上げられているので、ここでは省略する。だが、穴太廃寺では再建時期の問題、崇福寺跡では梵釈寺・志賀山寺との関係、南滋賀町廃寺では大津宮との関わりなど、重要な問題が残っており、大津宮の解明とともに取り組まなければならない課題は多い。

[園城寺前身寺院]（園城寺町）　天台寺門宗総本山園城寺の境内から白鳳期の古瓦が出土することは早くから知られており、昭和初期に石田茂作がその一部を紹介している[16]。発掘調査がまったく行われていないため詳細は不明だが、白鳳期の瓦類は、多くが金堂周辺と釈迦堂付近で出土しており、創建当初の寺院は現在の金堂から釈迦堂にかけての一帯に広がっていたと考えられている。

出土した白鳳期の軒丸瓦には、単弁系2型式、複弁系2型式、方形軒先瓦1型式がある。単弁系はいずれも六葉蓮華紋を基本とするが、一つは重弁十二葉とも呼べる紋様構成をもち、他の一つ（所在不明）は蓮弁と間弁の大きさが逆転した特異な紋様となっている。次に、複弁系は六葉蓮華紋と八葉蓮華紋があり、前者は外縁に面違い鋸歯紋を配し、瓦当部裏面を平滑に仕上げるのに対し、後者（写真1）は外縁に花弁状の紋様（他に類例がない紋様で、面違い鋸歯紋の変形と考えられる）を施し、中房には1＋5＋10の蓮子（周環をもつ）が配され、裏面はいわゆる一本造り技法による布目痕が残るものと、そうでないもの（格子目叩きが残る）の2種類がある。そして、後者の瓦は、外縁の紋様や蓮弁部の構成などから、川原寺式よりやや後出の型式と見ている。

なお、現存しないが、石田茂作の報告には、蓮華紋方形軒先瓦、いわゆる「サソリ紋瓦」のスケッチ1点が掲載されている（図4）。報告では園城寺食堂（釈迦堂）出

写真1　複弁蓮華紋軒丸瓦（園城寺蔵）

図4　（伝）園城寺境内出土蓮華紋方形軒先瓦
（注16による）

土と記されているが、その後、境内から同系の瓦が出土したという報告がないため、これを同寺出土と断定するには慎重をきさなければならないが、仮にそうだとすれば、南滋賀町廃寺との関連性が注目される遺物といえる。

　[**大津廃寺**]（中央三丁目ほか）　昭和51年（1976）、京町通りに面した店舗の改築時に偶然発見された遺跡[17]で、出土遺物の中に重弧紋軒平瓦片や格子目叩きをもつ平瓦片が含まれていたことから、白鳳期の寺院跡であることが明らかになった。また、京町通りのガス工事中に、礎石と見られる上面が平坦な巨石があったという話もあり、付近に寺院建物が立地する可能性がある。

　その後、付近ではまったく発掘調査が行われていないため、遺跡の内容については不明のままである。

<付記>
　平成10年・12年の発掘調査（上記の瓦が出土した店舗の北側に隣接する地点2ヵ所）で、寺院遺構は未検出に終わったが、南滋賀町廃寺及び草津市宝光寺跡と同笵の複弁八葉蓮華紋軒丸瓦が出土している。なお、前者は川原寺創建期瓦と同笵になるものである。さらに、「月月　見大光」と刻まれた文字瓦片も見つかっており、『近江輿地志略』に記載された「天武山大高寺」にあたるものと考えられている。同寺がのちに「月見山大光寺」と改められたという記述にも一致することから、注目すべき資料といえる。（『大津むかし・むかーし』№9　大津市埋蔵文化財調査センター　2001）

　[**膳所廃寺**]（昭和町）　滋賀大学教育学部附属小・中学校付近一帯に広がる遺跡[18]で、同校庭などから出土した瓦類により、白鳳期の寺院跡が推定されているが、未調査のため、遺跡の実態は不明である。

　出土した軒丸瓦はいずれも複弁八葉蓮華紋で、珠紋の有無により、2種類に分かれる。一つは、内区に珠紋を配した、いわゆる「藤原宮式」の範疇に入るもの（図5-2）で、類例は国昌寺跡（光が丘町）から出土している。もう一つは「川原寺式」の特徴を備えており、内区と外区の境に圏線を巡らせるのが特徴である（外縁には面違い鋸歯紋を配する、図5-1）。この型式は県内では他に出土例がなく、四重弧紋軒平瓦（図5-3）が共伴している。

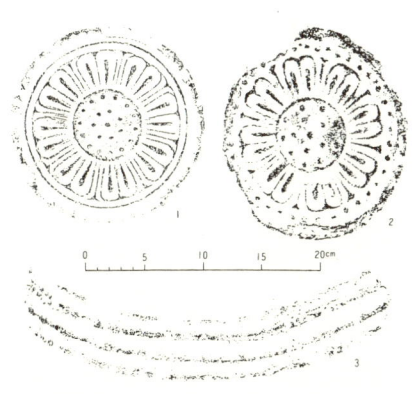

図5　膳所廃寺出土軒丸・軒平瓦（注18による）

　[**国昌寺跡**]（光が丘町）　『日本紀略』弘仁11年（820）11月条に、延暦4年（785）の火災で焼失した近江国分寺を再建せずに、国昌寺を国分寺に

あてるという記述がある[19]。国昌寺の位置は確定していないが、保良宮の近くに立地するという記述が載る文献[20]があることから、晴嵐小学校南側一帯の丘陵地上に推定している。当地から出土する瓦類は大半が奈良時代以降のものであるが、なかに白鳳期まで遡る軒丸瓦などが含まれており、仮に、当地が国昌寺だとすれば、本寺は白鳳期に遡ることになる[21]。

軒丸瓦には、膳所廃寺出土と同系のもので、外縁に線鋸歯紋、内区に珠紋を配する、典型的な「藤原宮式」のものが含まれている。これとセットとなる偏行唐草紋軒平瓦片も出土しており、創建は藤原京頃、すなわち7世紀末とみてほぼ間違いない。

[石山寺前身寺院]（石山寺一丁目）　石山寺について語る時、保良宮造営に伴う本寺の大規模な増改築工事の記事がよく引用される。それによると、増改築工事が行われる以前から、石山寺の地にはその前身寺院と見られる建物群の存在が確認できる。この建物群の創建がいつなのかが問題となり、かつて拙稿で、石山寺に伝存する本寺境内出土の軒丸瓦・軒平瓦や、平成2年（1990）に実施した境内地の発掘調査で出土した平瓦片から、創建が白鳳期まで遡る可能性を指摘したことがある[22]。

前者の寺に伝存する瓦類の中で、軒丸瓦は、寛政年間（1789〜1800）に石山寺の長老であった尊賢僧正が、寛政9年（1797）から同11年にかけて収集した古瓦類の中に含まれるもので、薄手の単弁六葉・八葉蓮華紋と、凸線で蓮弁を表現した単弁六葉蓮華紋の3種類がみられ、いずれも南滋賀町廃寺にのみ出土する特異な瓦である[23]。しかも、南滋賀町廃寺での出土量も極めて少なく、隣接する同廃寺の瓦を焼いた橿木原瓦窯跡で生産したものでないことも判明しており、謎の多い瓦だといわれている[24]。次に、軒平瓦は1点だけだが、四重弧紋軒平瓦が出土しており、あわせて格子目叩きを持つ平瓦片も1点含まれている。

また、後者の平瓦片は、わずか数点の出土だが、いずれも格子目叩きを有しており、前者と同様、白鳳期の瓦と見てよい。

このように、白鳳期に遡る遺物が確認されつつある状況からみて、石山寺の創建を白鳳期に比定することは充分に可能だろうと思われ、本寺と南滋賀町廃寺、さらには大津宮との関わりが注目される。

最後に、衣川廃寺[25]（大津市衣川一丁目）について触れておくことにする。本来なら、ここで同廃寺を取り上げなければならないのだが、同廃寺の評価が、出土瓦の時代設定にかなりの差が認められるなど、まだ定まっていないと思われるので除外することにした。私としては、創建時期を従来からいわ

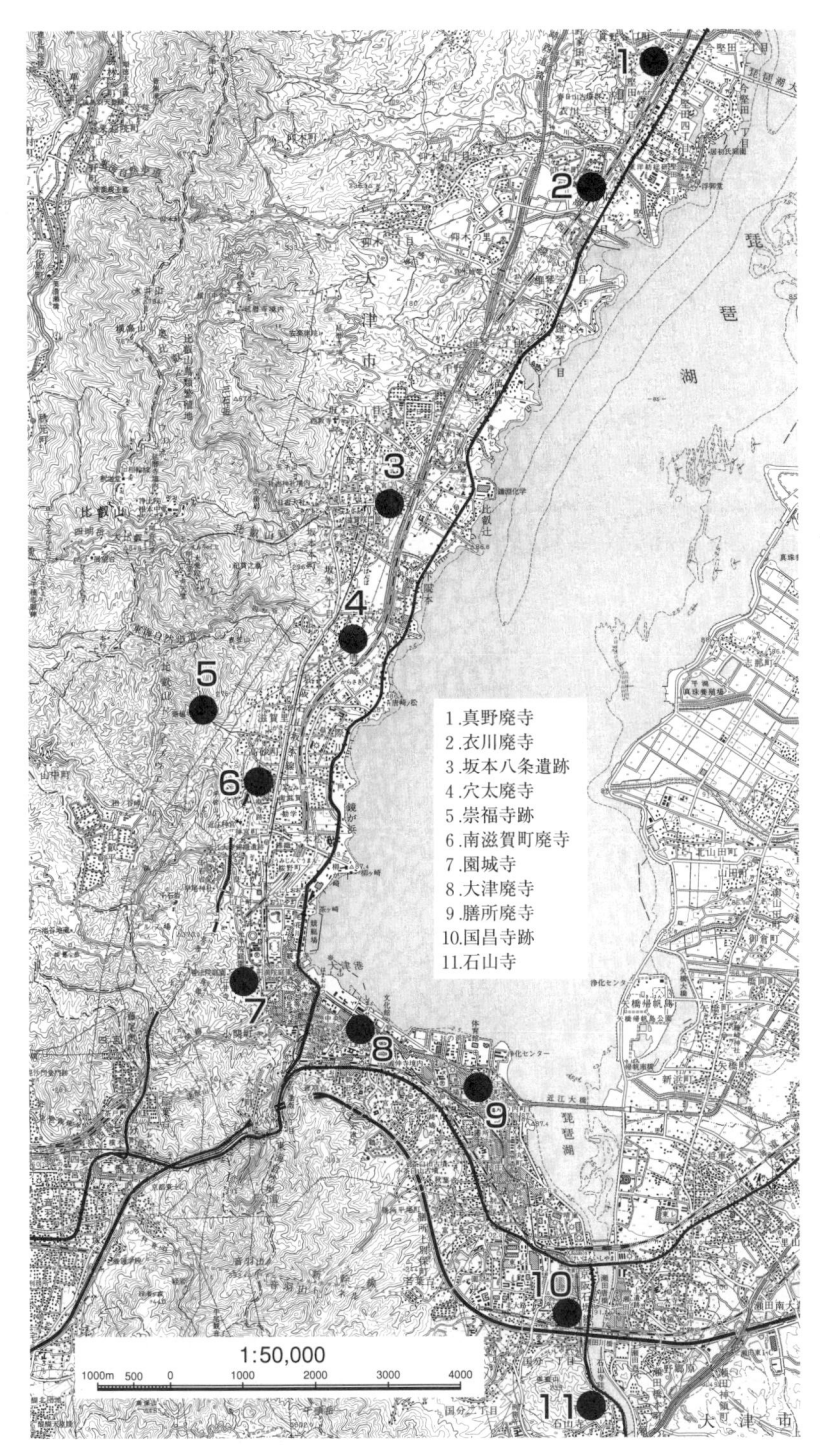

第 2 章　大津宮遷都と壬申の乱　　*131*

1. 真野廃寺
2. 衣川廃寺
3. 坂本八条遺跡
4. 穴太廃寺
5. 崇福寺跡
6. 南滋賀町廃寺
7. 園城寺
8. 大津廃寺
9. 膳所廃寺
10. 国昌寺跡
11. 石山寺

図 6　旧滋賀郡白鳳寺院分布図

れている大化改新前後とするより、出土瓦の状況から、もう少し下げて7世紀後半〜末頃と見た方がよいと思っており、白鳳期創建の寺院に加えたいと考えている。衣川廃寺については、後日、改めて取り上げてみたいと思う。

　以上、旧滋賀郡内に立地する白鳳期の寺院跡について、その概略をながめてきた。図6がその分布図である。仮に、先の衣川廃寺を加えたとしても、その分布状況に大きな変化はない。同郡内では、大友郷と古市郷に多く立地しており、さらに細かく見れば、坂本から石山寺の地域に集中する傾向が指摘できる。

　だが、ここで問題となるのが、いま取り上げた10箇所の白鳳寺院の創建時期と建立目的である。すなわち、それが、大津宮に先行する時期なのか、遷都に伴うものなのか、あるいは宮の存続期間中なのか、それとも廃都後なのか。そして、誰が、どのような意図で建てたものなのか……。これに対して明解な答えを出すことはひじょうに難しいが、出土瓦類から見て、国昌寺跡（建立は藤原京時代）を除く9箇所の寺院跡については、少なくとも大津宮時代に存在していた可能性は強い。だが、それが大津宮時代の建立なのか、遷都前から建立が始まっていたのか、という点になると、出土する瓦・土器類でそれを判断するのはたいへん難しいといわざるをえない。だが、仮に遷都に先行して建立が始まっていたとしても、大津宮遷都の時期とそれほど大きな時間差はないと考えられ、7世紀の第3四半期の時期に概ね入ると見ている。

　また、建立目的については、大津宮時代の建立であれば、天智天皇の意思が強く反映した官寺か、その性格を合わせもつ寺院だと考えることができ、遷都前の建立の場合でも、当初はおそらく在地の渡来系氏族の氏寺として建てられたのであろうが、その際にも、建立場所の選定などにあたって、当時の政権を掌握していた中大兄皇子の意思が働いていたと見ることは充分に可能だろう。さらに、遷都に伴い、新たに官寺的

飛鳥時代
　単弁蓮華紋軒丸瓦 1・2
白鳳時代
　複弁蓮華紋軒丸瓦（A系統）3・4
　単弁蓮華紋軒丸瓦（B系統）5・6

図7　穴太廃寺出土軒丸瓦

性格が備わった可能性も考えられ、手が加えられ整備されることもあったかもしれない。在地性が強い単弁系軒丸瓦（B系統）とは異なる、大和との強い繋がりを示す川原寺式軒丸瓦（A系統）の出土がそれを端的に物語っているのではないだろうか[26]（図7）。これは今後の発掘調査で検討していかなければならないことだが、近年の発掘調査で寺院の内容が比較的よくわかっている穴太廃寺が、この問題を検討する際に、大いに参考になるように思う。

(2) アプローチ②－天智天皇に関する伝承地の分布から－

　天智天皇が遷都した大津宮は、初めて畿外の地に置かれた都として、遷都があまりにも急だったこと、その終焉が劇的であったことから、各地に数多くの伝承を残している。大津宮をめぐる歴史の舞台となった滋賀県や奈良県は勿論のこと、壬申の乱のルート上にある三重県四日市市・桑名市、岐阜県関ケ原町などにも、大友皇子や天武天皇に関する伝承地が多い。

　このような伝承地については、荒唐無稽なものがかなり含まれており、成立過程などが判然としないものが多く、どこまで史料として使えるのか、疑問視する意見が大勢を占めるのは誰もが認めるところである。だが、伝承が残るという事実は無視できず、おそらく何らかのつながりから一つの伝承が残されるにいたったと考えられるため、ここでは大津宮を検討する一つの材料として「伝承」史料を取り上げることにした。

　さて、天智天皇や大友皇子、さらには壬申の乱など、大津宮に関連する伝承は、その内容から、大きく4つに分けることができる。一つは「天智天皇及び皇后・妃に関するもの」、次に「大友皇子とその一族に関するもの」、さらに「天武・持統天皇に関するもの」、最後に「壬申の乱に関するもの」である。本論は、大津宮の「京域」を取り上げていることから、大津宮と最も関わりの深い「天智天皇」に関する伝承地にしぼり、大津宮が置かれた旧滋賀郡内における分布を見ていくことにする。

　天智天皇に関する伝承地は、天皇を祀る社寺、天皇が創建にかかわったとする社寺、大津宮治世時の天皇にまつわるもの、さらには皇后・妃にまつわるものなどがあり、旧滋賀郡では、北から順に「木の岡本塚古墳」「日吉大社西本宮」「赤塚古墳・倭神社」「崇福寺跡」「大通寺」「清井・無垢井」「金殿井」「三井寺（園城寺）」「長等神社」「八大龍王社」「石坐神社」の11箇所（いずれも大津市）が該当する。各項目ごとに簡単に見ていくと、①「木の岡本塚古墳」（木の岡町）は、坂本のすぐ北に位置する小高い木の岡丘陵の頂上部に築かれた5世紀代の古墳（全長約73mの帆立貝式前方後円墳、陵墓

参考地）で、天智天皇の妃の一人で、大友皇子の母伊賀宅子娘の墓だとする伝承がある[27]。②「日吉大社西本宮」（坂本五丁目）は、天智天皇が大津宮を造営した時期に、大和の三輪の神を勧請したものといわれている[28]。③「赤塚古墳・倭神社」（滋賀里三丁目）は、滋賀里集落の北のはずれに築かれた5世紀代の赤塚古墳（現在は円墳状を呈するが、前方後円墳の可能性がある）の上に倭神社が鎮座し、天智天皇の皇后倭姫王を祭神とする。これは、古墳の被葬者を倭姫王かその近親者とする伝承からきていると考えられている[29]。

次に、④「崇福寺跡」（滋賀里町甲）は、天智天皇勅願になる寺院としてよく知られており、⑤「大通寺」（滋賀里二丁目）にも、当寺が天智天皇により建立された建福院の跡だという、崇福寺に似た寺伝が残る[30]。⑥「清井」（南志賀三丁目）は天智天皇が宮中で使った御用水だという伝承をもつ（京阪電鉄石坂線南滋賀駅東南付近にあったというが、現存しない）。また、「無垢井」（南志賀一丁目）も大津宮時代に産湯に使われていた霊水だという伝承があり、志賀小学校西南角付近にあったといわれているが、いまはその跡もない[31]。⑦「金殿井」（錦織町）は、天智天皇が重い病気にかかった時、この井戸の水を飲んでよくなったという伝承があり、今も宇佐八幡宮参道脇にその跡が残る[32]。

⑧「三井寺（園城寺）」（園城寺町）にも、天智天皇にまつわる伝承が多く、「三井」の名の起こりともなった「天智・天武・持統の三帝の御産湯に使われた」という霊泉（閼伽井屋、重要文化財）、天智天皇の御念持仏と伝える弥勒菩薩像（金堂本尊、秘仏）と十一面観音立像（現在は微妙寺本尊、重要文化財）などがある[33]。また、三井寺の東南麓に鎮座する⑨「長等神社」（三井寺町）も、天智天皇の御世に、都の鎮護を目的として造られたという社伝が残る[34]。

さらに、⑩「八大龍王社」（膳所池ノ内町地先）は、大津宮の時代に、八大龍王のありがたいお告げがあったことを喜んだ天智天皇が小祠を造らせて祀ったことに始まるという。もとは相模川の上流、御霊殿山にあったが、持統天皇の御世に、膳所の地に新たに社殿を建

写真2　石坐神社

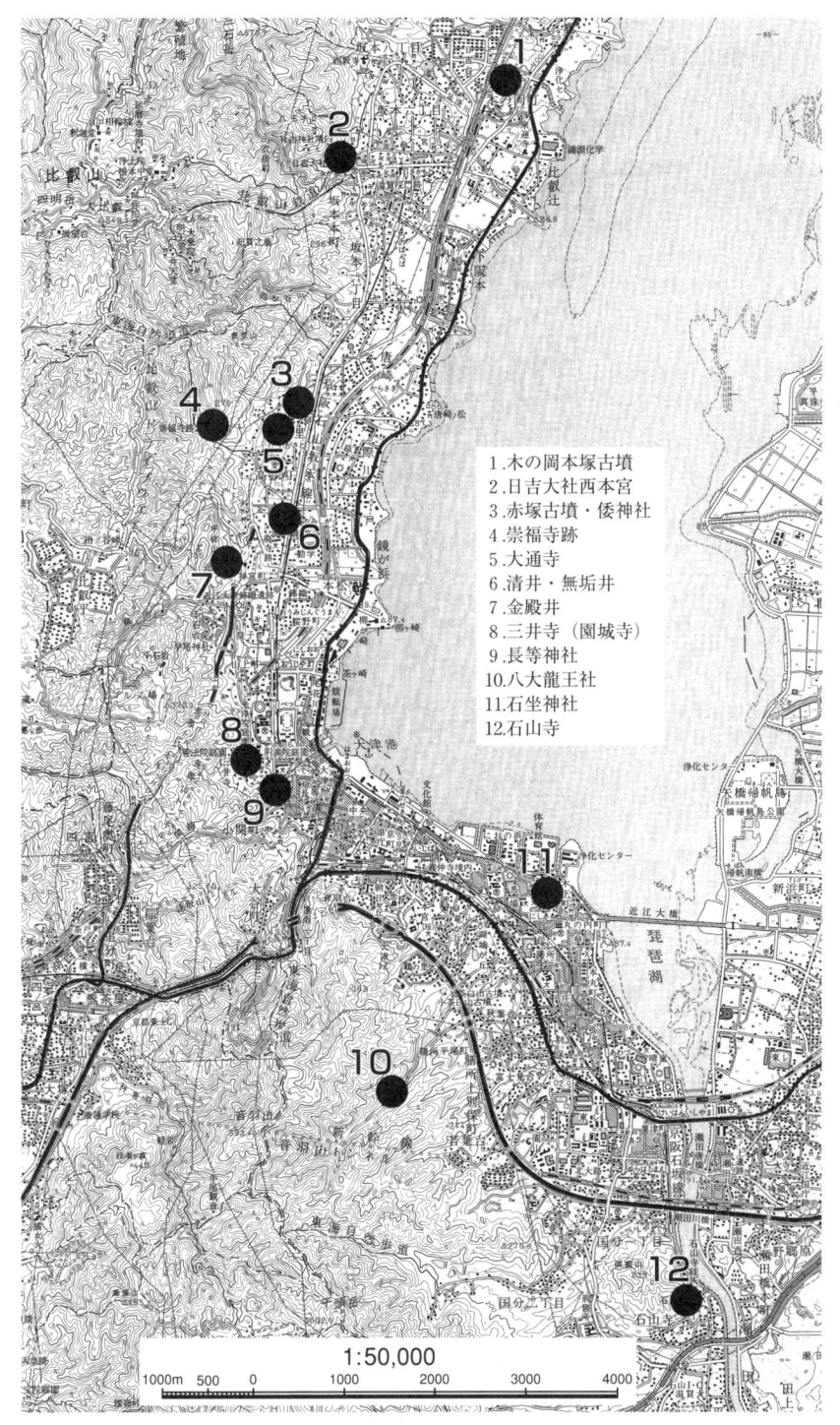

1. 木の岡本塚古墳
2. 日吉大社西本宮
3. 赤塚古墳・倭神社
4. 崇福寺跡
5. 大通寺
6. 清井・無垢井
7. 金殿井
8. 三井寺（園城寺）
9. 長等神社
10. 八大龍王社
11. 石坐神社
12. 石山寺

図8　旧滋賀郡天智天皇関連伝承地分布図

て山から遷したといい、この時から、八大龍王社と称するようになり、石坐神社とも呼んだと伝えられている。今、西の庄にある⑪「石坐神社」(写真2)がこれにあたり、「天智天皇・弘文天皇・伊賀宅子娘・彦坐王」の4柱の神像(平安時代後期の作、重要文化財)が祀られている[35]。

なお、ここでは取り上げなかったが、「石山寺」にも、天智天皇の時代に当地がすでに霊地として知られていたという記述[36](『石山寺縁起』巻一)があり、大津宮時代、石山寺の地が特別な区域として認識されていたことがうかがえる。また、大津市域ではないが、石山から山科の醍醐へ抜ける牛尾越沿いにある牛尾観音(「法厳寺」、京都市)にも、天智天皇にまつわる伝承(本尊千手観音立像が天智天皇作と伝える)が残る[37]。

最後の「石山寺」と、大津市域ではないが隣接する京都市にある「牛尾観音」を加えると13箇所となる伝承地の概略をみてきたが、この分布状況を示したのが図8である。これを見ると、本塚古墳の築かれた木の岡丘陵から石山寺が立地する伽藍山にかけての地域に限定されていることがわかる。大津市内でも上記の地域以外には、天智天皇に関する伝承はなく、滋賀県全域に目を向けても、蒲生郡日野町鈴休神社や同町比佐神社(大字十禅寺所在)などに伝わるだけである(両社とも古代の蒲生野のいっかくにあり、天智天皇の蒲生野行幸に関する伝承が残る)[38]。

このように、大津宮時代の天智天皇に関する伝承は、坂本から石山寺の地域に見られるだけで、先の白鳳期寺院の分布より、さらに際立った特徴を示している。

(3) アプローチ③—大津市域の地形から—

琵琶湖南湖の西岸から南岸にかけて南北に細長く延びる大津市域は、比良・比叡山系(標高500～1000m)や音羽山系(標高300～600m)の山並が湖岸近くまで迫り、平地が極端に狭いという地形的な特色を持つ。この地形をもう少し細かく見ていくと、山系や平地の状況から、大きく3つの区域に分けることができる。一つが、湖西の比良・比叡山系の前面に広がる低丘陵状の地形(滋賀丘陵、標高150～200m)が湖岸まで迫り、平地がほとんどない地域、もう一つが、瀬田川東岸の比較的広い平地を形成する地域、そしてこの両者に挟まれた地域の3つである。3区域の境界は、坂本の北に位置する木の岡丘陵、石山寺が立地する伽藍山及び瀬田川にそれぞれ求めることができる。

まず、北の境界、木の岡丘陵は、坂本から和邇(滋賀郡志賀町)にかけて南北約12km(東西最大幅4km)にわたる滋賀丘陵の南端部に位置し、標高

150m前後、前面の平地との比高差50～60mを測る。すぐ南には大宮川や足洗川などが作り出した扇状地や湖岸デルタが広がる。この丘陵を境にして、北側は平地が極端に狭くなり、同丘陵から現湖岸までの直線距離は僅か300～400mしかない。明治期の地図では、さらに湖岸の入江が丘陵裾近くまで入り込んでおり、平地はほとんど見られない。大津の市街地から湖岸沿いに北上し、坂本を過ぎ、木の岡丘陵にさしかかると、急に山が湖に迫ってくる感じを強く受け、地形的な特徴から、西近江路を抑える格好の地点であることが実感できる。

次に、南の伽藍山は音羽山系の東端部にあり、東側は瀬田川に向かって急崖をなしている。標高236.1mを測り、今は独立した丘陵状の地形を呈する。山からはすぐ下に瀬田唐橋が見え、南流する瀬田川が望める。瀬田川は、いうまでもなく琵琶湖から流れ出る唯一の河川で、下流は宇治川と名をかえ、京都・大阪府境付近で桂川・木津川と合流して淀川となり、大阪湾に注ぐ。琵琶湖からこの川を下りはじめて、まず目に飛び込んでくるのが伽藍山であり、さらに1.5km余り下ると、両岸に山が迫り、谷あいを流れ下るという雰囲気が次第に強くなってくる。

この瀬田川には、現在、ＪＲ琵琶湖線鉄橋・国道１号道路橋・東海道新幹線鉄橋・京滋バイパス道路橋・南郷洗堰道路橋など、多くの橋が架かっているが、なかで最もよく知られているのが瀬田唐橋（瀬田橋）だろう。瀬田橋は、畿内と東国とを結ぶ東海・東山道の交通の要衝に位置するため、古代から大きな戦いの舞台として、しばしば歴史にその名が登場する。その最初が、大津宮廃都の原因となった壬申の乱の時である。今から10年余り前、昭和62年（1987）～平成元年（1989）に実施された瀬田川浚渫に伴う発掘調査で、河底から壬申の乱当時に架けられていたと推定される橋脚跡が発見され、大きな話題となった。当時の橋は現在より80m余り下流、すなわち石山寺寄りに架けられていたことも判明した[39]（図９）。伽藍山から直線距離にして600～700m、瀬田橋を抑え

図９　瀬田橋位置復原図（注39による）

る上で、当地は最高の条件を備えているといってよい。このように、北の「木の岡丘陵」と南の「伽藍山」の地形を検討してみると、両者がよく似た立地条件をもっていることに気付く。

　この両地点に囲まれた区域は、浜大津付近で曲折し、湖に沿ってL字状に細長く延びており、総延長14km余りを測る。地形的には、比叡・音羽山系から流れ出る小河川が作り出す、ゆるやかな傾斜面の扇状地と湖岸付近の小規模なデルタから構成されている。明治期の地図を見ると、「長等山」と「竜が丘・湖城が丘」付近で200〜300mと極端に狭くなるが、これを除けば、狭いところで600m前後、広いところで1.5km前後を測る。このように少しの差はあるが、比較的似かよった地形が坂本から伽藍山まで続いており、地形的に一つのまとまりをもった区域として位置づけることは可能だろう。

(4) アプローチ④ー滋賀郡の渡来系氏族の分布からー

　滋賀郡居住の渡来系氏族については、これまでに、水野正好の論考[40]（「滋賀郡所在の漢人系帰化氏族とその墓制」）を初めとする多くの学説が提唱されている。ここでは、同郡の渡来系氏族に関するこれまでの研究成果をもとに、そこから派生する二、三の問題点に着目し、大津宮との関わりの中で考察していくことにする。

　さて、『和名類聚抄』(931〜938年頃の成立、源順編)によれば、滋賀郡には真野・大友・錦部・古市の4郷[41]が置かれており、『正倉院文書』や『新撰姓氏録』(氏族の系譜書、815年の成立)などに、この4郷に居住していた多くの氏族の名が登場する。それによると、真野郷には和邇系氏族、大友・錦部・古市郷には大友・穴太・錦部などの漢人系の渡来系氏族の集住が確認でき、両者は際立った対比を見せている(図10)。

　渡来系氏族が集住する3つの郷について、いま少し詳しくながめていくと、大友郷では、坂本地域に「三

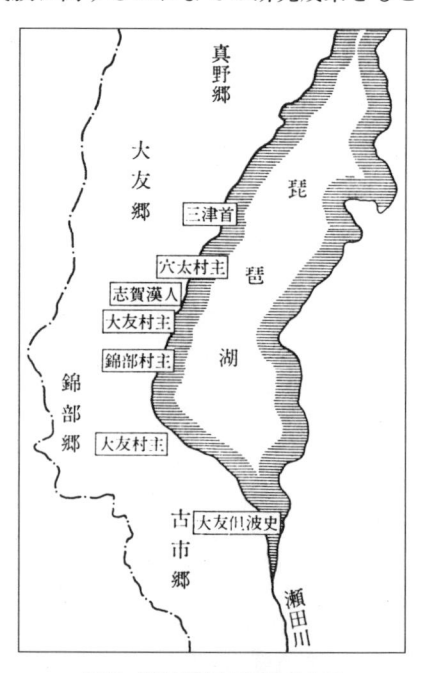

図10　滋賀郡渡来系氏族分布図
(『新修大津市史』第1巻より転載)

津首」、穴太地域に「志賀穴太村主」、滋賀里地域に「志賀漢人」、さらに滋賀里から南志賀には「大友村主」が居住していた。「三津首」は比叡山延暦寺を開いた最澄の出身氏族であり、「大友村主」からは滋賀郡大領の大友村主黒主、百済僧観勒から天文遁甲を学んだ大友村主高聡、「志賀漢人」からは、遣唐使小野妹子に従って唐に渡った留学生志賀漢人恵隠といった著名な人物を輩出している。

次に、錦部郷には、郷名を付した「錦部村主」をはじめ、大友村主・大友日佐などの大友氏の集住が知られる。後者については、同郷内に所在する園城寺（三井寺）が「大友村主寺」と呼ばれていたとする文献[42]があり、同氏創建の寺院とする考え方が強い。

最後に、古市郷には、奈良時代の計帳（「近江国志何郡古市郷計帳」）が一部だが伝存しており、そこに大友但波史広麻呂・同吉備麻呂の２名の戸主が見えることから、「大友但波史」の集住が確認できる。同計帳の中には、「大友村主」との婚姻などが認められ[43]、大友郷との関係も深かったようである。また、吉備麻呂[44]は造石山寺所との関わりも指摘されており、在地の有力氏族と推測されている。なお、この氏族について、岸俊男は、丹波を本拠とした丹波史の一族が志賀郡大友郷に出て、その一部が当郷に移住したとする考え方を提唱している[45]。

以上、大友・錦部・古市郷の渡来系氏族の分布をながめてきたが、この穴太・大友・錦部氏が本姓を改めて「志賀忌寸」を賜ったという記述（『続日本紀』延暦６年７月条[46]）があるように、各郷の氏族は強い同族意識をもっていたことがわかる。だが、この渡来系氏族の分布に、彼らの墳墓といわれている、特殊な持ち

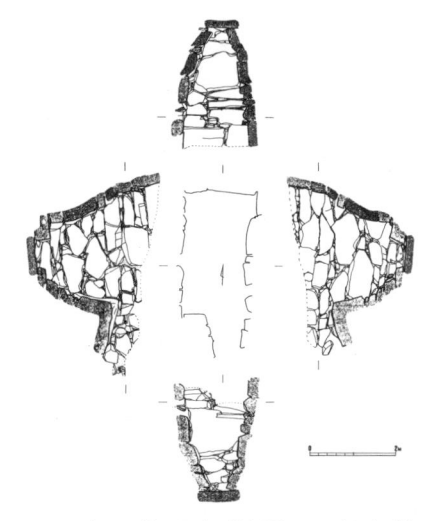

図11　百穴42号墳A石室（『史想』No.20より転載）

送り技法により築かれた横穴式石室を内部主体にもつ古墳[47]（図11）、さらにはこれらの古墳に副葬された、カマド・カマ・コシキ・ナベの炊飯具４点をミニチュアで作った特異な土器群[48]（ミニチュア炊飯具形土器、写真３）の分布を重ね合わせてみると、大友・錦部郷と古市郷との間に明瞭な差が認めら

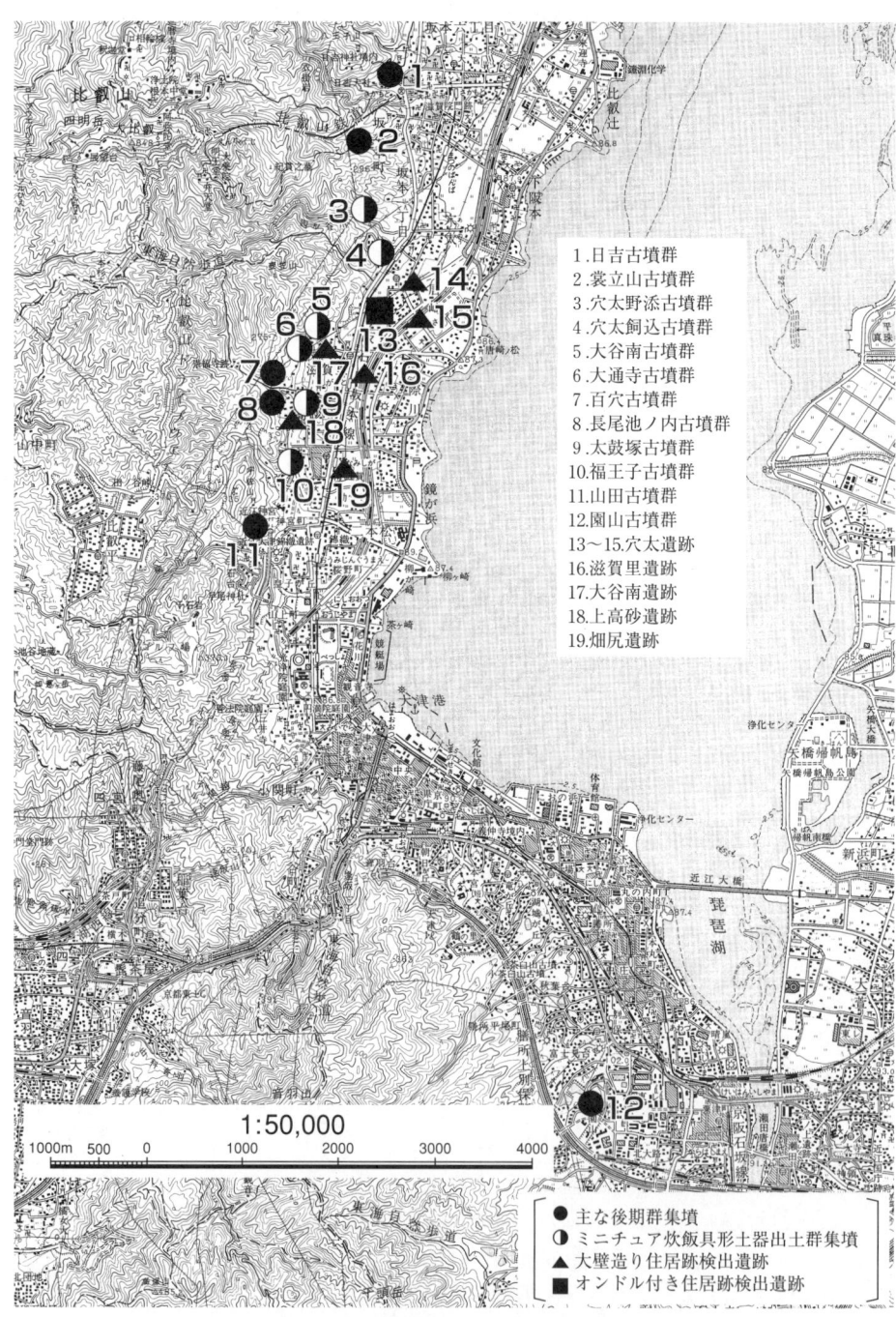

1. 日吉古墳群
2. 裳立山古墳群
3. 穴太野添古墳群
4. 穴太飼込古墳群
5. 大谷南古墳群
6. 大通寺古墳群
7. 百穴古墳群
8. 長尾池ノ内古墳群
9. 太鼓塚古墳群
10. 福王子古墳群
11. 山田古墳群
12. 園山古墳群
13～15.穴太遺跡
16.滋賀里遺跡
17.大谷南遺跡
18.上高砂遺跡
19.畑尻遺跡

● 主な後期群集墳
◐ ミニチュア炊飯具形土器出土群集墳
▲ 大壁造り住居跡検出遺跡
■ オンドル付き住居跡検出遺跡

図12　古墳時代後期群集墳・集落遺跡分布図

れる（図12）。

　大津北郊地域に群集する古墳時代後期の古墳は、その大半が持ち送り技法で築かれたドーム状の天井を呈するを横穴式石室を内部主体としており、周辺地域の同時期のそれと際立った違いを見せている。さらに、この石室には、県内の他地域からはまったく出土しないミニチュア炊飯

写真３　太鼓塚22号墳ミニチュア炊飯具形土器
　　　　（大津市教育委員会蔵）

具形土器が多く副葬されており、渡来系氏族に関わる遺物として早くから注目されていた。両者の分布は、前者が穴太・滋賀里・南志賀地域を中心に、北は坂本から南は山上町付近まで、後者は滋賀里地域で最も出土量が多く、穴太・南志賀がこれに次ぎ、坂本でもわずかだが出土するという特徴をもつ。

　このドーム状天井の横穴式石室とミニチュア炊飯具形土器の分布を見るかぎり、両者は大友・錦部郷に集中し、古市郷では園山古墳群に持ち送り技法を採用した可能性をもつ横穴式石室が認められる程度で、ミニチュア炊飯具形土器はまったく出土していない[49]。さらにいえば、古市郷内の同時期の古墳数は大友・錦部郷に比べ極端に少なく、先の園山古墳群が目立つくらいで、その他には、南郷や千町地域に数基程度の古墳が散在する程度である。

　では、このような差は、どうして生まれたのだろうか。この疑問に明確な答えを出すのはなかなか難しいが、渡来系氏族が両地域に移住した時期に差があったのではないかと考えている。穴太や滋賀里を中心とする地域では、

写真４　穴太遺跡オンドル遺構（大津市教育委員会提供）

６世紀に入ると、集落に明らかな変化が現れる。すなわち、それまでの住居の主流であった竪穴住居に代わって、掘立柱建物の割合が増加し[50]、６世紀末には、他地域ではほとんど見られないオンドルを備えた住居[51]（写真４）や大壁造り建物（写真５、図

13)、礎石建物が出現する[52]。オンドル住居と礎石建物は、今のところ、穴太地域に限られており、大壁造り建物も穴太〜南志賀の地域に集中して分布している。

一方、古市郷における古墳時代後期の集落遺跡の分布状況を見ると、確実に同時期といえる遺跡はいまのところ確認されていない[53]。これは先に見た同時期の古墳の分布よりも、さらに際立った違いを見せている。浜大津から石山寺にかけての一帯が、大津市

写真5　穴太遺跡大壁造り建物（『近江の古代を掘る』より転載）

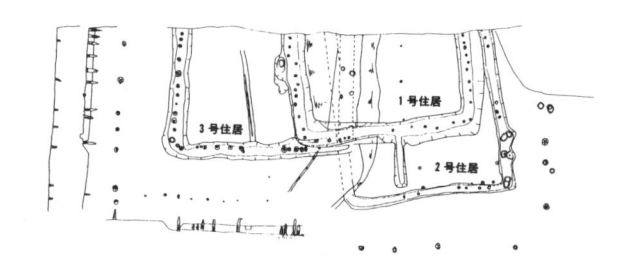

図13　穴太遺跡大壁造り建物実測図

内で早くから市街化し、発掘調査がほとんど行なわれていないという事実を差し引いたとしても、その差は歴然としている。どうも古市郷の本格的な開発は大友郷や錦部郷より遅れ、古墳時代後期の時期にはまだ始まっていなかったのではないか。おそらく、大友・錦部郷では、遅くとも6世紀の早い時期には渡来系氏族の移住が始まっていたが、古市郷では早くても7世紀に入ってから、後期古墳や同時期の集落遺跡の分布状況から見れば、もう少し遅くれて、古墳が造られなくなる7世紀中頃の時期に本格的な移住が行われたと考えられる。それは、先に紹介した岸俊男の論考にあるように、大友・錦部郷に居住していた「大友氏」の一部が古市郷に移住してきたと見るのが妥当なようである。これまでの状況から推測して、大友・錦部・古市三郷では、「大友村主」をはじめとする「大友氏」一族が数的優位に立ち、中心的な位置を占めていたとみてよいだろう。

<付記>
　平成14年の膳所城下町遺跡の発掘調査で、聖武天皇の禾津頓宮と見られる大型の掘立柱建物などの遺構が確認されたことは、その後の新聞報道などでよく知られているところである。だが、同調査では、あまり関心がもたれていないが、7世紀後半の竪穴住居跡（いずれも一辺3m前後の小型住居）が6棟以上発見されており、当地域の開発を考える上で注目すべき遺構といえる。（『滋賀埋文ニュース』No.269　滋賀県埋蔵文化財センター2002）

　そして、この古市郷への大友氏移住の原因となったのが、大津宮遷都であったと考えている。当時の政治情勢を背景にした大津宮遷都、大友皇子が天皇位をスムーズに継承できるための布石の一つとして、天皇が最も信頼する大友氏一族の古市郷への移住が行われた可能性を検討すべきだろう。

4．新「京域」論の展開

　前項において、考古・民俗・地理・文献の4つの方向からアプローチを試みた結果、坂本から石山寺・瀬田川までの一帯が一つのまとまりをもつ地域であることが浮かび上がってきた。すなわち、この地域は①白鳳期の寺院が集中する、②渡来系氏族の集住が極めて顕著である、③周辺地域にまったく認められない天智天皇に関する伝承が色濃く残る、④地理的に似かよった地形が続く、といった特徴をもつ。7世紀後半の時期、この地域が周辺部とは明確に区別され、一つの独立した地域として認識されていた可能性は強い。その原因としては、やはり天智天皇の大津宮遷都に伴い生じたものとしてとらえるのが妥当だと考えるのである。

　天智天皇が飛鳥から遷都するにあたり、なぜ琵琶湖畔の大津の地を選んだのか、明確な答えを出すことは難しいが、これまで見てきた状況から、天皇が重視していた漢人系の渡来系氏族が集住し、交通の要衝に位置する当地を新しい都の地として決定したことは想像できる。当地は前面に琵琶湖が広がり、背後には比叡・音羽山系がつらなり、北の木の岡丘陵と南の石山寺・瀬田川を押さえれば、一つの独立した区域となりえる地形的な特徴を備えていた。天皇はこのような絶好の条件を備えた当地を「京域」として決定し、そのいっかくに宮を造営したといえる。

　宮地の選定にあたっては、ある程度南北に細長く延びる平地を必要とするため、その条件にかない、かつ安定した政治体制が確立できる地、すなわち、天智天皇が最も信頼を寄せ、大友皇子の支持勢力となっていた大友氏が本拠とする南志賀から錦織にかけての地域が候補地として選ばれた。滋賀里から穴太にかけての地域にも比較的広い平地が認められるが、土地が北東から南西方向に延び、加えて北西から南東に傾斜していることから、土地利用効率

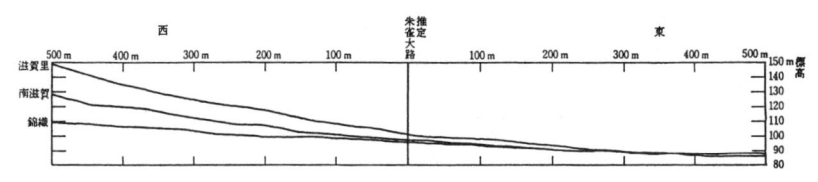

図14　滋賀里・南滋賀・錦織の土地傾斜比較図（『講座考古地理学2－古代都市－』より転載）

が悪く、宮地としては適さなかったと考えられる（図14）。

　先の「京域」研究の歩みで紹介したように、かつて拙稿で、当地に残る条里制地割とは異なった南北方向の特殊地割に着目し、滋賀里から錦織にかけての地域に、南北11条×東西3坊（ないし4坊）の南北に細長い「京域」を設定したことがある(54)。だが、滋賀里や穴太地区では現集落に重なって横穴式石室が数多く検出され、一部天井石まで確認されるなど、保存状態が極めて良好な例が含まれていること、滋賀里付近から地形の方向が北東－南西方向に変わること、等々から、やや範囲を狭める必要があり、現時点では、大津宮中枢建物は南志賀・錦織地区（東西約500m×南北約1.2km）に集中して配置されていたとする考え方を取りたいと思っている(55)。そして、この範囲を「宮域」とし、先に特別な区域として注目した坂本～石山寺地域を、宮及びそれに関連した諸施設を包含した大「京域」と位置づけたいと考えている。「京域」内には、これまでの発掘調査結果からみて、都城制に見られる条坊はなく、東西・南北方向に設定した道が走り、その道沿いや湖岸などの各所に、小規模な方形区画を設け、そこに皇子などの居宅、役所、役人の住居、港、等々の施設を配置するとともに、大友氏ら渡来系氏族の居宅も要所要所に置かれていたと推測するのである。

　このような「宮域」「京域」という設定は、従来の平城京や平安京などの都城に共通する考え方ではあるが、その内容は大きく異なる。すなわち、「宮域」には、のちの大極殿や朝堂院、内裏、さらには役所の一部といった宮の中枢部のみを置き、これを取り囲む「京域」内に、宮を中心とする東西・南北方向の道を整備し、その道沿いや湖岸などに諸施設を配するという特殊な構造をもつ、従来の都城のイメージとは大きくかけ離れた様相を呈した都だったと考えている。だから、条坊を伴わない都として「大津宮」「近江宮」という名称で呼ばれるようになったのだろう。だが、文献を見る限り、先に設定した「宮」を取り囲む「京」のような区域があったことを示す記述はまったくない。

　そこで、最後に、これまでの考え方をいま少し補足する意味で、別の角度

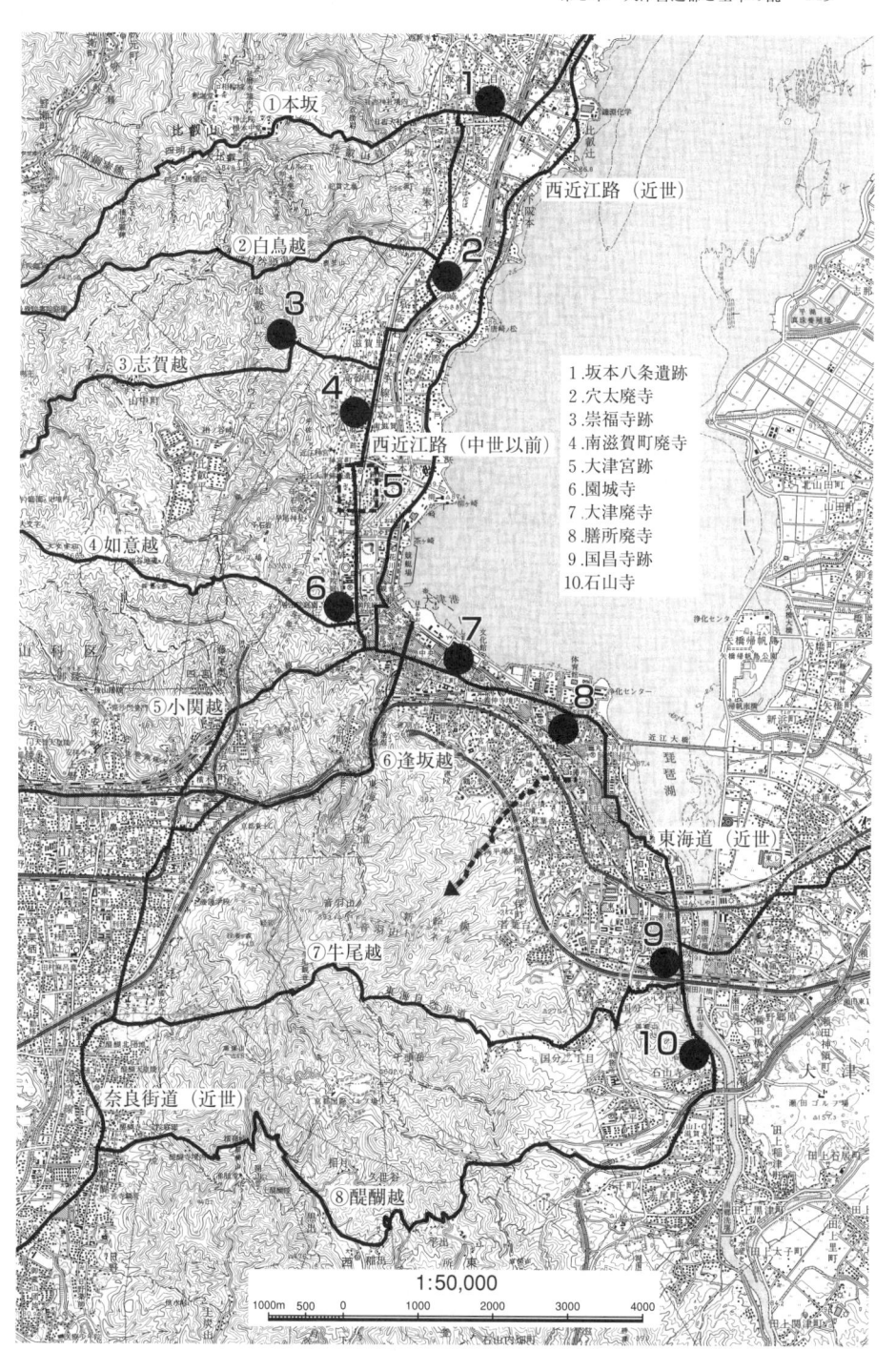

第2章 大津宮遷都と壬申の乱　145

①本坂
②白鳥越
③志賀越
西近江路（近世）
西近江路（中世以前）
④如意越
⑤小関越
⑥逢坂越
⑦牛尾越
⑧醍醐越
奈良街道（近世）
東海道（近世）

1. 坂本八条遺跡
2. 穴太廃寺
3. 崇福寺跡
4. 南滋賀町廃寺
5. 大津宮跡
6. 園城寺
7. 大津廃寺
8. 膳所廃寺
9. 国昌寺跡
10. 石山寺

1:50,000

図15　古道と白鳳寺院分布図

から話を進めてみよう。滋賀郡の中で、大友・錦部・古市郷に白鳳期の寺院が多く分布することは先に述べたが、この分布に古代の道を重ね合わせたものが図15である。
　大津の地を通る古代の道は、その形態により2つに分かれる。一つは東海・東山道や西近江路（北陸道）といった主要幹線道、もう一つは、幹線道から枝分かれして、京都盆地の北東地域や、奈良街道（伏見街道ともいう、山科で東海道と分かれ、伏見・奈良へ向かう道）とを結ぶ山越えの道である。前者は、時代や遷都により道筋は当然変化するものであり、大津宮の場合も、遷都とともに宮を中心に、北へ向かう「西近江路（北陸道）」、東へ向かう「東海道(東山道)」、そして西へ向かう「山陽道[56]」が、主要幹線道として最も早く整備されたと考えられる。だが、その時のルートを復原することはなかなか難しく、近世の東海道や西近江路が湖岸近くを通るのに比べて、中世以前ではやや山手、おそらく丘陵の裾部に近いところを走っていたという程度しかわかっていない。これに比べて、後者は山越えの道のため、選地にあたっては、川沿いを遡り、丘陵の鞍部を越えるルートを設定することが多く、いつ頃造られたかは別にして、一度設定されれば、そのルートが大きく変わることはなかったと考えてよい。これらのことを考慮して図15を見ていただきたい。
　本図を見て気が付くことは、幹線道から山越えの道が枝分かれする地点付近か、あるいは枝分かれした山越えの道沿いに、白鳳期の寺院が立地することである。主な山越えの道を坂本地域から見ていくと、まず、①「本坂（表参道）」がある。これは比叡山延暦寺への参拝道の性格をもち、麓の日吉大社から最短距離で根本中堂へ登る道である。そして、根本中堂を過ぎて京都側に下りる道が「雲母坂（西坂）」と呼ばれ、修学院離宮の近くに下りることができる。
　次に、比叡山の南側を通る道としては、②「白鳥越」と呼ばれる穴太から曼殊院に至る道があり、このすぐ南側に、滋賀里から北白川へ抜ける有名な③「山中越（志賀の山越）」が通る。この道は、平安時代、天皇や貴族たちが琵琶湖を訪れるためにしばしば使った道で、沿道には有名な崇福寺や梵釈寺などがあった。
　さらに、大津宮のすぐ南に位置する三井寺境内からも京都へ抜ける山越えの道がある。一つは、境内の普賢堂横から登り、如意ケ岳から大文字山の南を経て、鹿ケ谷に抜ける④「如意越」、もう一つは、長等神社のすぐ南から登り、山科の藤尾へ抜け東海道に合流する⑤「小関越」である。この小関越

に平行するように⑥「逢坂越」で知られる東海道が走っている。

この逢坂越より南に位置する音羽山系の山越えの道については、⑦「牛尾越」、⑧「醍醐越」のほかはあまり知られていないが、膳所の相模川に沿って登り、音羽山の南を経て山科へ抜ける道などもあったようで、小河川沿いを遡り山越えで山科に至り奈良街道と合流する道がいくつか造られていたと考えられる。

このような幹線道と山越えのルート上に、白鳳期の寺院跡を重ね合わせていくと、いずれもが交通の要衝に立地していることがよくわかっていただけると思う。まず、西近江路が雄琴から木の岡を通り坂本に入った地点に「坂本八条遺跡」があり、西近江路と白鳥越との合流点付近には「穴太廃寺」が造営されている。さらに、「崇福寺跡」は山中越沿いにあり、「園城寺前身寺院」は、まさに、如意越・小関越と西近江路が合流する地点に立地している。

次に、東海道が逢坂峠を越え、大津に入った地点には「大津廃寺」があり、「膳所廃寺」は東海道と相模川を遡る道との分岐点付近に建てられている。また「国昌寺跡」は東海道から牛尾越が分かれるところに位置し、「石山寺前身寺院」は、大津宮の東の入口である瀬田橋を押さえる恰好の場所を選んでいる。

林博通は、その著書『大津京』の中で、大津宮をめぐる４つの寺院＝穴太廃寺・崇福寺跡・南滋賀町廃寺・園城寺前身寺院がいずれも交通の要衝に立地することから、大津宮を防御するために配置された、城郭的な性格を兼ね備えた寺院であったと主張する(図16)[57]。これについては、「南滋賀町廃寺」に関して同意できない点はあるが、各寺院の性格を検討する上で注目すべき見解だと思う。ただ、これは、上記の４寺院に限ったものではなく、先に指摘したように、「京域」として意識されている坂本〜石山寺の地域内に立地する白鳳期の寺院がもっていた共通した

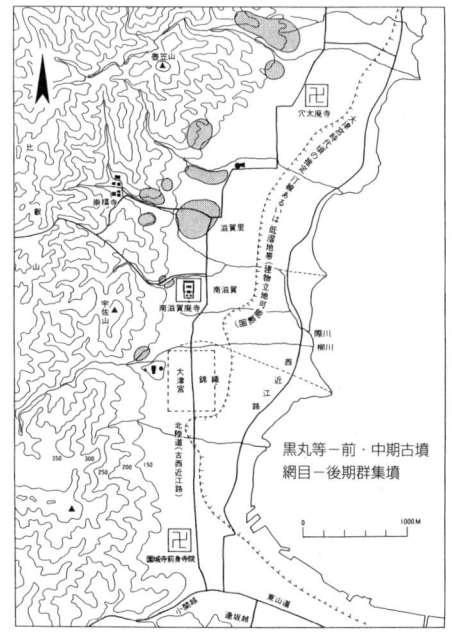

図16　大津宮と４つの寺院配置図
(『大津京』―考古学ライブラリー２７―より転載)

性格の一つであったと見てよい。すなわち、「京域」に入る主要な道沿いに建立した寺院に、大津宮を防御する施設としての性格を持たせたと考えるのである。

だが、先にも述べたように、白鳳寺院の創建時期を特定することは難しく、大津宮遷都に伴い建立された寺院だと証明できなければ、この説は成立しがたいという指摘が当然あるだろう。確かに、大津宮遷都時以降、宮の存続期間中に、寺院が建立されたことを明らかにすることは難しいが、各寺院跡から出土する川原寺式軒丸瓦などの遺物から、少なくとも、大津宮の時期を含む７世紀第３四半期に成立した可能性は極めて高い。しかも、寺院の選地などに、当時すでに政権の中枢にあり、近江に強い関心をもっていたと見られる天智天皇の意思が働いていたことは当然予想できる。したがって、寺院の配置に、遷都を見越した天皇の考えが反映していたと見ることは充分可能だと思っている。

このように、「宮の防御」という観点から、寺院の配置と古代の道を考えていくと、最終的に、幹線道からの「京域」への入口、すなわち北口＝木の岡、東口＝瀬田川、西口＝小関越が重要地点として扱われ、その中でも小関越は大津宮への最短ルートにあたることから、最も重要視されていたとする考え方が導き出されてくる[58]。小関越の京都側にあたる山科の地に天智天皇が最も信頼をおく中臣（藤原）鎌足の邸宅が置かれていたという事実がそれを端的に物語っているように思う。

中臣鎌足の邸宅については、『帝王編年記』（1364～80年頃の成立）に、斉明天皇３年（657）、鎌足が山科の陶原の家に精舎を建てたとあり、山科に鎌足の邸宅があったことをうかがわせる記述が載る。この陶原という地名は現在では確認できないが、"スエハラ"という読み方から須恵器生産との関わりが指摘され、７世紀前半頃の須恵器窯跡群が分布する山科の日ノ岡から御陵にかけての一帯ではないかといわれている。

だが、斉明天皇３年という年は大津宮遷都より10年も前にあたり、この時期に中臣氏と山科とのつながりを示す資料が他にない以上、７世紀中半の時期、山科の地に鎌足の邸宅があったのかという点になると、否定的な考え方を取らざるをえず、やはり、大津宮遷都に伴って、山科に鎌足の邸宅が造られたと見るのが自然だろう。それは、大津宮の正面、すなわち西口＝小関越の前面に位置する山科の地を軍事的にいかに重要視していたかのあらわれであるといえる。大津宮の性格を考える時、なぜ藤原鎌足邸が宮から離れた山科の地にあったのか釈然としなかったが、大津宮防御、あるいは大津宮の正

面にあたる地という視点から見ればスムーズに理解できる。
　このように、道と白鳳寺院との関わり方を見れば、「京域」の背後につらなる比叡・音羽の山並を大津宮の最終防御ラインとして位置づけていたように考えられ、その意味では、これまで述べてきた「京域」は、宮を防御するという意識が強くみられることから「外郭」という名称で表現した方が、その性格を端的に表しているのかもしれない。

5．おわりに－結論にかえて－

　これまで多くの紙面を使って、大津宮中枢部を包含する「宮域」と、それを取り囲む「京域」(最終的に、「外郭」という表現をとったが) の存在について、各分野からその可能性を追求してきた。例えば、考古学の分野では、白鳳寺院の分布や、6～7世紀の集落遺跡と古墳 (横穴式石室・副葬品) などから、「坂本～石山寺」地域の特徴と、大友・錦部郷の特殊性を明らかにした。また、民俗学の面からは、あえて伝承史料に着目し、天智天皇に関する伝承地が「坂本～石山寺」地域に集中する事実を指摘し、地理の分野では、地形的に見ても、「坂本～石山寺」地域が、一つの独立した区域になりえる可能性を示した。そして、文献史学からは、大友・錦部郷に渡来系氏族の集住が顕著に見られ、その一部が古市郷に移住した可能性を述べ、滋賀郡における大友・錦部・古市三郷の特異性を指摘した。そして、最終的に、古代の道と白鳳寺院との関係から、大津宮を中心とした「坂本～石山寺」地域は、宮を防御するために設定された軍事的性格を強くもった区域であったと結論づけるとともに、この区画を「外郭」という名称で表現することを提唱した。
　思えば、壬申の乱の最終段階、劣勢に立たされた近江朝廷軍は、大友皇子自らが全軍を率い、瀬田橋で大海人皇子軍に最期の決戦を挑んだ。だが、ここでも近江側に利あらず、近江朝廷軍は敗れ、全軍総崩れとなり、大友皇子も落ち延びようとするが、逃げきれないとみて、「山前」の地で自害した、と『日本書紀』は伝える。大津宮は無傷で残っているにもかかわらず、瀬田橋の戦いに敗れた段階で、近江朝廷は早々と敗北を認め、宮を放棄した様子がうかがえるのは何故であろうか。いままでの状況を見る限り、大津宮を防御する上で、幹線道から宮に入る北・東・西口のいずれかが破られれば、宮を維持できなくなるという意識があったとしか考えられない。これは、裏を返せば、大津宮防御の最終ラインを、先の「外郭」とした結果だと見ることができるのではないだろうか。
　天智天皇の大津宮遷都は突発的に引き起こされたかのように受け取られが

ちだが、決してそうではなく、綿密な計画のもとに実行に移されたと考えている。天皇は遷都の地を決定するにあたり、最も信頼する大友氏の本拠地を含む漢人系の渡来系氏族が集住する滋賀郡南半の地を選んだ。しかも、同地は地形的にみても、周囲から完全に独立した区域になりえる地域であるとともに、交通の面では、大和を経ずして北陸・東国・西国へ直接向かうことができる地であった。

　このような、絶好の条件を備えた地域に遷都するにあたり、天皇は、大友氏一族の一部を古市郷に移住させ、「京域」内の交通の要衝に配置した寺院に防御的な性格をもたせたるなど、万全の体制を整えたうえで、北・東・西へ向かう主要三道の発着点（おそらく三井寺の南付近）を真南に見据えた地、すなわち南志賀〜錦織の地に宮地を設定した。そこはまぎれもない大友氏の本拠地であり、天智がわが子大友に安心して天皇位を譲ることができる地だったのである。

　以上、大津宮の「京域」について見てきたわけだが、ここでは、いわば状況証拠の積み重ねのような形で、新「京域論」を展開していくことになってしまい、結論に至る過程に無理のあることも充分に承知しているつもりである。今後は、早急に、白鳳寺院の創建時期のより詳細な検討を出土遺物から行っていく必要があると考えている。これからの発掘調査による新たな成果が、必ずやこれを可能にしてくれることと思う。諸先輩方の御批評を賜れば幸いである。

<注>

1　『錦織遺跡－近江大津宮関連遺跡－』（滋賀県教育委員会　1992）
2　　天武天皇元年5月条に「‥‥或有人奏曰、自近江京、至于倭京、處々置候。‥‥」（日本古典文学体系『日本書紀』下巻より）とあり、「倭京」を"やまとのみやこ"、「近江京」も"あふみのみやこ"と読ませていることから、都城制の「京」を意味するものではないといわれている。
3　木村一郎『大津皇宮御趾尊重保存資料』（1901）
4　喜田貞吉「大津京遷都考」（『歴史地理』15－1・2　1910）
5　田村吉永「大津京址に関する一私見」（大阪朝日新聞　1933）
6　米倉二郎「条里より見たる大津京」（『歴史と地理』34－1　1934）
7　福尾猛市郎「大津京阯の地理的推定」（『大津市史』上巻　大津市　1941）
8　　近江国滋賀郡と山城国宇治・愛宕郡の条里地割が関連性をもつことを指摘し、これを基準にして大津京の条坊地割を復原。
　　藤岡謙二郎「古代の大津京域とその周辺の地割に関する若干の歴史地理学的考察」（『人文地理』23－6　1971）

9　飛鳥京で設定した条坊区画（一区画が方百歩の正方形、基準尺としては高麗尺の5尺を1歩とする）を、大津京にも適用できると考え、滋賀里から錦織の地域に条坊地割を設定。
　　秋山日出雄「飛鳥京と大津京都制の比較研究」（『飛鳥京跡』Ⅰ　奈良県教育委員会　1971）
10　田辺昭三『よみがえる湖都－大津の宮時代を探る－』（NHKブックス　日本放送出版協会　1983）
11　松浦俊和「大津市北郊にみる特殊地割について－大津京との関連性－」（『近江地方史研究』No.6　近江地方史研究会　1977）
12　『平成7年度滋賀県遺跡地図』（滋賀県教育委員会　1996）
13　西田弘「真野廃寺」（『近江の古代寺院』　近江の古代寺院刊行会　1989）
14　検出された遺構群（遺構ごとの出土遺物の記述はない）は、まず、「コ」字状の溝状遺構や土盛遺構などが地山層で確認され、その上位に堆積した白鳳前期整地層（古墳時代～白鳳前期の土器・瓦類を包含）を掘り込んで区画溝や掘立柱建物、さらには堤状遺構が見つかっている。同層の上位には平安時代前期の整地層があることから、同面の遺構群は白鳳後期～奈良時代に比定されている。
　　『滋賀里・穴太地区遺跡群発掘調査報告書』Ⅲ（大津市埋蔵文化財調査報告書10　大津市教育委員会　1985）
15　大橋信弥「穴太廃寺」（『文化財教室シリーズ』No.75　滋賀県文化財保護協会　1985）
　　『穴太廃寺』（滋賀県・大津市教育委員会　1987）
　　肥後和男「大津京址の研究」（『滋賀県史蹟調査報告』2　滋賀県保勝会　1929）
　　肥後和男「大津京址の研究－補遺」（『滋賀県史蹟調査報告』3　滋賀県保勝会　1931）
　　柴田実「大津京址（上）－南滋賀の遺蹟とその遺物」（『滋賀県史蹟調査報告』9　滋賀県　1940）
　　柴田実「大津京址（下）－崇福寺址」（『滋賀県史蹟調査報告』10　滋賀県　1941）
　　『史跡南滋賀町廃寺跡保存管理計画策定報告書』（滋賀県教育委員会　1981）
　　『南滋賀遺跡』（滋賀県教育委員会　1993）
16　石田茂作「三井寺発見の古瓦に就いて」（『園城寺研究』　1931）
17　『近江輿地志略』巻32の志賀郡「松本村」の項に、「大津寺舊跡」「大光寺遺址」の2カ寺の記述が載る。前者は、大津皇子、高市皇子の本願の地だといい、後者は、天武山大高寺と号し、高市皇子の御殿を以て寺としたとある。両寺跡とも位置は特定できないが、後者が月見坂の西方との記述があり、月見坂が現在の月見山墓地（滋賀県庁の南東方）付近だとすれば、大津廃寺の近くに、いずれも、天武天皇の皇子の伝承をもった寺跡が存在していたことになる（大日本地誌体系『近江国輿地志略』第1巻より引用）。
　　西田弘「古代の浜大津周辺」（『大津城跡発掘調査報告書』Ⅰ　大津市教育委員会　1981）
18　西田弘「膳所廃寺」（『近江の古代寺院』　近江の古代寺院刊行会　1989）
19　『日本紀略』弘仁11年11月条に、「近江國言國分僧寺延暦四年火災焼盡伏望以定額國昌寺就為國分光明寺但勒本願釈迦丈六更應奉造又應修理七重塔一基云云許之」とある。

20 『日本大蔵経小乗律章疏』1の「沙弥十戒并威儀経疏」巻第5に記された奥書に「天平宝字五年十月十五日随賀（駕カ）往保良宮住国昌寺‥‥」とあり、国昌寺が保良宮の近くに立地することを示す。
21 西田弘「国昌寺跡」(『近江の古代寺院』　近江の古代寺刊行会　1989)
22 松浦俊和「石山寺創建時期の再検討－白鳳時代創建説について－」(安井良三博士還暦記念論集『考古学と文化史』　1994)
23 　　石山寺の長老であった尊賢僧正（号・知足庵）が寛政9年～11年に収集した瓦類の拓影を載せた和綴本の冊子『古瓦譜』が石山寺に所蔵されている。同書には、園城寺・江州国分寺・志賀寺・延暦寺・志賀旧都・駒坂寺など27遺跡、59点の古瓦が載り、なかに石山寺境内出土として8点の古瓦が含まれている。瓦ごとに、瓦の種類、出土遺跡名、寄贈人名などが書き込まれ、石山寺境内出土の瓦には、寛政10年8月に同寺境内の廃址（場所の詳細な記述なし）を掘削した際に出土したという記述がある。
　　林博通「石山寺に蔵する『古瓦譜』およびその古瓦について」(『考古学雑誌』第67巻第4号　日本考古学会　1982)
24 『檀木原遺跡発掘調査報告書－南滋賀廃寺瓦窯－』(滋賀県教育委員会　1975)
25 『衣川廃寺発掘調査報告』(滋賀県教育委員会　1975)
26 林博通『大津京』(考古学ライブラリー27　ニューサイエンス社　1984)
27 『新修大津市史』1－古代－（大津市　1978)
28 『滋賀県神社誌』(滋賀県神社庁　1987)
29 『新修大津市史』8－中部地域－（大津市　1985)
　注28に同じ。
30 『大通寺略縁起』(大通寺蔵）に載る。
31・『新修大津市史』8－中部地域－（大津市　1985)
32 注31に同じ。
33 『三井寺』(園城寺　1990)
34 注28に同じ。
35 『新修大津市史』9－南部地域－（大津市　1986)
36 『石山寺縁起』巻1に、「云天智天皇の御宇此山（今の伽藍山）にあたりて紫雲／常にか、れり天皇あやしみて勅使をつか／はしてみせられけるに山の半腹に八葉の厳／岩‥‥」の記述がある（日本絵巻大成13『石山寺縁起』　中央公論社　1989より引用）。
37 『大津の道』(ふるさと大津歴史文庫1　大津市　1985)
38 　　社伝によれば、近江大津の地に遷都した天智天皇が、更に新しい土地を求めて「匱狂野」へ行幸した時（「蒲生野の猟の時」とする伝承もある）、馬を止めて休息したのがこの場所であり、その故事にちなんで鎮守社を建て、「すずやすみの宮」と称したという。
　『近江蒲生郡志』6（滋賀県蒲生郡役所　1922)
39 『唐橋遺跡－瀬田川浚渫工事関連埋蔵文化財発掘調査報告書Ⅱ』(滋賀県教育委員会　1992)
40 水野正好「滋賀郡所在の漢人系帰化氏族とその墓制」(『滋賀県文化財調査報告書』4　滋賀県教育委員会　1969)

41　滋賀郡におかれた4郷の郷境については、注17の西田弘「古代の浜大津周辺」（『大津城跡発掘調査報告書』Ⅰ）で記述されている考え方をとることにする。
　　＜真野郷＞天神川・真野川が形成した平地に、和邇川の平地を加えた地域
　　＜大友郷＞南は柳川から、北は衣川の南から木の岡までの丘陵地帯
　　＜錦部郷＞柳川〜石場付近
　　＜大友郷＞石場付近以南
42　『近江輿地志略』巻10の志賀郡「園城寺」の項に引く『百練抄』（鎌倉時代後期の成立）のなかに、「‥‥大友村主寺利四至券状日、‥‥」の記述が載る（雄山閣出版の大日本地誌体系『近江国輿地志略』第1巻より引用）。
43　大友但波史吉備麻呂の戸口大田史多久米の妻が大友村主宿奈尼売と記されている。
44　造石山寺所の銭用帳（天平宝字6年9月5日）に「丹波吉備麻呂」の名が見え、これが大友但波史吉備麻呂と同一人物だろうといわれている。また、先の『古市郷計帳』の紙背に「造石山寺所」に関する文書が書かれていることからもうかがえる。
45　岸俊男「但波吉備麻呂の計帳事実をめぐって」（『史林』48－6　1965）
46　『続日本紀』延暦6年（787）7月17日条に、「右京人正六位上大友村主廣道、近江國野洲郡人正六位上大友民曰佐龍人、淺井郡人從六位上錦曰佐周興、蒲生郡人從八位上錦曰佐名吉、坂田郡人大初位下穴太村主眞廣等、並改本姓賜志賀忌寸。」とある（『新訂増補国史大系　続日本紀＜後篇＞』より引用）。
47　『埋蔵文化財包蔵地分布調査報告書』（大津市埋蔵文化財調査報告書2　大津市教育委員会　1981）
48　松浦俊和「ミニチュア炊飯具形土器論－古墳時代後期横穴式石室墳をめぐる墓前祭祀の一形態－」（『史想』№20　京都教育大学考古学研究会　1984）
49　『滋賀県史蹟調査報告』8（滋賀県　1939）
　　同古墳群は現在11基の円墳が確認されているが、うち5基が昭和14年（1939）4月に発掘調査され、横穴式石室を内部主体とする古墳であることが判明した。石室の保存状態はよくなかったが、一部に大津北郊地域の横穴式石室に特徴的に見られる持ち送り技法を取り入れた可能性をもつ石室の存在が確認された。だが、先の地域に集中して見られるミニチュア炊飯具形土器は出土していない。
50　『滋賀里・穴太地区遺跡群発掘調査報告書』Ⅱ（大津市埋蔵文化財調査報告書5　大津市教育委員会　1982）
51　『穴太遺跡（弥生町地区）発掘調査報告書－一般国道161号（西大津バイパス）建設に伴う－』（大津市埋蔵文化財調査報告書15　大津市教育委員会　1989）
52　『いにしえの渡りびと－近江の渡来文化』（滋賀県文化財保護協会創立25周年記念企画展図録　滋賀県文化財保護協会　1996）
53　『埋蔵文化財包蔵地分布調査報告書』Ⅲ（大津市埋蔵文化財調査報告書22　大津市教育委員会　1992）
54　注11に同じ
55　「宮域」について、北は大川（際川の支流）付近から、南は皇子が丘一丁目付近までを想定しており、南滋賀町廃寺が立地する区域は「宮域」内に含まれていると考えている。
56　大津宮遷都前（7世紀中頃）の北陸道は、飛鳥の都から奈良盆地の「中つ道」を

北上し、宇治橋を渡り、山科盆地から「小関越」を越えて、今の大津市小関町に入り、琵琶湖西岸を北上するルートを想定している。大津宮遷都後の山陽道・北陸道（西近江路）も先のルートを踏襲していたと考えられており、「山陽道」は大津宮南辺から出て、そのまま小関越の旧北陸道を逆行して山科盆地へ向かったとしている。足利健亮「古代の交通」（『草津市史』第1巻　草津市　1981）

57　注26に同じ
58　　間接的ではあるが、大海人皇子軍の兵の配置状況からも、宮から出る幹線道を重要視していたことがうかがえる。すなわち、大津宮を攻撃する際、大海人皇子は、琵琶湖東岸を南下する東山道に近江方面軍の主力を、奥琵琶湖を経て琵琶湖西岸を南下する西近江路（北陸道）に近江方面軍の別動隊を向け、さらに、飛鳥を中心に展開していた大和方面軍を、大和平定後、京都・大阪府境の三川（宇治川・木津川・桂川）合流地点付近に移動させ、大津宮から西国に向かう動きに対応した配置をとっている。

(1)-4.
なぜ、遷都の地が"大津"だったのか
― 天智天皇が新都の地に大津を選んだ真の理由とは ―

1．はじめに

　天智天皇は、天智6年（667）3月、突如として都を飛鳥から近江の大津に遷した。当時の状況を記した『日本書紀』には、短く「都を近江に遷す」とあるだけで、その前後の事情はまったく記述されていない。ただ、その後に続けて、「是の時に、天下の百姓、都遷すことを願はずして、諷へ諌く者多し。童謡亦衆し。日々夜々、失火の處多し。」とあり、当時の人々はこの遷都をあまり歓迎していなかったことがわかる。おそらく強引に進められた遷都だったのだろう。だが、遷都前年の項に、「是の冬に、京師の鼠、近江に向きて移る。」という、遷都の予兆を記した一文が載ることから、少なくとも半年余り前には本格的な遷都の準備が進められていたようである。

　しかし、近江への遷都に関する記述はこれだけで、遷都の事情等を記した箇所は他になく、早くから遷都の理由については、白村江の敗戦（663年）により引き起こされた朝鮮半島を巡る国際緊張があげられていた。確かに、当時、白村江の敗戦により、朝廷内が極度の緊張状態にあったことは否定しないが、そのために取った処置であれば、遷都の地は大津でなくてもよく、もっと防御に適した場所があったはずである。近江は、若狭や越前から峠越えで琵琶湖北部に比較的容易に入ることができ、大津に至る経路もさして難しい箇所もないことから、大津の地は防御に適した土地とはいえない（大阪湾から淀川水系を遡るルートも同様である）。にもかかわらず、遷都の地として大津を選んだ。そこには、先に上げた説より、さらに大きな理由があったと考える方がよいだろう。

　ここでは、従来から言われていた説とはまったく異なった、別の視点から、近江（大津宮）遷都の理由を考えてみることにしたい。

2．大化改新後の政治情勢

　まず、本論に入る前に、いま注目されている「大津京」の呼称について少し触れておきたい。『日本書紀』天智天皇紀を見ると、"大津京"という呼称はまったく登場せず、新都の呼称に関しては"近江宮"が2カ所に載るだけ

である。続く天武天皇・持統天皇紀でも、"近江京"（1ヵ所のみ、「倭京」に対応する形で使用）や"近江宮""近江大津宮"が使用されているだけで、これは『万葉集』などでも変わらない。また、近年の発掘調査でも、京域の存在を示す条坊遺構は見つかっておらず、この面からも"大津京"の呼称を使用することには無理があるといわれている。ただ、私は、別の視点から、通常の条坊制による京域とは異なる区域（「外郭」という名称を使用）の存在を考えているのだが[1]、これはあくまで仮説であって、証明されたわけではないので、ここでは、現在、通説となっている「京域は存在しない」という立場を尊重して"大津京"の呼称は使わず、論を進めていくことにする。

　645年6月、時の権力者であった蘇我入鹿を、中大兄皇子や中臣鎌足らが飛鳥板蓋宮で殺害し、蘇我本宗家を滅ぼした、いわゆる「大化改新」はよく知られた歴史事象だが、これにより、中大兄皇子は天皇を中心とした強力な律令国家を築こうとした。だが、今まで誰も経験したことがない急激な変革だったため、古くからの有力豪族たち（旧勢力）は、従来からの既得権が否定されるとの思いから、簡単に賛成するというわけにはいかなかった。中大兄皇子が進めようとした戸籍の作成、私有地・私有民の国家への返還などは、有力豪族からすれば、自らの権力基盤を崩壊させかねないという危機感があり、表立って反対の意志表示はできなかったが、積極的に協力しようとはしなかった。

　このような状況から、中大兄皇子の進める改革は思ったように進まず、彼自身大きなあせりになっていたと思われる。それに合わせて、先に上げた外交問題への対応も急がされていた。この過程で、さらに孝徳天皇との不和（653年）、有馬皇子の処分（658年）などが発生し、ますます窮地に立たされることになる。その中で、私はもう一つ大きな内政問題が中大兄皇子の心を悩ませていたと思っている。それは、いうまでもなく自らの後継者のことであり、この問題が後の大津宮遷都を招くことになったと考えている。

3．天智天皇と後継者

　中大兄皇子の後継者に関する記述は、『日本書紀』には一切なく、いつ誰を指名したのか、まったく判っていない。遷都翌年（668）の1月に即位し、2月には皇后を立てた記述などが載るが、後継者（立太子）の記載は見あたらない。ところが、少し遡った天智3年（664）2月[2]（写真1）や、即位の年の5月[3]に行われた蒲生野の猟の記述中に、天皇の弟・大海人皇子のことを指す「大皇弟」という名称があり、「ヒツギノミコ」と訓ませている（こ

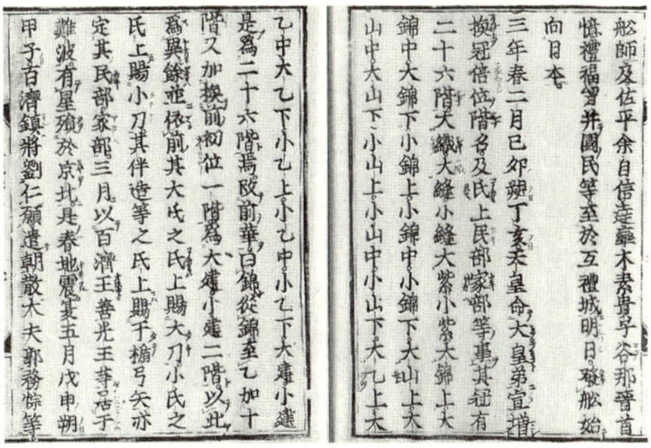

の後に「東宮大皇弟」の呼称も登場[4]）。このことから、大化改新後のそう遅くない時期、おそらく孝徳天皇が亡くなり、中大兄皇子の母・斉明天皇が再び即位した前後の頃に、中大兄皇子と大海人皇子との間で、大海人を自らの後継者とする取り決め（公式決定の記述はない）がなされていたのではないかと、一般的には理解されている。

写真1　『日本書紀』天智3年2月条

ところが、『日本書紀』の天智紀に続く天武紀を見ると、その冒頭に「天命開別天皇の元年に、立ちて東宮と為りたまふ」の一文が載る。これによると、天命開別天皇（天智天皇）が即位した年（668）に、大海人皇子が東宮、すなわち皇太子に指名されたことになる。しかし、天智天皇元年条には、先にも述べてように、立太子に関する記述はない。

では、この一文をどのように解釈すればよいのだろうか。この前提として、これらの記述が載る『日本書紀』は、天武天皇の皇子舎人親王らが中心となって編纂したものであることを認識しておかなければならない。従って、天武天皇に関する記述内容については、先の事実を考慮して見ていく必要がある。

このような考え方に立ち、『日本書紀』の天智紀から天武紀にかけての記載内容を眺めていくと、まず、天智3年（664）2月9日条に「大皇弟」という字句[5]があり、それを「ヒツギノミコ」と訓ませていることは先に述べた通りである。この名称は、その後も天智7年(668)5月5日条[6]や同8年[7]にも見られるが、その直後の同年10月条に初めて「東宮大皇弟[8]」という字句が登場する（写真2）。この「東宮」とはまさに皇太子を指す言葉で、この頃に後継者として決まったようにも受け取れる。ただ、「大皇弟」という名称は、"ヒツギノミコ"と訓ませてはいるが、決して天皇の後継者を

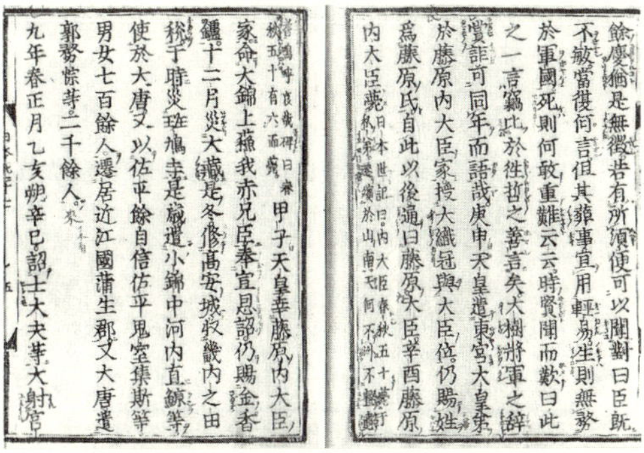

写真2　『日本書紀』天智8年10月条

指す言葉ではなく、天皇の弟を尊んで名付けられたと考えることもできる。このように見てくると、大海人皇子の正式な立太子はなく、後に政権を取ったことから、後継者になったという既成事実を作る必要が生じ、「大皇弟」という、どちらとも取れる名称をまず登場させ、天武紀の冒頭で、実は正式な立太子があったという結論へと導いていったのではないだろうか。

では、天智天皇が即位の前に、他の誰かを後継者として決めていたのかというと、それも判然としない。これに対する答えは、大津宮遷都前後の歴史の流れから導き出すしかないと考えている。

4．大津宮遷都前後の動き

大津宮への遷都直前の動きの中で目立つ事項としては、白村江の敗戦により北部九州から瀬戸内海沿岸に次々と山城が築かれていったことが、まずあげられる。当時の緊張状態がよく伝わってくる事例だが、これとともに百済の滅亡で日本へ亡命してきたと人々を近江国神前郡（現神崎郡）と東国に移住させる記述が相前後して登場する[9]。東国の具体的な地名は記されていないが、2,000余人という大規模な移住が行われ、近江では神前郡に400人余りの人々を集住させている。これは、前後の状況から、大津への遷都を実行に移すための布石と見ているのだが、遷都後も近江国蒲生郡に佐平餘自信・佐平鬼室集斯ら百済の人々700余人を移住させている[10]ことから、この一連の動きは、天智天皇が大津に遷都し、さらに壮大な最終目標を実現するためにとった事前の処置の可能性が高いと考えている。

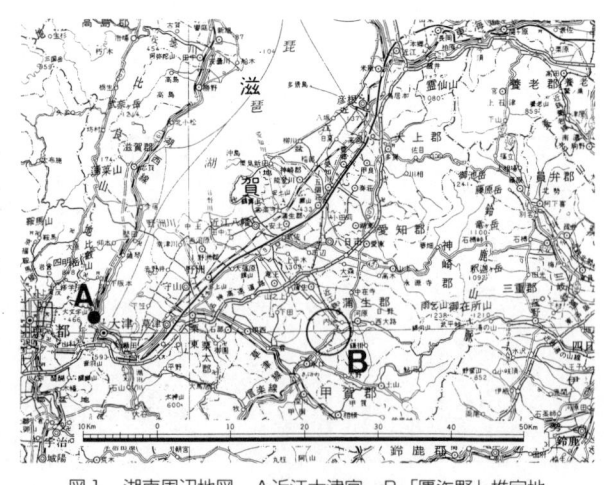

だが、この時期の記述でもう一つ注目されるのが、先にも述べた天智天皇の後継者のことが一切記載されていないことである。なかなか決まらなかったのか、決定していたが、意図的に載せなかったのか、いずれかだと考えているが、どちらにしても大海人皇

図1　湖南周辺地図　A近江大津宮　B「蔲砥野」推定地

子を後継者とすることは、大津宮遷都の時点では完全になくなっていた可能性が強い。そして、その原因としては、伊賀宅子娘を母にもつ皇子・大友の存在が天皇自らの中で大きくなってきたこと以外には考えられないのである。

5．大友皇子の登場

　大友皇子は、天平勝宝3年（751）に成立した日本最古の漢詩集『懐風藻』に載る伝によると、博学多通、文武両道の材幹があり、沙宅紹明らの亡命百済人を賓客としたとある（写真3）。この内容が事実を伝えているのか否かは別の問題として、壬申の乱の死亡時、25歳とあることから、大津宮遷都の時は、20歳前後の若者に成長していた。天智天皇の皇子という立場からいって、当然、次期天皇に指名されても何ら不思議はない。

　だが、そこに大きな問題が2つあった。一つは、いうまでもなく、大海人皇子の存在である。だが、これは力で押さえれば、多少の反発は当然あるだろうが、解決できないことはない。しかし、もう一

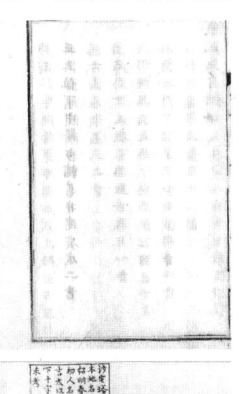

写真3　『懐風藻』淡海朝大友皇子二首

つは、力だけでは解決しえない問題を含んでいた。当時、天皇位に就くには、母方が皇族か中央の有力豪族であるというのが慣例となっていたようだが、大友皇子の母は、伊賀地方、現在の三重県阿山郡一帯に勢力をもつ地方豪族・伊賀氏の出身で、これまでの例からみれば、まず天皇位に就くことは無理だった。

　しかし、天智天皇は、立派に成長した大友皇子を、ぜひとも次の天皇位につけたいという思いを振り払うことができなかったのだろう。ちょうど豊臣秀吉が子供の秀頼に政権を託そうとした時の情況にひじょうによく似てい

る。当然、大きな抵抗は予想されたが、天智天皇は、自らの思いを成就させるために、あらゆる手段を講じたと思われる。その最大の出来事が近江大津への遷都なのだが、なぜ大津を選んだかについては、その理由を明らかにする鍵が、大津へ遷都した翌年(668)の2月条(『日本書紀』)の記載内容にあると考えている。ここでは、まず皇后を決定した記述があり、それに続いて、妃とその子供の名前が順次記されている。そして、その最後に「又、伊賀采女宅子娘有り、伊賀皇子を生めり。後の名を大友皇子と曰す。」という記述がある(写真4)。これは大友皇子の出生の記録で、ひじょうに簡単なものだが、大友皇子の名が初めて登場する件である。これによると、皇子は、最初、伊賀皇子と呼ばれていたが、ある時期から大友皇子という名に変わったことがわかる。皇子の名は、普通、養育にあたる氏族の名前か、氏族が居住する場所の地名を付ける例が多く、大友皇子の場合も、最初の名は、母の出身氏族である伊賀氏から取ったもので、それが途中で改名したということは、養育にあたる氏族が変わったことを意味していると見てよい。すなわち、この記述は、大友という氏族が皇子の養育係になったことを指すものに他ならないのである。では、この大友氏とは一体どのような氏族なのだろうか。

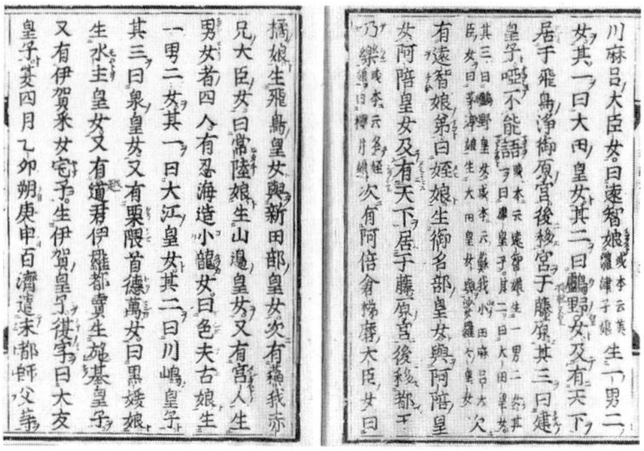
川麻呂大臣女曰遠智娘或本云美濃津子娘生一男二
女其一曰大田皇女其二曰鸕野皇女及有天下
居于飛鳥淨御原宮後移宮于藤原其三曰建
皇子啞不能語或本云遠智娘生一男二女其一曰建皇子其二曰大田皇女其三曰鸕野皇女或本云蘇我山田麻呂大臣女曰茅渟娘生大田皇女與娑羅々皇女
有遠智娘弟曰姪娘生御名部皇女與阿陪皇
女阿陪皇女及有天下居于藤原宮後移都于
乃樂或本云名姪娘曰櫻井娘次有阿倍倉梯麻大臣女曰
橘娘生飛鳥皇女與新田部皇女次有蘇我赤
兄大臣女曰常陸娘生山邊皇女又有宮人生
男女者四人有忍海造小龍女曰色夫古娘生
一男二女其一曰大江皇女其二曰川嶋皇子
其三曰泉皇女又有栗隈首徳萬女曰黒媛娘
生水主皇女又有道君伊羅都賣生施基皇子
又有伊賀采女宅子娘生伊賀皇子後字曰大友
皇子 夏四月乙卯朔庚申百濟遣末都師父等

写真4　『日本書紀』天智7年2月条

先に見たように、この氏族は、天智天皇との関係、伊賀から大友への改名、そして大津宮遷都との関わりが強いと推測できることから、近江大津の地とのつながりが、まず考えられる。

6．天智天皇、近江へ都を遷す

9世紀以前に記された文献記録類(『正倉院文書』など)には、近江に居住する多くの氏族の名が登場するが、うち30%強が渡来系氏族で占められていた(11)。

この近江の渡来系氏族は、大きく「倭漢人系」と「秦氏系」の2つのグループに分かれ、滋賀郡や栗太・野洲・蒲生・神崎郡など、湖西北部を除く、ほぼ全域に分布する。近江では、倭漢人系の氏族が圧倒的に多く、滋賀郡や湖東中・南部の地域に集住している。特に、滋賀郡南部への集中が際立ち、

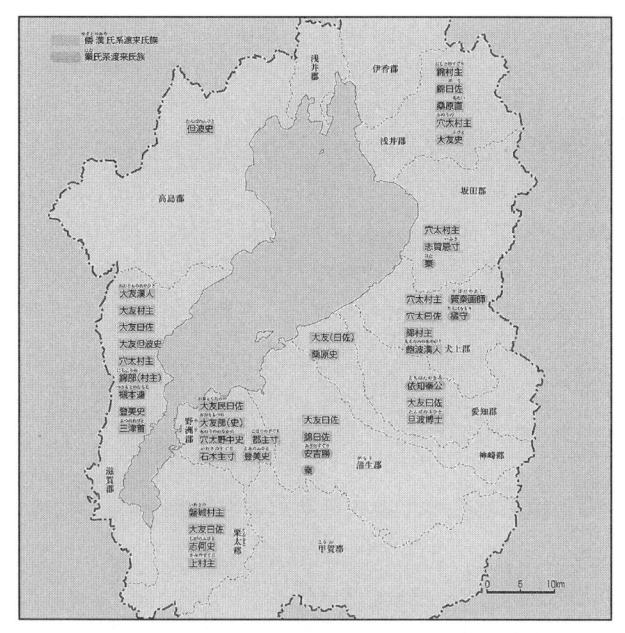

図2　近江の渡来系氏族分布図（『図説大津の歴史』上巻より転載）

大友・穴太・錦部・三津などの氏族が見られる。その中でも、特に大友氏の居住が特に顕著で、滋賀郡に同名の郷（大友郷）があることから、同郷を中心とする滋賀郡南部に本拠を置く氏族と考えられる。しかも、同氏は、大友村主・大友日佐・大友漢人・大友但波史といったように多くの氏族に分かれており、湖東地域にも広く分布することから、近江における有力氏族の一つであったと見てよい。

　このように、近江には渡来系氏族が多く居住し、その有力氏族の一つに大友氏がいたこと、同氏が滋賀郡南部の大友・錦部両郷を中心に集住していること、天智天皇と渡来系氏族（特に百済系）との関係、等々・・・から考えて、大友皇子の養育係になったのは、この滋賀郡南部に大きな勢力をもつ大友氏と見て差し支えないだろう。そして、この氏族との関係から大津への遷都を実行したと考えている。すなわち、すべてのことが大友皇子へ政権をスムーズに移譲するために取った一連の措置だったと見れば、大津への遷都も無理なく理解できるのではないだろうか。

　天智天皇は、どのようにすれば安心して大友皇子に政権を渡すことができるか、すなわち次期天皇位につけることができるのか、諸々の策を考えたと思う。大和の地では、やはり大海人皇子の存在が大きく、彼を支持する氏族

もおり、また天智天皇の施策に批判的な勢力も多いことから、同地で大友皇子を次の天皇位につけても安定した政権は望めそうにない。では、どうすればスムーズに政権を移譲でき、安定した政権を作ることができるのか、考えに考えたすえに出した結論が大津宮遷都であった。大友皇子への改名（養育係の変更）、近江・東国への百済人の移住・・・、すべて大津への遷都のために打った布石と考えてよい。大友皇子に天皇位を渡すために安心して政治に専念できる土地が必要であり、それが大津だったのである。

　天智天皇は、大友皇子の養育係に滋賀郡に本拠をもつ大友氏をあて、湖東の神崎郡、さらには東国に百済人を移住させ、そして大海人皇子を政権の中枢から排除するなど、万全の体制を整えたうえで、自分が最も信頼をおく大友氏の本拠である近江・大津の地に都を遷した。

7．おわりに－幻に終わった壮大な新都造営計画－

　大津へ遷都した3年後の天智9年（670）2月条（『日本書紀』）に「時に、天皇、蒲生郡の匱迮野に幸して、宮地を観はす。」という短い一文が載る。これを文面通りに解釈すれば、「天皇は、蒲生郡の匱迮野と呼ばれる場所に、宮地、すなわち都を造る土地を視察に行った」というところだろう。そうなると、大津に遷都してわずか3年後に、次の都の造営場所を見に行ったことになる。現在、「匱迮野」という地名は残っていないが、その前に蒲生郡とあること、現在の日野町（蒲生郡）に「必佐（比都佐）」の名称が付く小学校などがあり、旧必佐郷の地と考えられていることから、当地一帯がその候補地の一つにあげられている。

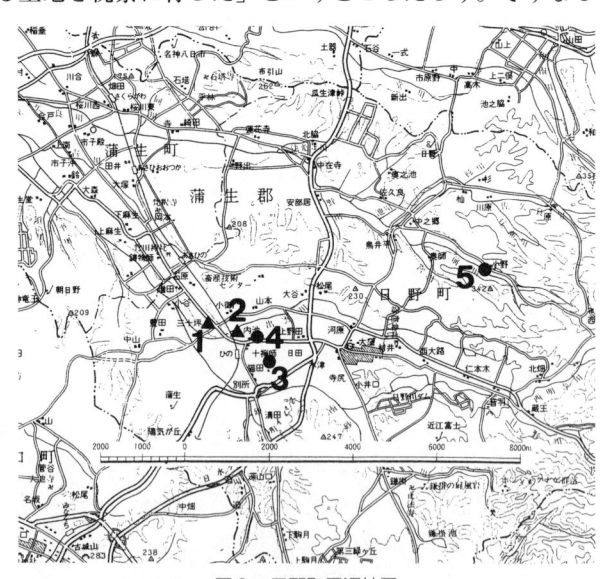

図3　日野町周辺地図
1．必佐公民館　　4．鈴休神社（天智天皇の伝承をもつ神社）
2．必佐小学校　　5．鬼室神社
3．比都佐神社

このように見てくると、大津への遷都は、蒲生郡に壮大な新都を造営するためにとられた第一段階の措置と位置づけられそうである。先に述べた蒲生郡への百済人700余人の移住も、当地における新都造営計画を見越して打たれた布石だと考えれば、この移住に百済の高級官僚や、その血を引く人物を従わせたことも頷けるだろう。

　大津への遷都は、後日、広々とした平地をもつ湖東・蒲生郡の地に壮大な新都を造営するために取られた措置であり、あくまで「仮の都」だった。おそらく、大友皇子を次期天皇位につける環境を整えるために、安定した政治を行えると判断した大津の地にとりあえず都を移し、政権が安定した段階で、蒲生郡の地に壮大な新都を造営し、大友皇子に譲位しようと考えていたのだろう。だが、大津へ遷都してわずか5年余りで、天智天皇が死去したため、その計画は幻に終わってしまった。歴史では、こういうことは言うべきではないのかもしれないが、もし天智天皇が存命であったならば、蒲生郡の地に壮大な都が造られ、次期天皇として大友皇子が即位していた可能性は充分にあったと思う。そうなれば壬申の乱も起こらなかったかもしれない。

　以上が、いま筆者が持つ大津宮遷都、というより『日本書紀』に見る「蒲生野への宮地の視察」の記載内容からすれば、近江遷都といった方がよいかもしれないが、それに対する一つの考え方である。

<注>

1　松浦俊和「近江大津宮新「京域」論」(『大津市歴史博物館研究紀要』5　1997)
2　『日本書紀』天智3年2月9日条に、「天皇、大皇弟に命して、冠位の階名を増し換ふること、及び氏上・民部・家部等の事を宣ふ。……」とある。
3　『日本書紀』天智7年5月5日条に、「天皇、蒲生野に縦猟したまふ。時に、大皇弟・諸王・内臣及び群臣、皆悉に従なり。」とある。
4　『日本書紀』天智8年10月15日条に、「天皇、東宮大皇弟を藤原内大臣の家に遣して、大織冠と大臣の位とを授く。……」とある。なお、天智10年正月6日条にも、「東宮太皇弟」が登場する(「東宮太皇弟奉宣して、或本に云はく、大友皇子宜命す。冠位・法度の事を施行ひたまふ。……」)。
5　注2に同じ
6　注3に同じ
7　『日本書紀』天智8年5月5日条に、「天皇、山科野に縦猟したまふ。大皇弟・藤原内大臣及び群臣、皆悉に従につかへまつる。」とある。
8　注4に同じ
9　『日本書紀』天智4年2月条に、「復、百済の百姓男女四百余人を以て、近江国の神前郡に居く。」とある。また、同天智5年是冬条に、「京都の鼠、近江に向きて移

る。」という有名な近江遷都の予兆を示す記述に続く形で、「百済の男女二千余人を以て、東国に居く。」の記事が載る。
10 『日本書紀』天智8年是歳条に、「又佐平餘自信・佐平鬼室集斯等、男女七百余人を以て、近江国の蒲生郡に遷し居く。」とある。
11 大橋信弥「渡来人と近江」(『図説近江の歴史』上巻　大津市　1999)

(1)-5.

検証・大津京
― 大津京はどのような都だったのか ―

1. 問題提起

　大津京に関する研究は、明治期以降、多くの研究者により行われてきたが、その関心は所在地及び京域の規模に集中していた。発掘調査が行われていない時期、主として古代文献史学や歴史地理学の分野が中心となり進められてきた研究は、その所在地論争で、「穴太説」「滋賀里説」「南滋賀説」「錦織説」、さらには「粟津説」などの諸説を生み出し、滋賀里から錦織・皇子が丘にかけての地域に、藤原京や平城京のような条坊をもつ大規模な京域を設定した。

　戦後も、この状況は概ね受け継がれ変ることはなかったが、昭和49年(1974)の暮れ、滋賀県教育委員会が行った発掘調査によって、錦織地区のいっかくから大津宮と見られる大規模な掘立柱建物跡が発見されるにいたり、大津京研究は大きく前進する。それから四半世紀が過ぎた今、先の錦織地区に集中するかたちで建物や塀などの遺構が20箇所近く確認され、その建物配置がおぼろげながらではあるが浮かび上がってきた。それは前期難波宮の内裏・朝堂地域の建物配置に似かよった様相を呈することが指摘される[1]など、ようやく大津京研究が本格的に動き出したという感がある。

　だが、錦織地区は早くから閑静な住宅地として多くの家が建ち並び、調査場所が限られていたため、遺跡の計画的な発掘が実施できず、地道な調査にたよらざるをえなかった分、未解決の課題も多い。例えば、現在まで確認されている推定内裏正殿や推定内裏南門といった建物跡の正確な規模や性格、朝堂地区の規模、宮域を画する施設の検出・・・など、数え上げれば限がない。

　さらに、京域問題についても、建物立地可能な範囲の特定、藤原京や平城京の如き条坊とは異なるものが存在するのか否か、加えて当時の湖岸線の特定など、解決していかなければならない事項は多岐にわたる。

　ここでは、これまでの発掘調査の成果を通して、直面する問題点や今後の展望を見据えながら、いま考えている大津京像といったものをまとめてみたい。

2．「大津京」像の復原

　本論に入る前に、「大津京」という名称の使用について断っておきたい。「大津京」の名称については、京域の存在を否定的にみる見解が一般的で、『日本書紀』などの文献にも記載されていない名称のため使用すべきではないという意見があり、私もこれまではほとんど使うことがなかった。しかし、のちに取り上げるが、大津宮には、従来の概念とは異なる、別の意味での「京域」が存在するという考えをもっており、ここでは、あえてこの名称を使うことにした。

(1)　大津宮中枢部の建物配置について

　昭和49年暮れに大規模な掘立柱建物跡が発見されて以来、現在まで20箇所近くから建物などの遺構が確認されている。いずれも錦織地区（錦織一・二丁目、皇子が丘一丁目）に集中しており、遺構の広がりはやや大きく見積もって東西300m×南北400m程度の範囲に納まる（写真1）。このなかで、回廊が付く門と見られる建物（推定「内裏南門」）、その北約80mに位置する廂付き建物（推定「内裏正殿」）、さらにその北約70mで見つかった同じ廂付き建物（「内裏正殿」よりやや規模が小さい）の3棟が南北に一直線に並び、前二者の建物の東側柱列がほぼ一致することから、計画的な配置をもつ建物と考え、周囲の遺構との対比で、宮の中軸線上に配置された中枢建物と位置付けている。そして、これらの建物を中心として、前面（南）に朝堂、背後（北）に内裏を配した建物配置図が復原された[2]（図1）。それは、前期難波宮の建物配置に似かよった形態を示すことが指摘されており、今後の大津宮

大津宮中枢部建物配置図
（『よみがえる大津京』より転載）

前期難波宮建物配置図
（『図説大津の歴史』上巻より転載）

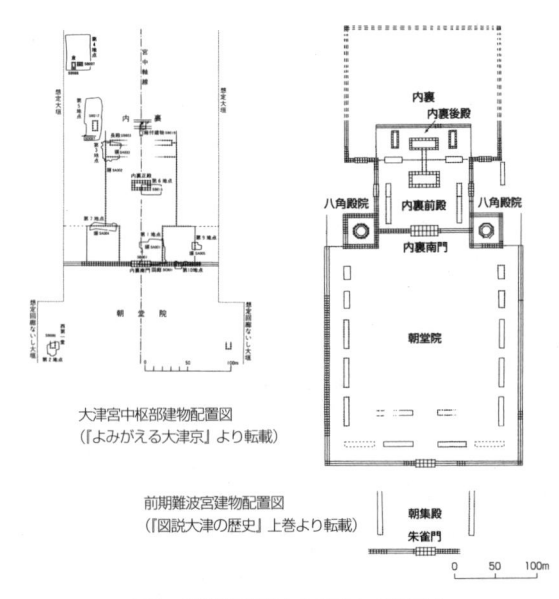

図1　前期難波宮と大津宮との比較図

研究に一つの方向性が示されたといってよい。だが、これですべて解決したわけではなく、早急に解明しなければならない課題は山積している。

まず、第一は、宮の外周施設の位置と形態の解明である。いまのところ外周施設の可能性をもつ遺構はまったく見つかっていないが、西側の緩やかな斜面地に、人工的に削られたと見られる2m前後の段差が南北方向に直線的に延びている箇所があり、これを西の限りとして大垣などの施設を想定する見解がある。だが、理由はのちに述べるが、ここに外周施設を設定することには少し疑問をもっている。なお、場所は異なるが、推定内裏区域の北東隅（柳川に接した地点）で、比較的広い範囲の発掘調査が予定されており、一部ですでに調査が始まっている。ここで、宮の東を限る何らかの施設が見つからないかと期待しているのだが、これまでのところ、大津宮の時期の遺構は見つかっていない[3]。今後の調査対象区域は、内裏に関する建物の検出が充分に期待される箇所であり、調査結果が待たれるところである。

次に、朝堂院の規模の問題がある。これまでの調査で、朝堂院西第一堂と推定される建物跡（南北2間以上×東西2間、柱間は桁行2.74m等間、梁間2.78m等間）が見つかっているが、現時点ではこれだけで、すこし南に下った一帯では大津宮に関連する遺構はまったく確認されていない[4]。したがって、前期難波宮のように東西両側に5堂を南北方向に配し、さらにその南に朝集殿を置くような広い面積を確保するのは到底不可能であることから、朝堂院はかなり規模が小さく、特異な配置を取っていたのではないかと考えている。従来の半分以下だった可能性も当然考えなければならないだろう。

最後に、先に取り上げた宮の外周施設に関連して、これまでほとんど注目されていなかった宮のすぐ西に位置する皇子山のことを少し述べておきたい。この山は現在、標高165m余りの小さな独立丘のように見え、山頂部には4世紀代の前方後方墳（皇子山1号墳、全長約60m）が築かれているが、本来は長等山の北側丘陵から派生した小丘陵の先端部にあたっており、柳川は谷筋から出たところで皇子山

写真1　錦織地区全景（大津市歴史博物館提供）

に遮られ、流れを北に大きく変えながら、現在の近江神宮参道から柳が崎へ流れ、琵琶湖に注いでいた（現在の柳川は昭和15年に付け替えられたもの）。したがって、皇子山は錦織地域の防波堤のような役割を果たしており、柳川の氾濫から錦織地区を守っていたと考えられる。皇子山の頂上に立つと、眼下に錦織集落、その先に琵琶湖が一望でき、対岸には「近江富士」の名で知られる三上山や広々とした野洲平野が見渡せる。錦織地域に大津宮の建物が立ち並んでいた時、山頂部一帯がかつて墓地だったという認識があったのかどうかわからないが、ここに登れば宮の状況が手に取るようにわかる。そういう意味で、ここは誰もが自由に立ち入ることができない、いわば「禁足地」のような区域として、あるいは神聖な墓域（墳墓の地だったという意識があった可能性もある）として、宮域（さらにいえば内裏）に取り込まれていたのではないかと思っている。もっと極端な言い方が許されるならば、天皇やそれに近い皇族、一部の重臣といったかなり限られた人物しか立ち入ることができなかったのではないか。これが宮の西側外周施設の立地箇所に疑問をもつ第一の理由である。

　さらに、これまでの発掘調査結果から総合的に判断して、大津宮は、東や南に広がる低地より少し高くなった錦織地区の高燥な一帯を中心に造成を行い、建物を配置しているように見える。現在、建物遺構が確認されている地点はいずれも砂質土をベースとした水はけの良い土地であり、逆に考えてこの地層の広がりを確認すれば、ある程度宮の範囲が特定でき、外周施設も検出されるのではないかと思っている。ただ、外周施設については、先に見た皇子山のような例も考えられることから、宮中枢部建物群の中軸線を中心に左右対称の位置に配置されていない可能性があり、既成概念にとらわれることなく、地形や地層などにも考慮しながら、より広い視野からの調査を望みたい。

(2) 周辺の白鳳寺院について

　大津宮の周辺に、宮に関わりをもった白鳳寺院がいくつか立地することは早くから知られていた（図2）。だが、その性格については、これまであまり語られることはなかったが、近年、宮に近接して分布する園城寺（園城寺前身寺院遺跡）・南滋賀町廃寺・崇福寺跡・穴太廃寺の4カ寺について、寺がしばしば戦いの際の防御施設として利用される事例をあげ、宮との位置関係や交通の要衝に立地する事実から、緊急時の際の防御施設としての性格を合わせ持っていたとする見解が出されている[5]。

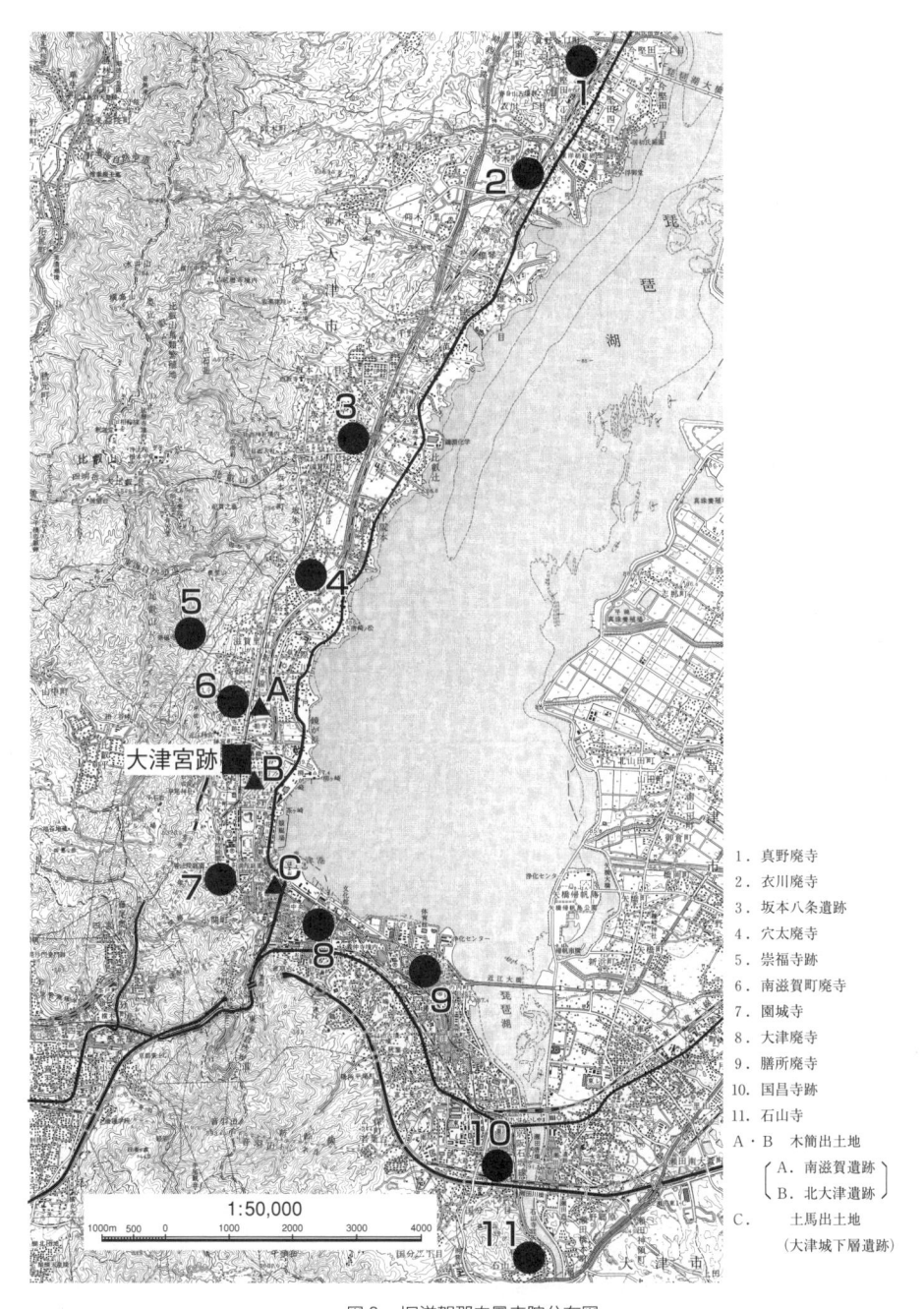

第 2 章　大津宮遷都と壬申の乱　169

1．真野廃寺
2．衣川廃寺
3．坂本八条遺跡
4．穴太廃寺
5．崇福寺跡
6．南滋賀町廃寺
7．園城寺
8．大津廃寺
9．膳所廃寺
10．国昌寺跡
11．石山寺
A・B　木簡出土地
　　　{ A．南滋賀遺跡
　　　　B．北大津遺跡 }
C．　土馬出土地
　　　（大津城下層遺跡）

図 2　旧滋賀郡白鳳寺院分布図

当初、上記の説は注目すべき考え方だと思っていたが、最近になって、この４カ寺について、そのすべてに同じ性格、すなわち防御施設的な性格を持たせることには無理があるという思いが強くなってきた。なぜ、そのような考え方を取るようになったかというと、『書紀』天武即位前紀及び元年条の「壬申の乱」の経過を記載した内容がその根拠となっている。すなわち、壬申の乱の最終段階、瀬田橋の戦いで、近江朝廷（大友皇子）側が敗北したあと、大津宮周辺での戦闘の記述は一切なく、すぐに大友皇子が逃れた記述に移っている。考えるに、大津宮の場合、瀬田橋が落ちれば、宮を持ちこたえることはできなかったのではないだろうか。もし、周囲の寺院が防御的な性格を備えた施設として位置付けられていたのであれば、最後の戦闘は、当然宮の周辺で行なわれたと思われ、これらの寺院のことも書かれていたはずである。『書紀』がどこまで当時の歴史事実を詳しく、かつ正確に記述しているのかという問題はあるが、大和方面の戦闘を見ていると、かなり詳細に経過が書かれている。それがまったくないということは、先に述べたように、大津宮の最終防御ラインは瀬田橋で、ここが落ちれば、宮を持ちこたえることはできない状況にあったのだろう。したがって、宮周辺の寺院に防御的な性格を持たせていたとする見解には、にわかに賛同することはできないのである。

　そこで、あらためて、個々の寺院を見ていくと、まず、崇福寺跡は、従来からいわれているように、宮を守る鎮護の寺院として、遷都に合わせて建立したと考えるのが妥当だろう。また、南滋賀町廃寺については、その位置関係（宮のすぐ北に接するように立地する寺院で、伽藍建物の中軸線が宮とほぼ一致する）から、宮域内に組み込まれていた可能性を考えている。さらに、園城寺は、大和から北陸に向かう道が小関越（古代北陸道は、当初この峠越えの道を通っていたとする説が有力[6]）を通って大津に入った地点に立地しており、ここで道は東国へ向かう道（古代東海・東山道）と分かれて真北に方向を変え、大津宮の正面へとまっすぐ進んでいくことになる。この分岐点を押える位置に園城寺があり、大津宮へ向かうメインストリートに面することから、防御というより迎賓館的な性格をあわせ持っていたのではないかと思っている。

＜付記＞
　園城寺境内地から出土する瓦類の中に、花弁状の紋様を外縁に表現した複弁八葉蓮華紋軒丸瓦が含まれることは早くから知られていた。この瓦は、当初、中房が大きく、蓮子が二重で、大振りの瓦当部を持つ形式であることから、大津宮時代に使用されたものとして位置づけていた。だが、瓦当部紋様や製作技法などを検討すると、花弁部分と外縁との間に明瞭な空間が生じていること、外縁の花弁紋様は面違鋸歯紋の変形と考えられること、

さらに格子目叩きが施されているもの（瓦当部側面にも同じ叩きを施す）や瓦当部裏面に布目痕が認められるものがあること、外縁部分の処理が粗い例があること・・・等々から見て、南滋賀町廃寺出土の複弁系軒丸瓦（川原寺と同笵瓦及び、その系統のもの）よりやや時期が下り、外区内縁に珠紋を表現するようになる藤原宮式瓦との中間、すなわち天武朝前後の時期をあててもよいのではないかと思っている。しかし、境内地からは、「サソリ紋瓦」（出土品と伝えるものは、現在所在不明）や方形瓦が出土していることから、創建時期については、南滋賀町廃寺や穴太廃寺と同じとする考え方に変わりはない。

　最後に、穴太廃寺については、いまのところどのような性格をもった寺院だったのか、適当な答えは持ち合わせていないが、古代北陸道が、朝鮮半島北部や中国東北部からの使節が来朝する際に使われていた事実から、この道沿いに立地する同廃寺も、園城寺と同じような性格（迎賓館的施設）を持っていたとも考えられる。

(3) 京域について－「外郭」の設定は可能か－

　大津宮に果たして京域が伴っていたのかという問題については、明治期以降、多くの研究者により、盛んに京域の復原が試みられてきた。大規模なものでは、滋賀里から錦織にかけての地域に京域を設定した例もある[7]（図３）。だが、いまのところ、藤原京や平城京のような条坊の存在を示す遺構（道路跡など）はまったく見つかっておらず、しかも宮の中枢部の建物が錦織地区にあったことがほぼ定説となっている現在、かなり広範囲に、東西・南北方向に走る道で碁盤目状に整然と区画した京域を設定することは無意味となってくる。また、錦織地区を中心とする地域に京域を設定するにしても、それを可能にする平坦地がなく、これも困難だと言わざるをえない。

　それでは、大津宮に条坊・京域といったものは存在しなかったのかというと、まったく可能性がないとは思っていない。というのは、錦織から穴太にかけての地域には、条里地割とは異なる、やや大きな地割（一辺130m前後の区画を一単位とする）の存在が指摘されている[8]。この地割については、時期など不明な点が多いが、今後の調査の進展により、各地域ごとに小規模な区画が設定され、各種施設が配置されていたことが明らかになるかもしれない。それが道路でつながれているといった状況も想定できそうである[9]。近年の調査では、南志賀（南滋賀町廃寺の東方一帯に広がる平地[10]）や浜大津[11]などから、この考え方を裏付けるような大津宮時代の遺構や遺物が見つかってきている。大津宮は、従来の常識にはかからない、特異な形態をもった都という前提のもとで調査を進めていく必要があるのではないだろうか。

　さらに、視野をもう少し広げて、大津宮を中心とし、各種施設を包含する大きなエリア、これをどのような名称で呼べばよいのか、いまのところよい

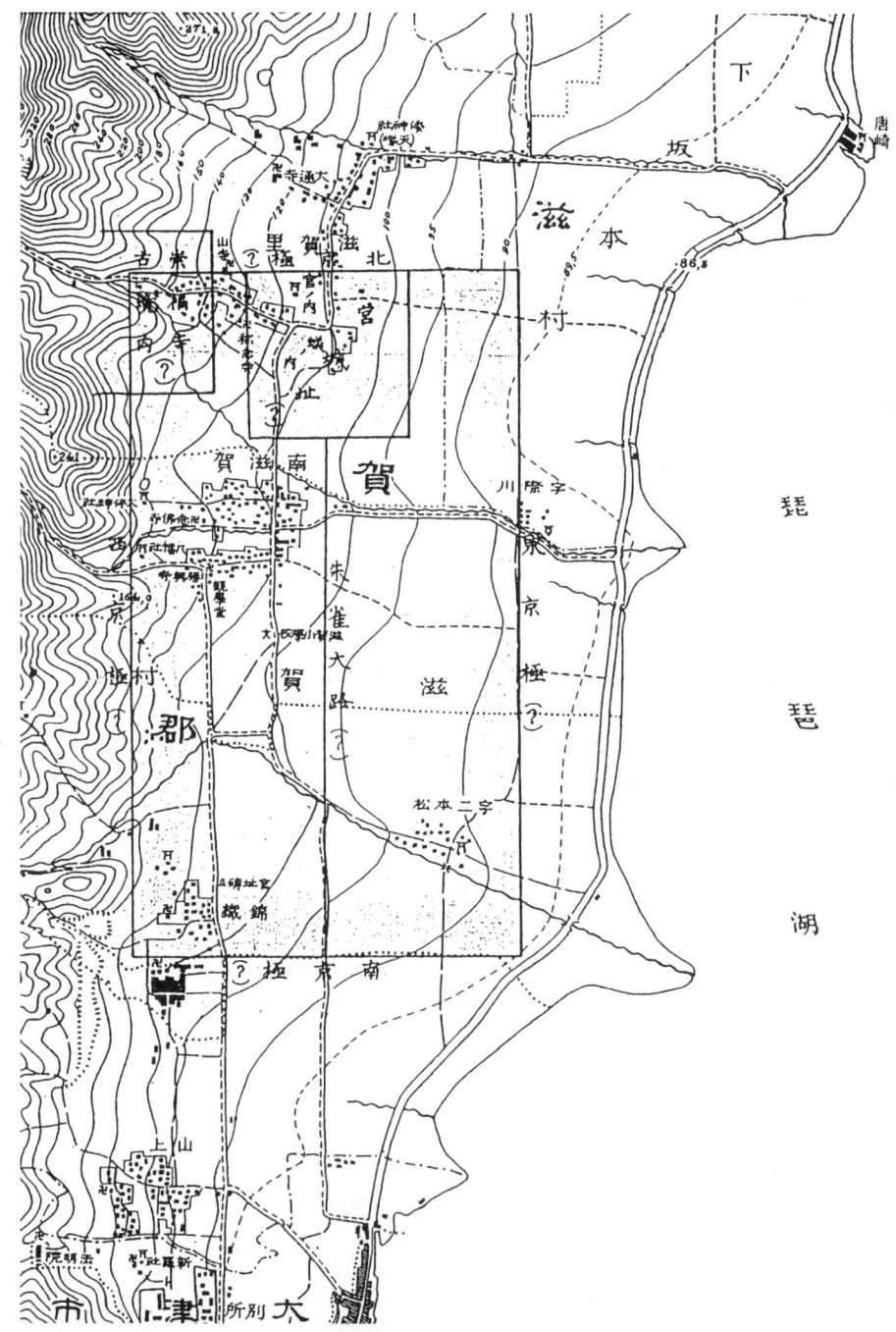

図3　喜田貞吉による大津京復原図（注7による）

考えが浮かばないので、とりあえず「外郭」という語句を使っているのだが、このようなかなり広い範囲で、宮及び関連施設を守る区域が設定されていた可能性も検討している[12]。

先に見たように、「壬申の乱」において瀬田橋の戦いののち、大津宮周辺での戦闘がまったく記載されていない事実から、瀬田橋が大津宮の東側の最終防御ラインであったと見られ、このような防御ラインが宮の周囲に設定されていたと考えているのである。これとよく似た見解は阿部義平が提唱しており[13]、南は瀬田橋から、北は三尾城の位置する高島の地までを防御ラインとして設定している。南、本来は東の入口なのだが、ここを瀬田橋とすることに異論はないが、北側を三尾城まで拡大することについては、あまりにも壮大で大津宮から離れすぎており、現実的に無理があるように思う。私は、大津宮を取り巻く地形や同時代の遺跡の分布状況など、種々の事項から判断して、北の防御ラインを坂本の北、木の岡丘陵付近に置いている。坂本から南の地域は、湖西南部では比較的広い平坦地が続くが、その北に位置する木の岡地区で、丘陵が琵琶湖岸近くまで迫り出し、平坦地が極端に狭くなる。これは瀬田橋付近の地形と似かよったところがあり、加えて伽藍山・石山寺と瀬田橋の位置関係に似た状況が坂本にも見られ、木の岡丘陵のすぐ南側に坂本八条遺跡[14]（寺院跡）が立地する。石山寺については、創建が大津宮時代まで遡る可能性を指摘しており[15]、両寺院は北及び東の入口を守る防御的な性格を持った施設だと位置付けている（図4）。

このように、大津宮では大規模な京域を設定することは難しいが、これに代わるものとして、南志賀や滋賀里など、それぞれの地域に小規模な区画を設け、各種施設を配置し、さらに、その宮及び関連施設を守る防御ライン（「外郭」）が坂本から瀬田橋までの区域で設けられていたと考えている。すなわち、小関越を正面入口とし、坂本及び瀬田橋に北口及び東口を設け、背後に丘陵、前面に琵琶湖という自然の地形を利用した宮の防御体制をとっていたと見るのである。

(4) 遷都のもつ意味－「二段階遷都論」－

いままで見てきたように、大津宮は、前期難波宮や藤原京のような、大規模な宮や整然とした条坊を備えていたのではなく、地形にかなり制約された特異な形態を呈した都だったと考えている。では、なぜ、このような制約の大きい土地にわざわざ都を遷したのか、という疑問が起こってくる。いわゆる遷都の理由である。これに対する従来の見解は、百済救済を目指して遠征

した朝鮮半島の白村江の戦い（天智2年・663）で大敗したことにより生じた国際緊張をその第一の理由に挙げることが多かった。確かに、白村江の敗戦のあと、筑前に「水城」を築き、北九州一帯に「防人」や「烽」を配し（天智3年）、さらには、北九州から畿内にかけて大野城（天智4年）、金田城・高安城（天智6年）などの山城を築き、防御を堅固にしている様子は見受けられる。その一環として都を飛鳥の地から、さらに山を越えた琵琶湖畔の大津の地へ遷したという理由も理解できないわけではない。だが、それだけならば大津でなくても、伊勢など他の地域でもよいし、さらに、言えば、防御施設をもっと強固なものにすれば事足りる。かえって、大津の地は敦賀や若狭から山越えですぐ近江に入ることができ、防御面だけで見れば、他にもっと適した土地がいくつもあったはずである。

　このような考えから、大津を新都の地に選んだのには、従来の見解とは異なる別の理由があったと見ている。その理由としては、のちに起こった「壬申の乱」や遷都前の天智天皇の行動などから、天皇の後継者問題を考えている。天皇の後継者については、皇太子時代に、すでに、弟の大海人皇子に決定していたとするのが一般的だが、遷都後の天皇の行動を見ていると、遷都の数年前から、どうも大友皇子を後継者として決めていたように思う。

　遷都前後の天皇の動きを見ていると、百済の男女400人余りを近江国神前郡に置いて田を与えた記事（天智4年・665）や、東国（地域の記述はない）へ百済の男女2000人余りを配置する記事（天智5年）があり、遷都後も、百済の佐平余自信や佐平鬼室集斯（写真2）らを、男女700人余りとともに近江国蒲生郡に居住させる（天

写真2　鬼室集斯の墓（日野町）

智8年）など、近江や東国への百済人の移住記事が目立つ。この時期、天皇が意識して近江などへの渡来人の集住を進めていた様子がうかがえ、いずれも近江遷都をにらんだ動きだと見ている。

　近江国には、それ以前から渡来系氏族の集住が見られ、滋賀郡を初めとして大友氏などの氏族が数多く居住していた。大友皇子の名も、当初伊賀皇子だったのが、後に「大友」に変ったとあり、途中から養育氏族が変更になったとの見方が有力である。最初は、母親の出身氏族である伊賀氏を養育係と

していたが、ある時期に大友氏に変ったと見ている。この時期の『書紀』などの記述から、この氏族は近江国滋賀郡に本拠をもつ大友氏と考えてよく、先に見た近江国や東国に百済人を配置した一連の動きの中で、改名が行なわれた可能性が強い。

　このような動きから考えるに、大友皇子に皇位を譲るにあたって、飛鳥では大海人皇子や皇子を支持する氏族たちの動きが障害となり、ことをスムーズに運ぶことはできないと考え、政権移行を安心して行える場所として、大津を選んだ。皇子の養育係として据えた、最も信頼を置く「大友氏」を初めとする漢人系の渡来氏族が数多く集住する滋賀郡南半の地にまず都を遷し、そこで大友皇子に皇位を譲るための安定した政権づくりを目指そうとしたのではないか。同地は地形的に見て、周囲から完全に独立した区域になりえる地域であり、加えて、交通面でも、大和を経ずして北陸・東国・西国へ直接向かうことができる地であった。そして、政権が安定した段階で、天皇は大友皇子に皇位を譲るとともに、新政権に相応しい都として、同じ近江国の「蒲生郡」の地に、再度遷都を考えていたように思う。『書紀』天智9年(670)条に、「天皇、蒲生郡の匱迮野に幸して、宮地を観はす」という短い一文があり、最終的には、蒲生の地に豪壮な都を造営する構想をもっていたようである（図4）。すなわち、天智天皇の近江遷都は、二段階に分けて行おうとした壮大な計画だったのではないかと考えている。

3．今後の展望

　考古学による大津宮の解明が本格的に始まって、早いもので30年近くが過ぎようとしている。ようやく錦織地域を中心に建物配置が復原できるようになり、周辺地域の調査でも大津宮時代の遺構や遺物の出土例が増えつつある。これからは、今までの錦織地域一辺倒の調査から、もう少し視野を広げ、「外郭」として設定した坂本から石山寺にかけての地域を見据えた調査が必要となってくるであろう。

　錦織地域では、当然のことながら、今後も発掘調査を継続して実施し、『書紀』記載の「内裏仏殿」、「西小殿」、「漏剋」や「濱臺」といった建物の特定や、宮の建物配置及び宮域の確定、さらには当時の湖岸線の復原など、解決しなければならない問題は多い。それには、開発に伴う発掘調査ではなく、計画的に空間地を借り上げて発掘調査を実施する方法を検討していく必要があり、いまその段階にきているといえるのだろう。その一方で、周辺地域においても、先に述べた条里地割とは異なる特殊地割の性格の解明を通じ

図4 大津・湖南地域大津宮関係地図（■●印－大津・草津市域の主な白鳳寺院）

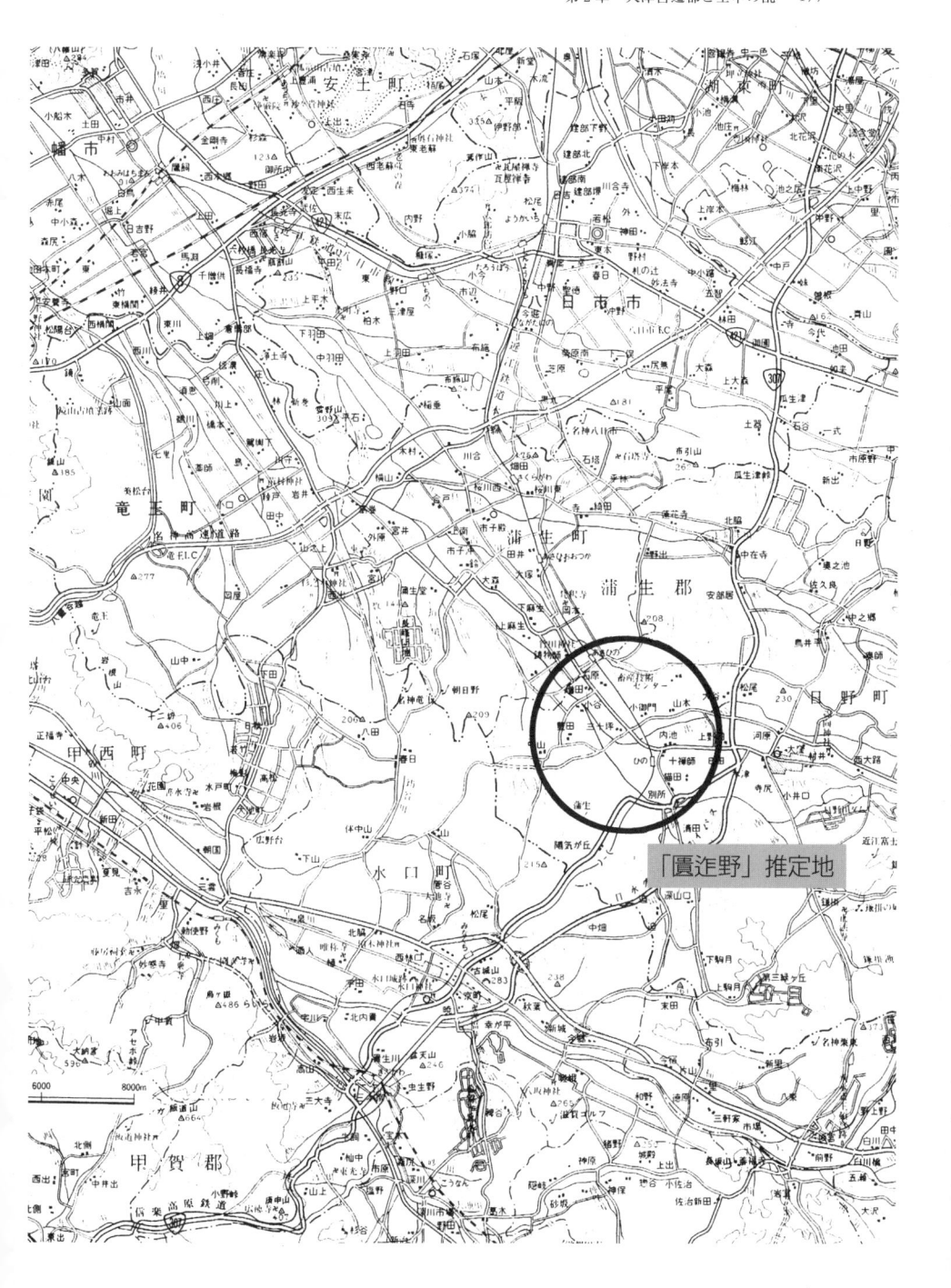

第2章　大津宮遷都と壬申の乱　177

「䣮狃野」推定地

て、大津宮時代の遺構・遺物の確認を行い、大津宮があった時期の周辺部の姿を復原していくことにも力を注いでいかなければならない。これらを並行して実施することにで、宮を中心とする大津京の全体像が見えてくるものと確信している。今後の関係機関による調査の進展に期待したい。

<注>
1．『大津京をさぐる』－日本文化の源流"近江" 2 －（大津市教育委員会　1976）
　　　この公開シンポジウム（昭和51年5月30日開催）で、横山浩一が、その講演（「考古学による大津京の究明－大津市錦織・皇子が丘地区における発掘調査の成果－」）の中で、初めて前期難波宮の内裏・朝堂院の図を錦織地区の検出遺構群に重ね合せて検討を行った。
2．『錦織遺跡－近江大津宮関連遺跡－』（滋賀県教育委員会　1992）
　　林博通『大津京跡の研究』（思文閣出版　2001）
　　　主要建物の概要を見ておくと、[推定内裏南門]は、北東隅の一部しか検出できなかったが、梁間2間（柱間3.20m等間）×桁行7間（柱間は両端2.50m、その間が3.26m等間）と推定し、東西21.30m×南北6.40mの規模とした。[推定内裏正殿]は、南東隅の一部が検出されただけだが、身舎を東西5間×南北2間と考え、四面に廂が付く東西7間×南北4間の建物を想定している。柱間は、身舎部分の桁行3.26m等間、梁間2.70m等間、廂部が桁行・梁間両とも2.50m等間と考え、東西21.30m×南北10.40mとした。また、[廂付き建物]は、建物の南側の一部を検出しただけで、全体規模は復原できなかったが、いまのところ南側に廂（四面に廂を持つのかは不明）をもつ建物というところまでしかわかっていない。身舎部分で桁行約3.00m等間、梁間約2.70m等間、廂部は柱間2.15mを測ることから、推定内裏正殿よりやや規模の小さい建物を想定している。
3．大津市教育委員会文化財保護課のご教示による。
4．『大津宮関連遺跡－皇子が丘地域－』その2（大津市教育委員会　1977）
5．林博通『大津京』（考古学ライブラリー27　ニューサイエンス社　1984）
6．足利健亮「古代の交通」（『草津市史』第1巻　草津市　1981）
7．喜田貞吉「大津京遷都考」（『歴史地理』15－1・2　1910・1912）
8．①秋山日出男「飛鳥京と大津京都制の比較研究」（『飛鳥京跡』Ⅰ　奈良県教育委員会　1971）
　　②松浦俊和「大津市北郊にみる特殊地割について－大津京との関連性－」（『近江地方史研究』№6　近江地方史研究会　1977）など
9　田辺昭三『よみがえる湖都－大津の宮時代を探る－』（NHKブックス　日本放送出版協会　1983）
10．『図説大津の歴史』上巻（大津市　1999）の「原始・古代－6.近江大津宮－」を参照
11．大津市教育委員会「大津宮期の流路跡が見つかる－大津城跡下層－」（『滋賀埋文ニュース』№212　滋賀県埋蔵文化財センター　1997）
12．松浦俊和「近江大津宮新「京域」論」（『大津市歴史博物館研究紀要』第5号　1997）
13．阿部義平「日本列島における都城形成（2）－近江京の復元を中心にして－」（『国立歴史民俗博物館研究報告』第45号　1992）
14．『滋賀里・穴太地区遺跡群発掘調査報告書』Ⅲ（大津市埋蔵文化財調査報告書10

大津市教育委員会　1985)
15. 松浦俊和「石山寺創建時期の再検討－白鳳時代創建説について－」(安井良三博士還暦記念論集『考古学と文化史』　1994)

(2)-1.

古道と遺跡
― 近江国滋賀郡に見る白鳳寺院の分布から ―

1. はじめに

　人々が集団を作り、一定の地域に定住して生活する社会形態が出現するようになると、徐々に他地域の集団との間に、交易等を目的とした行き来が始まるようになる（おそらく自然発生的なもの）。その始まりは、偶然の出会いだろう。狩りや漁に出かけた人が、猟場や漁場、その往復の道筋で、他の集団の人たちに出会う。最初は警戒するが、出会いが度重なると次第に交流が生まれ、他地域の情報が入ってくる。その中で知り得た自分たちの集団にないものは、他の集団から求め、その代償として、彼らの持たないものや、不足しているものを渡す。物を介した交流の始まりである。

　すでに、縄紋時代早期頃から、海水産の貝で作られた腕輪などの装身具や、外洋性の魚の骨が内陸部の遺跡から発見されたり、あるいは限られた場所にしか産出しない黒曜石やサヌカイトで作った石鏃などがかなり広範囲の地域に分布しているように、集団間の交易が活発に行なわれていたことがうかがえる。たとえば、大津市石山の地にある石山貝塚は、縄紋時代早期後葉に形成されたセタシジミを主体とする大規模な淡水産貝塚であるが、ここから淡水産の貝類に混ざって、少量ではあるが、ハイガイ・サルボウなどの海水産の貝類や、それらで作られた貝輪・貝小玉などの装身具、さらにはエイの尾棘まで見つかっている[1]。また、長野県諏訪郡下諏訪町和田峠一帯は、良質の黒曜石を産出する場所として著名であり、石器の原材として旧石器時代から使われていたが、明らかに和田峠産と見られる黒曜石の石片が、はるか遠く離れた神奈川県横須賀市夏島貝塚から出土している。その分布は諏訪を中心に半径240km余りの範囲に広がっているとする説もある[2]。縄紋時代早期の段階には、すでに集団間を繋ぐルートができていたと考えられる[3]。これは、狩りなどに使われていたような「けもの道」とは明らかに性格を異にする、交易や人の行き来を目的とした道だといってよいだろう。

　このような「道」は、長い年月の間に、多くの人たちが幾度となく行き来し、踏み固められることにより、徐々に形作られていったものであり、当時の歴史を知る貴重な証人といえる。従って、道の発生・変遷・衰退の過程を

明らかにすれば、各時代の政治・経済をはじめ、民衆の生活を解明する、多くの情報が得られることだろう。だが、道の成立については、律令期に造られた官道などは別にして、多分に自然発生的な要素が含まれることから、それを明らかにすることは不可能だろう。一般的にみて、平安時代以降、文献史料の増加に伴い、道の発展や衰退の歴史はかなり詳しく復原することができる。だが、文献史料がまったくない時代や、あってもひじょうに数が少ないか、信憑性の薄い史料が多い時代には、これに代わる資料として、地下に眠る多くの遺跡から得られる情報が最も有力だと考えている。古道沿いに分布する遺跡の詳細な時代や性格などを検討していけば、その道がたどった歴史をおおまかではあるが知ることができるだろうし、うまくいけば最も難しいとされる、道の起源について、何らかの手掛かりが得られるかもしれない。また、これとは逆に、遺跡の性格を明らかにするうえで、古道が大きな役割を果たすこともある。

このように、遺跡の立地と古道がひじょうに密接な関係にあることを示す例が多く認められることから、両者相互の研究は、各地域における歴史の流れの解明に重要な位置を占めているといってよいだろう。ここでは、特に琵琶湖の南端、大津地域を取り上げ、京都盆地から当地へ入る道と遺跡、なかでも白鳳寺院の分布と対比させながら、道の歴史や寺院の性格などについて論を進めることにする。

2．京都から大津に至る道

　近江国は、古代の五畿内（大和・山城・和泉・河内・摂津）には含まれていなかったが、畿内の北東部に隣接して位置するという理由から、古代より北陸・東国と畿内を結ぶ交通の要衝として重要視されてきた。そのため、琵琶湖周辺には多くの交通路が発達し、なかでも琵琶湖の南端、大津の地は、北陸へ向かう道と東国へ向かう道との分岐点にあたり、さらには湖の水運をも含め、特に重要な地点となっていた。

　江戸時代、大津の地を通る主要街道としては、京都から逢坂を越え、膳所・石山・瀬田を経て東国に至る東海道（草津で中山道が分かれ、琵琶湖東岸を北上する）と、大津の札の辻で東海道から分かれ、琵琶湖西岸を北上して北陸に至る西近江路（北国海道）が知られていた。そして、比叡・長等山系や醍醐山系には、京都から東海道や西近江路に抜ける「〇〇越」と呼ばれる間道が数多くあり、当時の賑わいを示すかのように、今も、路傍に石仏や道標が数多く残っている。

京都と西近江路を結ぶ山越えの道には、主なものとして「小関越」「如意越」「山中越」「白鳥越」「仰木越」「竜華越」などがあり、東海道の間道的な性格を持った道には「牛尾越」「醍醐越」などがある。また、これらの道とは異なり、南山城の宇治田原地方から禅定寺峠を越えて大石・田上に入る道も古くから知られていた。

　江戸時代に見られる多くの道が、いつ頃から使われていたかについては、のちに詳しく述べるが、ここでは、まず当時（江戸時代）知られていた主な道について、少し歴史的位置付けを行なっておきたい。なお、本論では、瀬田川左岸の旧栗太郡地域については除外し、旧滋賀郡に限定して話を進めていくことにする。

　＜東海道＞（図1－G、図3－A・A'）

　この道は、鎌倉に幕府が開かれた時に、京都と鎌倉を結ぶ道として、本格的な整備が行なわれ、国内第一の幹線路としての地位を確立した。だが、その基盤はさらに古くに形作られており、平安時代にまで遡る。都が奈良から京都へ遷ると、新たに京都を中心とした交通路が整備されるようになり、その一つとして東国とを結ぶ道も整備が開始された。だが、古代の道（図3－A'）は、江戸時代のそれよりも山手側を通っていたといわれている。平安時代後半の『北山抄』『西宮記』『江家次第』などの有職故実の書に、伊勢神宮への勅使の作法が記載されている箇所があり、その中で「出 会坂関 近江国祇承、到 勢多駅 国分寺前勢多板橋不 下 馬」（『江家次第』）と、伊勢使が近江の国分寺前や勢多板橋では下馬しない旨を記した件がある。平安時代の近江国分寺は、石山の晴嵐小学校付近から東側一帯の低丘陵部にあったことが有力視されている[4]ことから、当時の東海道は勢多橋からまっすぐ西へのび、園山丘陵の裾を通るルートを取っていたと考えられている。

＜付記＞
　昭和63年・平成元年、瀬田川浚渫工事に伴う唐橋遺跡の発掘調査が行われ、現唐橋から南へ約80m下った地点（瀬田川河底）で、白鳳時代の橋脚遺構を確認した。付近からは、いっしょに奈良時代及び、それ以降の橋脚遺構も見つかっている。白鳳時代の遺構は、周囲から出土した遺物や、橋脚台座に使っていた木材の年輪年代測定から、橋の構築年代を7世紀後半に想定している。壬申の乱最後の激戦が行なわれた瀬田橋の戦いは、この橋でくりひろげられた可能性が高い。（『唐橋遺跡』　滋賀県教育委員会　1992）

　また、昭和48年～50年に、大津市神領三丁目の独立丘陵上に立地する堂ノ上遺跡の発掘調査が実施され、瓦葺き礎石建物群と掘立柱建物群が明らかになった。建物は、まず、前者が奈良時代末頃に建てられ、平安時代前期頃まで存続し、その後、掘立柱建物群に建て替えられ、10世紀前半には廃絶したといわれている。なお、「承和十一年（844）六月」銘の平瓦が数点出土しており、瓦葺き礎石建物群が、承和11年の時期には確実に存在していたことが判明した。近江国庁跡との関連や、遺跡の立地場所などから、本遺跡は「勢多駅家」の有力候補地となっている。（『昭和48年度滋賀県文化財調査年報』『昭和50年度滋賀県文化財調査年報』　滋賀県教育委員会　1975・1977）

さらに、平成14年には、膳所城下町遺跡（大津市膳所二丁目）から、聖武天皇の行幸の際に置かれた禾津頓宮のものと見られる大型掘立柱建物跡などが検出された。（『滋賀埋文ニュース』№268　滋賀県埋蔵文化財センター　2002）

いずれも、古代東海道のルートを特定するうえで重要な遺跡であるといえる。

＜西近江路＞（図１－Ａ・Ａ'、図２－Ａ）

大津の札の辻で東海道と分かれ、観音寺・尾花川・二本松を経て、唐崎から湖岸に沿って北上する道で、京都の大原から途中・朽木を経て小浜に至る若狭街道（図２－Ｅ、現在の国道367号、別名「鯖街道」）とともに、若狭・越前の海産物を京都へ運ぶ重要な街道として古くから知られていた。

平安時代中頃の『延喜式』[5]によれば、西近江路（北陸道）には「穴太」「和邇」「三尾」「鞆結」の各駅があり、穴太の地には西近江路第１の駅家として「穴太駅」が設置されていた。残念ながら、いまのところ穴太駅家がどこにあったかは明らかになっていない。しかし、当時、沼沢地がＪＲ湖西線近くまで広がっていたとみられ、水田としては利用できたかもしれないが、住居地域としては不適な土地だったようで、穴太駅家も現在の穴太の集落が立

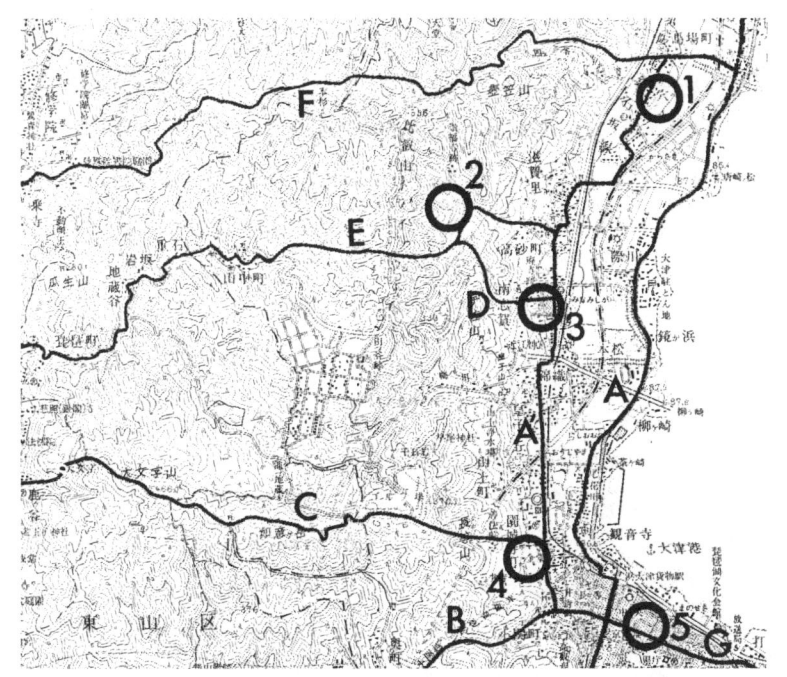

図１　古道と白鳳寺院分布Ⅰ（国土地理院発行　２万５千分の１　京都東北部）
　　Ａ　西近江路（Ａ'旧西近江路）　１．穴太廃寺　　４．園城寺
　　Ｂ　小関越　　Ｆ　白鳥越　　２．崇福寺　　　　５．大津廃寺
　　Ｃ　如意越　　Ｇ　東海道　　３．南滋賀町廃寺
　　Ｅ　山中越

地する扇状地の高みの部分に置かれていたと考えられる。このような状況から判断して、平安時代の西近江路（図1－A'）は、東海道と同じように、江戸時代のそれよりも山手側の滋賀丘陵の裾を通っていたと見てよい。おそらく、扇状地の湧水地帯をぬうように走っていたのであろう[6]。そのルートは、錦織・南滋賀・滋賀里・穴太の集落を通り、下坂本から湖岸近くに出ていたとも考えられるが、穴太からさらにまっすぐ北上し、坂本から木の岡丘陵の裾を通って湖岸に達するルートの可能性を考えてみたい。

この2つの街道とは別に、京都から大津へ抜ける「○○越」と呼ばれる山越えの道があり、東海道・西近江路の間道的な性格をもつ道として使われていた。江戸時代には、「小関越」「如意越」「山中越」などが知られている。

<小関越>（図1－B、図3－D）

小関越とは、逢坂山を越えて大津に入る逢坂越（大関越、東海道）に対して名付けられたもので、山科から東海道と分かれ、横木町から山を越えて小関町に入り、長等神社をへて、西近江路と合流する。古くから、逢坂越の間道として栄えていたらしく、『平家物語』にすでにその名が見える。江戸時代には、松尾芭蕉もこの道を通り、有名な「山路来て　何やらゆかし　すみれ草」（貞享3年・1686）という句を残している[7]。

<付記>
　現在、大津宮遷都前及び平城京の時期の北陸道（西近江路）は、飛鳥⇒中ツ道⇒宇治橋⇒山科⇒小関越で大津に下り、琵琶湖西岸を北上するルートが想定されている。（足利健亮『草津市史』第1巻－「古代の交通」－　草津市　1981）

<如意越>（図1－C）

京都の鹿ケ谷から大文字山・如意ケ岳をへて三井寺に至り、西近江路と合流する道で、『近江輿地志略』などでは、如意越を、平安時代の志賀山越としているが、確証はない。現在は、雑木や雑草で覆われ、ほとんどわからなくなっており、なかでも大津側の荒廃ぶりがひどく、三井寺から長等山へ登る道は、道としての姿を保っていない[8]。この道は、すべて園城寺の寺域に含まれていたと見られ、寺と京都を繋ぐ境内の道として使われていたと考えてよく、園城寺の盛衰と深く関わっていた道である。

<付記>
　如意ケ嶽（標高440m）の南麓を通る「如意越」に沿って如意寺跡が立地する。この寺院跡は、標高300～400m付近の東西約3km、南北約1kmにわたる広大な面積を有しているが、その創建については、園城寺を再建した円珍とする伝承があるが、定かではない。ただ、『貞信公記』天慶元年（938）4月13日条に如意寺の名が見えることから、平安時代中期頃には存在したことが裏付けられている。この寺院跡は、園城寺に伝わる鎌倉時代の絵図（重要文化財『園城寺境内古図』）などの史料から、その存在は知られていたが、寶厳

院跡など、ごく一部が以前より確認されていた程度で、本堂以下の主要伽藍については不明のままであった。だが、1985年から開始した京都市の遺跡分布調査で、ようやく本堂など、主要伽藍の位置が判明し、引き続き1990年から地形測量・発掘調査が行なわれている。これまでに、本堂地区・灰山庭園遺構・深禅院跡地区・寳厳院跡などの調査が進められており、講堂跡付近から9世紀代の遺物が発見されるなど、徐々に寺院の姿が明らかになりつつある。本寺院跡は、「如意越」の性格を考える際の重要な遺跡だといってよい。(『大知波峠廃寺跡シンポジウム事業報告書』- 4.如意寺跡- 湖西市・湖西市教育委員会 1996)

＜山中越＞(図1-E)

京都の北白川から山中町・志賀峠をへて、崇福寺跡の南麓を通り、滋賀里集落で西近江路と合流する道である。「志賀の山越え」「今道越」ともいう。

室町時代の『太平記』や『親長卿記』などにその名が見えており、中世に坂本が門前町として栄えた時、京都とを結ぶ最短距離の道として、物資輸送などによく利用されていた。しかし、この道はもっと古くから京都と大津を結ぶ重要な道の一つとして位置づけられていたと見てよい。『類聚国史』弘仁6年(815)4月、嵯峨天皇韓崎行幸の際、その途中で崇福寺・梵釈寺に立ち寄り、詩賦のひとときを過ごし、喫茶を楽しんでいる。この一連の記述から、この行幸は山中越を通ったのではないかといわれている。いずれにしても、山中越は、天智天皇に縁のある崇福寺と切り離しては考えられない道だといえる。

さらに、地元の古老の話によれば、この道は明治初期まで使われていたらしく、この道を通って滋賀里やその周辺の人々が米や野菜などを京都へ売りに行っていたという。その道筋には、かつての賑わいを思い起こさせる多くの石仏がいまもひっそりとたたずんでいる。また、志賀峠から少し大津側に下ったあたりで、山中越と分かれて南滋賀の集落に至る道(図1-D)も知られている。山中越は大津側、特に崇福寺を過ぎて、少し山の中へ入ったあたりからはかなり荒れていた[9]が、いまは美しく整備され、志賀峠付近まで手軽に行けるようになっている。

＜白鳥越＞(図1-F)

京都の一乗寺から比叡山の南を通り、壺笠山を経て、四ツ谷川沿いに穴太の集落に至る道で、ここで西近江路と合流する。穴太の地は、最近(昭和48年・51年・52年)の発掘調査により、白鳳時代の瓦を出土する寺院跡(穴太廃寺)の存在が明らかになり[10]、また東海道から分かれた西近江路の最初の駅家(穴太駅家、所在地未詳)が置かれるなど、古くから政治・経済上重要な地点であった。これを裏付けるように、景行・成務・仲哀三天皇の皇居であったといわれる高穴穂宮伝承地(『記紀』)や、古墳時代以降に当地に住み

ついた渡来系氏族に関係する遺跡などが集中しており、穴太が歴史に登場する機会は多い。

＜仰木越＞（図2－B）

比叡・比良山系には、京都から大原・朽木を経て若狭へ至る若狭街道（図2－E）と湖岸沿いの西近江路とを結ぶ山越えの道がいくつか知られている。仰木越もその一つで、京都大原で若狭街道と分かれ、仰木峠を経て仰木から堅田に至り、西近江路に合流する。別名「篠峯越」ともいう（『近江輿地志略』）。この道は、中世に飛躍的に発展する堅田の港と深く関わっていたと考えられる。

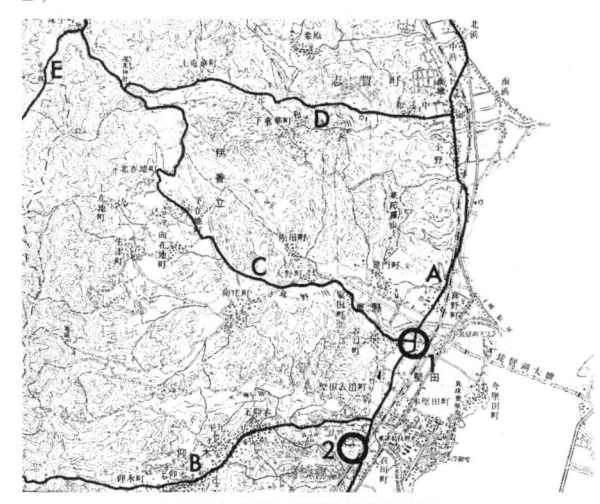

図2　古道と白鳳寺院分布図Ⅱ
（国土地理院発行　2万5千分の1　京都東北部）
A　西近江路　C　竜華越　1．中村廃寺
B　仰木越　　E　若狭街道　2．衣川廃寺

＜竜華越＞（図2－C）

この道も若狭街道と西近江路を結ぶ山越えの道の一つで、大津の途中町から若狭街道と分かれ、還来神社・伊香立を経て真野で西近江路と合流する。真野の地は、『金葉集』や『続後撰和歌集』などに詠まれた"真野の入江"あるいは"真野の浦"[11]があり、都人には風光明媚な地としてよく知られていた。天安元年（857）には、京都への間道を押さえる目的で、逢坂・大石とともに、竜華に関が置かれており（『文徳実録』天安元年4月条、「天安の三関」）、当地が京都にとっていかに重要な地点であったかがうかがえる。その位置は明らかでないが、還来神社（伊香立途中町）付近であるとの説が有力視されており、ここが、竜華越から志賀町和邇へ下る道（図2－D）が分かれる場所にあたることからも可能性は強い。また、『平治物語』にも竜華越の名が見られ、平治の乱（1159）に敗れた源義朝が近江へ逃れる時に通った道でもあった。

＜牛尾越＞（図3－B）

　京都山科から宇治を経て奈良に向かう「奈良街道」と東海道とを結ぶ山越えの道で、山科の小野から牛尾山を越え、国分から螢谷付近の瀬田川畔に至る。この道の途中にある法厳寺は、東山清水寺の奥院にあたる寺で、通称『牛尾観音』といわれ、庶民の信仰が厚く、本尊の千手観音立像は天智天皇作と伝えている。江戸時代には、牛尾観音に加えて石山寺に参詣する人々で、この道もたいへん賑わっていたらしい。古くは石山寺との関係でとらえてよく、奈良から石山寺に入るには、この道が使われていたのではないだろうか。

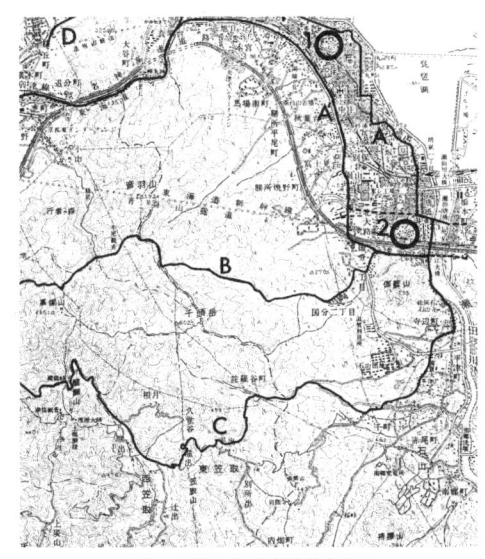

図3　古道と白鳳寺院分布図Ⅲ
（国土地理院発行　2万5千分の1　京都東北部）

A　東海道（A'旧東海道）　C　醍醐越　1．膳所廃寺
B　牛尾越　　　　　　　　D　小関越　2．国昌寺

＜醍醐越＞（図3－C）

　先の「牛尾越」とともに、奈良街道と東海道を繋ぐ山越えの道で、山科の醍醐寺（第十一番札所）付近から、醍醐山・岩間寺（正法寺、第十二番札所）を経て、石山千町の集落を通り石山寺に至る。中世から盛んになった西国三十三カ所の巡礼道として大いに賑わっていた。この道も牛尾越とともに石山寺との関係でとらえてよいだろう。

　このように、京都から大津に入る道には、以上の10例（正確にいえば9例－西近江路は大津の札の辻から東海道と分かれたもの）がある。
　これらの道は、江戸時代には、京都と東国や北陸を結ぶ主要街道として、またそれらの主要街道の間道的性格の道として、さらに一部には巡礼道として、多くの人々に利用されていた。しかし、その起源や発展の過程については、それぞれの地域性を反映して一様ではない。だが、大きく見て、江戸時代の道は、平安京遷都により、その基本的な道路体系が作られたといってよいようである。すなわち、都が遷ることは、そのまま交通体系の中心が変わることを意味し、それに伴って新都を中心にした交通路が整備されていくこ

とになる。

　従来、宮は天皇が代わるごとに、新たな造営が行なわれていたが、持統天皇が造った藤原京以降は、この前例を破り、天皇の交代に伴う新たな都造りを行なうことはなくなった。このように、都が一カ所に長期にわたり営まれるようになると、これに応じて都を中心とした交通路の整備が急速に進むようになる。都が飛鳥や奈良に置かれている時には、大和盆地を中心に交通路が各地に延びていたが、都が京都に遷ると、その中心も変化し、京都を中心とした交通体系が整備されていった。この時期に湖南の交通路も整備され、江戸時代に見られるような道がほぼできあがったとみて差し支えない。

　ところが、平安時代以前の時期は、文献史料が少なくなり、道の歴史を解きあかすことが困難になってくる。もはや文献史料だけによる道の復原は難しくなるが、これに代わって、遺跡が重要な手掛かりを与えてくれると考えている。

　そこで、旧滋賀郡を例にとって、当地における遺跡の分布状況を見ながら、古代の道を検討していくと、先の都造りの記述に関係する形で、白鳳期における大津宮造営が大きなポイントになっていたことが浮かび上がってくる。

＜付記＞
　近年、関東や東海・北部九州を中心に、全国各地で古代の道路遺構の発見例が急増している。滋賀県でも、徐々に発見例が増えており、犬上郡甲良町尼子西遺跡、草津市野路岡田遺跡で東山道（『滋賀埋文ニュース』No.195・267　滋賀県埋蔵文化財センター　1996・2002）、栗東市上鈎・下鈎東遺跡で東海道と見られる遺構が確認されている（『1980-1982年度栗東町埋蔵文化財発掘調査資料集』　栗東町教育委員会　1999、『栗東町埋蔵文化財発掘調査－1996年度年報』　栗東町教育委員会　1997）。

3．大津地域（旧滋賀郡）に見る白鳳寺院の分布

　近江国滋賀郡における白鳳時代の遺跡の分布状況を詳細に検討していくと、大津宮跡とともに、南滋賀町廃寺や崇福寺跡に代表される寺院跡が多く存在することに気付く。同郡は、北から真野・大友・錦部・古市の四郷からなり、郷ごとに2～3つの白鳳寺院が知られている。そこで、まず、個々の寺院について、道との位置関係に注意しながら、その概略をながめていくことにする。

　1．中村廃寺（真野中村町、現・真野一・三丁目）（図2－1）

　真野川右岸にある中村の集落内に、「狐塚」と呼ばれる土壇がある。地元では古墳と言い伝えているが、付近から白鳳時代のものと見られる瓦片が出土することから、寺院建物の基壇ではないかとする説がある[12]。いずれにしても、ここから白鳳時代の瓦が出土したことは、当地付近に同時代の寺院が

存在する可能性を示すものであり、真野の地に居住していたといわれる真野臣と関係のあった寺院とも考えられる。この寺院が立地する中村の集落は、竜華越が西近江路と合流する地点にあたっている。

2．衣川廃寺（堅田衣川町、現・衣川二丁目）（図2－2）

堅田衣川町字西羅に所在する寺院跡で、丘陵の東側緩斜面に立地する。昭和50年（1975）2月〜3月に発掘調査が行なわれ、礎石はすべて抜かれてしまっていたが、金堂と見られる東西5間×南北4間の建物跡とその基壇、金堂跡の南東方向に塔のものと見られる基壇、さらには寺域の南西隅から瓦窯跡1基が見つかった[13]。

衣川廃寺は、出土した遺物（写真1）からみて、飛鳥時代末から白鳳時代にかけてのひじょうに短命な寺院であったらしい。また、基壇の土層内に瓦片が含まれていることから、これらの建物が造営される前に、当地に何らかの建物があったことも推定されている。この地は、東側に接して西近江路が走り、すぐ北側には、天神川に沿って仰木越が通っており、交通の要衝にあたっている。

写真1　衣川廃寺出土瓦
（『史想』No.18より転載）

＜付記＞
　平成6年・7年に実施した史跡整備に伴う確認調査で、遺構や出土遺物などから、同廃寺の建立時期が、従来からいわれていた7世紀前半（7世紀第2四半期）ではなく、7世紀第3四半期に造営が始まり、しかも大津宮の時期を中心とするひじょうに短期間しか存続していなかったこと、などが新たに明らかになった。（『史跡衣川廃寺跡整備事業報告書』大津市埋蔵文化財調査報告書30　大津市教育委員会　2000）

3．穴太廃寺（坂本穴太町、現・穴太二丁目）（図1－1）

昭和48年と昭和51年・52年に発掘調査が実施されている[14]。前者の調査では、礎石を伴う遺構は発見されなかったが、小字名に「上大門」や「下大門」の名が見え、また白鳳期の単弁八葉蓮華紋軒丸瓦（写真2）・複弁八葉蓮華紋軒丸瓦（川原寺式）・重弧紋軒平瓦・方形瓦（サソリ紋瓦と呼ばれる蓮華紋方形軒先瓦は出土せず）などが多量に出土することから、当地に白鳳期の寺院が推定された。さらに、後者の調査で、同廃寺の瓦

写真2　穴太廃寺出土瓦
（『史想』No.18より転載）

を焼いたとみられる白鳳期の窯跡が見つかったことにより、当地に寺院があった可能性がさらに強いものとなった。

＜付記＞
　昭和59年（1984）に実施した西大津バイパス建設に伴う発掘調査で、2時期の重複する寺院跡が発見され、7世紀半ばから11世紀末頃まで存続していたことが判明した。創建寺院は、西に金堂、東に塔の基壇がわずかに残り、これを取り囲む回廊が検出され、建物中軸線の方位は、座標北に対しN－34°50′－Eを示す。一方、再建寺院は西に金堂、東に塔、奥に講堂を配する法起寺式伽藍配置を取り、建物中軸線の方位は、創建寺院より32～35度西に振っている。講堂中軸線の方位は、座標北に対してN－2°44′17″－Eで、金堂・塔中軸線（ほぼ座標北を示す）より東へ2°50′振っており、講堂が金堂・塔より遅れて建立されたことで生じた差といわれている。大津宮主要建物の中軸線の方位とは、再建金堂・塔で1°13′余りの差があるが、大津宮との距離（約3km）を考えれば、両者の建物中軸線の方位は一致していると見て差し支えないだろう。このことから、大津宮遷都に伴い方位を変更して寺院を建て直したとする説が出されている。（『穴太遺跡発掘調査報告書』Ⅳ　滋賀県教育委員会　2001）

　この穴太の地は、『延喜式』にあるように、西近江路第一の駅家「穴太駅」が置かれた地であり、また大津宮造営の大きな力となった渡来系氏族の一つである穴太村主氏らの居住地でもあった。

　さらに、穴太廃寺が建てられた地点は、京都の一乗寺に至る白鳥越と西近江路（図1－A）との合流点付近にあたっていることから、この寺院が、当地に勢力を持ち、他の渡来系氏族とともに、大津宮造営の中心的役割を果たしたとする穴太村主氏の氏寺として建てられ、大津宮造営とともに官寺的な性格を備える寺院に変貌し、あわせて北の守りとしての性格を合わせ持つようになったとする考え方がある[15]。

4．崇福寺跡（滋賀里町）（図1－2）

　昭和3年（1928）と14年の2回にわたる発掘調査で、東西に延びる3つの尾根を平坦にして、北尾根に弥勒堂、中央尾根に小金堂と塔、南尾根に金堂・講堂などの礎石建物群が見つかった（写真3）。さらに、周辺には、斜面などにわずかな平坦地も見られ、僧房などの建物が推定されている[16]。

　この寺院は、滋賀里集落西方の山中に位置し、『扶桑略記』の記載[17]から天智天皇の勅願により建てられた崇福寺

写真3　崇福寺跡全景（大津市教育委員会提供）

跡とする考え方が早くから出されていた。中央尾根の塔心礎から、無紋銀銭や鏡などとともに、金・銀・銅の三重の箱に入った金蓋瑠璃製の舎利器が出土したことはあまりにも有名である。しかし、南尾根の一群は、建物の主軸が他の尾根のものとは異なり、出土瓦も平安時代初頭頃のものが大半を占めることか

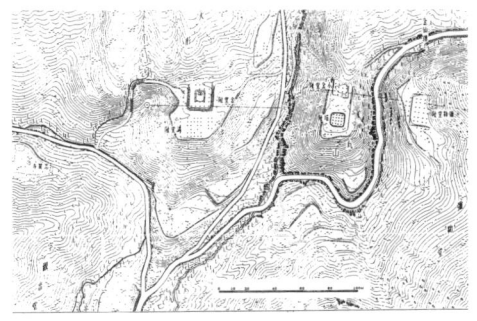

図4　崇福寺跡地形図
(『滋賀県史蹟調査報告』第10冊より転載)

ら、これを桓武天皇が曾祖父の天智天皇追慕のために建立したといわれる梵釈寺(『続日本紀』延暦5年(786)正月条) とする考え方が有力になっている(図4)。

<付記>
　各尾根に立地する建物跡の中軸線の方位については、正確に測った資料はないが、遺跡の地形測量を行なった際の座標値から復原すると、南尾根の建物中軸線の方位は約N－3°5′－Eを示し、中尾根でN－7°8′～7°30′－E、北尾根で約N－7°20′－E(いずれも座標北に対し)の数値が得られた。

　この崇福寺の南側に、京都の北白川へ抜ける山中越が通っている。この道は、平安時代、弘仁6年(815)の嵯峨天皇の韓崎行幸にも使われたと考えられているように、古来から京都と大津を結ぶ重要な道であった。崇福寺とこの道との関わりから、穴太廃寺と同じように、大津宮の西北方の守りという防御的な性格をあわせ持った寺院とする説がある。

5．南滋賀町廃寺(南志賀一丁目)(図1－3)

　崇福寺と同じく、昭和3年と13年に発掘調査が実施された[18]。当時、すでに民家が密集していたため、広範囲にわたる調査は不可能であったが、金堂を中心に、その北側に講堂、この2つの建物を取り囲むように僧房が、さらに金堂の前面(南側)に、東側に塔、西側に小金堂を配する川原寺式の伽藍配置をもつ立派な寺院であることが判明した。さらに、中門は破壊され確認できなかったが、北側の僧房に取り付くかたちで、塔・小金堂を取り囲むように回廊が巡らされていた。規模は東西約60ｍ×南北約120ｍと

写真4　南滋賀町廃寺出土瓦
(大津市教育委員会蔵)

いわれている。

　ところが、最近実施された一般国道161号西大津バイパス建設に伴う発掘調査[19]（昭和49年～53年）で、南滋賀町廃寺の瓦を焼いた窯跡、瓦を製作した工房跡と一緒に、同廃寺の西端を示す築地塀と、その西側に平行して走る溝（最大幅2.2m）が発見された。この溝は、南滋賀町廃寺の建物中軸線の方位とほぼ一致し、同廃寺の中軸線から西へ約124mの地点に位置する。

　同廃寺からは、複弁八葉蓮華紋軒丸瓦と蓮華紋方形軒先瓦（通称「サソリ紋瓦」、写真4）の2種類が出土しているが、瓦窯の調査でこの2種類の瓦が同時期に、それも大津宮時代という限られた時期に用いられていることが判明した。この2種類の瓦の使い分けについては明らかでないが、前者（写真5）を寺院に、後者を大津宮の宮殿関係の建物に葺かれたものとする説がある[20]。

写真5　橙木原遺跡出土瓦（『史想』No.18より転載）

　このように、大津宮とひじょうに関連が深いと考えられる南滋賀町廃寺も、山中越から大津側に少し入ったあたりで分かれた道（図1－D）が南滋賀の集落に至り、西近江路（図1－A'）と合流する地点付近に位置しており、寺域の東端は西近江路により限られている可能性がある。その点からみれば、本寺院も、交通の要衝に立地しているといってよいかもしれない。

6．園城寺（園城寺町）（図1－4）

　園城寺の創建については、種々の説があり、創建伝説は平安時代中頃から文献に登場する。『本朝続文粋』『扶桑略記』『古今著聞集』『元亨釋書』『寺門高僧伝』『寺門伝記補録』などに見られ、それぞれ若干の異同はあるが、概ね、当地を家地としていた大友皇子の死後、その子の大友與多王が父の菩提を弔うために、その地に崇福寺から堂宇を移して園城寺を建立したというものである。園城寺が現在のような天台宗の寺院と

写真6　園城寺遠景（大津市歴史博物館提供）

なったのは、円珍（智証大師）がここを天台別院としたのに始まる。
　だが、園城寺の境内では、早くから白鳳期に遡る複弁八葉蓮華紋軒丸瓦の出土が知られており、同寺が白鳳期に創建されたのは間違いないといってよい。同寺の位置は、逢坂越の間道と見られる小関越や如意越の大津側の入口付近にあたり、前面には西近江路（図1－A）が走っているように、まさに交通の要衝にあたる。

＜付記＞
　園城寺境内地からは、「サソリ紋瓦」（出土した破片の図は残っているが、その所在は不明）に代表される方形瓦と、外縁に花弁状の紋様を配する複弁八葉蓮華紋軒丸瓦を中心とする複弁系瓦の2系統が出土している。前者は、南滋賀町廃寺や穴太廃寺の出土例と同系のものと見てよいが、後者は、南滋賀町廃寺例（川原寺同笵瓦及び中房蓮子が1＋5＋9のもの）と比較して、瓦当部の紋様構成や製作技法などから、やや後出のものと考えられ、天武朝前後の時期を想定している。

7．大津廃寺（中央三丁目）（図1－5）
　大津市中央三丁目の商店街の一角（大津駅の北約500m）で、昭和51年暮れ、ある店舗の改築工事に伴って、多くの古瓦が偶然発見され、その中に、白鳳期に遡る重弧紋軒平瓦が数点含まれていた[21]。さらに、同店舗前の道路で水道・ガス管埋設工事を行なった際に、地下1～1.5m付近から礎石と見られる大きな石が出たという報告もあり、同地一帯に白鳳期の寺院の存在が考えられている。この付近は字「東浦」といい、かつて北側はすぐに湖岸になっていたらしく、寺域は山手側（南側）に広がっていた可能性が強い。同地は逢坂越で大津へ入ったところにあり、大津の南西側の入口として重要な位置にあった。

＜付記＞
　平成10年・12年に実施した住宅開発に伴う発掘調査で、寺院に直接関わる建物遺構は確認できなかったが、大量に出土した瓦類の中に、南滋賀町廃寺例及び草津市宝光寺跡と同笵になる複弁八葉蓮華紋軒丸瓦が出土している。特に、前者は川原寺創建期瓦と同笵になるもので、同じ瓦が出土している南滋賀町廃寺及び崇福寺跡との関わりが注目されている。（『大津むかし・むかーし』第9号　大津市埋蔵文化財調査センター　2001）

8．膳所廃寺（昭和町）（図3－1）
　現在の滋賀大学付属小・中学校付近に推定されているが、発掘調査が実施されていないため、詳細については不明である。同地付近出土の古瓦は、地元の法伝寺（大津市西の庄）や本多神社（大津市御殿浜）などに所蔵されているが、複弁八葉蓮華紋軒丸瓦や重弧紋軒平瓦などが含まれており、同廃寺が白鳳期に創建されたことは確実である。また、すぐ南側の旧大津紡績工場の敷地内（大津市相模町）から相模川にかけての地域では、奈良時代の瓦も出土している。

9．国昌寺跡（光が丘町、鳥居川町）（図3-2）

『日本紀略』弘仁11年（820）11月22日条に、「近江国言、国分僧寺延暦四年火災焼尽、伏望以定額国昌寺就為国分金光明寺・・・（後略）・・・」という一文がある。これにより、近江国分寺は延暦4年（785）に焼失したが、再建されず、弘仁11年になって国昌寺がこれにあてられたことがわかる。この国昌寺そのものの創建・沿革などについては、何ら伝えるところがなく、まったく不明であるが、『江家次第』に「出会坂関近江国祇承、到勢多駅国分寺前勢多板橋不下馬」とあり、当時（平安時代後半頃）の国分寺が勢多橋西方にあったことだけは明らかである。さらに、『近江輿地志略』では、国分の地に礎石が残る水田があり、付近に「塔田」「堂前」「経田」「堂の街道」「堂屋舗」などの小字名が残っていることを伝えている。いま石山の地には、晴嵐小学校から滋賀職業訓練所にかけての丘陵上に平安時代の瓦を多く出土するところがあり、この地に国分寺を比定する説が有力視されている[22]。また、平安時代の瓦に混ざって白鳳・奈良期の瓦（図5）も出土することから、国分寺の前身である国昌寺の創建は、おそらく白鳳時代まで遡るとする考え方が強い。

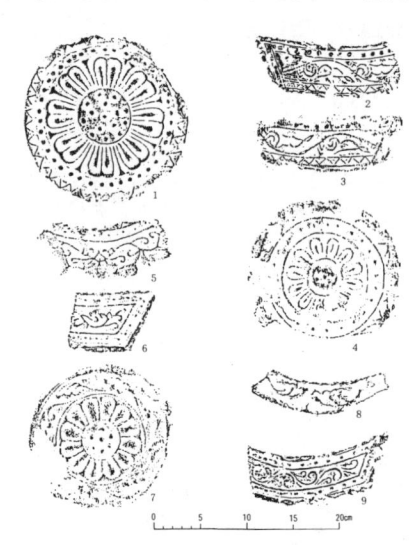

図5　国昌寺跡出土軒丸・軒平瓦
（『近江の古代寺院』より転載）
1・4～7・9　個人蔵
2・8　滋賀県教育委員会蔵
3　石山小学校旧蔵

ところで、『江家次第』でもわかるように、当時の東海道が国分寺の前を通過しており、しかも勢多橋は東海道を西進して京都に入る際の最大のポイントに当たっていた。このような地点に立地する国昌寺は、崇福寺などと同じように、東方の守りの要としての性格を合わせ持っていたとしても不思議ではないだろう。

＜付記＞
　平成3年・4年に実施した石山国分遺跡（大津市立晴嵐小学校南側丘陵地）の発掘調査で、保良宮造営時期に比定できる建物遺構などを確認したが、残念ながら白鳳期に遡る遺構・遺物は発見できなかった。国昌寺は、当地よりも東側、すなわち丘陵地の先端部付近に立地していたと考えられる。（『石山国分遺跡発掘調査報告書』　大津市埋蔵文化財調査報告書33　大津市教育委員会　2002）

以上、滋賀郡4郷における白鳳寺院は、現在のところ、上記の9カ所が知られている。発掘調査が行なわれていないものや、調査範囲が小規模なものが多いため、その全貌を把握することは、はなはだ困難なことであるが、その中にあって、すべての寺院に共通して見られる一つの傾向がある。すなわち、そのいずれもが交通の要衝に建立されているという事実であり、これは、道の起源を考えるだけでなく、大津宮とも関連して、寺院の成立・性格を考える上でもひじょうに参考になる。

4. 寺院の位置が意味するもの

　滋賀郡の地には、先に述べたように、平安時代、北へ向かう西近江路（北国海道）、東へ向かう東海道の2つの主要街道と、その間道的性格をもった「○○越」と呼ばれる道がいくつか知られていた。この2つの主要街道と間道との分岐点付近は、交通の要衝として早くから開発が進められ、その地域の中心として繁栄していた。この付近に、数多くの遺跡が集中するのは、そのあらわれだろう。そこで遺跡を時代別に整理していくと、滋賀郡では、平安期の主要街道と間道の合流地点付近に、多くの場合、白鳳時代の創建になる寺院跡の立地が指摘できる。わずかに膳所廃寺の1例を除いて、白鳳寺院のほとんどが主要街道と間道の合流点か、あるいは道が京都から山越えで大津に入る、その入口付近にある。前者には、中村廃寺（竜華越との合流点）・衣川廃寺（仰木越）・穴太廃寺（白鳥越）・南滋賀町廃寺（山中越）・園城寺（小関越）・国昌寺（牛尾越）があり、後者には崇福寺跡（山中越）・大津廃寺（逢坂越）があげられる。

　このようにながめてくると、上記の事実は、白鳳時代に建立された寺院が、いずれも平安期の道を意識して造られたことを端的に物語るものとして受け取ることができる。それは、すなわち、白鳳時代に、すでにこれらの道が京都と大津を結ぶ重要なルートとして利用されていたことを示す一つの証拠となる。これにより、白鳳時代には、平安期の道路体系に近い状況が成立していたとみて差し支えないであろう。それは、大津宮遷都に伴って、当地を中心に交通路の整備が始められた結果だと考えてよい。だが、都はわずか5年余りで当地を離れ、再び飛鳥の地へ戻ってしまった。これとともに、整備が中断されてしまった道もあったことだろう。だが、それから百年余りののち、都が京都に遷されると、大津は京都の東側の入口として再び重視されるようになり、大津宮時代の道を引き継ぐような形で、交通路の整備が行なわれていったと考えている。

そして、2つ以上の道の合流点付近は、数多くの遺跡が集中していることからもわかるように、政治的にも経済的にもひじょうに重要な地点であったと考えてよい。このような地点は、当然、軍事的に見てもひじょうに重要なポイントにあたるため、敵の侵入に対する備えとして、道の合流点付近を見下ろす見晴らしのいい高台などに防御施設を築く。それは砦のような純粋な軍事施設の形をとるのが普通だが、別の施設を緊急時に軍事施設として利用することもあった。滋賀郡の場合、大津宮造営に関連して、白鳳期の寺院に先の考え方をあてはめる説がある。

　すなわち、白鳳期の寺院は、先に見たように、いずれも道の合流点付近など、交通の要衝に立地しており、なかでも大津宮を取りまく穴太廃寺・崇福寺・南滋賀町廃寺・園城寺の4寺院は、特に都への各入口を守るという軍事的な性格を強く持っていたのではないかというのである（図6）[23]。それは出土する遺物などからも、他の白鳳期の寺院との性格の違いを指摘できる。つまり、崇福寺を除く3寺院からは、他の寺院ではまったく見られない方形瓦が多量に出土する。なかでも、南滋賀町廃寺では、通称「サソリ紋瓦」と呼ばれる蓮華紋方形軒先瓦（写真4））が出土しており、他ではまったく見つかっていない。また、崇福寺は、方形瓦の出土はないが、天智天皇勅願により建立された寺院であり、大津宮との関係でとらえられる。これらの事実から、

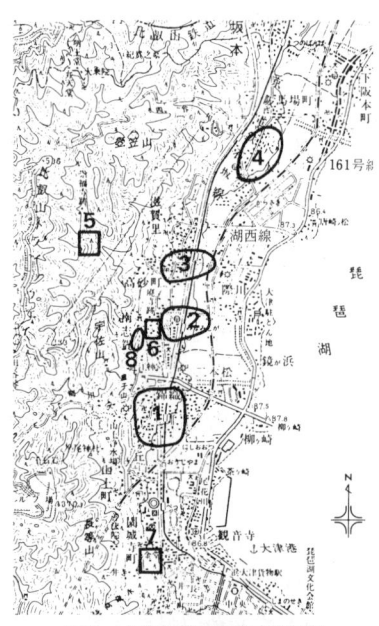

図6　大津北郊主要遺跡分布図
（『さざなみの都大津京』より転載）
1．錦織（御所之内）遺跡　2．南滋賀遺跡
3．滋賀里遺跡　4．穴太遺跡　5．崇福寺跡
6．南滋賀町廃寺　7．園城寺遺跡　8．樹木原遺跡

上記の4寺院は、大津宮を通して深く繋がった寺院で、大津宮に入る道の要所に、意図的に配置された軍事的性格をあわせもつものと考え、特に、南滋賀町廃寺は、他に類例をみない蓮華紋方形軒先瓦を出土することから、もっとも大津宮に関係深い寺院であると推定している。この南滋賀町廃寺の性格を明らかにすることが、すなわち大津宮の解明につながることは間違いないといえる。

　また、時代はずっと遡るが、弥生文化の伝播を見ても、大津の地に稲作を

伴った弥生文化が波及し、定着しはじめたのは、出土土器などの資料により、錦織から南滋賀・滋賀里にかけての地域であったと推定されている[24]。おそらく、逢坂越・小関越が湖南への弥生文化波及に大きな役割を果たしていたのだろう。また、山中越もすでに知られていたかもしれない。比叡山系を越えた京都側の北白川から山科にかけての地域には、縄紋から弥生にかけての遺跡が多く分布しており[25]、上記の考え方を裏付ける資料の一つとなっている。

このように、道はその周辺に分布する遺跡と密接に関連し、一方で遺跡が道の歴史を解明する重要な資料となり、他方では遺跡の性格を明らかにする上で、道が大きな役割を果たしているといえる。だが、道の始まりは、おそらく自然発生的なものであったと考えられることから、その起源を確定することは、やはり難しい問題といわざるをえない。

5．おわりに

多くの人々に踏みしめられ徐々にできあがっていった道は、一つの地域から他の地域へ文化を伝えていった人々が残した足跡であり、周辺に分布する遺跡は、その道と深く関わって成立した可能性が高い。その意味から、いままで道という分野が民俗学や歴史地理学でのみ扱われる傾向が強かったが、今後は考古学の方面からも積極的に取り上げていくべきであろう。小論がその一つの契機になれば幸いである。

<注>

1　『石山貝塚』（平安学園考古学クラブ　1956）
2　大場磐雄・桐原健「黒曜石と硬玉」（『古代の日本』6－中部－　角川書店　1970）
3　京都大学原子炉実験所東村武信教授らが放射線を使って旧石器（西日本に限定）の原産地を調べた結果、香川県五色台周辺のサヌカイトが、遠く離れた京都府福知山市武者ケ谷遺跡で見つかった石器に使われていたことが判明した。（『毎日新聞』1978年10月19日朝刊掲載）
4　柴田実・島田暁『近江国分寺跡発掘調査概報』（大津市教育委員会　1961）
5　『延喜式』巻28　兵部省
　　近江国駅馬　勢多卅疋岡田甲賀各廿疋　篠原清水鳥籠横川各十五疋　穴多五疋　和邇三尾各七疋　鞆結九疋
　　　　伝馬　栗太郡十疋　滋賀甲賀野洲神崎犬上坂田高島郡　和邇　鞆結各七疋
6　藤岡謙二郎「西近江路に沿う穴太村落の歴史交通地理学的性格について」（『景観変遷の歴史地理学的研究』　大明堂　1978）
7　『甲子紀行』所収
8　大津市教育委員会が「如意越」古道調査実施（1977年3月26日）

9 　大津市教育委員会が「山中越」古道調査実施（1976年12月8日）
10 　『穴太下大門遺跡』（大津市文化財調査報告書3　大津市教育委員会　1975）
　　　『滋賀文化財だより』№1（滋賀県文化財保護協会　1977）
11 　『金葉和歌集』巻3
　　　　　「鶉なく　まのの入江の濱風に　尾花波よる　秋の夕ぐれ」　源俊頼
　　　『続後撰和歌集』
　　　　　「吹きおろす　比良山風や遠からん　まのの浦ひと　ころも打つなり」　後鳥羽院下野
12 　西田弘「大津の古寺をたづねて」（『文化財散歩シリーズ』№7　大津市教育委員会）
13 　『衣川廃寺発掘調査報告』（滋賀県教育委員会　1975）
14 　注10に同じ
15 　林博通『さざなみの都大津京』（サンブライト出版　1978）
16 　肥後和男「大津京趾の研究－補遺－」（『滋賀県史蹟調査報告』第3冊　1931）
　　　柴田実「大津京趾（下）」（『滋賀県史蹟調査報告』第10冊　1941）
17 　『扶桑略記』巻5　天智天皇条に、
　　　　　「六年丁卯春正月　遷都近江国志賀郡大津宮　本在大和国岡本宮　二月三日天皇寝大津宮　夜半夢見法師来云　乾山有一霊窟　宜早出見　天皇驚寤出見彼方之山　火光細昇十余丈・・・（中略）・・・七年戊辰正月十七日　於近江国志賀郡　建崇福寺」
18 　肥後和男「大津京趾の研究」（『滋賀県史蹟調査報告』第2冊　1929）
　　　柴田実「大津京趾（上）」（『滋賀県史蹟調査報告』第9冊　1940）
19 　『榿木原遺跡発掘調査報告－南滋賀廃寺瓦窯－』（滋賀県教育委員会　1975）
　　　『榿木原遺跡発掘調査報告Ⅱ』（滋賀県教育委員会　1976）
　　　『滋賀文化財だより』№6（滋賀県文化財保護協会　1977）
20 　安井良三「榿木原瓦窯跡調査に関連する諸問題」（『榿木原遺跡発掘調査報告－南滋賀廃寺瓦窯－』　滋賀県教育委員会　1975）
21 　1977年1月26日に、大津市文化財専門委員会委員・西田弘氏とともに、筆者が現地調査を行なう。
22 　注4に同じ
23 　注15に同じ
24 　林博通「近江南部における前期弥生式土器」（『近江地方史研究』№2　近江地方史研究会　1975）
25 　北白川小倉町、同別当町、同上終町、同追分町などの多くの縄紋時代の遺跡が知られており、縄紋時代早期から継続しながら晩期まで続く（北白川遺跡群）。

(2)-2.
石山寺創建時期の再検討
― 白鳳時代創建説について ―

はじめに

　大津市教育委員会が平成2年5月から実施した石山寺境内地の発掘調査で、平安時代の整地層から格子目叩きをもった平瓦片が数点発見された。いずれも白鳳時代に属するものと見られ、発掘調査により初めて出土した同時代の遺物として、そのもつ意味はひじょうに大きく、出土点数はわずかだが、石山寺の創建問題を考えるうえで重要な資料として注目されている。

　石山寺は、大津市の南部、瀬田川に架かる瀬田唐橋に近い伽藍山の麓に建つ真言宗東寺派の寺院（図1）で、春秋の行楽シーズンには、県外からも多くの観光客が訪れ賑わいを見せている。紫式部が源氏物語の構想を練ったという伝承をもつ寺院として、また西国三十三ヵ所観音巡礼第十三番札所として一般によく知られているが、石山寺の創建時期の様相については案外わかっていない。その最大の原因は、主要伽藍を中心とする境内地の本格的な発掘調査がまったく行なわれていないことにあり、天平宝字5年

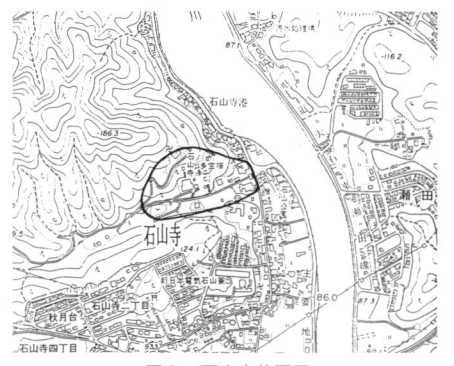

図1　石山寺位置図

(761)に初めて史料に石山寺の名が登場する以前の同寺の状況については、後世の文献史料から推測するより方法がなかった。

　近年、ようやく石山寺境内地の発掘調査が行なわれるようになり、加えて石山寺境内出土と伝える瓦類が紹介されるなど、徐々にではあるが、古代の石山寺の姿が明らかにされようとしている。ここでは、発掘調査の成果や伝石山寺出土瓦などの資料をもとに、同寺の創建時期について検討を加えていきたい。

1. 石山寺沿革史
(1) 奈良時代の石山寺

　石山寺が史料に初めてその名を記すのは天平宝字5年（761）のことである。この年に石山寺の増改築工事が開始され、20数宇の堂舎をもつ大寺院に生まれ変わることになる。この工事は、その2年前から開始されていた保良宮造営と密接な関わりをもつといわれている。天平宝字3年（759）末に造営担当の役人が任命され、工事が始まった保良宮が、同5年10月に「北京」として位置付けられ、その鎮護の寺院として石山寺の増改築が命じられたのである。

　工事は天平宝字5年末から始まる。造東大寺司が工事を担当し、現地に造石山寺所を設置して進められた。その別当（長官）には造東大寺司主典の安都雄足が兼務であたったが、当時大僧都として仏教界に重きをなし、東大寺造営の中心的存在であった良弁（689～773）が当初から深く関わっていたらしく、同6年3月中旬には、自ら石山を訪れ工事を指揮したといわれる。

写真1　石山寺遠景（大津市歴史博物館提供）

　工事は同6年7月に早くも完成し、保良宮鎮護の寺院にふさわしい20数宇の堂舎を有する大寺院となる。建物は、仏堂・経蔵兼鐘楼・三間僧房・上僧房・中僧房・下僧房・法堂・食堂・厨・大炊屋・温屋・仏師房・板屯屋・椎屯屋・厩などがあり、すべて檜皮葺か板葺、あるいは草葺であった。主要建物を少し詳しく見ていくと、

＜仏堂＞
　北側斜面を削平して敷地を拡張する。すでにあった5間×2間の仏堂を母屋とし、四周に1丈幅の廂を付け、桁行7間×梁間4間の建物に改造する。

＜経蔵兼鐘楼＞
　桁行5間×梁間2間の重層檜皮葺建物で、上層を鐘楼、下層を経蔵とする。以前からあった板葺板倉を改造したもの。

＜法堂＞
　長さ３丈、広さ２丈の板葺・板敷建物で、もと紫香楽宮近くの「山」にあった三丈板殿を法備国師が石山寺に施入したもの。
＜食堂＞
　長さ５丈、広さ２丈の板葺・板敷の掘立柱建物で、紫香楽の「大宮」辺にあった藤原豊成（704〜765、藤原仲麻呂の兄）所有の五丈板殿を良弁の指示により購入したもの。
　この他、板屋９宇は旧来の建物を修理したもの、三間僧房・大炊屋・温屋は良弁の命令で勢多庄内から移築したもの、さらに僧房３宇や写経所の写経堂・経師房・温屋などは新しく建てられた堂舎である。また、工事用の借板屋３宇のうち１宇は造石山寺所政所の東屋として再利用されたといわれている。
　このように、増改築工事により建立された建物には、当地に従来からあった既存の建物を再利用したもの、紫香楽宮などの他所から移築したもの、そして新たに建立したものの３種類があり、すべて檜皮葺・板葺・草葺のいずれかで、瓦葺建物は存在しない。再利用したものが多かったことが、短期間で工事が完了した大きな要因として考えられている。ここで注目されるのが当地に従来からあったという一群の建物である。
　史料の記載内容から見ると、工事が行なわれる以前から、少なくとも仏堂１宇・板葺板倉１宇・板屋９宇の建物があったことになり、当地に石山寺の前身となる寺院があったと推測されている。この前身寺院の創建時期については、いくつかの考え方が出されているが、不明な点が多い。

(2)　平安・鎌倉時代の石山寺
　石山寺は、保良宮の造営が中止されたのち、一時衰退したと考えられるが、平安時代・醍醐天皇の代に聖宝が座主となって以降、真言宗に転じ、真言密教の道場として、朝廷や貴族の厚い信仰を集めた。そして、延暦23年（804）、桓武天皇の勅命により涅槃会が始められるなど、官寺としての性格も強めていった。以後、延喜17年（917）宇多法皇、正暦３年（992）東三条院詮子（以後、しばしば石山寺に参詣）、寛弘元年（1004）藤原行成、同２年敦康親王・藤原道長など、貴紳の参詣・参籠が相次いだ。この朝廷や貴族の厚い信仰が、当地で紫式部が『源氏物語』の構想を練り、「須磨」「明石」の巻を執筆したという伝承を生み出したのだろう。彼らが参詣した本堂は承暦２年（1078）に火災にあって焼失するが、まもなく再建され、永長元年（1096）

に初めての供養が執り行われた。これが現在に伝わる本堂（国宝）である。

鎌倉時代に入ると、源頼朝の加護を受け、伽藍の整備が一段と進む。建久元年（1190）、頼朝の家臣中原親能は、山城国和束の賊を討伐に向かう時、石山寺に戦勝を祈願して、その加護により勝利を収めることができたことから、石山寺に勝南院を建立し、毘沙門天像を安置したという。また、彼の妻亀谷禅尼（頼朝の乳母）も石山寺に来住し、別院宝塔院を建立して、胎内に源頼朝の髪を納めた大日如来像を本尊にしたといわれている。中原氏夫妻の縁により、源頼朝も石山寺に帰依するようになり、伽藍整備に努めたといわれ、多宝塔や東大門などを寄進したと伝える。

(3) 室町時代以降の石山寺

源頼朝を始めとする源氏一門により伽藍が整備されたと伝える石山寺も、南北朝以後、度々兵火にかかり、焼かれたり壊されたりすることがあった。建武3年（1336）、後醍醐天皇軍と足利尊氏軍が瀬田橋を挟んで陣を敷いた時、石山寺の寺庫が軍兵の手で破られたり、元亀4年（1573）、織田信長軍と足利義昭軍の戦いの際にも、かなりの被害を受け、多くの堂舎が焼失したといわれている。

このように、幾度かの兵火により衰退した寺勢は、淀君や徳川家康らの援助で再興されることになる。慶長6年（1601）、徳川家康により寺領が安堵されると、翌年から伽藍の復興が本格的に始まり、豊臣秀頼の母淀君の寄進による礼堂の再興など、石山寺は徐々に盛時の姿を取り戻し、現在にいたっている。

2．石山寺の主要建造物

現在、石山寺境内には、本堂・多宝塔（いずれも国宝）をはじめ、東大門・鐘楼など多くの堂舎が伝えられている（図2）。

＜本堂＞

天平宝字5年の増改築工事の際に、従来の桁行5間×梁間2間の檜皮葺仏堂を改築して、桁行7間×梁間4間に拡張したといわれている。これ

図2　石山寺主要伽藍配置図

が現在ある本堂の前身建物で、背後の梁間4間分は、当時の規模・位置を踏襲している。平安時代には懸造りの礼堂が前面に付設されるが、承暦2年（1078）に焼失。時を経ずして再建され、永長元年（1096）に初めて供養が挙行、現在に至っている。礼堂は慶長7年（1602）、豊臣秀頼の

写真2　本堂（大津市教育委員会提供）

母淀君の寄進により再建されたもので、本堂との間に1間幅の「相の間」が設けられ、本堂旧正面の扉が1間前へ移されている。「相の間」東端部分が小さな区画に仕切られ、「源氏の間」と呼ばれている。

屋根は檜皮葺で、本堂と礼堂を寄棟造とし、礼堂正面に大きな千鳥破風を設け、その棟が本堂大棟とT字形に交わる。本堂大棟は、軒丸・軒平瓦を側面に葺いた甍棟形式を採用している[1]。明治31年に国宝指定（写真2）。

<付記>
平成14年、石山寺開基1250年を迎えるにあたり、秘仏の本尊丈六如意輪観音像が開扉されるのを記念して、夏に奈良国立博物館で特別展「観音のみてら　石山寺」（会期：8／9〜9／8）が開催された。同博物館では、この展覧会開催に先立ち、本堂厨子内に安置された本尊（秘仏）の調査を実施したところ、像の背面上部に設けられた蓋板の内部に木製厨子（蓋裏及び厨子裏に墨書銘を確認）が存在し、その中に銅製仏像4躯及び水晶製五輪塔1基が納められていた。発見された4躯の銅製仏像は、その後の詳細な調査で、如来立像1躯が飛鳥時代、観音菩薩立像2躯が白鳳時代と奈良時代、菩薩立像1躯が白鳳時代の製作であることが判明した。（『石山寺本尊如意輪観音像内納入品』奈良国立博物館　2002）

<多宝塔>

建久年間、源頼朝の寄進により建立されたと伝えられていたが（『石山要記』など）、昭和5年（1930）の解体修理時に、須弥壇上框裏面に「大法師□□□建甲寅十二月廿日供養」の墨書銘が発見されたことにより、建久5年（1194）の建立が明らかになった。慶長年間（1596〜1615）にもかなりの修理が加えられている。内部には須弥壇上に大日如来坐像（鎌倉時代初期、快慶作、重要

写真3　多宝塔
（大津市教育委員会提供）

文化財）を安置し、四天柱に各16体の尊像、長押・天井などに装飾紋様を極彩色で描く。明治32年に国宝指定（写真3）。

　建物の基礎部分は地盤を叩きしめた後、亀腹を造りその上に礎石を据えている。礎石はいずれも火を受けて赤変しており、中央に円座を作り出すものが大半を占める。形状などから奈良時代に遡る可能性を有しており、修理報告書では、多宝塔のために造られたものではなく、境内のいずれかにあった他の建物の廃棄された礎石を再利用したものと推定している。だが、亀腹部分の地表下10cm前後に焼土層が確認され、さらに多宝塔の旧本尊と伝えられる平安時代前期の大日如来坐像（重要文化財）が現存することなどから、同地に前身の塔があったのではないかとする説もある[2]。史料には多宝塔の前身にあたるような建物の記載はなく、現時点ではこの問題に判断を下せるような材料はない。

　なお、この解体修理工事の際、須弥壇の下から、銅賢瓶1口、銅輪宝8枚、銅四橛8本の鎮壇具が出土している（調査後、土中に再埋納）。

＜東大門＞
　一般に「山門」、「総門」と呼ばれている。正面3間×側面2間の八脚門で、本瓦葺入母屋造。正面中央の大扉を両開きとし、左右に柵を設けて木造金剛力士像を安置する。寺伝によれば、建久元年（1190）に建立されたといわれ、おそらく多宝塔などとともに建てられたものと考えられている。なお、慶長5年（1600）に修理が行なわれており、鬼瓦に同年のヘラ書きが残る。明治40年に重要文化財指定（写真4）。

＜鐘楼＞
　檜皮葺入母屋造で、上層は桁行3間×梁間2間、下層は袴腰部分に漆喰を塗る。

写真4　東大門（大津市教育委員会提供）　　写真5　鐘楼（大津市教育委員会提供）

全体に均整のとれた美しい建物で、鎌倉時代後期頃の建立といわれ、鐘楼としては県下最古の建物である。上層には平安時代前期の銅鐘が吊るされている。明治40年に重要文化財指定（写真5）。

この他にも、山内には三十八所権現（三十八社五明神社、滋賀県指定文化財、写真6）・蓮華堂・経蔵・開山堂（御影堂、滋賀県指定文化財）などの建造物があり、17世紀前半頃のものが多い。

写真6　三十八所権現（大津市教育委員会提供）

3．創建時期再考

先に見たように、天平宝字5年（761）から始まった石山寺増改築工事の状況を伝える史料には、仏堂をはじめとするいくつかの堂舎が工事以前から存在していたことが記載されている。それによると、少なくとも仏堂1宇、板葺板倉1宇、板屋9宇の建物があったことになる。この建物群がいつの時期に建立されたかは明らかになっていないが、ここで、文献史料や発掘調査結果、石山寺境内出土と伝える瓦類などの考古資料から、石山寺の創建時期について検討を加えていくことにする。

(1) 文献史料からの考察

石山寺創建の縁起を記した史料はいくつかあり、いずれも類似した内容を呈している。その中で最も古い『三宝絵詞』（仏教説話集、984年成立、源為憲著）には、聖武天皇が金峰山の蔵王権現の指示により、石山の地で如意輪観音を彫り祈らせたところ、陸奥国から東大寺大仏の鍍金用の黄金が出土したという記述が載る。

また、11世紀末頃に書かれたといわれている「伊勢大神宮禰宜延平日記」（『東大寺要録』巻1）にもよく似た内容の文章が載る。すなわち、聖武天皇が東大寺大仏の鍍金用黄金がなく困惑していた時、近江国栗太郡（実は滋賀郡の誤り）の湖岸に近い山腹の景勝地に、伽藍を建立し、如意輪法を修行すれば願いがかなうとのお告げがあり、直ちに同地に伽藍を建立し、如意輪観音・執金剛神像を安置したという。これが石山寺であり、聖武は良弁らを派遣し創建したとある。

この他にも、『石山寺縁起』『扶桑略記』などに石山寺の創建に関する記述があるが、その内容には共通性が認められ、いずれも良弁が関わっているとしている。
　これらの史料から見るかぎり、石山寺の創建は聖武朝の天平年間に遡り、石山寺の増改築工事に東大寺の良弁が重要な役割を果たしていたことから、創建にも深く関わっていたとして意識されていたようである。

(2) 発掘調査からの考察
　近年まで、石山寺境内地の発掘調査がまったく行なわれていなかったため、考古学からの石山寺研究は大きく立ち遅れていた。だが、昭和50年代に入り、ようやく境内地の発掘調査が手掛けられるようになり、同分野からの解明が徐々にではあるが進みつつある。これまでに昭和54年（1979）と平成2年（1990）の両年度に、いずれも伝世尊院跡と推定される地点の発掘調査が実施されている（図3）。

図3　発掘調査位置図
A．昭和54年度　　B．平成2年度

＜昭和54年度調査＞
　調査地は東大門を入り、参道を120m余り進んだ南側地点にあたり、世尊院跡と伝えられている場所である。世尊院は『石山寺伝記』などの史料から、承保2年（1075）には確実に存在していたことが明らかになっているが、当初の位置は明確ではなく、永和年間（1375～79）以降、現在地に移築されたという。だが、その建物も明治15年（1882）に焼失し、最近まで空地になっていた。
　発掘調査の結果、3時期の遺構面が確認されている。第1遺構面（最上層）は明治時代のもので、礎石建物跡と雨落ち溝跡がある。第2遺構面は江戸時代にあたり、規模は不明だが、一辺20～50cmの礎石を用いた建物跡が見つかっている。第3遺構面は室町時代末～江戸時代初頭頃と考えられており、一辺50cm前後の礎石を用いた5間×3間の東西棟建物跡がある。
　各層の建物はいずれも火災により焼失しており、第2遺構面の建物は第3遺構面の建物の焼失後あまり時を経ずして建て替えられたらしい。第3遺構

面を覆う焼土中に室町時代から江戸時代初頭頃の遺物が多量に含まれることから、織田信長の焼き討ちで焼失したものと考えられるなど、遺構の検出状況は史料の記述に極めて近い状況を示していた。なお、第2・3遺構面では、瓦類がまったく出土せず、建物は檜皮葺か板葺のいずれかと見られる。

加えて、第3遺構面より約50cm下で、平安時代の遺物包含層を確認し、同層を少し掘り下げたが、湧水を見たという。この調査では、平安時代の遺構は発見されなかったが、その手がかりが得られたと報告書[3]は結んでいる。

＜平成2年度調査＞

昭和54年度調査地点の西側に隣接する区画を対象に発掘調査を実施し、室町時代～明治時代の遺構を検出した。明治期の遺構は昭和54年度調査時に検出した建物の続きと見られるが、室町期の遺構では石組み溝跡が新たに確認された。

写真7　石山寺境内出土の白鳳時代平瓦片
（大津市教育委員会蔵）

室町期の遺構は、平安時代後半頃の遺物を大量に含む整地層上に立地しており、同層中から平安期の瓦類とともに、白鳳期の瓦片が数点出土した（写真7）。いずれも凸面に格子目叩きをもつ平瓦片で、発掘調査により初めて出土した白鳳期の遺物として注目されている。[4]

＜付記＞
　平成14年に実施した本堂厨子内右脇侍（金剛蔵王像）修理に伴う同部分の発掘調査で、土師器・銅線・鉄線・銅銭・銅製御正体（六臂如意輪観音）などとともに、大量の塑像片が出土し、その中に天平時代の塑像片（本尊観音菩薩像及び脇侍）がかなり含まれていた。だが、調査面積が極端に狭かったため、残念ながら、寺の創建に関わるような遺構・遺物の発見はなかった。（ミニ企画展『石山寺の新発見資料』展示解説シート　大津市歴史博物館　2002）

(3)　伝石山寺出土の瓦類

　平成2年度の調査で白鳳期の瓦片が出土したことは先に紹介したが、石山寺では、この他に江戸時代、境内地から出土したという白鳳期の瓦類が伝存している。各々の瓦は、冊子『古瓦譜』（和綴本）に、その拓本を載せ、あわせて瓦の種類・出土遺跡名・寄贈人名などを記載しており、その約半数がいまも石山寺に伝存している（写真8）。この瓦類の出土地は、現在の遺跡及びその出土瓦と照らし合わせても間違いがほとんどなく、その正確さを高く評価する研究者は多い[5]。

『古瓦譜』は、石山寺の長老であった尊賢僧正（1747〜1829、号・知足庵）が、寛政9年（1797）から同11年にかけて収集した古瓦をまとめたもので、園城寺・江州国分寺・志賀寺・延暦寺・志賀旧都・駒坂寺など27遺跡、あわせて59点の古瓦が載る。その中に石山寺出土と伝える古瓦8点

写真8　『古瓦譜』と伝境内出土瓦（石山寺蔵）

（軒丸瓦6点、軒平瓦1点、平瓦1点）が含まれており、寛政10年8月に石山寺境内の廃址（位置は特定できず）を掘削した際に出土したと解釈できる記述がある。出土地点は特定できないが、史料のもつ正確さから、石山寺境内の一角から出土した可能性はひじょうに高いと考えている。
　軒丸瓦はいずれも単弁蓮華紋系に属し、3種類に分類できる。(1)は、1＋4の蓮子を配する小型の中房、先端部がやや角張り中央に稜を有し基部に子葉をもつ八葉の弁、ツルハシ状の間弁、幅が狭く低い外縁からなり、薄手の造り（写真8）。(2)は、(1)より弁幅が広く、弁数も六葉となり、子葉もなくなる。(3)は、蓮華紋を凸線で表現した特殊な単弁六葉蓮華紋軒丸瓦で、中房は二重の圏線で表され、外縁は平坦縁をなす。いずれも白鳳時代の瓦で、同笵のものが南滋賀町廃寺（大津市南志賀一丁目ほか）から出土している。だが、この瓦は、同廃寺の瓦を焼成した樫木原遺跡で生産された瓦ではないことが発掘調査で確認されており[6]、生産瓦窯が特定されていない謎の多い瓦といえる。この他にも、四重弧紋軒平瓦と格子目叩きをもつ平瓦が1点ずつ出土しており、白鳳時代に起源をもつ建物が同地にあったとする説が出されている。
　そして、先に紹介した平成2年度の発掘調査により、平安時代の整地層中から、少量ではあるが、白鳳時代の格子目叩きをもつ平瓦片が5点出土したことで、『古瓦譜』掲載の石山寺出土瓦の信憑性がより高まったと考えられ、石山寺の創建時期を検討する際の重要な資料だといってよい。

＜付記＞
　大津市教育委員会が、市文化財指定に伴う事前調査（平成13年）として、『古瓦譜』の詳細な検討を行なったところ、石山寺出土と伝える瓦を中心に、綴じ目から数センチのところで本紙を切り取って、後から現在の拓本を貼り付けるという加工がなされており、切り取ったままの状態で残されているところ（最後から数えて7紙目から3紙目まで）も存在することが明らかになった。さらに、『古瓦譜』に記された文字には複数人の筆跡が認められ、これが同時期に書かれたのか、後に加筆されたものか、など今後検討しなければ

ならない課題がいくつか指摘され、石山寺出土瓦を同寺境内地から出土したとするのに慎重な態度をとる考え方も出されている。(特別展『観音のみてら　石山寺』図録　奈良国立博物館　2002) なお、『古瓦譜』と、それに掲載されていた瓦で現存する瓦類が平成14年3月に大津市指定文化財となった。

4．石山寺白鳳時代創建説

　先に紹介したように、天平宝字5年から始まった石山寺増改築工事を伝える『正倉院文書』には、工事前、当地に小規模な寺院と見られる建物群が存在していたことを示す記録がある。発掘調査により当時の遺構を確認したわけではないので、断定はできないが、信頼のおける史料であることから、前身寺院が存在していたことはほぼ間違いないとみてよいだろう。では、この建物群は一体いつ頃建立されたものだろうか。

　『正倉院文書』の他に、石山寺の創建を記載した史料は『三宝絵詞』を始め、いくつかあるが、いずれも創建を聖武天皇と良弁に関連づけて記述していることから、10世紀後半頃、一般的に、石山寺は、聖武天皇・良弁の建立になる寺院として認識されていたようである。この一連の縁起の内容はともかくとして、石山寺増改築工事に東大寺及び良弁が深く関わっていたことから、このような創建縁起が生まれたのだろう。

　このように、『正倉院文書』をはじめとする史料を見る限り、石山寺の創建時期は天平年間（729〜49）頃まで遡る可能性はあるが、それ以前については、まったく手掛かりがなく、境内地の本格的な発掘調査をまたなければならないというのが最近までの状況であった。

　そして、ようやく昭和50年代に入り、石山寺境内地の発掘調査が実施されるようになり、これまでに2度（昭和54年・平成2年）の調査が行なわれている。だが、いずれの調査も本堂や多宝塔など、主要伽藍が立地する区画ではなく、東大門を入った参道部分、すなわち伽藍山南麓を東西に走る谷筋に建つ子院が対象であったため、創建時期を明らかにするような遺構は検出できなかったが、出土遺物の中に創建時期を考えるうえで興味ある遺物が含まれていた。

　平成2年度の発掘調査時、平安時代の整地層から、いずれも小破片であったが、伝石山寺出土の瓦類に含まれるものと同一の格子目叩きをもつ平瓦片が5点出土した。確実に白鳳時代に遡る遺物である。これにより、出土地が疑問視されていた『古瓦譜』掲載の石山寺出土瓦は、同境内地から出土した可能性が高くなり、同寺の創建時期を考えるうえで注目すべき遺物となってきた。

ところが、石山寺増改築工事以前に存在していたという前身寺院は、史料で見る限り、いずれも檜皮葺か板葺で、瓦葺の建物はない。だが、発掘調査により出土した平瓦片や伝石山寺境内出土瓦類は、同寺に白鳳時代、瓦を使用した建物が存在していたことを間接的ではあるが示唆しており、前身寺院と白鳳時代の瓦類との間に何らかの繋がりがあると見るのが妥当だと考えている。では、どのような建物が想定されるのだろうか。

仮に、石山寺前身寺院に、大津宮関連寺院としてよく知られた穴太廃寺・南滋賀町廃寺などに見られる瓦葺の建物が存在していたとすれば、当然境内地から多量の瓦類が出土し、早くから白鳳時代の寺院の存在が明らかになっていただろう。しかし、石山寺境内地からは白鳳時代の瓦類は出土するが、その量はひじょうに少ない。だが、平成2年度の調査や鐘楼付近の工事では、調査面積が狭いにもかかわらず、平安時代後半から鎌倉時代前半の瓦類は出土している。したがって、同寺に白鳳時代の瓦葺建物が存在していたとすれば、境内地でしばしば行なわれている建造物の修理や防災工事などで、同時代の瓦類が発見されていただろう。それが、まったく見つかっていないということは、本格的な発掘調査が行なわれていない現状で判断するのは危険かもしれないが、やはり白鳳時代の瓦類が少ない、すなわち使用された瓦類が少ないといわざるをえない。これら種々の事例から見て、白鳳時代の建物は、屋根全体に瓦が葺かれていたのではなく、その一部にごく少量の瓦が使用されていたと考えてみたい。

時代はやや下るが、平安京右京一条三坊九町（京都市北区大将軍坂田町）の調査（昭和54年・55年）で、800年を中心とする前後10～20年という極めて短期間しか存在していなかった建物群が発見された。建物群は、正殿とそれをコ字形に取り囲む5棟の掘立柱建物を中心に構成され、いっしょに付属建物や井戸、区画のための溝などが検出されている。報告書では、遺構に伴う瓦の出土状況から、中心建物群は総瓦葺を想定しているが、出土瓦の数量的分析から、瓦は中心的建物の棟部分のみに葺かれていたとする説がある[7]。

平安時代の『伴大納言絵詞』（12世紀後半頃の成立）や『年中行事絵巻』（平安後期の成立）などの絵画史料にも、大棟に軒丸瓦・軒平瓦を葺いた甍棟と呼ばれる屋根が描かれており、これが制作された平安時代後半の時期には確実に存在していた屋根の葺き方である。また、石山寺の現在の本堂も、先に見たように、屋根部分は檜皮葺だが、大棟のみに瓦を使用した甍棟形式が採用されている。

現時点で、この葺き方が白鳳時代に存在したとする根拠は何もないが、石

山寺で白鳳時代の瓦類は出土するけれども、その量が極めて少ないこと、史料から石山寺前身寺院の建物は檜皮葺・板葺が主流を占めることなどから、大棟に瓦を葺いた建物（おそらく中心建物か）が白鳳時代に存在した可能性を考えてみたい。石山寺白鳳時代創建説は決して荒唐無稽なものではなく、その可能性は小さくないといえる。

おわりに－まとめにかえて－

　平成2年度に実施した石山寺世尊院跡の発掘調査により、平安時代後半頃の整地層中から、思いもかけない白鳳時代の平瓦片が発見された。このことは、伝石山寺出土瓦の資料的価値を検討する一つの判断材料になるだけでなく、石山寺の創建時期を解明する貴重な資料を提供したといえる。

　すなわち、平成2年度出土の白鳳時代の平瓦片は、江戸時代に石山寺境内地で出土したと伝える白鳳時代の瓦類の信憑性を判断する材料の一つになることは間違いなく、加えて石山寺白鳳時代創建説を可能なものにした。しかも、石山寺出土瓦と同じ単弁六葉・八葉蓮華紋軒丸瓦が、大津宮と深い関わりをもつ南滋賀町廃寺（大津市南志賀一丁目ほか）からも出土しており、両寺院間に強い繋がりが存在していたことも想定できるようになってきた。また、この系統の瓦は南滋賀町廃寺の瓦を焼成した樫木原遺跡で生産されたものではないことから、他の場所で焼成され、両寺院に運ばれたと考えられる。

　この石山寺と南滋賀町廃寺との繋がりは、創建時期の石山寺の性格を考える上で注目すべきことであり、石山寺が大津宮と何らかの関わりをもった施設であったことを予測させる。すなわち、石山寺は東海道の交通の要衝である瀬田橋の西詰に近く、琵琶湖南湖から瀬田川にかけて一望のもとに見渡せる伽藍山（標高236.1m）の中腹から麓にかけて立地しており、大津宮の防御をかねて

図4　石山寺と大津宮関連遺跡
　　　A．石山寺　　B．瀬田橋
1．近江大津宮錦織遺跡　3．樫木原遺跡　5．穴太廃寺
2．南滋賀町廃寺　　　　4．崇福寺跡　　6．園城寺遺跡

交通の要衝に配置されたという南滋賀町廃寺・崇福寺跡・穴太廃寺・園城寺前身寺院と同様の性格を備えた寺院であった可能性も指摘できる。これからは、石山寺を、東大寺などがある奈良地域との関わりだけで考えていくのではなく、創建時期の問題に関連して大津宮や同時期の寺院との繋がりでとらえていくことも必要だろう。今後の発掘調査に大きな期待がかかるところである。

最後になりましたが、小論をまとめるにあたり、石山寺、西田弘氏、林博通氏、大津市教育委員会から資料提供をいただき、心から感謝の意を表する次第であります。

<注>

1 『国宝石山寺本堂修理工事報告書』（滋賀県教育委員会　1961）
2 西崎辰之助「石山寺に遺存する古代の礎石に就いて」（『滋賀県名勝調査報告』第1冊　滋賀県　1937）
3 滋賀県教育委員会発掘調査担当者の報告による。
4 大津市教育委員会文化財保護課のご教示による。
5 林博通「石山寺に蔵する『古瓦譜』およびその古瓦について」（『考古学雑誌』第67巻第4号　日本考古学会　1982）
6 林博通「南滋賀廃寺」（『近江の古代寺院』　近江の古代寺院刊行会　1989）
7 上原真人「平安貴族は瓦葺邸宅に住んでいなかった－平安京右京一条三坊九町出土瓦をめぐって－」（第63回公開講演会資料　1988）

(2)-3.

南滋賀町廃寺私論
— 宮域内施設の可能性について —

1. はじめに

　大津北郊、南滋賀の地に所在する南滋賀町廃寺は、昭和3年（1928）・13年の発掘調査で白鳳期の寺院跡が明らかになり、昭和32年（1957）に国史跡となった。本遺跡は、大津宮所在論争、崇福寺・梵釈寺論争の際には必ず引用される重要な遺跡として早くから注目されていた。だが、大津宮と見られる遺構群が錦織地区で発見され、崇福寺跡南尾根の建物群を梵釈寺に当てる説が有力となってきた現在、本遺跡を取りまく状況も大きく変わってきたといえる。小論では、今までの研究史や新しい発掘調査資料などを通して、この南滋賀町廃寺という遺跡をもう一度見直していくことにする。

2. 南滋賀町廃寺論争史

　南滋賀町廃寺に関する論争は大きく2つに分かれる。一つは、崇福寺・梵釈寺論争における南滋賀町廃寺の位置付け、もう一つは、大津宮所在論争の中での同廃寺の取り扱いである。前者は、現在、崇福寺跡南尾根建物群の梵釈寺説が有力になっており、ここでは後者の現状について見ていくことにする（図1）。
　大津宮の位置や構造・性格を考える過程で、最初に南滋賀町廃寺に注目したのは牧信之助であろう。氏は、滋賀里山中と南

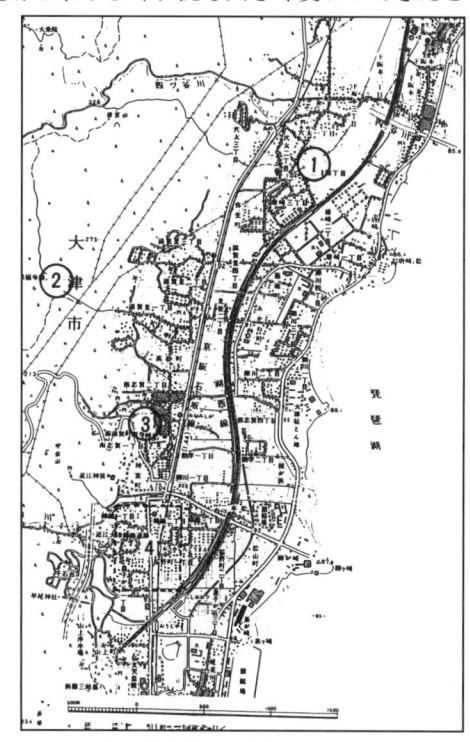

図1　大津宮および関連遺跡位置図
（『滋賀県文化財教室シリーズ』No.75より転載）
1. 穴太廃寺　　2. 崇福寺跡
3. 南滋賀町廃寺　4. 大津宮跡

滋賀集落内にある寺院跡をそれぞれ崇福寺、梵釈寺と考え、南滋賀町廃寺の遺構の中で奈良期以前のものを、『日本書紀』に載る「内裏仏殿」に当たる可能性があるとし、大津宮を南滋賀の地に求めた[1]。

この考え方は、その後も何人かの研究者に受け継がれていく。まず、昭和3年、崇福寺跡・南滋賀町廃寺の発掘調査を行なった肥後和男が、大津宮の位置を南滋賀に求めた[3]。氏は、両寺院の発掘調査から南滋賀町廃寺を梵釈寺に比定したが、この考え方をさらに進め、梵釈寺のあった位置はすなわち大津宮の位置であるとし、南滋賀の地に大津宮を想定した[2]。次に、昭和13年、南滋賀町廃寺を再度発掘調査した柴田実は、肥後説を一歩進め、同廃寺から出土する2系統の瓦－単弁系・複弁系瓦（図2）に注目した。氏は、単弁系瓦の出土状況に着目し、同系瓦を用いた建物がまず建立され、これが短期間で廃絶、時を経ずして複弁系瓦を葺いた建物が再建されたとした。そして、先の建物を大津宮に存在したという「内裏仏殿」にあて、宮の廃絶後、寺院が建立されたとする説を提唱した[3]。

この説は、初めて南滋賀町廃寺の性格に言及したものとして注目され、基

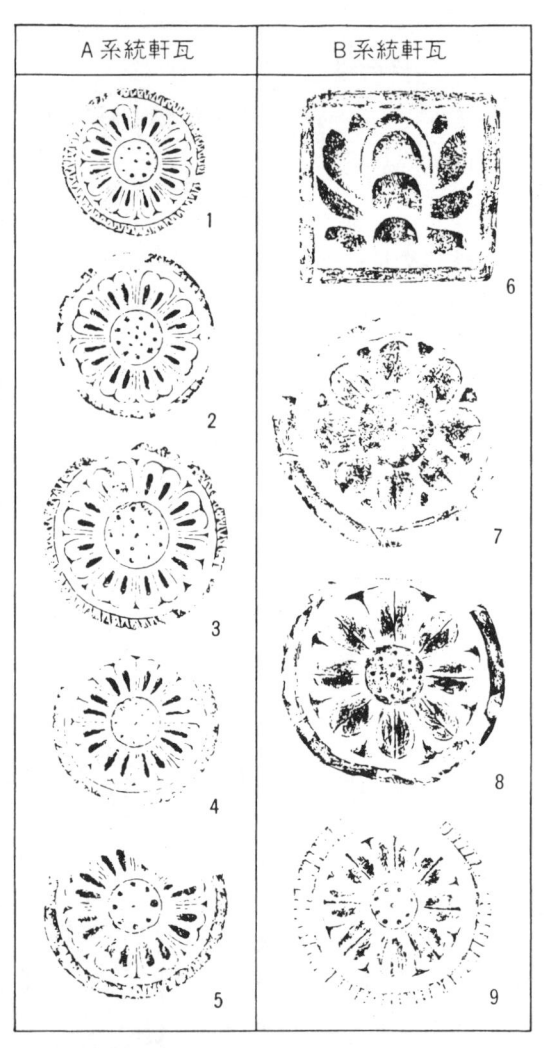

図2　大津北郊における2系統の瓦
（『滋賀県文化財教室シリーズ』No.78より転載）
南滋賀町廃寺（2・6・7・8）、橿木原瓦窯（1・3）
穴太廃寺（4・5・9）

本的な考え方は現在まで受け継がれている。その一人、安井良三は、『榿木原遺跡発掘調査報告』Ⅰで、複弁八葉蓮華紋軒丸瓦の中房径と瓦当部径との分割比に触れ、川原寺式のそれが1対2.5の基本形を持つのに対し、榿木原遺跡出土例には1対3が多く、さらに1対3.5も若干含まれることを指摘した。そして、川原寺式よりも1対3が一時期古く、1対3.5はより古式と位置付け、1対2.5のものを天武朝初期に、1対3のものは大津宮時代と推定している（図3）。氏は、さらに単弁系と複弁系瓦に言及し、前者を大津宮の宮殿関係に用いられたもの、後者を仏殿関係に使用されたものではないかと推測した[4]。現在、大津宮は錦織地区の大規模な掘立柱建物群をあてているが、南滋賀にも大津宮を構成する建物の一群が存在したとしても不思議ではなく、たいへん興味ある考え方だと思う。

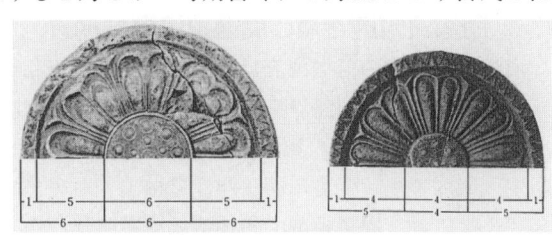

図3　安井良三氏による軒丸瓦文様構成分割比の例
（数値は比率を示す）［注4による］

　次に、大津宮跡発掘調査を長年指導する林博通も、南滋賀町廃寺の性格について、大津宮との位置関係から言及している。氏は、大津宮を取り囲むように立地する穴太廃寺・崇福寺跡・南滋賀町廃寺・園城寺前身寺院の4カ寺について、その立地場所が古代交通路の要衝にあることから、いずれも大津宮を防御するための城塞的な性格をもった寺院ではないかと推論している[5]。また、古代の文献史学の立場から、大橋信弥は旧滋賀郡に所在する白鳳期の創建になる逸名の寺院－穴太廃寺・園城寺前身寺院・南滋賀町廃寺について寺名考証を展開している。本論に関係する南滋賀町廃寺については、『続日本紀』天平神護2年（766）9月己未条に見える「近江国錦部寺」に注目し、前後の記述が藤原仲麻呂に関連する内容であることから、この乱に深く関わった旧滋賀郡の地に同寺の所在を求めた。そして、同郡内でも寺院と同名の錦部郷にそれは立地すると考え、同郷にある寺院の中で南滋賀町廃寺が最も可能性が強いとし、錦部氏の氏寺と結論している。さらに、同寺は天智天皇追福の気運の高まりとともに、官寺的性格を備えるようになり、平安時代中期前後には「国興寺」、室町時代初めには「正興寺」の名で呼ばれていたと推測した[6]。

　このように南滋賀町廃寺に関する研究は、考古学のみならず、文献史学や

地理学などの立場からも考察が試みられており、いずれも大津宮との関連で同廃寺の性格をとらえようとしている。だが、その方法論で、南滋賀町廃寺を大津宮の一部とする考え方と、同時期に存在した寺院としてとらえる考え方の2つに大きく分かれるようである。

3. 南滋賀町廃寺及び関連遺跡発掘調査

　南滋賀町廃寺の発掘調査は、昭和3年の肥後和男の調査に始まる。昭和13年、柴田実が再度同廃寺を発掘調査した後、しばらくの間、発掘調査は行なわれなかった。だが、昭和32年（1957）、同廃寺が国史跡に指定されると、指定区域内の現状変更申請に伴う発掘調査が実施されるようになり、昭和40年代後半には、周辺地域で宅地造成や道路建設などの開発が活発化し、これに伴う事前の発掘調査も急増している。

(1) 南滋賀町廃寺
＜昭和3年度調査＞
　大津宮の位置を解明する目的で、滋賀里山中と南滋賀に所在する寺院跡の発掘調査が行なわれ、南滋賀に所在する寺院跡では、東塔・西塔・金堂・講堂・食堂・回廊などの一部が確認された。
　「東塔」は、一辺約40尺の正方形の瓦積基壇を検出したが、礎石は残っていなかった。東塔の西側にも東西約42尺×南北約37尺の瓦積基壇があり、一辺の長さが異なっていたが、一応塔跡（「西塔」）とし、東西に塔を配する伽藍を想定した。東・西塔の北側には、東西75尺×南北60尺の瓦積基壇をもつ金堂跡がある。基壇は二重構造の特殊なもので、基底部に割石を据え、その上に瓦を積み上げ、さらに同様な瓦積みを奥に少し控えて築いている。金堂の北側にも、「講堂」と「食堂」と見られる建物基壇とそれに伴う礎石群が確認され、「講堂」は割石が四周に並ぶ単純な基壇をもつ梁間4間×桁行7間の建物を想定している。「食堂」は梁間4間の建物を考えているが、桁行の規模は明らかにされなかった。この他にも、食堂の東側で「回廊」の一部と見られる南北の礎石列を検出している[7]。

＜昭和13年度調査＞
　先の調査で大津宮の位置を明らかにできなかったため、天智天皇を祀る近江神宮の建設気運が高まりつつあった昭和13年、再度大津宮究明のための調査に着手することになった。
　本調査を担当した柴田実は、大津宮究明には崇福寺跡・南滋賀町廃寺の性

格を明確にする必要があるとし、再度両寺院跡の発掘調査を実施した。この調査により、南滋賀町廃寺では、「東回廊」と対称の位置に「西回廊」が存在すること、「西塔」基壇が東西44尺×南北40尺であること、「講堂」は梁間4間×桁行9間となること、「食堂」も梁間4間×桁行9間の建物が想定されることなどが新たに確認されたが、中門や南門の位置は未確認に終わった。さらに、同廃寺を特徴づける単弁系瓦について、複弁系瓦より下層から出土すること、金堂や塔の瓦積基壇に使用されていること、金堂・講堂・塔など主要建物付近からまったく出土せず、東回廊の東側一帯から集中して出土する事実などが明らかにされた。

この結果、同寺院跡は白鳳期に創建され、少なくとも平安時代末頃まで存続しており、2系統の瓦（単弁系・複弁系）については、前段で述べた説を提唱している。また、梵釈寺との関連性については、白鳳期創建の寺院を受け継いで延暦5年（786）に新たに伽藍が整備され、梵釈寺としたのではないかと結論づけている[8]。

この後、しばらくの間、同廃寺の発掘調査は行なわれなかったが、昭和32年、国史跡の指定後、指定区域内の現状変更申請に伴う事前調査が実施されるようになり、戦前の調査結果を書き換える新しい事実が明らかになっている。例えば、講堂の北側に想定されていた食堂は、東・西回廊に取り付く形で東・西・北に配された「僧房」であったことが判明し、指定区域の東南隅では、南門から東に延びる築地塀か回廊の可能性を持つ柱列跡が発見されている。さらに、「西塔」については、基壇規模が東塔とは異なり、正方形を呈していないことを重視して、この建物遺構を塔とはせず「小金堂」（あるいは「西金堂」）とする考え方を取るようになった。だが、今も「西塔」と

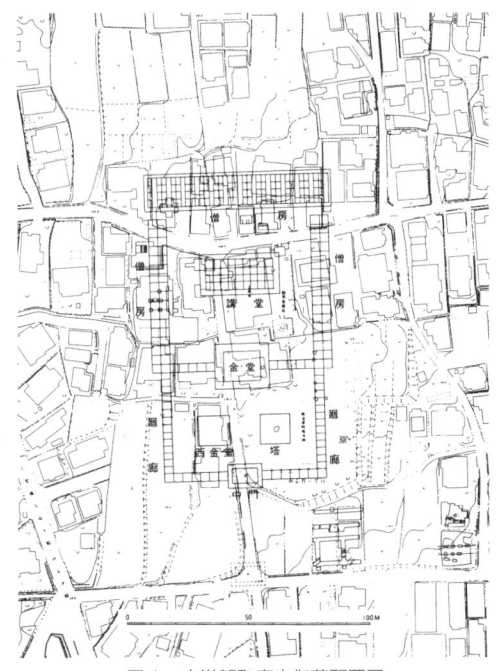

図4　南滋賀町廃寺伽藍配置図

する説を取る研究者もあり、確定はしていない。
　この一連の調査により、同廃寺は白鳳期に創建され、平安時代末頃まで存続した寺院で、前面の東に塔、西に小金堂、その北側に金堂・講堂が南北に並び、講堂を取り囲んで東・西・北の三面に僧房を配し、中門（未確認）から延びる回廊が北折して東・西僧房に取り付くという、いわゆる川原寺式の伽藍配置（先に見たように「小金堂」を「西塔」として薬師寺式の伽藍配置をとる説もある）が有力になった[9]（図4）。

＜付記＞
　塔西側に位置するほぼ同規模の基壇については、東西辺が南北辺よりやや長いことから、小金堂とする説が一般的だが、基壇規模から見て、3間四方の方形を超える建物を想定することには無理があり、西塔跡とする考え方もある。（『図説大津の歴史』上巻　大津市1999）

(2) 周辺地域の発掘調査
＜橙木原遺跡＞
　南滋賀町廃寺から西へ約170mの地点に位置する瓦生産遺跡で、一般国道161号西大津バイパス建設に伴う発掘調査（昭和49年～54年）により、工房と付属の窯群、廃寺の西を限ると見られる築地塀などが検出された（図5）。
　窯群は、大津宮時代の登窯5基、奈良～平安時代の平窯5基、計10基からなり、前者は3支群（A・B・C支群）に分かれる。A支群では、同廃寺出土の複弁系の各種瓦、単弁系の方形軒先瓦（「サソリ紋瓦」）などがほぼ同時期に焼かれていた。複弁系瓦はA支群だけでなく、B・C支群でも焼かれていたが、単弁系の方形軒先瓦はA支群のみで焼かれていたらしい。しかも、A支群はB・C支群よりやや先行して操業していた可能性が指摘されている[10]。

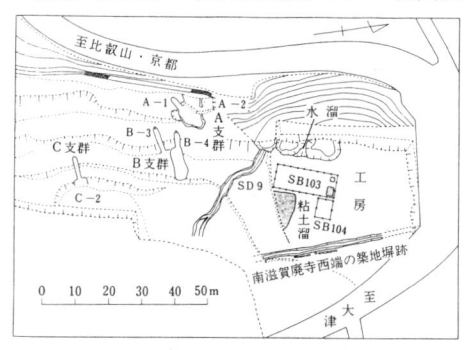

図5　橙木原遺跡の白鳳期遺構分布図
（『大津京』－考古学ライブラリー27－より転載）

　ところが、平成3年に、橙木原遺跡に隣接する地点（同遺跡東南側）で、宅地開発に伴う発掘調査（大津市教育委員会）が行なわれ、平安時代の平窯1基、橙木原遺跡の築地塀跡に続くと見られる石列が新たに検出された。特に、後者の石列の時期は平安時代後期以降と見られ、先の橙木原遺跡の発掘

調査とは異なる結果が得られたのである。さらに、平窯は石列の東側から発見され、石列が廃寺の築地塀とすれば、寺域内に築かれていたことになり、廃寺と橙木原遺跡の関係を考えていく上で注目すべき調査となった[11]。

＜大津宮＞

昭和49年（1974）暮れに錦織地区のいつかくから、大津宮のものと見られる大規模な掘立柱建物跡が見つかって以来、同地区で内裏正殿・内裏南門・回廊・朝堂院西第一堂・倉庫・柵あるいは塀と推測される建物や柱列が東西300m×南北400m程の範囲から検出されている。最近では、推定内裏南門の東西両側に前期難波宮に見られるような方形区画の存在も明らかになり、一部で異論はあるけれども、大津宮の中枢を錦織地区に置く考え方が定着しつつある[12]（図6）。だが、いまだに宮域を限る施設が確認されていない、など解決しなければならない課題は多い。

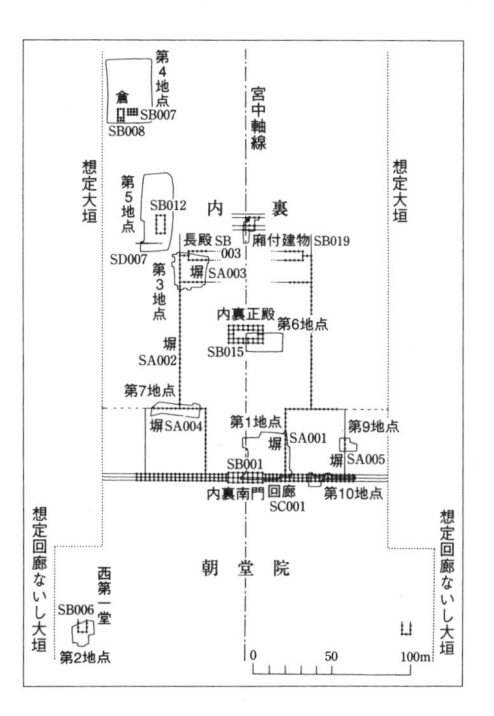

図6 大津宮中枢部建物配置復原図
（『滋賀県の歴史』より転載）

4．南滋賀町廃寺のもつ特殊性

先に見た南滋賀町廃寺及び周辺地域の発掘調査を通じて、同廃寺の姿が徐々に捉えられてくるようになると、大津宮周辺に所在する同時期の他の寺院跡にはない、同廃寺の持つ特殊性が指摘できるようになってきた。この点について、立地・建物配置・出土瓦から、その特殊性について触れてみたい。

＜立地＞

南滋賀町廃寺は京阪電鉄石坂線南滋賀駅の西方、南滋賀の集落内にあり、標高115m前後を測る。すぐ南に見える近江神宮を過ぎれば、そこは大津宮が発見された錦織の集落である。

先に述べたように、林博通は、南滋賀町廃寺を初めとする4カ寺を大津宮

の防御的な性格を有した寺院だとする説を提唱している(図7)。確かに、「穴太廃寺」「崇福寺跡」「園城寺前身寺院」は、それぞれ「西近江路」、「山中越(志賀の山越、今路越ともいう)」「小関越」を押さえる位置にあり、大津宮の北・西・南を守る性格を持っていたとも考えられるが、南滋賀町廃寺は少し様相が異なる。すなわち、同廃寺は崇福寺跡の少し手前(西方)で山中越から分かれて南滋賀の集落へ入る道沿いにあり、崇福寺跡とは直線距離にして1.2km余りしか離れておらず、山中越の防御という点だけをとれば、崇福寺で充分にその役割を果たすことが可能だろう。加えて、同廃寺は大津宮の一部といってよいほど近接した場所にあり、大津宮とほぼ同時期に存在したとする考え方が定着していることから、大津宮防衛というにはいささか近すぎるきらいがある。

従って、その位置や創建時期、大津宮との併存という事実からすれば、大津宮の防御的性格を持った寺院と見るよりも、他の3カ寺とは異なり、大津宮と最も密接な関係にある特別な性格を有した寺院と考える方が自然のように思う。

＜建物配置＞

南滋賀町廃寺の伽藍配置は川原寺式をとることが発掘調査で有力となったが、その中軸線が大津宮のそれとほぼ一致することも早くから指摘されていた。だが、同廃寺

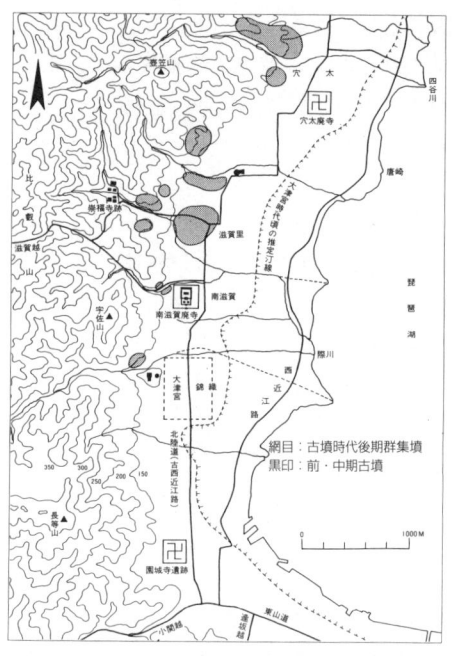

図7　大津宮関連遺跡配置図
(『滋賀県文化財教室シリーズ』No.78より転載)

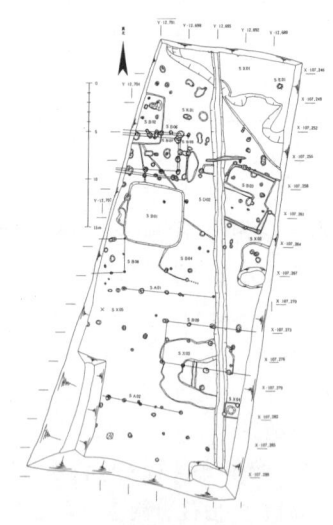

図8　南滋賀遺跡57-1地点
下層遺構平面図
(『南滋賀遺跡』より転載)

の性格を検討するにあたって、中軸線がほぼ一致するという事実はこれまであまり取り上げられることはなかった。

大津宮中枢建物群の方位はN－1°19′33″－W（Nは座標北を示す、以下同じ）を示しており、廃寺建物及び橙木原遺跡で確認された築地塀跡（約N－1°20′－W）、さらには京阪電鉄石坂線南滋賀駅東側の地点（南志賀三

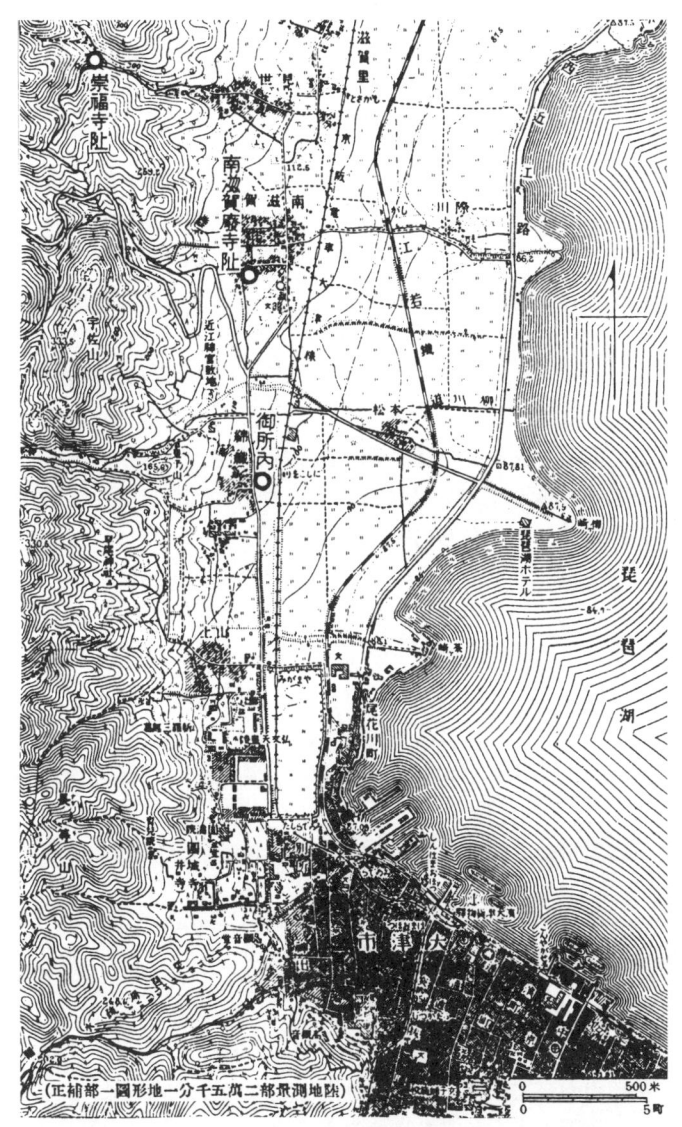

図9　大津北郊地形図（『滋賀県史蹟調査報告』第9冊より転載）

丁目）から検出された南北方向に延びる溝跡（SD02、幅1.0～1.2m、深さ25
～30cm、断面U字形、約N－1°20′－W、図8）が、この方位に一致している。大津宮推定内裏南門及び推定内裏正殿と見られる建物跡の中軸線が廃寺伽藍のそれにほぼ一致することもわかっており、大津宮と南滋賀町廃寺の建物配置が同一基準のもとに行なわれたことが明らかになってきている。

＜付記＞
　南滋賀町廃寺の伽藍中心部の建物方位については、史跡指定地内の現状変更に伴う発掘調査で、金堂跡及び講堂跡の方位を計測した結果、両者でN－2°－W前後の数値（N－0°30′～3°30′－W、いずれの調査地点も対象面積が狭いため、数値にバラツキがある）を得ている。

　大津宮の推定内裏南門跡から南滋賀町廃寺の推定南門跡まで直線距離にして800m余り、大津宮の建物群の北限と見られる柳川（旧柳川は近江神宮の参道部分にあたり、同神宮建設の際に付け替えられた）からだと、わずか500m余りという至近距離である（図9）。さらに、両地域の標高を見ると、大津宮跡付近で100m前後、南滋賀町廃寺付近で115m前後を測ることから、谷を隔てた、大津宮のすぐ北の高台にある南滋賀町廃寺の建物が宮から手に取るほどの近さに見えたことであろう。大津宮と南滋賀町廃寺が一体となっていたと見ても差し支えないほどの距離である。

　また、両遺跡が所在する地域には、条里地割とは異なる一辺130m前後の地割の存在が指摘できる[13]（図10）。この距離を一町とすれば、南滋賀町廃寺の中軸線(A)から東一町半の地点に、古代の西近江路に推定される南北方向の道(B)が走る。地図上でこの道を南の錦織地区まで延長すると、大津宮の宮殿建物群の立地可能な範囲にほぼ一致する。また、先に大津宮の建物遺構の方位とほぼ一致することを指摘した檜木原遺跡の築地塀跡は西一町（約124m）の地点にあたる(C)。次に、東西方向の地割については、南滋賀町廃寺の推定南門跡を通る道(1)を基準とすると、南四町に柳川沿いの道(2)、六町半の地点に大津宮の推定内裏南門跡が位置する。また、南八町に皇子が丘集落内の道(3)、北二町に際川の支流大川沿いの道(4)などがあたっている。

＜付記＞
　大川は平安時代末から鎌倉時代初頭頃まで、現在の大伴神社付近から北へ流れを変え、南滋賀集落の北側を東流していたことが確認されており、現在の大川は、時期の特定はできないが、人工的に掘削された流路だと考えられている。（『大伴遺跡発掘調査報告』　滋賀県教育委員会　1983）

　このように見てくると、大津宮の建物配置にどのような基準尺が使用されていたか不明だが、ますます大津宮と南滋賀町廃寺が同一基準に基づいて建設されたという考え方が強くなってくる。

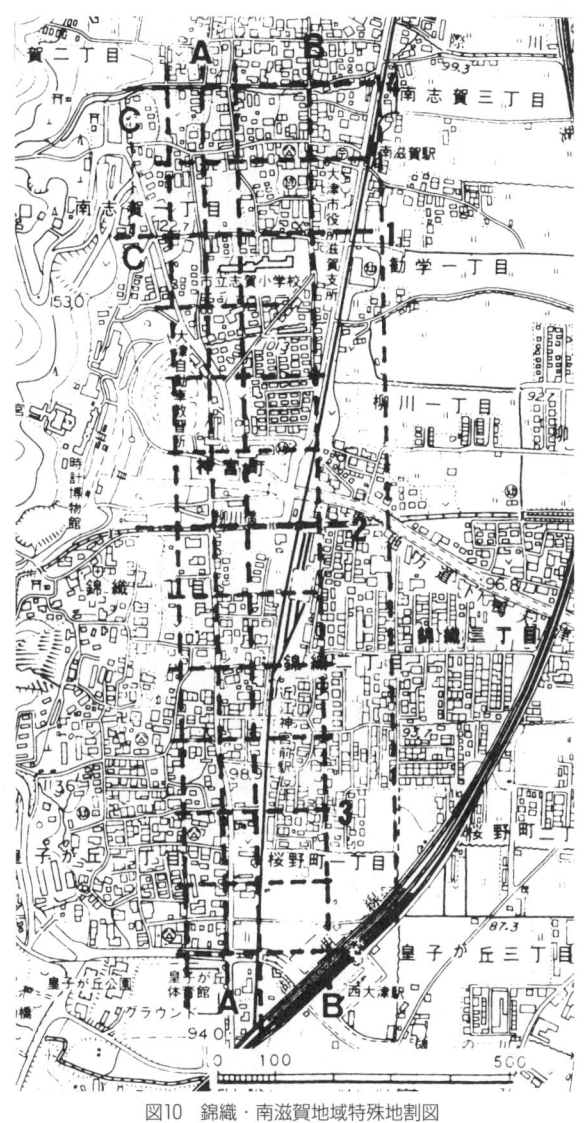

図10　錦織・南滋賀地域特殊地割図

<出土瓦>

　南滋賀町廃寺から出土する瓦を特徴づけている単弁系瓦には数種類存在するが、大きく分けて単弁八葉蓮華紋軒丸瓦と「サソリ紋」の名で呼ばれていた方形軒先瓦があり（写真1）、これらと方形丸瓦・方形平瓦、さらに無紋の方形軒平瓦がセットになる。現在、単弁系瓦は南滋賀町廃寺のほか、穴太

廃寺・園城寺前身寺院から出土しているが、方形軒先瓦は南滋賀町廃寺に限られている（園城寺境内から方形軒先瓦が出土したという報告があり、略測図が掲載されているが[14]、実物は現存しない）。

この単弁系瓦は、檜木原遺跡白鳳期瓦窯の3支群の中で、他の2支群よりやや先行するA支群でのみ焼かれていたこと、穴太瓦窯跡（穴太廃寺の北東隅付近に所在）で、単弁系と複弁系の瓦が同時に焼かれていたことが判明しているが[15]、その使用方法には2つの考え方があった。一つは、単弁系瓦が大津宮の内裏に所在する仏殿に葺かれていたとする説（柴田実）、もう一つは、単弁系瓦が大津宮の宮殿建物に、複弁系瓦が内裏仏殿に葺かれていたとする説（安井良三）であり、両氏とも自説を展開するにあたって、南滋賀の地に大津宮があったことを前提に置いている。

写真1　南滋賀町廃寺出土軒丸瓦・方形軒瓦（近江神宮蔵）

現在、大津宮の宮殿建物群が錦織地区で発見されたことにより、南滋賀の地に大津宮の中枢をなす建物群を求めることはできなくなったが、同地に宮関連の建物が立地する可能性は充分にあり、単弁・複弁両系統の瓦が同時に焼かれている事実などから、南滋賀町廃寺創建期の一時期（ごく短期間）、両系統の瓦を葺く宮に関連した建物群が営まれていたとする考え方が最も妥当なようである。

5．南滋賀町廃寺の性格－結びにかえて－

近年、大津宮の宮殿建物が次々と発見されている錦織地区は、南滋賀や滋賀里などの地域から見れば、土地の傾斜も緩やかで、かつ建物の立地可能な平坦地も広い。そうはいっても、建物遺構の立地可能範囲はせいぜい東西・南北とも400〜500m程度で、ここに宮のすべての建物を収容することは事実上不可能である。大津宮はひじょうに短命な都ではあったが、5年余り都としての機能を果たしていたことは事実であり、政務を行なうにあたって最低限の施設は備わっていたと見るべきであろう。従って、宮域の中枢をなす大極殿や朝堂院などに相当する建物、内裏、さらに政務を遂行する役所などは当然完成していたと考えてよい。だが、これらの施設を錦織地区にすべて取り込むには無理があり、周辺部に関連の建物を配した可能性は強い。それが

どのような建物であったか推測するしかないが、役所、役人の住居などは最も可能性があり、宮の中枢建物の一部も配置されていたかもしれない。なかでも、錦織地区に最も近接する南滋賀地区は、その可能性が最も強い地域といえる。

このような視点に立って、先人の研究者たちが注目したのが、『日本書紀』に登場する「内裏仏殿」と記された建物である。『書紀』の大津宮に関する記述には、「濱臺」「大蔵」「宮門」「漏剋」「西小殿」・・・など、宮に関わる建物がいくつか含まれており、その中に「内裏仏殿」「内裏西殿」と呼ばれる建物がある。「内裏仏殿」は、大海人皇子が天智天皇の後継者の要請を断り、吉野に去るに際し、出家を行なった場所としてよく知られている。「内裏西殿」も、その内部に"織の仏像"が祀られ、大海人皇子が去ったあと、大友皇子を中心に重臣たちが結束を誓い合った場所であったことからもわかるように、大津宮の中で、重要かつ特別な意味を持った建物として位置づけられていた。2つの建物がどのような規模・構造を持っていたか、『書紀』からは窺い知れないが、いずれも仏教的色彩が強いことから、瓦葺建物の可能性がある。仮に瓦葺きとすれば、大津宮及び近接地で、これにあたる可能性が最も強い遺跡としてあげられるのは南滋賀町廃寺だろう。

南滋賀町廃寺では、創建期における2系統の瓦の使用が発掘調査により明らかになっている。しかも、瓦の法量の違いから、同一建物に葺くことはかなり難しいと思われる。だが、近年に実施した穴太廃寺の発掘調査で、再建寺院の塔跡周辺から、方形平瓦が屋根に葺かれた状態のまま地上にずり落ちたような形で出土し、この中に通常の丸・平瓦も多く含まれていた事実が明らかになったことで、両系統瓦の使用方法については慎重に検討する必要が指摘されているのも確かである。しかし、法量が大きく異なる2系統の瓦を同一屋根に葺くことは技術的にかなり難しく、単弁系・複弁系瓦をそれぞれ使用した2種類の建物が共存していたと考える方が妥当のように思われる。そして、単弁系瓦を使った建物については、瓦の出土量がそれほど多くなく、屋根全体を葺くことは無理だとも考えられ、甍棟のように大棟など屋根の一部を瓦で飾った檜皮葺形式の建物なども検討する必要があるだろう。

仮に、この2種類の建物が存在したとすれば、檜木原遺跡・穴太瓦窯跡の発掘調査結果から、創建期の短い期間併存していた可能性が強い。現在、検出されている同廃寺の建物は寺院建築だが、建物の瓦積基壇には廃棄されたと見られる単弁系瓦が使用され、かつ同廃寺の主要建物付近では同系瓦が出土しないなどの事実から、寺院遺構以前に2系統の瓦を用いた建物が営まれ

ていたと見ることもできる。しかも、その建物は、錦織・南滋賀地区の特殊地割や両者間の距離から、大津宮の宮域内に組み込まれた施設だとする考え方が充分成り立つ。宮殿跡を寺院とする事例は、これまでに飛鳥地域などでいくつか報告されており、大津宮でもその可能性は否定できないだろう。内裏仏殿や内裏西殿を同廃寺前身建物にあてることも一つの考え方として検討すべきではないかと思う。内裏のいっかくにあった2系統の瓦を使った建物群が宮の廃絶後、複弁系のみを用いた寺院としてその姿を変え、平安時代末頃まで法燈を守っていた・・・・一つの考え方としてご批判を賜れば幸いである。

<注>
1 『滋賀縣史』第2巻（上代−中世）
2 肥後和男「大津京阯の研究」(『滋賀県史蹟調査報告』第2冊 1929)
3 柴田実「大津京阯＜上＞」(『滋賀県史蹟調査報告』第9冊 1940)
4 安井良三「橙木原瓦窯調査に関連する諸問題」(『橙木原遺跡発掘調査報告』Ⅰ 滋賀県教育委員会 1975)
5 林博通『さざなみの都・大津京』(サンブライト出版 1978)
6 大橋信弥「錦部寺・国興寺・浄福寺−近江古代逸名寺院覚書き−」(『紀要』№4 滋賀県埋蔵文化財センター 1990)
7 注2に同じ
8 注3に同じ
9 『滋賀県文化財調査年報−昭和51年度−』(滋賀県教育委員会 1978)
10 『橙木原遺跡発掘調査報告』Ⅰ・Ⅱ・Ⅲ (滋賀県教育委員会 1975・76・81)
11 大津市教育委員会文化財保護課のご教示による。
12 林博通『大津京』(考古学ライブラリー27 ニュー・サイエンス社 1984)
13 林博通「南滋賀廃寺」(『近江の古代寺院』 近江の古代寺院刊行会 1989) 松浦俊和「大津市北郊にみる特殊地割について−大津京との関連性−」(『近江地方史研究』№6 近江地方史研究会 1977)
14 石田茂作「三井寺発見の古瓦に就いて」(『園城寺の研究』 1931)
15 林博通「穴太廃寺」(『近江の古代寺院』 近江の古代寺院刊行会 1989)

(2)-4.
南滋賀町廃寺・崇福寺跡出土の軒丸瓦Ⅰ
― 南滋賀町廃寺出土の白鳳期複弁系軒丸瓦の形式分類試案 ―

1. はじめに

　天智6年（667）3月、中大兄皇子は突如、飛鳥の地を離れ、近江国大津の地に都を遷した。世にいう「大津宮遷都」である。あまりにも突然の出来事だったとみえて、当時の朝廷はもちろんのこと、民衆の間にも大きな不安が広がっていたようで、『日本書紀』は、その時の様子を、「天下百姓不願遷都。諷諫者多。童謠亦衆。日々夜々失火處多。」（天智6年3月辛酉朔日卯条）と伝えている。中大兄は、このような朝廷や民衆の不安を無視するかのように遷都を強行した。その理由として、当時の朝鮮半島をめぐる国際情勢の緊張化が指摘されているが、それに加えて、彼が目指した天皇を中心とする強力な中央集権国家の建設が思うように進まないいらだちがあったように思えてならない。あえて遷都を強行することにより、人心を一新し、停滞していた改革を進めようとしたのではないだろうか。今となっては、その理由を明らかにすることはできないが、とにもかくにも彼は近江国大津の地に都を遷し、翌年1月、長かった皇太子称制に終止符をうち、即位して天皇位についた（天智天皇）。

　その後、わずか5年余りで大津宮は廃都となったため、長らくその所在が明らかでなかったが、昭和49年（1974）の暮れ、大津市錦織のいっかくで、大津宮のものとみられる大規模な掘立柱建物遺構が見つかったのを契機に、錦織を中心とする付近一帯から同様な遺構の発見が相次いでいる。発見から約20年を経た現在、前期難波宮に似た建物配置をとる大津宮中枢部の姿が浮かびあがりつつある[1]。

　これとともに、周辺地域における発掘調査も進み、大津宮時代の遺構が徐々に見つかってきている。すでに戦前の発掘調査により明らかになった崇福寺跡・南滋賀町廃寺の2寺院跡に加えて、天台寺門宗総本山園城寺の境内から白鳳期の瓦が数多く出土することが知られ[2]、さらに昭和59年に、一般国道161号西大津バイパス建設に伴う事前の発掘調査で、穴太の地から白鳳期の重複する2時期の寺院跡（穴太廃寺）が発見されるに至って[3]、大津宮を取り囲むように配置された4つの寺院の存在が注目されるようになってき

た。いずれも交通の要衝に位置することから、大津宮を防御する性格をあわせ持った寺院ではないかとする説が出されている[4]。それはともかくとして、この4寺院がいずれも大津宮と深く関わっていたことは間違いなく、大津宮の性格を明らかにしていくうえで重要な遺跡であることは衆目の一致するところである。

　その中でも、早くからその存在が知られ、発掘調査が実施された崇福寺跡・南滋賀町廃寺は、『扶桑略記』の記述や「サソリ紋」軒先瓦の存在などから、大津宮と最も関わりが深い寺院としてよく知られている。現在、大津市歴史博物館では、戦前の発掘調査で出土し、近江神宮が所蔵する両寺院跡出土の遺物の寄託を受けたのを機会に、その整理作業を進めている。現在、まだ整理途上であるが、大津宮時代の瓦類の整理がほぼ完了したので、すでに多くの研究者が行なっている両寺院跡出土の白鳳期の瓦の形式分類について再検討してみたい。その前に、今回の形式分類の対象となる多くの瓦を出土した崇福寺跡と南滋賀町廃寺について簡単に紹介しておこう。

2. 崇福寺跡・南滋賀町廃寺概要

　両寺院の発掘調査は、大津宮究明を目的として、戦前の昭和3年と13年に実施され、大きな成果をあげたことはよく知られているところである[5]。

　まず、崇福寺跡は、滋賀里集落の西方の山中にあり、東西方向にのびる細長い丘陵尾根を利用して伽藍が営まれている。南尾根に金堂・講堂など、中尾根に小金堂と塔、北尾根に弥勒堂と推定される建物が発見されており、出土遺物から白鳳期に創建されたことが明らかになった（図1）。塔心礎舎利孔に納められていた舎利容器（国宝）をはじめ、塼仏・塑像片、施釉陶器、銅鏡などの貴重な遺物が多数出土している。だが、南尾根から白鳳期にさかのぼる瓦類がほとんど出土しないこと、同尾根の建物の主軸が中・北尾根のそれに一致せず、4度余り西方向にずれていることなどから、南尾根の建物群を時期の異なる寺院とみて、桓武天皇が曽祖父天智を弔うために建立したといわれる梵釈寺（『続日本紀』延暦5年1月21日条）に比定する説が有力となってきている。

<付記>
　各尾根に立地する建物跡の中軸線の方位は、正確に測った数値がなく、遺跡の地形測量を行なった際の座標値から計算すると、南尾根の建物中軸線が約N－3°5′－E、中尾根がN－7°8′～7°30′－E、北尾根が約N－7°20′－Eとなり、約4度の差が認められる。

　次に、南滋賀町廃寺は、南滋賀の集落内に営まれた寺院跡で、過去2回の

図1　崇福寺跡主要伽藍配置図（『上高砂遺跡発掘調査報告書』より転載）

発掘調査と、昭和40年代以降の史跡指定地内における現状変更に伴う事前の発掘調査などから、川原寺式の伽藍配置(東・西塔を持つ薬師寺式の可能性も残す)が明らかになり、寺域も方3町の広さをもつ可能性が強くなってきた[6]。さらに、寺院の西側には同寺の瓦を焼成した窯跡(橿木原遺跡)があり、当時の寺院の様相を知る貴重な遺跡となっている。これら一連の発掘調査に伴って、同廃寺を特徴づける多種多様な瓦類が出土しており、なかでも、軒丸瓦は、川原寺式系統の複弁八葉蓮華紋軒丸瓦をはじめ、当地特有の単弁系軒丸瓦など多くの種類に分かれ、早くから細かな形式分類が試みられてきた。

<付記>
　塔西側に立地する同規模の基壇については、「小金堂」と見て川原寺式の伽藍配置を考えるのが一般的だが、基壇規模から3間四方の方形を超えるものではなく、塔跡とする考え方がある。さらに、伽藍全体の規模があまり広くなく、隣接する建物との間隔も近いことから、金堂は単層、塔は三重塔としている。(『図説大津の歴史』上巻　大津市　1999)

　現在、両寺院跡出土瓦の形式分類については、橿木原遺跡の発掘調査を担当した林博通の分類方法[7]がよく使われているが、ここでは、特に複弁八葉蓮華紋軒丸瓦に焦点をしぼり、氏の形式分類と対比させながら、近江神宮所蔵瓦類の整理で得られた事実をもとに、主として南滋賀町廃寺から出土する白鳳期の複弁系軒丸瓦の形式分類について若干の考察を試みてみたい。

3．白鳳期複弁系軒丸瓦の形式分類について
(1) 従来の形式分類

　南滋賀町廃寺出土の白鳳期の軒丸瓦について、林博通は9型式に分類する。すなわち、Ⅰ～Ⅲ型式は複弁八葉蓮華紋を主体とするもの、Ⅳ～Ⅸ型式が単弁系軒丸瓦で、Ⅳ型式は「サソリ紋瓦」の通称で呼ばれている蓮華紋方形軒先瓦、Ⅴ・Ⅵ型式は大規模な中房と丸味をおびた蓮弁を持つ単弁八葉蓮華紋軒丸瓦、Ⅶ・Ⅷ型式は小規模な中房と軍配状の偏平な蓮弁を持つ薄手の作りの単弁蓮華紋(六葉・八葉)軒丸瓦、Ⅸ型式は蓮弁及び中房を凸線で表現した単弁六葉蓮華紋軒丸瓦とする。さらに、Ⅳ型式は蓮弁上の珠紋の有無、Ⅴ型式は外縁の施紋の有無で、それぞれ2種類に細分している。

　また、Ⅰ型式の複弁八葉蓮華紋軒丸瓦については、瓦当部の規模、中房の規模及び蓮子数、弁長・弁幅及び彫り、外縁断面形態及び施紋の種類などから、さらに5種類に細分する。以上、氏は南滋賀町廃寺出土の白鳳期の軒丸瓦を9型式15種類に分類している。

(2) 形式分類試案

　単弁系軒丸瓦の分類は、従前の分類で差し支えないと考えており、ここでは、複弁系軒丸瓦について検討を加えていく。

　従来、複弁系軒丸瓦は、先述したように3型式7種類に分類されていた。だが、瓦当部及び中房の規模、蓮子の数、弁長・弁幅などについて詳細に分析していくと、従前の分類では理解できない点が種々指摘できるため、ここでは、新たに5型式10種類に分類してみることにした。

①Ⅰ型式（図2、写真1－1～3）

　瓦当部径が17cmを超え、中房も6cmを超える大型品である。同型式はさらに4種類に細分できる。

　＜ⅠA型式＞瓦当部径18cm前後、中房径6.0～6.3cmの規模を持つもので、中房には1＋5＋9の蓮子を配し、中房周縁及び蓮子に周環が巡る。外縁は幅の狭い傾斜縁（幅1cm前後）で、面違い鋸歯紋を施す。また、外縁の内傾面下端に圏線が巡る。

　さらに、本型式は、内区部分の状態により、蓮弁及び中房部が周囲より盛り上がるもの（ⅠA－a型式）と、蓮弁はほとんど盛り上がらず、比較的平板なもの（ⅠA－b型式）の2種類に分かれる。弁幅も前者が3.8～4.0cmを測るのに対し、後者はやや狭く、3.7～3.8cmである。弁長は前者が4.0～4.2cm、後者が4.2cm前後とほとんど差がない。なお、本型式は南滋賀町廃寺出土複弁系軒丸瓦の中で、最も出土量が多い。

　＜ⅠB型式＞瓦当部はⅠA型式よりひとまわり小さく、16.5～17.0cmを測るが、蓮弁部の状態や中房の規模はⅠA－a型式に類似する。中房はⅠA型式よりわずかに小さく、直径5.8cm前後で、1＋5＋9の蓮子を持つが、蓮子は全体的に小さく、なかでも内側の蓮子は特に小さく作られている。また、中房周縁には周環が認められるが、蓮子にはない。蓮弁は極端に盛り上がり、立体感のある弁区を形成している。弁幅は3.5～3.8cmと狭く、弁長も3.8～4.0cmと短い。外縁幅は0.8～1.0cmを測り、面違い鋸歯紋を施す。

　＜ⅠC型式＞瓦当部径が20cm前後もある大型品で、中房径も7cmを超え、弁幅も4.2～4.5cmと広い。中房には1＋5＋9の蓮子があり、中房周縁及び各蓮子に周環が巡る。蓮弁はⅠA－b型式に類似しており、ほとんど盛り上がらず、彫りも浅く偏平な感じを受ける弁区となっている。外縁はやや内傾するが平坦縁に近く、幅広（1.3～1.4cm）で、面違い鋸歯紋を配する。外縁内傾面下端には圏線が巡る。

写真1　南滋賀町廃寺出土複弁系軒丸瓦
　1　ⅠA-a形式　　2　ⅠB形式　　3　ⅠC形式　　4　Ⅱ形式
　5　ⅢA形式　　　6　ⅢB形式　　7　Ⅳ形式　　 8　Ⅴ形式

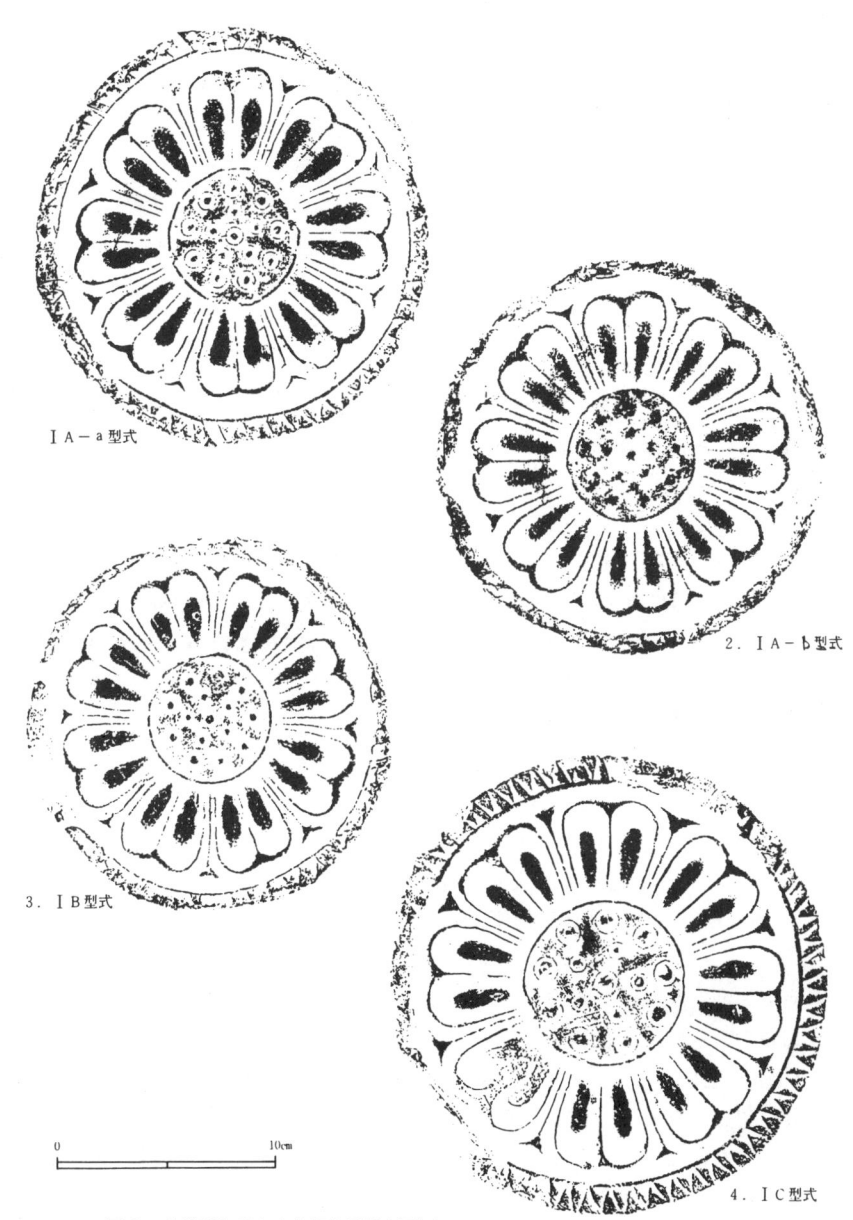

第2章　大津宮遷都と壬申の乱　233

1. ⅠA-a型式

2. ⅠA-b型式

3. ⅠB型式

4. ⅠC型式

図2　南滋賀町廃寺出土複弁系軒丸瓦(1)

②Ⅱ型式（図3-1、写真1-4）
　本型式は、Ⅰ型式より瓦当部径及び中房が小型化するとともに、中房の形態も大きく変わり、蓮子が二重から一重となる。
　瓦当部径は16.5cm前後と少し小ぶりで、中房も5.2cm前後を測る。中房には1＋8の蓮子を配するが、中房周縁及び蓮子には周環が認められない（但し、中房周縁に周環らしきものがみられる例もある）。蓮子は断面三角形を呈し、先端の尖るものが多く、外側の8個の蓮子が一つおきに大きさを異にする。蓮弁は弁幅が3.5～3.7cmと狭く、少し盛り上がり気味で、弁長は4.0～4.3cmを測る。外縁は内傾気味の幅の狭い平坦縁（幅1.0cm前後、一部に1.2cm前後のやや幅広の例もみられる）で、細かい面違い鋸歯紋を巡らす。外縁圏線は一部認められる例がある。

③Ⅲ型式（図3-2・3、写真1-5・6）
　本型式は、瓦当部及び中房の小型化が進み、蓮弁も細く、子葉が弁端まで延びるなどの特徴をもつ。瓦当部の規模や蓮子の状態などの違いから、2種類に細分できる。
　＜ⅢA型式＞瓦当部径が16cm前後と、Ⅱ型式よりさらに小さい。中房には1＋8の蓮子を配し、中心に位置する蓮子に圏線を巡らすのが特徴である。蓮弁は彫りがやや深く、弁長4.4cmで、弁幅は3.3cm前後と狭い。子葉が弁端まで延び、弁がつまったような状態を呈するため、蓮弁が細長くかつ繊細な感じを受ける。
　＜ⅢB型式＞ⅢA型式に類似するが、瓦当部径は15.0～15.5cmとさらに小型化し、中房も4.3cm前後と小さくなる。中房は1＋8の蓮子を持ち、中房周縁及び蓮子に周環が巡る。外縁は幅0.8～1.0cmの狭い平坦縁を呈し、面違い鋸歯紋を配する。蓮弁は子葉が弁端近くまでのび、彫りは浅く、弁幅が3.2～3.3cmと狭いため、全体に繊細な感じを受ける。

　以上、3型式7種類の複弁系軒丸瓦について見てきたが、ここでもう一度各型式の特徴を整理・比較してみると、Ⅰ型式は弁長・弁幅とも大きく、中房も6cmを超え、1＋5＋9の二重に巡る蓮子を持ち、かつ中房周縁・蓮子に周環が認められる。これがⅡ型式になると、中房がやや小さくなり、蓮子も1＋8となるなど、形状が大きく変化する。さらに、Ⅲ型式では、瓦当部の小型化がより一層進み、中房も小さくなる。蓮弁は子葉が弁端近くまでのび、かつ弁幅も狭くなるため、全体的に繊細で簡略化した感じを受ける。
　このように、各型式の特徴を比較検討していくと、Ⅰ型式からⅢ型式にか

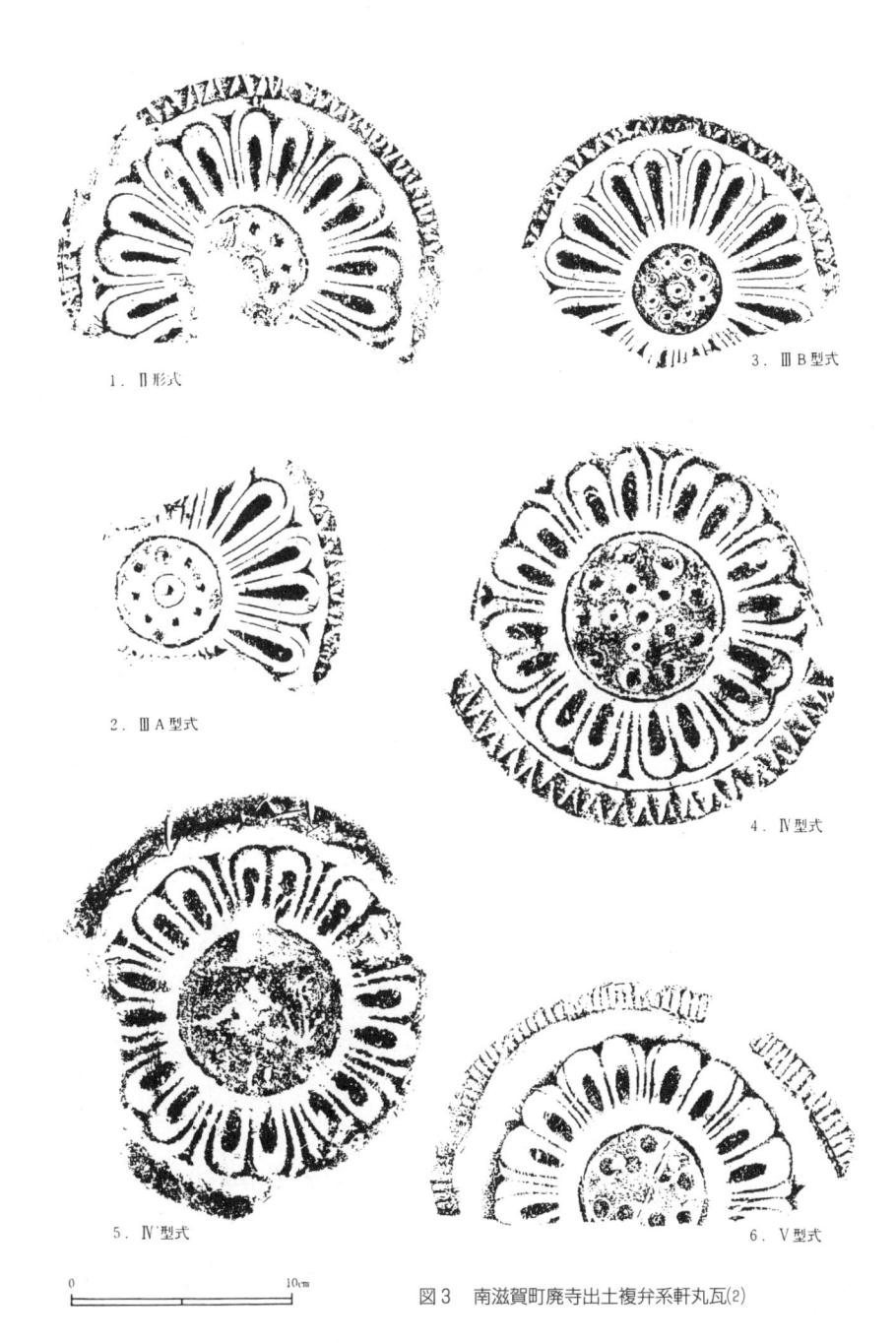

第2章　大津宮遷都と壬申の乱　235

1．Ⅱ形式

2．ⅢA型式

3．ⅢB型式

4．Ⅳ型式

5．Ⅳ'型式

6．Ⅴ型式

0　　　　　10cm

図3　南滋賀町廃寺出土複弁系軒丸瓦(2)

けて、瓦当部の大→小、蓮子の１＋５＋９→１＋８（二重→一重）、弁幅の広→狭といった変化が同時進行しており、Ⅰ型式からⅡ型式をへて、Ⅲ型式に至る変化の過程が明らかになってくる。この変化の原因としては、使用場所の違いによる型式差とみる考え方が妥当なのかもしれないが、ひとつ時期差による変化とみる考え方も考慮してよいのではないだろうか。

この他に、Ⅰ型式～Ⅲ型式に含まれない複弁系軒丸瓦が少量だが出土しており、いちおうⅣ・Ⅴ型式に分類する。

④ **Ⅳ型式**（図３－４・５、写真１－７）

本型式は、南滋賀町廃寺・崇福寺跡（写真２－上）の両遺跡から出土するが、出土量が極端に少なく、橙木原遺跡で焼成されたものでないことも発掘調査で確認されている。

中房は７㎝を超える大型で、１＋５＋９の蓮子を持つ。外縁は断面三角形を呈し、幅も広く、1.8㎝前後を測る。中房周縁、外縁内側端に圏線を配し、外縁には細かい面違い鋸歯紋を巡らす。弁長は3.7㎝前後とやや短く、弁幅は3.8～3.9㎝、瓦当部径は19㎝前後になるとみられる。内区は大きく盛り上がっており、瓦当部も厚くつくられている。瓦当部裏面には布目痕がなく、飛鳥川原寺出土の創建

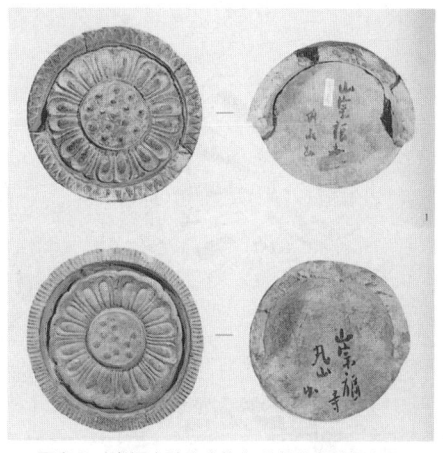

写真２　崇福寺跡出土複弁八葉蓮華紋軒丸瓦
（滋賀県立琵琶湖文化館蔵）　上 Ⅳ形式　下 Ⅴ形式

時の瓦と同笵だといわれている型式である。中房・蓮弁・外縁がバランスよく配されており、もっとも均整がとれた型式だといえる。なお、本型式と同系の軒丸瓦が、草津市北大萱町所在の宝光寺跡からも出土しているが、南滋賀町廃寺例とは笵が異なり、形状（蓮子が１＋５＋11となり、製作技法も異なる）から見て、やや後出のものと考えてよい。

＜付記＞
平成10年・12年度に実施した大津廃寺の発掘調査（大津市中央三丁目）で、南滋賀町廃寺例（川原寺創建時瓦と同笵）と同笵になる軒丸瓦と、草津市宝光寺跡例と同笵の瓦が出土している。出土量は後者が多く、20点前後を確認しているが、前者は７点を数えるだけである。瓦全体の出土量は、平成12年度の調査（調査面積約280㎡）で遺物収納ケース80箱に達しており、近接して瓦葺建物が立地すると考えられ、それに葺かれていた軒丸瓦は、出土量から見て後者だと見ている。（『大津むかし・むかーし』第９号　大津市埋蔵文化財調査センター　2001）

なお、本型式に含まれるか否かは断定できないが、Ⅳ型式に似通った紋様構成を有する瓦が出土しており、ここでは一応本型式の亜流（Ⅳ'型式）として位置づけておく（図3－5）。
　＜Ⅳ'型式＞中房は直径が7.7cmと大きく、蓮子の数も1＋5＋9（？）とみられる。中房の磨滅が進行しているため判然としないが、周環はないようである。瓦当部径は18.7cmを測り、内区部分が少し盛り上がった感じを受ける。瓦当部裏面に布目痕はない。内区に比べ、外区の形状は大きく異なり、外縁は蒲鉾状の断面を呈し、その内側の傾斜面に凸線で鋸歯紋（線鋸歯紋）を表す。
⑤Ｖ型式（図3－6、写真1－8）
　本型式は、中房付近が大きく凹む彫りの深い形状を呈する。瓦当部径は19cm前後と、Ⅳ型式と同規模で、南滋賀町廃寺出土の複弁系軒丸瓦の中では大型品の部類に属する。中房もⅠ型式とほぼ同じ大きさで、直径6.2cm前後を測り、1＋4＋6の偏平で大きな蓮子を配する。蓮子には周環は認められない。蓮弁部分は弁端と間弁端が接続しており、連続した作りになっている。外縁は高く、幅が0.8～1.5cmと不揃いだが、平坦縁に近い傾斜縁を呈し、輻線紋を密に配する。なかに、中房部分に4個の浅い円形小孔を穿つ例がある。同范とみられる瓦が崇福寺跡（写真2－下）からも出土しているが、Ⅳ型式とともに橿木原遺跡で焼成された瓦ではない。

　以上、本稿では、南滋賀町廃寺から出土した白鳳期の複弁系軒丸瓦を5型式10種類に分類（表1）したが、Ⅳ型式及びⅤ型式については、その位置づけをめぐって意見が分かれる瓦である。なかでも川原寺創建時瓦と同范になるⅣ型式は、南滋賀町廃寺建立及び性格を考えるうえで、ひじょうに興味をひく資料といえる。

＜付記＞
　穴太廃寺出土瓦については、複弁八葉蓮華紋軒丸瓦が2型式確認されているが、いずれも南滋賀町廃寺・橿木原遺跡出土とは異なっており、隣接する穴太瓦窯跡で焼かれたものと考えられている。なお、わずかだが、今回の形式分類でⅠＡ型式に類似するもの1点、Ⅱ型式のものが3点出土しており、いずれも瓦当部裏面にナデ調整が施され、布目痕がないことから、報告書は、南滋賀町廃寺の瓦ではなく、穴太の地で新たに作ったものと想定している。さらに、単弁系軒丸瓦で、『橿木原遺跡発掘調査報告書』のⅦ型式に類似するものが1点出土しているが、中房や間弁の形状が南滋賀町廃寺例とは異なっており、明らかに別范である。（『穴太遺跡発掘調査報告書』Ⅳ　滋賀県教育委員会　2001）
　次に、崇福寺跡出土の白鳳期軒丸瓦については、出土量が少なく、詳細は不明だが、これまでに複弁八葉蓮華紋軒丸瓦が4型式出土している。いずれも特徴のある瓦で、今回の形式分類でⅣ型式にあたる川原寺創建瓦と同范の瓦、同じくⅤ型式の外縁に輻線紋を施すもの、さらに外区内縁に雷紋を巡らせた紀寺式の瓦、1＋4＋8の蓮子をもち、素紋の直

立縁を呈するものがある。(『近江の古代寺院』 近江の古代寺院刊行会 1989)

4．おわりに－結びにかえて－

　以上、5型式10種類に分類した南滋賀町廃寺出土の白鳳期の複弁系軒丸瓦は、檜木原遺跡との関係及び出土量から、大きくI～Ⅲ型式の一群とⅣ・Ⅴ型式の一群に明確に分けることができる。前者は、出土量が多く、すべて檜木原遺跡で焼成されたものであることから、南滋賀町廃寺の伽藍に葺かれていた瓦と考えてよい[8]。これに対して、後者は、出土量が極めて少なく、かつ檜木原遺跡で焼成された瓦でないことから、南滋賀町廃寺の伽藍に使われていた可能性は極めて薄い。なかでも、Ⅳ型式の瓦は、近江神宮所蔵瓦の中にもほとんど含まれていない。整理途中のため断定はできないが、現時点では、図3－4の1例（崇福寺跡でも1例のみで、現在滋賀県立琵琶湖文化館所蔵）以外、形式分類が不可能な小破片を除き、比較的大きな破片で分類が可能なものの中には確認できなかった。しかも、川原寺創建時瓦と同范であることを考え合わせてみれば、同型式の瓦は実用品ではなく、母型、すなわち瓦生産のためのサンプルとして所持されていたものと見たい。

　唯一Ⅳ型式に含まれる図3－4について、いま一度瓦当部の規模を詳しくみてみると、瓦当部径19cm（復元）、中房径7.4cm、弁長3.7cm、弁幅3.9cm、外縁幅1.8cmを測る。これを南滋賀町廃寺に葺かれていたとみられるI～Ⅲ型式の瓦類と比較してみると、数値的にはIA型式とIC型式との中間に位置

表1　南滋賀町廃寺出土複弁系軒丸瓦形式分類一覧

No	型式名	瓦当部径	内　区				外　区			周環	圏線	備　考
			中房径	蓮子	弁長	弁幅	外縁幅	外縁紋様	外縁断面			
1	IA-a	17.8	6.1	1+5+9	4.1	3.8	1.0	面違い鋸歯紋	傾斜縁	○	○	図2-1
2	IA-b	17.7	6.1	1+5+9	4.2	3.8	1.0	〃	〃	○	○	図2-2
3	IB	16.5	5.8	1+5+9	4.0	3.6	0.9	〃	〃	×	○	図2-3
4	IC	20.3	7.4	1+5+9	4.7	4.3	1.4	〃	傾斜縁（平坦に近い）	○	○	同廃寺出土の複弁系軒丸瓦の中で最大、図2-4
5	Ⅱ	17.0	5.3	1+8	4.3	3.5	1.1	〃	傾斜縁（平坦に近い）	×	×	図3-1
6	ⅢA	(16.0)	5.0	1+8	4.4	3.4		〃	平坦縁	×	○	図3-2
7	ⅢB	(15.0)	4.2	1+8	4.2	3.1	1.0	〃	平坦縁（やや傾斜）	×	○	図3-3
8	Ⅳ	(19.0)	7.4	1+5+9	3.7	3.9	1.8	〃	三角形縁	○	○	川原寺創建時瓦と同范、図3-4
9	Ⅳ'	18.7	7.7	1+5+9？	3.7	4.1	1.5	綿鋸歯紋	蒲鉾形縁	？	○	蒲鉾形縁の傾斜面に綿鋸歯紋を配する、図3-5
10	Ⅴ	18.7	6.2	1+4+6	4.2	3.3		輻線紋	平坦縁（やや傾斜）	×	×	図3-6

（単位：cm）

するが、紋様構成や彫りなどからみれば、ⅠA-a型式がこれにもっとも近いように思える。

　Ⅰ～Ⅲ型式の瓦類は、外縁部分が平坦縁か、それに近い傾斜縁で、Ⅳ型式のように明瞭な断面三角形縁を呈するものがなく、かつ外縁幅が広くないため、かなり異なった印象を受ける。だが、ⅠA-a型式の外縁部にⅣ型式の断面三角形縁の形態を採用すると、中房の規模の差が若干認められるが、両型式は似通った形状となる。Ⅳ型式の瓦をもとにして、ⅠA型式が作られ、その後、各型式が派生したとする考え方も成り立つだろう。

　橿木原遺跡で焼成され、南滋賀町廃寺の伽藍に葺かれた複弁系軒丸瓦については、川原寺の同笵瓦に先行するという説もあるが、当時の歴史の流れの中で考えれば、やはり川原寺の複弁系軒丸瓦がもとになって、南滋賀町廃寺をはじめとする各地の同系の瓦が成立していったとみるのが妥当だろう。だが、南滋賀町廃寺の複弁系軒丸瓦が、先に見たように、川原寺創建時瓦をかなり忠実に模していることから、両者の間にはほとんど時期差がないと考えて差し支えない。

　この川原寺の創建時期については種々の説があり、定かにはなっていない。だが、『日本書紀』天武2年（673）3月条に、川原寺で一切経を写経しはじめたという記事があり、同年に食封五百戸が施入されたことから、その頃にはすでに寺院としての体裁が整っていたと見てよい。さらに、これより先、『日本書紀』白雉4年（653）6月条に、川原寺の記事が載るが、これを山田寺とする文献もあり、同時期に川原寺が存在していたとする確実な史料とはなりにくい。また、『扶桑略記』や『東大寺要録』などには斉明天皇が造営したとする説が載っており、斉明天皇崩御後、天智天皇初年（662）頃に勅願によって飛鳥川原宮を川原寺とした可能性も考えられている。いずれにしても、天武2年をあまり遡らない頃の創建と考えるのが妥当のようである。

　このように考えてくると、南滋賀町廃寺の創建時期も、出土瓦からみて、川原寺とほとんど差がない可能性が強く、同廃寺の創建時期及び性格を考えるうえで川原寺は重要な位置にあるといえる。

〈注〉
1　『錦織遺跡－近江大津宮関連遺跡－』（滋賀県教育委員会　1992）
2　林博通「園城寺」（『近江の古代寺院』　近江の古代寺院刊行会　1989）
3　『穴太廃寺』（滋賀県教育委員会・大津市教育委員会　1987）
4　林博通『大津京』（ニュー・サイエンス社　1984）
5　肥後和男「大津京阯の研究」（『滋賀県史蹟調査報告』第2冊　1929）

肥後和男「大津京阯の研究－補遺－」(『滋賀県史蹟調査報告』第3冊　1931)
　　　柴田実「大津京阯（上）」(『滋賀県史蹟調査報告』第9冊　1940)
　　　柴田実「大津京阯（下）－崇福寺阯－」(『滋賀県史蹟調査報告』第10冊　1941)
6　林博通「南滋賀廃寺」(『近江の古代寺院』　近江の古代寺院刊行会　1989)
7　『檀木原遺跡発掘調査報告Ⅰ・Ⅱ・Ⅲ』(滋賀県教育委員会　1975・76・81)
8　注6に同じ

(2)-5.
南滋賀町廃寺・崇福寺跡出土の軒丸瓦 II
― 奈良後期～平安前期に見る軒丸瓦の形式分類 ―

1. はじめに

　近江神宮が所蔵する南滋賀町廃寺・崇福寺跡等の出土遺物については、先の拙稿（『大津市歴史博物館研究紀要』第1号　1993）で、白鳳期の複弁系軒丸瓦の形式分類を行ったが、引き続いて実施していた両寺院跡出土の奈良・平安時代の瓦類の整理作業がこのほどほぼ完了した。そこで、今回は、奈良時代後半から平安時代前半にかけての瓦類の中で、特に軒丸瓦について、その形式分類を行ない、他地域との比較を通して、両寺院の性格を検討したいと考えている。

　なお、両寺院跡から出土した瓦類は多量にのぼるが、崇福寺跡からの出土と断定できるものは比較的少なく、大半は南滋賀町廃寺から出土したものである。それは、いずれの寺院跡とも戦前の発掘調査であったため、出土地点が不明瞭になってしまった瓦が多いことから生じたもので、掲載した図面の中で、出土地点が明らかな瓦は遺跡名を記載したが、不明瞭な瓦は出土地不明として扱うことにした。

2. 形式分類

　平安時代後半の小型の軒丸瓦を含めると、両寺院跡からは10種類を超える軒丸瓦が出土しているが、ここでは、近江国府との関連性が考えられる奈良時代後半から平安時代前半の時期の軒丸瓦を取り上げて、その形式分類を行なうことにした。

　まず、この時期の軒丸瓦は、蓮弁や外区内縁の紋様などから、大きく3つの系統に分けられる。一つは単弁蓮華紋系軒丸瓦で、次が蓮弁の代わりに蕨手状の唐草紋を配した唐草紋系軒丸瓦、そして外区内縁に飛雲紋を配した飛雲紋縁系軒丸瓦である。

(1) 単弁蓮華紋系軒丸瓦

　この系統は、蓮弁・中房の形状、蓮弁数、珠紋数などにより3型式5種類に分類できる。

写真1　南滋賀町廃寺・崇福寺跡出土軒丸瓦（瓦番号は図1・2に同じ）

①**A型式**
　いわゆる単弁八葉蓮華紋軒丸瓦と呼ばれる型式で、丸瓦部も含めて肉厚のつくりのものが多い。中房を凸線で表現し、内部に１＋４の蓮子を配する点は共通するが、蓮弁及び間弁の形状が異なることから、３種類に細分類できる。
　＜Ａ１型式＞（図１－１）
　蓮弁の先端中央に切り込みが入る形状で、複弁風の様相を残した型式だといえる。規模は、瓦当部直径16cm前後、内区直径10.3cm前後、中房直径4.2cm前後の数値を示す。
　各蓮弁は基部で接し、間弁は小さな楔形を呈する。外区内縁には小さい珠紋が間隔をおいて16個配されており、同外縁は高く、断面半円形となる。同型式は近江国府に瓦を供給していた南郷田中瓦窯跡[1]（大津市南郷二丁目、昭和63年・平成４年に発掘調査）から出土しているが、近江国庁跡出土瓦の中には含まれていない[2]。
　＜Ａ２型式＞（図１－２）
　Ａ１型式よりやや大きく、瓦当部直径は16.5〜17cm前後を図る。各蓮弁の基部はＡ１型式同様に接するが、蓮弁先端の切れ込みがなくなり、やや尖り気味に終わっている。間弁もＡ１型式より大きく、外区内縁の珠紋も25個を数え、密に巡る。
　この型式は近江国庁跡出土の軒丸瓦Ｄ類[3]にあたり、南郷田中瓦窯跡で生産されたことが明らかになっている。近江国庁跡のほか、堂ノ上遺跡[4]（大津市神領三丁目、推定勢多駅家）や石山国分遺跡[5]（大津市光が丘町ほか）などから出土しており、近江国庁に関わりの深い瓦といえる。
　両型式とも南滋賀町廃寺での出土量が多く、同時期の主流となる軒丸瓦と考えてよい。だが、Ａ１型式が近江国庁跡から出土せず、Ａ２型式が出土していること、Ａ１型式が複弁風の様相を残していることからみて、両型式は同時期ではないと考えられるが、前後関係は判然としない。
　＜Ａ３型式＞（図１－３）
　瓦当部は直径15.5cm前後を測り、Ａ１・Ａ２型式よりやや小さい。各蓮弁は基部で接することなく独立しており、先端は鋭く尖って終わる。間弁も大きく、その基部は長くのび中房部分に接する。Ａ１・Ａ２型式よりやや薄手のつくり。南滋賀町廃寺での出土量は極めて少ない。
②**B型式**（図１－４）
　単弁十二葉蓮華紋軒丸瓦で、蓮弁が細い凸線で表現されている。これに合わせるように、蓮弁内部の子葉も細長く凸線状の表現となる。中房もＡ型式

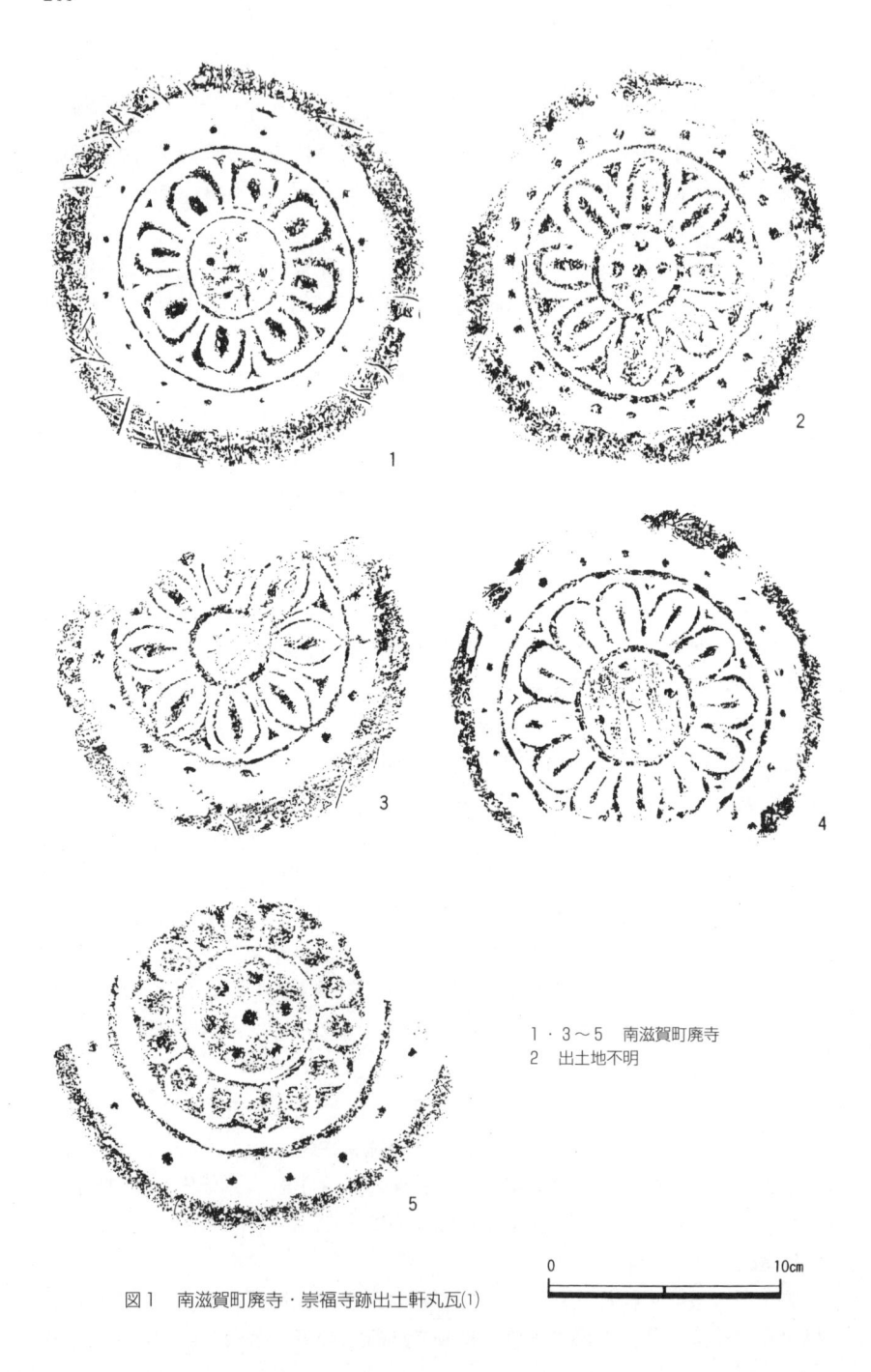

1・3〜5　南滋賀町廃寺
2　出土地不明

図1　南滋賀町廃寺・崇福寺跡出土軒丸瓦(1)

と異なり、盛り上がった形状で、蓮子は不明瞭で判然としないが、竹管状か周環を持った低い円粒だと考えられる（蓮子数１＋４か）。また、間弁も簡略化され、小さなＶ字状を呈する。Ａ３型式同様に、南滋賀町廃寺での出土量は極めて少ない。なお、同型式の生産地（窯跡）については、Ａ３型式とともに、現在のところ不明である。

③Ｃ型式（図１－５）

いちおう単弁蓮華紋系軒丸瓦の範疇に入れているが、蓮弁の表現方法はＡ・Ｂ型式とは大きく異なっている。幅2.2cm前後の帯状の高まり部分に、先端が尖った舟形状を呈する小型の蓮弁が十四葉表現されていることから、単弁十四葉蓮華紋軒丸瓦の名称を用いることにする。

中房はＡ・Ｂ型式よりひとまわり大きく、直径5.5～６cmを測るが、凹状で内部に１＋６の蓮子を配する。外区と内区を分ける圏線は太く、外区内縁には大きい珠紋がやや間隔をあけて配置されている。瓦当部の大きさは不明だが、図１－５を見るかぎり、Ａ２型式よりひとまわり大きい。

なお、同型式の範疇に含めて考えてよいものが近江国庁跡から出土している（近江国庁跡出土軒丸瓦Ｃ類、ただし単弁十六葉）。

(2) 唐草紋系軒丸瓦

内区の蓮弁の代わりに、唐草紋を配するもので、両寺院跡からは蕨手状の唐草紋を呈する例が出土している。

①Ｄ型式

内区の蓮弁の代わりに、蕨手状の唐草紋を配しており、唐草紋の形状により、２種類に細分類できる。南滋賀町廃寺では、Ａ１・Ａ２型式に次いで出土量が多い。

＜Ｄ１型式＞（図２－１）

唐草紋の表現が複雑なもので、蕨手状を呈した唐草に数本の小枝が付くものを一単位とし、これが連続して中房の周囲を巡っている。瓦当部直径は15.5cm前後を測る。中房はＡ・Ｂ型式同様に凸線で表現されるが、ひとまわり大きく、直径4.5cm前後を測り、蓮子は１＋６となる。外区内縁には16個の珠紋を配しており、同外縁はＡ型式に近い断面半円形となる。

＜Ｄ２型式＞（図２－２）

Ｄ１型式に比べ、唐草紋の表現が簡略化したもの。唐草紋はかなり単純な形状を呈しており、巴紋風のもの（コンマ形）が連続して巡る。瓦当部の直径はＤ１型式よりやや大きく、16cm前後を測る。これに比べ、中房はひとま

246

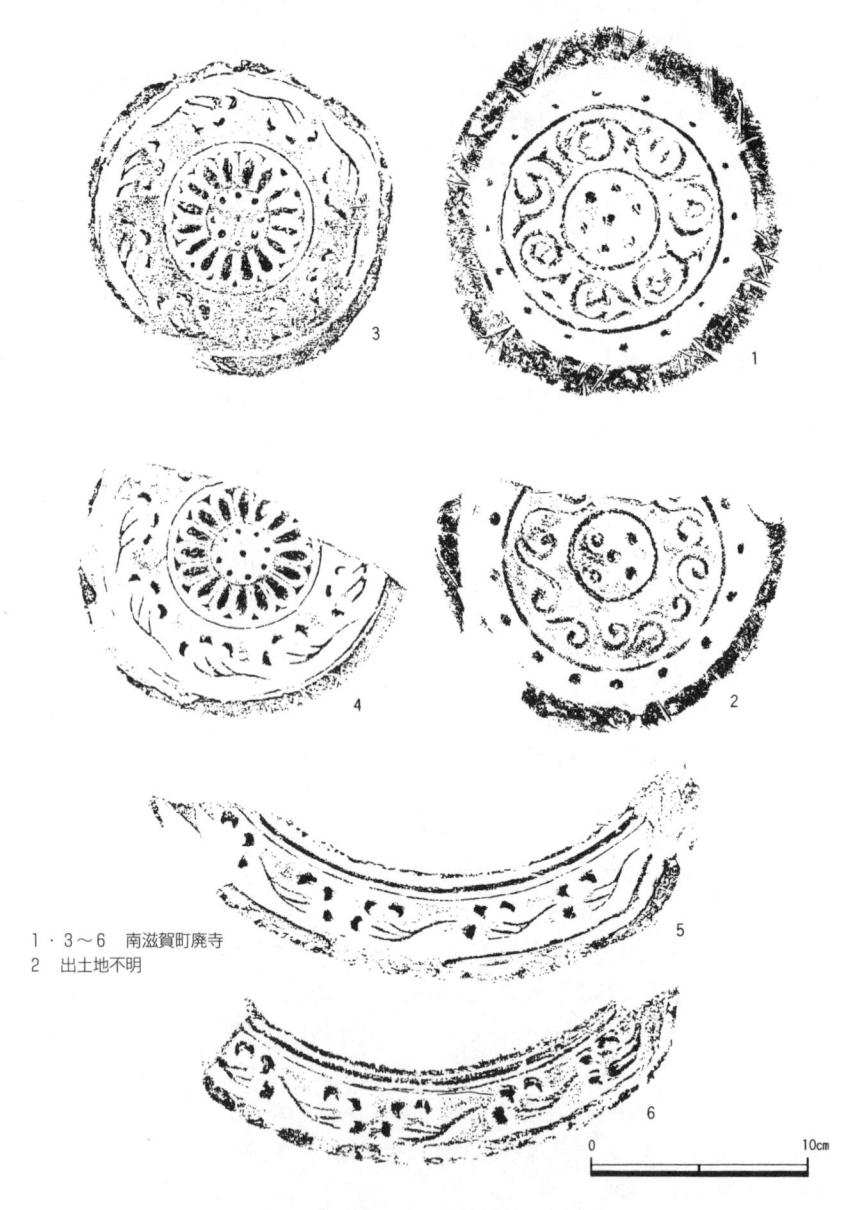

1・3～6　南滋賀町廃寺
2　出土地不明

図2　南滋賀町廃寺・崇福寺跡出土軒丸瓦(2)

わり小さく、直径4cm前後で、内部の蓮子も1＋4となる。さらに、外区外縁はD1型式に比べ、平坦縁に近い。

この系統の軒丸瓦は、近江では近江国庁跡や堂ノ上遺跡・石山国分遺跡などから出土しており、近江国庁跡出土瓦の分類では、軒丸瓦G類（G1・G2の2種類に区分）にあたる。唐草紋は南滋賀町廃寺例とはやや異なった表現方法をとるが、同じ範疇に含めてよいだろう。

なお、近江国庁跡出土瓦で、この軒丸瓦とセットをなす軒平瓦がJ類に分類された変形唐草紋軒平瓦（図3－3）と考えられているが、同じくG類に分類されている均整唐草紋軒平瓦（図3－2）も軒丸瓦G類とセットをなすと考えてよいと思われる。

また、D型式の系統の瓦は、少し遠くに離れるが、栃木県の下野国府や下野国分寺・同尼寺などの出土瓦の中に類似するものが認められる[6]。圏唐草紋縁複弁八葉蓮華紋軒丸瓦と呼ばれる種類で、紋様の位置が本型式と異なるが、類似した唐草紋を外区内縁部分に配している。さらに、この軒丸瓦とセットをなす軒平瓦に、飛雲紋軒平瓦や、一時期古い均整唐草紋軒平瓦（近江国庁跡軒平瓦G類に近似）があたることもひじょうに興味深い。

(3) 飛雲紋系軒丸瓦

外区内縁部分に、飛ぶ雲に似た紋様を配することから、この名がある。

①E型式（図2－3・4）

飛雲紋縁単弁十六葉蓮華紋軒丸瓦で、同系統の瓦が近江国庁跡をはじめ、周辺部の近江国府

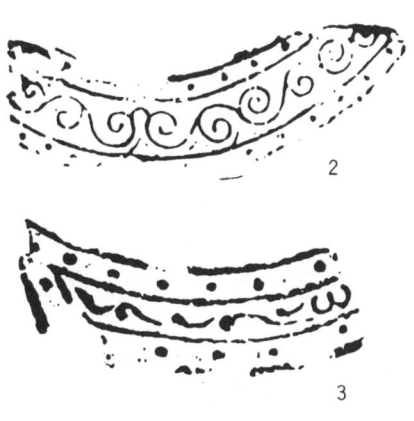

図3　近江国庁跡出土瓦

関連遺跡から出土することはよく知られている[7]。だが、本型式は、紋様構成が近江国庁跡出土例とは少し異なる。

近江国庁跡出土例（図3-1）は、外区内縁に配されている飛雲紋の尾部が内区側に切れ込んでおり、中房の蓮子数が1＋6であるのに対し、本型式は、飛雲紋の尾部が外区外縁に沿ってのび、中房の蓮子数も1＋8となっている。焼成は比較的良好で、飛雲紋も繊細な感じを受ける。図2-4は、瓦当部直径15.1cm、内区直径7.1cm、中房直径3.0cmを測る。この瓦は、南滋賀町廃寺の瓦を生産した橙木原遺跡で焼かれており、同遺跡A支群2号窯灰原Ⅳ・Ⅴ層（上層）から出土している[8]。だが、その他の型式の瓦が橙木原遺跡で焼かれていたかどうかは明らかになっていない。橙木原遺跡では、平安期の平窯跡が5基確認されているが、そこで焼かれていた瓦類、特に軒丸・軒平瓦の出土量が少なく、報告書に掲載がないため、どのような瓦を焼いていたのか特定することはできなかった。

なお、同廃寺からは、本型式とセットになる飛雲紋軒平瓦が数点出土しているが、うち完形の2例（図2-5・6）をみると、いずれも飛雲紋が大きく、肉厚に表現されており、かつ奥行40cmを超える大型品で、重厚さを備えた堂々たる瓦である。

3．おわりに－平安期の南滋賀町廃寺の性格について－

前項において、南滋賀町廃寺・崇福寺跡から出土した奈良時代後半から平安時代前半の軒丸瓦について、形式分類を行い、その概略を紹介した。ここで注目されるのが、A1・A3・B型式を除く他の型式が近江国庁跡出土瓦に含まれていることである。なかでもA2型式は、南滋賀町廃寺の同時期の瓦で、A1型式とともに出土量が多く、南郷田中瓦窯跡で生産され、同廃寺とともに近江国府及び周辺部の関連遺跡に供給されていたことが判明している。

加えて、近江国府を特徴づける飛雲紋系瓦（写真2）も南滋賀町廃寺から出土している。雲の形態に少し差があり、かつ生産場所が異なるが、両者に強い関連性があることは明らかだろう。さらに、C・D型式についても、近江国庁跡から同系統の瓦が出土していることから、両遺跡間の繋がりの強さが窺える。なお、飛

写真2　近江国庁跡出土飛雲紋軒丸・軒平瓦
（『近江の古代を掘る』より転載）

雲紋系瓦はA～D型式とは時期が異なり、やや古いと考えている。
　このように、南滋賀町廃寺で奈良時代後半から平安時代前半にかけて使われていた軒丸瓦の多くが、近江国府及び周辺部の関連遺跡に分布するという事実は、同廃寺が近江国府と強い繋がりがあったことを明確に物語っている。南滋賀町廃寺は、この時期、近江国府の管理下に置かれ、官寺としての性格を持った寺院であった可能性が高い。
　発掘調査で明らかになった近江国庁政庁部分の建物の造営及び大改修がいつの時期にあたるのかは速断できないが、大改修の時期を奈良時代後半から平安時代初頭の時期にあてるのが最も妥当なようである。この時期、近江国庁が大規模に改修・整備されたのに合わせるように、南滋賀町廃寺の伽藍にも手が加えられたのではないだろうか。奈良時代後半という時期は、当時政権の中心にいた藤原仲麻呂が中心となり、石山の地に保良宮を造営したが、その直後に起こった仲麻呂の乱で失脚したという、近江が大きく揺れ動いた時であった。近江国庁の大規模な改修・整備の時期を藤原仲麻呂の時代にあてるのか、それとも彼が倒されたあとにあてるのか、判断が難しいところであるが、瓦の時期などを考えれば、A～D型式の瓦は、後者の時期が妥当なようである。
　いずれにしても、出土瓦を通して近江国府との繋がりが明らかになった南滋賀町廃寺は、当時の近江国府の動静に大きく影響を受けていたと見て間違いない。奈良時代後半から平安時代前半の時期、南滋賀町廃寺はどのような地位にあった寺院なのか、その性格を検討していく中で、近江国府は無視できない存在だと考えてよいだろう。

<注>
1　『錦織・南志賀遺跡発掘調査概要Ⅷ－付・南郷田中瓦窯・石山寺境内遺跡発掘調査概要－』（滋賀県教育委員会　1994）
2　水野正好ほか『史跡近江国衙跡発掘調査報告』（滋賀県文化財調査報告書第6冊　滋賀県教育委員会　1977）
3　注2に同じ
4　林　博通ほか「大津市瀬田堂ノ上遺跡調査報告Ⅰ・Ⅱ」（『滋賀県文化財調査年報－昭和48年度・50年度－』　滋賀県教育委員会　1975・77）
5　『石山国分遺跡発掘調査報告書』（大津市埋蔵文化財調査報告書33　大津市教育委員会　2002）
6　『古代下野国の歴史』（栃木県立しもつけ風土記の丘資料館常設展示図録　1987）
7　小笠原好彦ほか『近江の古代寺院』（近江の古代寺院刊行会　1989）
8　『樫木原遺跡発掘調査報告Ⅰ・Ⅱ・Ⅲ』（滋賀県教育委員会　1975・76・81）

(2)- 6.
南滋賀町廃寺・崇福寺跡出土の軒丸瓦Ⅲ
— 平安時代後半期に属する軒丸瓦の形式分類 —

1. はじめに

　大津市歴史博物館では、開館時に、近江神宮から、同神宮が所蔵する南滋賀町廃寺や崇福寺跡などの遺跡から出土した遺物の寄託を受けた。そして、平成4年度から、寄託資料の整理作業に着手、平成7年度までに弥生時代から奈良・平安時代までの遺物の整理をほぼ完了した。その成果については、『大津市歴史博物館研究紀要』第1号（1993年）及び第2号（1994年）で、資料の大半を占める白鳳時代から平安時代前半の軒丸瓦を取り上げて、その形式分類について報告したが、平安時代後半の軒丸瓦については未報告になっていたため、ここで紹介する。

　平安時代の瓦類については、南滋賀町廃寺とともに、崇福寺跡からもかなり出土しており、平安時代における両寺院の様相（変遷、他地域との関わりなど）を知る貴重な資料となっている。だが、現在まで、両寺院跡出土の瓦類では、あまりにも白鳳期の瓦が注目され、それ以降の瓦類については、取り上げられることがほとんどなかった。しかし、白鳳期の創建以降、両寺院の変遷を明らかにしていく過程で、奈良時代から平安時代の瓦類も欠かすことはできないため、『研究紀要』第2号に続いて、ここで平安時代後半の軒丸瓦を取り上げ、その内容を見ていくことにする。

　なお、『研究紀要』第2号でも記したように、両寺院跡とも戦前の発掘調査であったため、出土地点や出土状況などが不明瞭になってしまったものが多く、ここで取り上げた瓦類の中で出土地点が明らかな瓦については、遺跡名を記載したが、不明瞭な瓦については出土地不明として扱うことにした。

2. 軒丸瓦の型式について

　『研究紀要』第2号で紹介したように、奈良時代後半から平安時代前半にかけての軒丸瓦は、「単弁系」「唐草紋系」「流雲紋系」、あわせて8型式が出土している。これに比較して、それ以降の軒丸瓦の種類は少なく、現在のところ、「複弁系」1型式、「単弁系」2型式、あわせて3型式が認められているにすぎず、時期も平安時代中期以降とみてよい。加えて、この時期の軒丸

瓦は、一般的に瓦当部直径が小型化する傾向にあり、作りも簡略化の様相が顕著に認められる（これは軒平瓦にも認められる傾向である）。それでは、現在確認されている軒丸瓦の各型式について、順次、その概略を紹介する。

(1) 複弁蓮華紋系軒丸瓦

　この系統は、現在のところ1型式が確認されているだけであるが、出土量は最も多く、平安時代中・後半期の軒丸瓦の中心をなす。

　なお、型式名については、『研究紀要』第2号の型式名との重複を避けるために、『研究紀要』第2号の型式名に続くかたちで設定した。

　＜F型式＞（図1－1、写真1－1）

　いわゆる複弁蓮華紋軒丸瓦の型式に入るが、瓦当部は小型化し、かなり退化した様相を呈する。瓦当部の規模により、直径14cm前後のものと、直径12.5cm前後のものの2種類に分かれるようである。瓦当部周縁は正円をなさず、外区と内区を分ける圏線はなく、両者の区別が明瞭でなくなってきている。外区外縁は低い変形の台形状を呈しており、幅が一様でなく、かつ無紋。同区内縁はなく、外縁内側の傾斜面に珠紋（14個）を配する。蓮弁は小さく偏平で、間弁は細い凸線で表現されており、これが蓮弁を画する界線につながる紋様構成をとる。だが、周縁の処理、珠紋の形及び間隔、界線の太さが一様でないなど、各所に作りの粗雑さが目立つ型式である。

　次に、中房の表現方法は特徴的で、圏線のみで表現した5cm前後の中房内に、凸線で四葉の花弁を表し、その中に1＋4の蓮子を置く。なお、瓦当部にとり付く丸瓦部はさらに小さくなり、14cm前後の瓦当部直径を有する例で、12cm前後の数値を示す。図1－1は、瓦当部直径14.1cm、中房直径5.5cm、弁長2.0cm、弁幅3.2cmを測る（崇福寺跡出土）。

　＜付記＞
　近年、京都市下京区烏丸五条交差点の北西地区（平安京左京六条三坊十町）における発掘調査で、F型式の軒丸瓦が出土している。この地点付近は、平安時代後期、白河・鳥羽・崇徳・近衛の4天皇が御所とした小六条殿（小六条院、北院）が存在していたところである。（『京都市埋蔵文化財調査概要－平成10年度－』　京都市埋蔵文化財研究所　2000）

　また、これとセットをなすと考えられる軒平瓦（図1－2、写真1－2）も多量に出土しており、軒丸瓦同様、平安時代前期以前のそれよりも、瓦当部の長さ・幅とも小型化し、瓦当部・平瓦部とも薄い作りとなっている。内区紋様は一種の偏行唐草紋で、中心飾はない。外区内縁には、上・下部にそれぞれ10個、左右両側にそれぞれ1個、合わせて22個の珠紋を配している。瓦当部の粘土面と范型が一致しないものが多く、珠紋や内区の唐草紋の一部

写真1　南滋賀町廃寺・崇福寺跡出土瓦

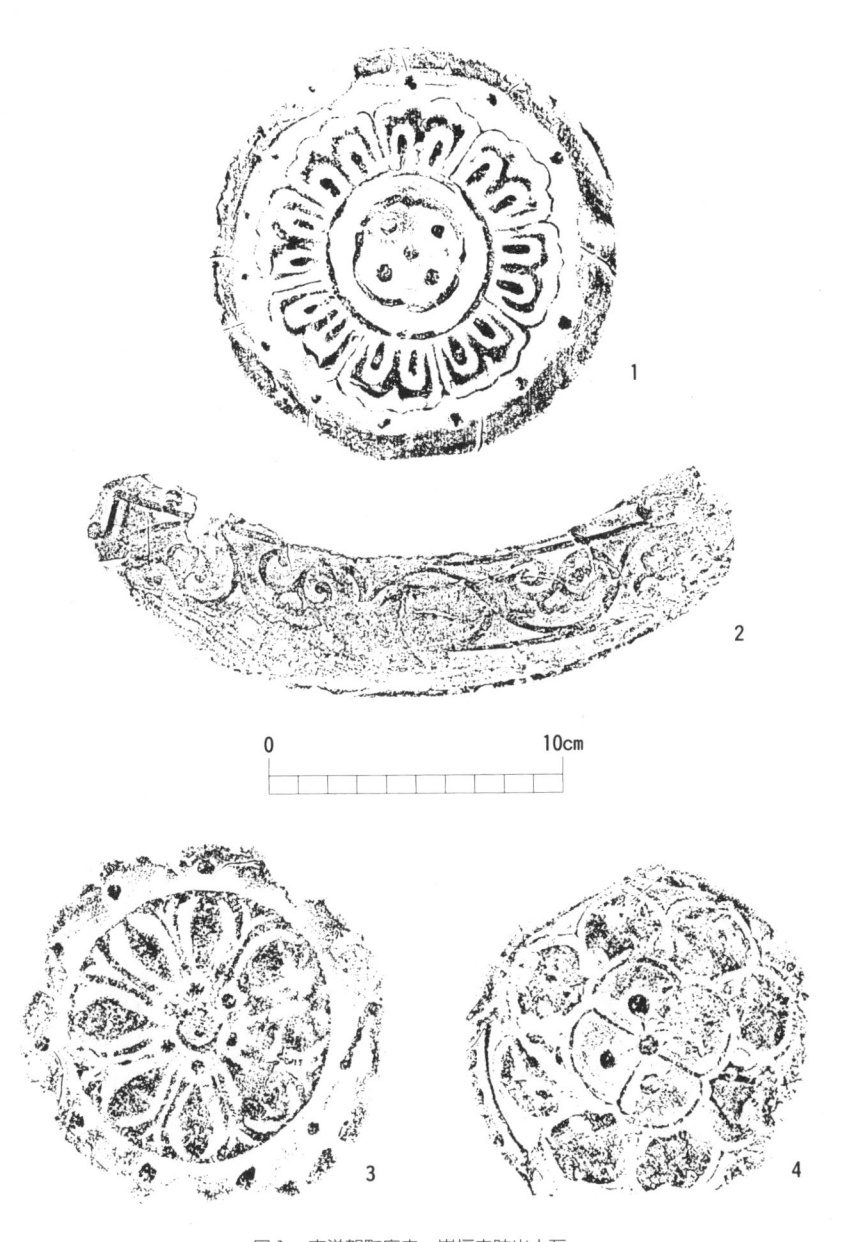

第 2 章　大津宮遷都と壬申の乱　253

図 1　南滋賀町廃寺・崇福寺跡出土瓦

が切れるなど、笵のズレが目立つ。セットとなる軒丸瓦同様、作りの粗雑さが目立つ型式である。

　図1-2は、瓦当部上弦長20.3cm、同下弦長約22.8cm、同幅5.3cm、奥行28.8cm、平瓦部先端部厚さ2.0cmを測る（出土地不明）。

<付記>
　上記と同じ紋様をもつ軒平瓦は、平安宮内裏跡から出土している（図2-1）。唐草は左から右へ緩やかに反転しており、各単位の先端が二又に分かれ、その分岐点にハート形の蕾状紋様が付く。(平安博物館編『平安京古瓦図録』　雄山閣出版　1977)

　この型式の軒平瓦については、発掘調査の当初から、同系と見られる軒平瓦が奈良市興福寺や宇治市平等院から出土していること（図2-2・3）、文献史料で興福寺及び平等院と崇福寺の3寺院が、永承年間から天喜年間にかけての時期、お互いに密接な関係にあったと考えられること[1]などから、平安時代の永承年間（1046～53）の時期をあてる考え方が示されていた。

　この時期の3寺院に関わる歴史的な事象を見ていくと、まず、興福寺[2]では、永承元年（1046）

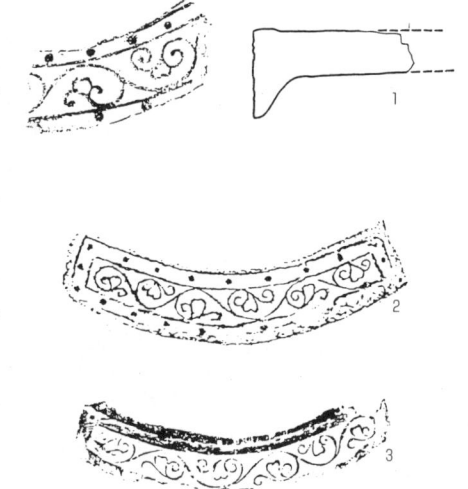

図2　崇福寺跡出土例と同系の軒平瓦
1. 平安宮内裏跡　2. 平等院　3. 興福寺

12月24日の大火で、中心伽藍がほぼ全焼するが、早くも永承3年3月2日に再建供養が行なわれている。これには関白藤原頼通をはじめ多くの貴族が参列しているが、頼通の尽力によってこの供養が挙行できたといわれており、その導師を務めたのが、園城寺第27・29代長吏職（長元～康平年間）の地位にあった明尊[3]である。次に、永承7年（1052）3月28日には、平等院[4]を仏寺として、その執印に大僧正明尊をあてている。さらに、治安2年（1022）に焼失した崇福寺では、天喜5年（1057）11月30日に再建供養が行なわれており（『扶桑略記』）、これは明尊の奔走によるところが大きいといわれている。

　このように、この時期、3寺院とも明尊との関わりが指摘でき、しかも、同系の軒平瓦が出土していることから、これとセットになると考えられる崇

福寺跡出土のF型式も、天喜年間の再建時に使用されたものと見てよいだろう。そして、明尊を通じて当時の実力者・藤原頼通の姿が見えることから、崇福寺の再建にも頼通の後援があった可能性が強い。

(2) 単弁蓮華紋系軒丸瓦

いずれも紋様が偏平で彫りが浅いため、瓦当部面の紋様が不明瞭なものが多い。現在、蓮弁や中房の表現方法のまったく異なる2型式が確認されているが、複弁系のF型式に比べ、両者とも出土量は極端に少ない。

＜G型式＞（図1-3、写真1-3）

平安時代前期の単弁系の紋様構成を踏襲したと見られる型式で、幅広の蓮弁を八葉配しており、間弁は簡略化した小型の楔形を呈する。中房も小さく、内部に1＋6の蓮子を置き、中央の蓮子には圏線が巡る。内区と外区の境は圏線ではなく、段差で表現されている（外区が内区より一段低い）。明瞭な外区外縁はもたず、同内縁の珠紋も等間隔ではなく、不揃いに配されている。瓦当部も正円をなさず、周縁の処理も粗い。

図1-3は、瓦当部直径13.2cm、内区直径9.0cm、中房直径3.3cm、弁長3.0cm、弁幅2.5cmを測る（出土地不明）。

＜付記＞
　同型式の軒丸瓦が平安宮内裏跡（図3・左）や民部省跡から数点出土している。瓦当部上面は粗く縦方向のナデ調整が施されており、同裏面にもナデ調整が行なわれ、凹凸が目立つ。胎土には粗い砂粒が混ざる。
（平安博物館編『平安京古瓦図録』　雄山閣出版　1977）

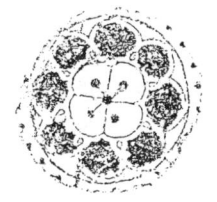

図3　崇福寺跡G・H形式と同系の軒丸瓦
　左．平安宮内裏跡　　右．平安宮朝堂院跡

＜H型式＞（図1-4、写真1-4）

蓮弁及び中房の表現方法とも、G型式とは大きく異なる紋様構成をもつ。蓮弁は短く、かつ幅広で、中央部先端が尖っており、ちょうど宝珠形に似た形状のものを八葉配する。間弁はないが、蓮弁を縁取りするように界線を巡らせている。中房は円形ではなく、四葉の花弁状の形を凸線で表現し、さらに、その内部を十字に区切って、中心と各区画にそれぞれ1個ずつ蓮子を置く。周囲の蓮子4個のうち1個は不明瞭で判然としないが、残りの3個は中央の蓮子と凸線により繋がれている（他地域からの出土例を見ると、いずれも4個の蓮子のうち1個は繋がれていない）。内区と外区を画する圏線がわずかだが確認されているが、外区の残存状況が悪く判然としないが、周縁は

なく、珠紋が巡らされているだけである。G型式同様、瓦当部は正円をなさず、彫りも浅く偏平な作り。

図1-4は、瓦当部直径12.2cm、中房長5.5cm、弁長1.8～2.8cm、弁幅3.0cm、丸瓦部直径約11cmを測る。南滋賀町廃寺出土。

<付記>
　平安京左京二条二坊の高陽院跡（『平安京跡発掘調査概報－昭和56年度－』京都市埋蔵文化財研究所　1982）や、平安宮内裏跡・内裏内郭回廊跡・朝堂院跡、法成寺跡、広隆寺など（平安博物館編『平安京古瓦図録』　雄山閣出版　1977）から、同型式の軒丸瓦が出土している（図3-右、図4）。

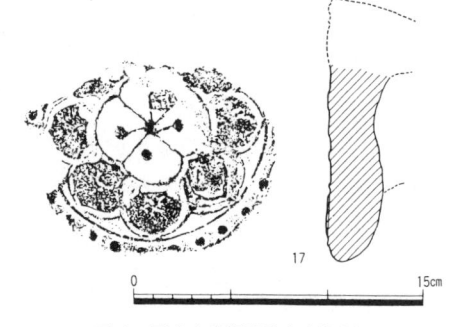

図4　平安京高陽院跡出土軒丸瓦

3．おわりに－平安期の瓦類の性格について－

　前項において、南滋賀町廃寺及び崇福寺跡から出土した平安時代中・後期の軒丸瓦について、型式ごとに、その概略を紹介した。

　ここで注目されるのが、F型式と、これとセットになる軒平瓦の存在である。この瓦類は、崇福寺の平安時代中・後期の瓦の中心となり、出土量も多く、同系の軒平瓦が興福寺や平等院、さらに平安宮跡などで出土していることから、11世紀中頃の瓦と見て差し支えなく、天喜年間の再建時に使われた可能性が強いと考えられる。なお、両寺院跡は以前にも述べたように、戦前の発掘調査であったため、出土場所がわからなくなっているものが多いが、大半は崇福寺跡と見てよいだろう。

　だが、その他のG・H型式の出土量は極めて少なく、軒平瓦でも、数種類の型式を確認しているが、いずれもわずかな出土量であることから、おそらく堂舎の小規模な改修時における差し替え瓦と考えてよい。

　いずれにしても、両寺院の創建期の瓦類を除く、奈良時代後半から平安時代にかけての瓦類については、両寺院の変遷を示す重要な資料であり、今後は、瓦の生産地、他地域の同時代の瓦類との比較・検討を行なっていく必要があるといえる。その作業を通じて両寺院の変遷や性格がより鮮明になってくることであろう。

<注>
1　肥後和男「大津京阯の研究」（『滋賀県史蹟調査報告』第2冊　1929）

2　小西正文『興福寺』(日本の古寺美術5　保育社　1987)
　　この前後の事情については、『扶桑略記』や『興福寺流記』に載る。
3　『新修大津市史』第1巻－古代－(大津市　1978)
4　　平等院は、都の周囲の風光明媚な地に建てられた貴族の別業(別荘)の一つに始まるといわれており、その最初は、嵯峨天皇の皇子・左大臣源融の宇治別業だったことが記録に載る(『扶桑略記』寛平元・889年12月条)。
　　この後、この別業は多くの皇族・貴族の手を経て、長徳4年(998)に藤原道長の所有となる。道長の死後(万寿4年・1027)は、その子頼通に受け継がれ、頼通の別荘として利用されていた。だが、この時期、末法思想で末法初年と考えられていた永承7年(1052)になって、寺院へとその姿を変えることになり、これ以降、「平等院」と号するようになる。
　　まず、永承7年、最初に、大日如来を本尊とする本堂が建立され、続いて翌年の天喜元年に中心建物である阿弥陀堂(鳳凰堂)、天喜4年(1056)に法華堂が完成する。その後、境内地には、頼通一門により次々と仏堂が建てられ、承保元年(1074)、頼通が亡くなる頃には、優美な伽藍をもつ一大寺院へと変貌していたと考えられている。(『平等院旧境内遺跡発掘調査概要』－宇治市埋蔵文化財発掘調査概報第22集－　宇治市教育委員会　1993　ほか)

第3章　壬申の乱と近江

1．壬申の乱と造寺
2．壬申の乱「山前」考

壬申の乱と造寺
― 近江に分布する「山田寺式」軒丸瓦の場合 ―

1. はじめに

　『日本書紀』崇峻天皇元年条に、次の記述が載る。

　　是歳、百済国、使幷て僧恵總・令斤・恵寔等を遣して、仏の舎利を献る。百済国、恩率首信・徳率蓋文・那率福富味身等を遣して、調進り、幷て仏の舎利、僧、聆照律師・令威・恵衆・恵宿・道厳・令開等、寺工太良末太・文賈古子、鑪盤博士将徳白味淳、瓦博士麻奈文奴・陽貴文・㥜貴文・昔麻帝彌、畫工白加を献る。蘇我馬子宿禰、百済の僧等を請せて、戒むことを受くる法を問ふ。善信尼等を以て、百済国の使恩率首信等に付けて、学問に發て遣す。飛鳥衣縫造が祖樹葉の家を壊ちて、始めて法興寺を作る。此の地を飛鳥眞神原と名く。亦は飛鳥の苫田と名く。是歳戊申。

　　　　　　　　（岩波書店刊『日本古典文学大系68－日本書紀・下－』より引用）

　引用がひじょうに長くなってしまったが、これは崇峻天皇元年（588）に、百済から寺工、鑪盤（露盤）博士、瓦博士など、寺院造営の技術者が来日し、飛鳥の地で法興寺（飛鳥寺）の造営を開始したことを記した文章である。そこには、当時の政権の中枢にいた蘇我馬子の名が見え、彼が中心となって百済から仏教を導入し、寺院建立を積極的に押し進めようとしていたことが読み取れる。この造営は同5年（592）10月に仏堂・歩廊が建ち、翌推古天皇元年（593）正月に刹柱に舎利を置き、同4年（596）、ついに完成を見た。わが国最初の本格的な寺院造営を示すものとして、よく知られた記述である。
　その後、『日本書紀』推古天皇32年（624）9月条では、寺院が46カ寺に増えていたことがわかり、半世紀余りをへた白鳳時代の持統6年（692）には、その数が全国でおよそ545カ寺に達していたとする記載（『扶桑略記』）がある。この時期、各地で競い合うように寺院建立が行われていた。
　近江の状況を見ても、白鳳時代の瓦を出土する遺跡（すべてが寺院跡とはいえないが）は60カ所を超えている。これらの遺跡は、大半が廃寺となってしまっているため、寺院の性格を考える時、一つの材料となるのが軒先を飾る紋様瓦（軒丸・軒平瓦）である。白鳳期の軒先瓦を見ると、軒平瓦につい

ては、不思議なことに、作り方にそれぞれ若干の差は認められるものの、瓦当部の紋様は一様に重弧紋と呼ばれる形式を採用している。そこには、何か強い力が働いているといった状況が感じ取れる。ところが、これに組み合わせて用いる軒丸瓦の瓦当部紋様には実に多くの形式があり、各形式の瓦が出土する代表的な寺院や都城の名前を取って「〇〇寺式」「〇〇宮式」という名称を付けて、他の形式と区別している。

だが、この軒丸瓦の瓦当部を飾る多種多様な紋様形式も、基本的には「複弁系」と「単弁系」という2つの系統に大きく分けることができる。そして、前者を代表する形式が、大和の川原寺で使用された軒丸瓦を標識とする「川原寺式」であり、後者のそれは、同じく大和の山田寺に用いられた軒丸瓦を標識とする「山田寺式」である。この両形式とも、関東から西日本のかなり広い範囲に分布していることから、その原因について、様々な研究がなされてきた。なかでも、「川原寺式」の分布については、そこに政治的な背景を読み取ろうとする研究が、八賀晋[1]らによって積極的に進められている。

小論では、「川原寺式」とともに、白鳳期を代表する単弁系の「山田寺式」に着目し、近江における分布状況から、そこにある政治的な動きを読み取ろうとした、一つの試みの論である。

2．山田寺と「山田寺式」軒丸瓦

『上宮聖徳法王帝説』裏書によると、山田寺は鸕野讃良皇女（後の持統天皇）の祖父にあたる蘇我倉山田石川麻呂の誓願により、舒明天皇13年（641）に、山田の宅地で寺院造営のための整地が始まり、皇極天皇2年（643）に金堂建立、大化4年（648）に僧を住まわせたとある。だが、この記事は『日本書紀』になく、『書紀』での山田寺の初見は、大化5年3月に、蘇我日向の讒言により、蘇我石川麻呂一族が山田寺で自害したという記載である。この事件により、山田寺の造営工事は中断し、14年余りののちにようやく再開されたらしい。天智天皇2年（663）に塔の建設準備が始まり、天武天皇5年（676）4月、塔が完成している。続けて、工事は講堂建設と本尊製作に移り、天武天皇14年（685）3月25日、石川麻呂の37回忌の命日に薬師開眼法要が行われ、ここにようやく山田寺造営工事は完了するのである。

造営のための整地が始まってから、実に40年以上が過ぎていた。石川麻呂が自らの家系の氏寺として造営を始めた山田寺は、天武天皇の治世にようやく完成したのである。それは、当初の目的とはまったく異なった石川麻呂一族の追福のための造営に変わっていた。一度、中断した工事を再開し、完成

までこぎつけた。その過程には、石川麻呂の孫（天智天皇の皇女）で、大海人皇子の妃となり、大海人即位後、皇后の地位についた鸕野讃良皇女の力が大きく働いていたことは充分に想像できる。

この山田寺の堂塔の軒先を飾っていた瓦が、重圏線紋縁単弁八葉蓮華紋と呼ぶ形式の軒丸瓦である（写真1）。この瓦は、川原寺式の繊細で優雅な感じとは異なった、雄大で力強い印象を受ける紋様構成で、輪郭を線で明示した蓮弁は先端をやや反り気味に表現し、明瞭な子葉をもつ。中房は小型で、蓮子数は1＋6、1＋4など、数種認められるようである。外区外縁は高く、四重の圏線を配している。

写真1　山田寺跡出土軒先瓦（奈良文化財研究所蔵）

しかも、上記の軒丸瓦は、山田寺の造営当初から完成までの40年余りの間、ほぼ同一の形式のものが使用されていた。ただ、最も早く完成した金堂と、再開後に建てられた塔の瓦とでは、後者の方が少し小振りで、中房も少し小さく、蓮弁もやや短くなるといった程度の違いはあるが、全体の紋様構成はまったく変わっていない。

この軒丸瓦をもとにして作られたと推定される瓦（「山田寺式」と呼ぶ）が、千葉県から広島県に及ぶ広い範囲に分布しており、近江でも、いくつかの遺跡から出土の報告がある[2]。だが、この「山田寺式」は、地域ごとに紋様構成にかなりの変化が認められる。従って、ここでは、"単弁"という絶対条件に加えて、同形式を構成する要素の中で、①重圏線紋縁②子葉③蓮弁輪郭線の3つを取り上げ、これをすべて取り入れたもの、あるいは一要素は欠くものの全体の紋様構成が山田寺出土瓦を忠実に模したと考えられるものを「A類」、いずれかが欠落し、全体の紋様構成にも変化が進行しているものを「B類」として区分し、以下の記述を進めていくことにする。

3．近江での「山田寺式」軒丸瓦の分布

従来、近江で「山田寺式」軒丸瓦を出土する遺跡として、衣川廃寺（大津市）・竹ケ鼻廃寺（彦根市）・安養寺廃寺（近江八幡市）の3カ所があげられていた。だが、先にあげた条件をもとに、近江の白鳳期の瓦を見直してみ

ると、「山田寺式」の範疇に入る可能性をもつものが10例余りあり、改めて近江の資料を検討していくことにする。

(1) A類

　近江で「A類」の瓦を出土する遺跡としては、先の衣川廃寺・竹ケ鼻廃寺の他に、木流廃寺（神崎郡五個荘町）・大郡遺跡（同）・屋中寺跡（彦根市）・三大寺廃寺（坂田郡米原町）・正恩寺遺跡（坂田郡近江町）の5遺跡が新たに加わる。そこで、この7遺跡の位置について簡単に触れておきたい。

　まず、衣川廃寺(3)は大津市北部、堅田の地にあり、旧西近江路を見下ろす丘陵先端部に造られている（図1）。すぐ近くには大友皇子終焉の地の伝承をもち、皇子を祭神とする鞍掛神社が鎮座する。次に、彦根市所在の竹ケ鼻廃寺(4)と屋中寺跡(5)については、前者がJR琵琶湖線南彦根駅のすぐ南、犬上川右岸沿いに立地（東約1km強のところを旧中山道が走る、図2－上）し、後者は琵琶湖岸に近い荒神山の南側山麓にある。さらに、五個荘町所在の木流廃寺(6)と大郡遺跡(7)は、旧中山道を挟んで東西に向き合うように位置している。前者は旧中山道から少し離れた木流集落の南側にあり（図2－中）、後者は旧中

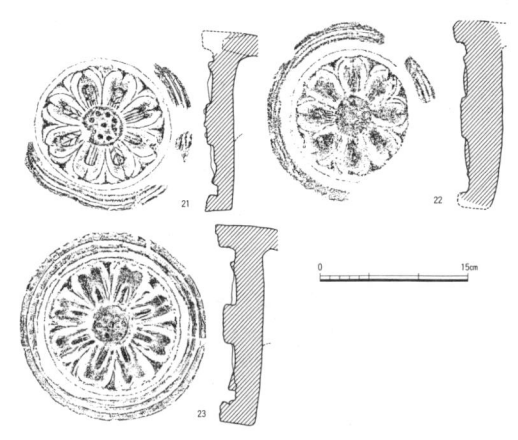

図1　衣川廃寺跡出土軒丸瓦（注3による）

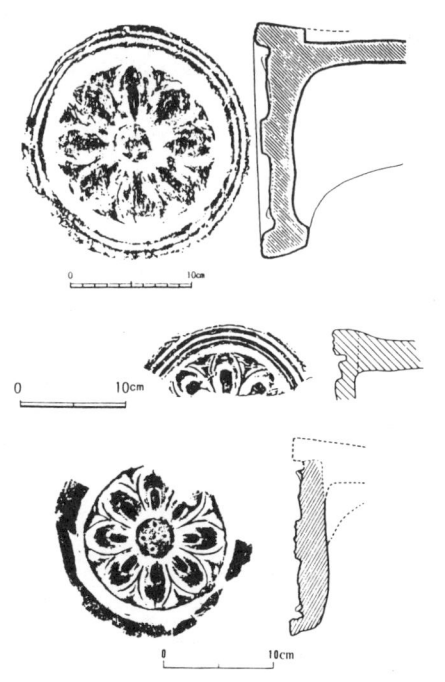

図2　竹ケ鼻廃寺（上）・木流廃寺（中）・大郡遺跡（下）出土瓦（注4・6・7による）

山道に近い大郡神社付近に立地する。特に、大郡遺跡は神崎郡衙推定地で、その前身遺構として、白鳳期の寺院が建っていた可能性が出てきたことになる。なお、同遺跡出土の「山田寺式」軒丸瓦（図2-下）については、外区外縁に重圏線紋はないが、それを除けば山田寺出土瓦に極めて類似しているので、「A類」とした。

次に、正恩寺遺跡[8]は、西流する天野川が平地に出た地点（近江町飯、天野川左岸）に立地する（図3）。近世の中山道は、米原町の丘陵北麓を天野川に沿うように走っており、途中から谷筋に入り、番場の集落へ向うが、谷筋に入る地点から西へ4km余りのところに同遺跡がある。

最後に、米原町所在の三大寺廃寺[9]（詳細は「B類」の項で詳しく説明する）は、醒井小学校南東側一帯に位置しており、前面には天野川に沿うように旧中山道が通っている。

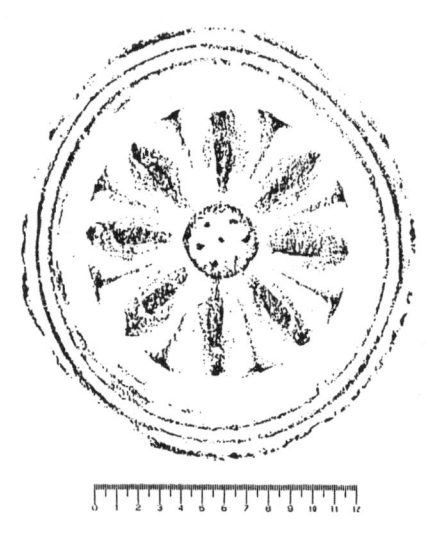

図3　正恩寺遺跡出土軒丸瓦（注8による）

以上、7遺跡の立地状況を簡単に見てきたが、衣川廃寺を除く5遺跡が旧中山道沿い[10]（屋中寺跡などは少し離れた地点に位置する）に立地するという特徴をもつ。この事実が、次の「B類」の分布状況とともに、近江で「山田寺式」軒丸瓦を出土する遺跡の性格を検討する際の重要なポイントとなってくる。

(2)　B類

先に「B類」を区分する中で、3つの要素のうちいずれかが欠落するものという漠然とした規定となってしまったが、そこにはいくつかの組合せが存在することになる。第2章で述べたように、「単弁」は「山田寺式」で欠くことのできない要素であり、同形式の大前提になるため、組合せも当然「単弁」＋「……」となる。そこで、近江の白鳳期の単弁系瓦を検討していくと、「A類」から派生したと考えられる特異な紋様構成をもつ一群が、湖北の坂田郡から東浅井郡にかけての地域に集中して分布している。いまのとこ

写真2　三大寺廃寺出土軒丸瓦（米原町教育委員会蔵）

ろ、先に「A類」の項であげた三大寺廃寺をはじめ、大東廃寺（長浜市）・新庄馬場廃寺（同）・八島廃寺（東浅井郡浅井町）の４遺跡があげられる。この中で、「A類」「B類」の両形式が出土している三大寺廃寺出土瓦（写真２）を中心に見ていくことにする。

　三大寺廃寺[11]は、昭和55年・57年の発掘調査で、方形に近い建物基壇（東西約24m×南北約21m）が１カ所確認され、これとともに多量の瓦類が出土した。この中で、軒丸瓦は、複弁系１種類、単弁系２種類、合計３種類が認められたが、複弁系は１点（写真２-下右）だけで、他はすべて単弁系であった。単弁系はいずれも外区外縁に三重圏線を巡らせており、蓮弁の表現の違いで、さらに２種類に分かれる。一つは、ひじょうに高く、彫りの深い肉厚の蓮弁で、中央に明瞭な稜線を有し、わずかに隆起させた子葉を持つ。中房蓮子１＋８（Ⅰ型式、写真２-上）。他の一つは、蓮弁がやや偏平になり、稜線も不明瞭になるが、中央に棒状の子葉を配し、蓮弁周囲に輪郭線を持つ。中房蓮子１＋４（Ⅱ型式、写真２-下左・下中）。出土量はⅠ型式が圧倒的に多く、Ⅱ型式はわずか数片出土しているだけである。このⅡ型式は、いずれも小破片のため、全体像の復原は不可能が、山田寺出土瓦の様相を比較的よく伝えており、「A類」に含めてよい資料といえる。さらに、複弁系軒丸瓦の外区外縁にも重圏線紋が配されており、軒丸瓦の紋様構成の中で、重圏線紋がかなり意識して使われていることが

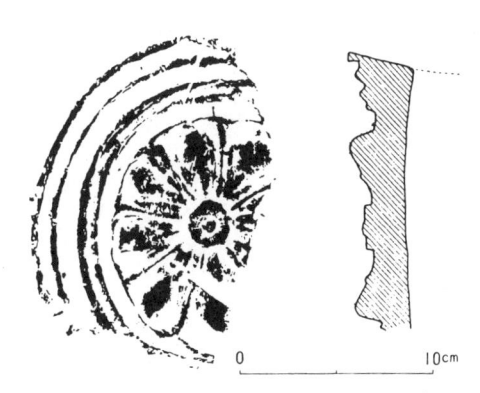

図４　新庄馬場廃寺出土軒丸瓦（注14による）

写真3　大東廃寺（上）・八島廃寺（下）出土軒丸瓦
（『近江の古代寺院』より転載）

わかる。従って、出土する軒丸瓦類の大半を占めるⅠ型式を、Ⅱ型式の影響を受けて成立したものとしてとらえることは充分可能だろう。なお、本廃寺では、地点がまったく異なるが、「藤原宮式」の軒丸・軒平瓦が出土している。この型式の瓦も、琵琶湖東岸の旧中山道に沿うように、湖南から湖北にかけて点々と分布しており、出土遺跡を壬申の乱との関連でとらえようとする説[12]がある。

さて、このⅠ型式の瓦は、三大寺廃寺を含め4遺跡から出土しており、三大寺例と大東例（写真3－上）は類似し、新庄馬場例（図4）と八島例（写真3－下）がほぼ同一の紋様構成とみてよい。あわせて、3遺跡の位置関係をみておくと、大東廃寺[13]・新庄馬場廃寺[14]はいずれも長浜平野のほぼ中央に位置しており、八島廃寺[15]は北国脇往還（現在の国道365号にほぼ一致）沿いにある。八島廃寺のすぐ南には、近江朝廷の右大臣で、壬申の乱後「浅井の田根」（浅井町八島とする説が有力）で処刑された中臣連金の墓と伝える亀塚古墳が位置している。

以上、「A類」「B類」の出土例について見てきたが、これ以外に「山田寺式」の可能性を残したものが2、3ある。その一つが、最初にあげた安養寺廃寺[16]（近江八幡市）である。この出土瓦（図5）は、外区外縁が平縁で極端に狭いため、一見しただけでは、「山田寺式」とするには躊躇

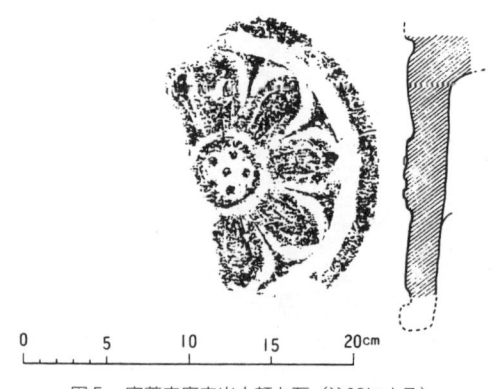

図5　安養寺廃寺出土軒丸瓦（注16による）

されるが、『山田寺展』図録[17]には、「山田寺式」軒丸瓦として記載されているので、一応ここに挙げておく。もう一つ、近江町所在の法勝寺廃寺[18]から出土する瓦にも、三大寺廃寺Ⅱ型式に近い紋様構成を呈するもの（但し、外区外縁に重圏線紋があるか否かは確認できず、図7）が含まれている。さらに、能登川町猪子廃寺[19]からも木流遺跡例に似たタイプの単弁軒丸瓦（小片のため全体像は不明、図6）が出土している。この3つの遺跡の位置は、安養寺廃寺がJR琵琶湖線篠原駅のすぐ南にあたり、遺跡の南側には旧中山道（現在の国道8号にほぼ同じ）が走る。また、法勝寺廃寺は天野川下流の右岸にあり、ちょうど旧中山道と北国街道の分岐点付近にあたっている。

図6　猪子廃寺出土軒丸瓦（注19による）

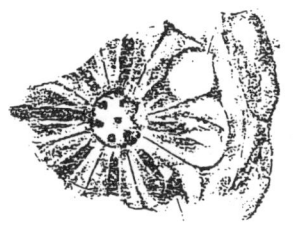

図7　法勝寺廃寺出土軒丸瓦（注18による）

　このように見てくると、近江における「山田寺式」軒丸瓦を出土する遺跡は、A類が衣川廃寺・木流廃寺・大郡遺跡・屋中寺跡・竹ケ鼻廃寺・三大寺廃寺の6例、B類が三大寺廃寺・大東廃寺・新庄馬場廃寺・八島廃寺の4例、その可能性を持つものとして、安養寺廃寺・法勝寺廃寺の2例、合わせて11遺跡12例（三大寺廃寺が2種類の瓦を出土しているため）となる。そこで、この11遺跡の位置関係を再度検討してみると、衣川廃寺を除き、湖東・湖北地域に集中しており、屋中寺跡など少し離れて立地する例外はあるが、その多くが旧中山道（古代東山道）沿いに立地する特徴をもつことがわかる（図8）。この地域における白鳳時代の大きな出来事といえば、すぐに壬申の乱が浮かぶ。湖北地域は、美濃国不破に近江進攻の前線基地を置いた大海人皇子軍が近江に突入して最初の激戦地であり、大海人皇子軍が大津宮を目指して湖南方面に軍を進めたのが旧中山道沿いであったと考えられている。もう少し詳しく見ていくと、三大寺廃寺は「息長の横河」の激戦地に近く、竹ケ鼻廃寺は、迎え撃つ近江朝廷軍が陣を張った「犬上川辺」（場所は特定され

ていない）の近くになる可能性が強い。また、近江でただ1カ所、湖東・湖北地域から離れた大津市堅田の地にある衣川廃寺も、壬申の乱との関わりが最も強い大津宮の北の玄関口（大海人軍の一隊が本隊と分かれて湖西を通り、大津宮を目指していた）といってもよい場所にあたることを考えれば、同廃寺も大津宮・壬申の乱との関連で捉えられるかもしれない。

このように、近江で「山田寺式」軒丸瓦を出土する遺跡は、大津市域及び湖南地域にまったく分布しないという大きな問題は残るが、そのいずれもが壬申の乱に深く関わった地域に立地していると

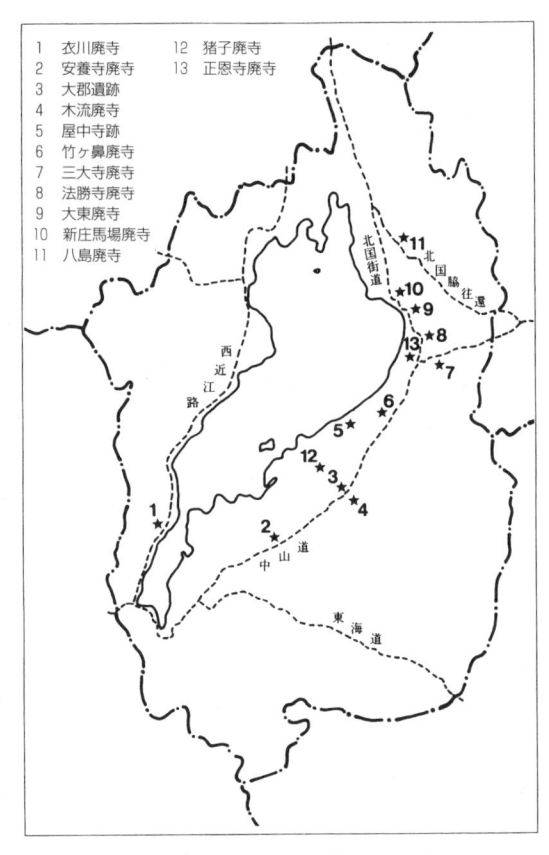

```
1  衣川廃寺      12 猪子廃寺
2  安養寺廃寺    13 正恩寺廃寺
3  大郡遺跡
4  木流廃寺
5  屋中寺跡
6  竹ヶ鼻廃寺
7  三大寺廃寺
8  法勝寺廃寺
9  大東寺
10 新庄馬場廃寺
11 八島廃寺
```

図8　「山田寺式」軒丸瓦出土遺跡分布図

いってよいだろう。近江では、「山田寺式」軒丸瓦が、「藤原宮式」とともに、「川原寺式」軒丸瓦よりも、壬申の乱とのつながりが強いのではないかと考えている。

4．持統天皇と「山田寺式」瓦

先に見た如く、近江における「山田寺式」軒丸瓦出土遺跡は、壬申の乱に深く関わった土地に立地する例が多いように思える。だが、大津市域や湖南地域に「山田寺式」軒丸瓦出土遺跡がまったく認められないなど、いくつかの問題が存在することも確かである。そこで、近江の周辺地域で、壬申の乱とつながりの深い伊勢・尾張・美濃における「山田寺式」の分布状況を少しながめておくことにする。

まず、伊勢地域[20]では、桑名を中心とする北勢地域と、津市・一志町地域に集中しており、なかでも額田廃寺（桑名市）・浄泉寺跡（一志郡一志町）・斑光寺跡（同）出土瓦が近江での「A類」にあたり、特に額田廃寺では、川原寺式E類と同笵と見られる瓦がいっしょに出土している（写真4）。同様な例が縄生廃寺（三重郡朝日町、額田廃寺の南東約3kmに立地）でも見られる（但し、同廃寺出土の「山田寺式」は、

写真4　額田廃寺出土軒丸瓦（桑名市博物館蔵）
左．川原寺式　　右．山田寺式

外区外縁が重圏線紋縁ではなく、素縁になっており、額田廃寺例より後出と推定）。おそらく、両寺院は、他の寺院とは少し異なった性格を備えた寺院としての位置づけが可能ではないかと考えている。壬申の乱の時、常に大海人皇子と行動をともにしていた鸕野讃良皇女が、皇子と分かれて乱が終結するまでとどまっていたのが、桑名の地である。そういう意味では、桑名という土地は、天武天皇よりも持統天皇にとって、より関係が深かった場所だといえる。

続いて尾張地域[21]を見ると、ここでも分布に偏りがみられる。尾張では、いままでのところ、甚目寺廃寺（海部郡甚目寺町）・尾張元興寺跡（名古屋市）・トトメキ遺跡（東海市）・奥田廃寺（知多郡美浜町）の4遺跡から「山田寺式」軒丸瓦が出土しており、いずれも伊勢湾に沿うように、北から南へ分布している。これは伊勢との関係が強かったためと考えられているが、伊勢全体ではなく、北勢地域で中心的な存在として考えている額田廃寺との関係で見てよいのではないかと思う。

最後に、美濃地域[22]にでは、いまのところ「山田寺式」と見られる軒丸瓦は出土しておらず、近江・伊勢・尾張とは、大きく異なった状況を示している。壬申の乱時、持統天皇は桑名に留まり、乱が終結するまでそこを動かず、乱後は、迎えにきた天武天皇といっしょに桑名から飛鳥の地へ戻っている。壬申の乱時、持統天皇は、美濃へ一歩も足を踏み入れていない。そういう意味では、桑名とはまったく反対のことが、美濃についていえるのではないか。美濃の地は天武天皇にとって終生忘れえぬ土地であったが、持統天皇には、

いまだ訪れたことがない未知の地だったのである。
　壬申の乱は、夫・大海人皇子が自らの将来をかけた戦いであったと同時に、妃・鸕野讃良皇女にとっても、自らの将来を決定する大事な戦いであった。その戦いに勝ち、飛鳥に戻り、皇后の地位についた鸕野讃良皇女は、まず停滞していた山田寺の造営に精力を傾けていったことは容易に想像できる。造営の目的には、祖父石川麻呂の追福とともに、壬申の乱で亡くなった人たちの冥福を祈ることも加えられていたと思う。そして、天武天皇亡きあと、はからずも天皇位につくことになった持統は、即位後たびたび吉野への行幸（天皇在位中だけでも、実に30回近くに達する）を繰り返す。吉野の地は、夫・天武と自らの運命を大きく変えることになった思い出深い地であった。さらに、東国への行幸も2回行っている。1回目は、持統6年（692）3月に伊勢へ行幸し、2回目は、大宝2年（702）10月、三河・尾張・美濃・伊勢・伊賀を巡る、45日に及ぶ大旅行を行った。いずれの行幸も、近江国は含まれていなかったが、2回とも壬申の乱に関わりの深い土地への旅であり、通過する各地で国司や郡司・百姓などに位を授けたり、禄を与えたりしている。従って、特に関わりの深い、忘れえぬ土地では、自らの発願で寺院造営を行ったことも充分考えら、その土地で行われようとしている寺院造営に対する有形・無形の援助もあったのではないだろうか。その証が、壬申の乱に関係する土地に残る「山田寺式」や「藤原宮式」の軒丸瓦ではなかったかと思う。
　そのなかで、最も注目すべき地点が、「川原寺式」「山田寺式」の両形式を出土する額田廃寺である。この土地が天武・持統両天皇にとって大事な場所だったことは、両形式の軒丸瓦が出土することで容易に想像され、さらなる推測が許されるならば、桑名における持統天皇行宮の有力な候補地として考えてもよいのではないかと思っている。
　このような歴史の流れのなかで、今回取り上げた近江での「山田寺式」軒丸瓦の拡がりを再度ながめて見ると、持統天皇は、結果的に、2回の東国行幸とも、近江に立ち寄ることはなかったが、近江が壬申の乱に最も関係の深い土地であることから、そこで出土する「山田寺式」軒丸瓦についても、壬申の乱との関わりで検討してよいのではないかと考えている。

5．おわりに
　美濃地域における「川原寺式」軒丸瓦の分布を、壬申の乱で活躍した美濃の豪族層との関連でとらえた八賀晋の研究はよく知られている。だが、これ

は何も「川原寺式」だけに限ったことではない。各地に広く分布する「○○寺式」「○○宮式」と呼ばれる瓦については、すべてとは言えないまでも、その分布に当時の政治情勢が色濃く反映したものがかなりあるのではないかという考え方に立ち、ここでは「山田寺式」軒丸瓦を取り上げてみた。

今回は、「山田寺式」軒丸瓦の中で、瓦当部紋様のみに焦点をあて、近江での類似する瓦当部紋様をもつ瓦の分布をながめてきたが、製作技法や調整手法など、別の角度からの検討を行なえば、異なった見解が出されることも当然あると考えている。ここでは、瓦当部紋様のとらえ方により、上記のような考え方も可能ではないかということを理解していただければと思っている。本論では、最後まで推測の積み重ねに終始してしまったが、今後もこのテーマに着目して取り組んでいきたいと考えており、諸先輩方のご批判を賜れば幸いである。

＜注＞

1　八賀晋「地方寺院の成立と歴史的拝啓」(『考古学研究』第20巻第1号　考古学研究会　1973)
2　『山田寺展』(飛鳥資料館　1981)
3　『衣川廃寺発掘調査報告』(滋賀県教育委員会　1975)
　　小笠原好彦「衣川廃寺」(『近江の古代寺院』　近江の古代寺院刊行会　1989)
4　小笠原好彦「竹ケ鼻廃寺」(『近江の古代寺院』　近江の古代寺院刊行会　1989)
5　小笠原好彦「屋中寺跡」(『近江の古代寺院』　近江の古代寺院刊行会　1989)
6　『五個荘町史』第4巻(1)－考古・美術工芸－　(五個荘町　1993)
7　『五個荘町埋蔵文化財発掘調査年報Ⅶ－大郡遺跡（第16次）－』(五個荘町文化財調査報告19　五個荘町教育委員会　1991)
8　『滋賀県埋文ニュース』No.99　(滋賀県埋蔵文化財センター　1988)
9　『三大寺遺跡群』(米原町埋蔵文化財調査報告書Ⅰ　米原町教育委員会　1984)
10　足利健亮『日本古代地理研究』(大明堂　1985)
　　近江における古代東山道のルートについては、近世の中山道とほぼ一致すると考えられており、近世の中山道で緩やかに湾曲している箇所については、犬上郡甲良町尼子西遺跡から見つかった道路遺構でわかるように、古代では直線的に敷設されていたようである。
11　注9に同じ
12　西田弘「近江における藤原宮式古瓦」(『季刊明日香風』17　飛鳥保存財団　1986)
13　『北陸自動車道関連遺跡発掘調査報告書Ⅰ』(滋賀県教育委員会　1974)
14　田中勝弘「新庄馬場廃寺」(『近江の古代寺院』　近江の古代寺院刊行会　1989)
15　西田弘「八島廃寺」(『近江の古代寺院』　近江の古代寺院刊行会　1989)
16　西田弘「安養寺廃寺」(『近江の古代寺院』　近江の古代寺院刊行会　1989)
17　注2に同じ
18　小笠原好彦「法勝寺廃寺」(『近江の古代寺院』　近江の古代寺院刊行会　1989)

19　西田弘「猪子廃寺」(『近江の古代寺院』　近江の古代寺院刊行会　1989)
20　『古代仏教東へ－寺と窯－　1．寺院編』(第9回東海埋蔵文化財研究会岐阜大会 1992)
21　注20に同じ
22　注20に同じ

壬申の乱「山前」考
― 乱に見える二つ「山前」の位置について ―

はじめに

　『日本書紀』天武天皇元年（672）条は、壬申の乱に至る経過と乱の推移、さらには戦後処理に関する記述で終始する。その中で7月23日条に、
　　　　「……乃還隠山前、以自縊焉。……」
の記述が載る[1]。大友皇子が「山前」で死を迎える件である。この後、日を遡るかたちで大和方面の戦闘の状況説明に入る。そして、その最後、日時でいうと、近江で瀬田橋の戦いが行われた同じ7月22日条に、
　　　　「……至于山前、屯河南。……」
とある。『書紀』の中で「山前」の名称は上記の2箇所のみで、他にはない。
　この二つの「山前」の解釈、中でもその位置については、古代史や歴史地理による多くの研究成果から、前者が大津宮近傍、後者が京都・大阪府境の三川合流地点とする見解が定説のようになっている。後者は、位置を特定する段階で諸説に分かれるが、巨視的に見れば三川合流地点で問題なさそうである。
　ところが、前者は見解が分かれる。結論を言えば、"大津"か"大津以外の地"のどちらかだが、「山前」を普通名詞、特定の地名のいずれにするのか、の問題とも関わり、結論を出すのはなかなか難しい。
　本論では、この課題に一つの方向性を見い出したいと考え、「山前」に関する研究の流れを通して、関係地域の地理的環境や文献史料、歴史地理などの視点から、二つの「山前」の位置の検証を試みることにする。

1. 壬申の乱の展開

　乱の始まりは、『書紀』によると、大海人皇子が大津宮を去った翌年、天武元年5月頃から近江朝廷の動きが活発化し、軍事行動とも受け取れる動きを見せたことがきっかけとなり、大海人皇子がこれに反応し、具体的な行動に移ったとある。この時期の皇子の動きは実に早く、吉野宮を発って2日後の6月26日には伊勢の桑名に達し、翌日、美濃の不破に入り、野上（岐阜県不破郡関ヶ原町）を本拠と定めている（図1）。

この動きからは、近江朝廷が戦いの準備を始め、吉野を攻撃する体制を整えつつあったので、このままでは身に危険が及ぶと判断し、やむなく行動を起こしたとは考えにくく、大津宮を去る決断をした時から今日のことを予測し、準備を進めていたようである。大海人皇子の迅速な行動は、事前に充分な情報収集を行っていた、その結果に基づいていることは誰の目にも明らかである。

　さて、乱は近江と大和を中心に展開していく。皇子は本拠を美濃の野上に置くと、全軍の軍事権を高市皇子に与え、近江侵攻軍の指揮官に村国連男依（大和方面軍は大伴連吹負）を任命する。そして、鈴鹿道の封鎖、倭京への援軍派遣の決定、倉歴道（近江から伊賀の柘植へ抜ける道）や莿萩野（上野市）などの軍事上の要地の守備など、万全の体制を整えた上で近江侵攻を命じた。

　近江の湖北地方に入った村国連

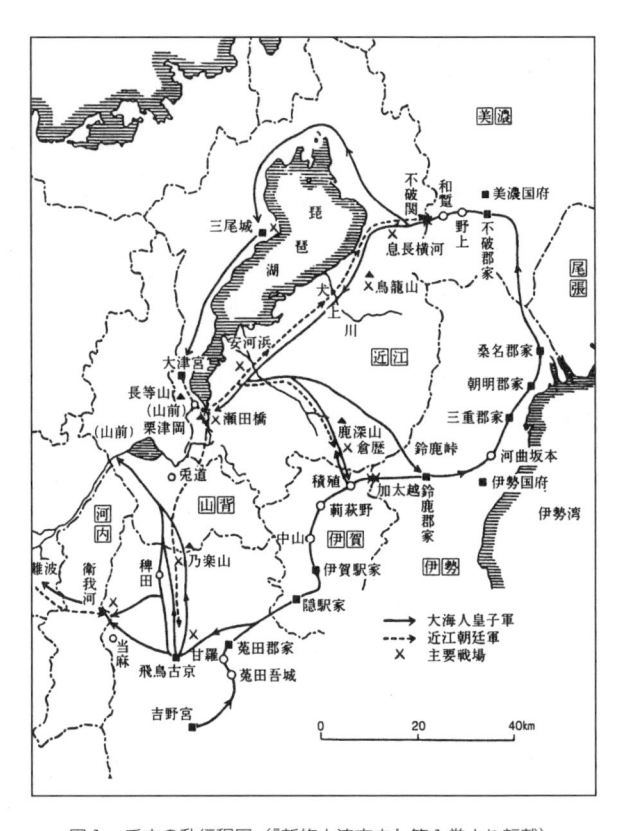

図1　壬申の乱行程図（『新修大津市史』第1巻より転載）

写真1　瀬田川遠景（大津市歴史博物館提供）

男依軍は琵琶湖東岸を南下するが、一軍を割いて北陸道に派遣し、同ルートを封鎖するとともに、琵琶湖北岸を迂回して湖西を南下させ、琵琶湖の東・西両岸から大津宮を攻撃する体制をとった。この動きは、近江から東国や北陸への道を封鎖し、近江朝廷と東国・北陸の接触を絶とうとしたもので、大和方面軍の動きも含めて見ると、近江朝廷包囲網を作ろうとした意図がうかがえる。

一方、大和では、大伴連吹負の下に集結した軍勢が倭京を制圧し、河内からの近江朝廷軍の攻撃に備え、竜田（竜田越）・大坂（穴虫峠）・石手道（竹内峠）に軍を配し、高安城を攻略した。吹負の本隊は大和盆地の北、乃楽山を越え、大津宮へ向かう行動に移るが、乃楽山で近江朝廷軍に敗れ、一時窮地に陥る。だが、不破からの援軍で勢力を回復し、大和を制圧すると、自ら一軍を率いて難波に入り、西国の国司に官鑰・駅鈴・伝印の進納を命じ、残りの軍は三道から「山前」に向かい、河の南に駐屯した。これも近江朝廷の動きを見据えた行動と見てよい。近江侵攻軍が湖北・湖西から攻め入った時、劣勢に陥った大友皇子は西へ向かうとの予測のもと、その退路を絶ち、西国との繋がりを遮断するため、淀川沿いに一軍を配する戦法をとったのだろう。

2．『書紀』記載の二つの「山前」

この乱の中で、二つの「山前」はどのような箇所に、どのような形で登場するのか、前後の文章を考えながら、記述内容の検討に入ることにする。

(1)　「乃還隠山前、以自縊焉」－大友皇子終焉の地「山前」－

少し長くなるが、「山前」の記載箇所を、前後の文章を含めて引用する。

　　‥‥則大友皇子・左右大臣等、僅身免以逃之。男依等即軍於于粟津岡下。是日、羽田公矢国・出雲臣狛、合共攻三尾城降之。壬子、男依等斬近江将犬養連五十君、及谷直塩手於粟津市。於是、大友皇子、走無所入。乃還隠山前、以自縊焉。時左右大臣、及群臣、皆散亡。唯物部連麻呂、且一二舎人従之。‥‥

近江での戦闘状況は、近江朝廷軍が瀬田橋の戦いに敗れ総崩れとなり、大友皇子や左・右大臣らはかろうじて瀬田橋を逃れる（写真1）。一方、村国連男依軍は瀬田橋を渡り、粟津岡の下（場所は特定できず）に陣を敷く。同じ日（7／22）、琵琶湖西岸を南下していた羽田公矢国らの軍勢も近江朝廷の三尾城（高島郡高島町付近、場所不明）を攻撃し、これを降伏させ、大津宮に迫

りつつあった。

　翌23日には、男依軍による敗残兵の探索が本格化し、犬養連五十君と谷直鹽手が粟津市で処刑される。ここにいたって、大友皇子はもはや逃げられないと覚悟を決め、山前に身を隠し、自ら命を絶った。左・右大臣や群臣たちは皆逃げ、傍らには物部連麻呂ら舎人が２～３人従うだけだったという（写真２）。

写真２　『日本書紀』天武元年７月条

　この中で「山前」をいかに解釈するのか。問題は「山前」が普通名詞(2)か、固有の地名(3)か、にあり、この解釈に影響するのが前文の「還」の字である。「還」を『新大字典』（講談社刊　1993）で引くと、「行って再び帰ること。これから転じ、めぐる・償う・顧みる等の義」と書かれ、①かえる、立ちかえる、もどる、退く、顧みる、②めぐる、とりまく、③かえす、償う、④みまわす、⑤ふたたび、⑥また、などの意味が載る。一般的には"行って再び立ち返る"だが、"退く""めぐる"といった少しニュアンスが異なる意味もあり、単純に「また元に戻る」と解釈するのはどうだろうか。前文の「走」との繋がりから、戦いに敗れた後、退路を探したが見つからず、やむなく"退いて"といった意味でよいのではないか。元の場所に戻ると解釈し、「山前」を大津に求めようとする考え方にはとらわれることなく、もう少し広い視野で考えたい。そして、「山前」に"何処の"と、場所を指す字句を伴わないことが、逆に、その位置を考える上で一つの鍵となるように思う。

(2)　「至于山前、屯河南」－大和方面軍集結の地「山前」－

　　　辛亥（７月22日）、将軍吹負、既定倭地、便越大坂、往難波。以餘別将等、各自三道進、至于山前、屯河南。即将軍吹負、留難波小郡、而仰以西諸国司等、令進官鑰・駅鈴・傳印。

　大和平定後の大伴連吹負らの行動を追った記述の中に、吹負自ら一軍を率いて難波へ入り、残りの軍は三道を進み、山前に着き、河の南に駐

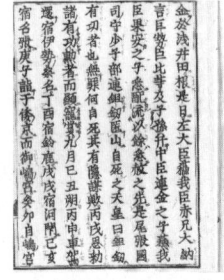

写真３　『日本書紀』天武元年７月条

屯したという一文がある（写真3）。この三道は大和盆地中央部を南北に貫く上・中・下ツ道とするのが通説[4]だが、大和方面軍の配置や戦闘箇所を見ると、竜田・大坂・石手道守備軍、河内派遣軍など、点在して軍を配しており、それをわざわざ盆地の中心部に集め、三道を北上させる必要はない。峠道守備軍は河内派遣軍と合流し、生駒山地西麓を北上させるか、あるいは河内派遣軍に生駒山地西麓の道を、峠道守備軍らに生駒山地東麓を平群→河内私市→淀川左岸のルートで進ませ、大和盆地に展開する軍に乃楽山→木津川左岸を北上させたと考えるのがよいだろう。

この記述で、「河」とは難波や三道との位置関係から淀川のことであり、各軍が最短コースをとって「山前」を目指した。駐屯地は三川合流地点の山崎付近と見て間違いない。ただ、「山前」が同地

写真4　三川合流地点全景（大山崎町教育委員会提供）

点の何処かとなると諸説に分かれる[5]。淀川右岸の大山崎町域か、左岸の八幡・枚方市域か、また別の視点で考えるのか。「山前」に範囲を示す表現が伴わないことから、広い範囲を指す可能性は高い。そして、前者の「山前」との関わりで見れば、「山前」の表記に場所を特定する字句が伴わないという大きな共通点があり、加えて記載日時・箇所が近接することなどから、二つの「山前」を同一地点とする見解は充分に成り立つと考えるのである。

3．三川合流地点の地理的環境

つぎに、前項-(2)の「山前」の位置をより具体的に検証していくにあたり、比定地となっている三川合流地点の地理的環境を簡単に眺めておく（写真4）。

(1)　淀川右岸－京都府大山崎町～大阪府島本町－

大阪府北部を東西に走る北摂山地は、東で京都盆地、北で亀岡盆地に臨み、西は六甲山地に連なり、南は大阪平野に接する。標高800m前後の高原状地形で、南に低く、大阪平野を臨む南半部は標高300m前後の丘陵が連なる。その南東端、淀川に突き出るように天王山（標高270m）が位置する。天王山からは三川合流地点一帯が見渡せ、古代から軍事上の要衝として頻繁に歴史の舞台に登場する。山麓には宝積寺（宝寺）・離宮八幡宮などがあり、白

鳳～奈良期の寺院跡も多い。

　現在、天王山山麓から淀川までの最短距離はＪＲ京都線と阪急電車京都線が交差する付近で250～300ｍ程度、ちょうど三川が合流し流路を南西方向に変える地点（川幅750ｍ前後）にあたっている。天王山付近の地形図（図3）を見ると、張り出した山麓が淀川に迫り、平地が極端に狭い状況がよくわかるだろう。

　明治22年の地図（図2）と比べると、三川合流地点の地形もかなり変化している。桂川と宇治川の合流点は今よりも東（京都市伏見区納所付近）に位置し、木津川との合流点もやや東に寄っており、宇治・木津両川の間には巨大な巨椋池が広がっていた。秀吉時代以前の地形[6]はさらに異なり、巨椋池はもっと大きく、宇治・木津・桂の三川とも同池に流れ込み、巨椋池一帯は下流淀川の水量調節機能をもった遊水池としての役割を果たしていた。同池の西から南にかけては湿地が広がっていたようである。

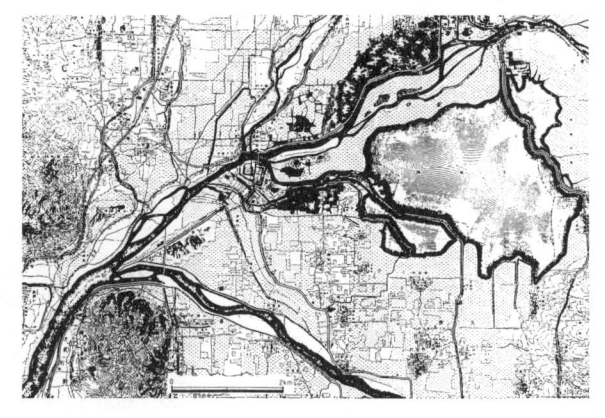

図2　三川合流地点地形図（明治22年大日本帝国陸地測量部制作）

(2)　淀川左岸－京都府八幡市～大阪府枚方市－

　大阪・奈良の府県境に位置する生駒山地は南北に長く（約25km、幅5～6km）、北は男山丘陵が木津川に急崖となって落ち込む。同丘陵は標高100ｍ前後で、早くから宅地開発が進み、丘陵頂上まで住宅が張りついている。わずかに丘陵北端の鳩ケ峰（標高142.5ｍ）一帯が往古の自然をとどめており、峰の東側には石清水八幡宮が鎮座する。木津川は丘陵先端部に沿うように流れ、平地はほとんどなく、男山丘陵裾と天王山山麓間の幅は直線距離にして1.0～1.2km程度と極端に狭い。枚方市楠葉や三島郡島本町の淀川河川敷から北の狭隘部を眺めると、左右から同じような丘陵が張り出している。

　この狭隘部が古代から山城と摂津・河内の国境となり、今も京都・大阪府境として受け継がれている。奈良～平安期には、ここに山崎橋が架かり、人々が頻繁に往来し、淀川を挟んだ西と東は緊密な繋がりを持っていた。

4．文献に見る「山崎」の地名表記

　先に見たように、『書紀』の記述から考えて、大海人皇子側の大和方面軍の集結地「山前」は京都・大阪府境の三川合流地点と見て差し支えない。当地に、いま「山前」と呼ぶ地名はないが、「山崎」が大山崎町や島本町に残る。では、古代の文献で「山崎」はどのように表記されていたのだろうか、壬申の乱前後頃から平安時代初頭頃までの時期で見てみよう[7]。

　山崎の地名が初めて文献に登場するのは、『書紀』白雉4年（653)是歳条で、

　　　‥‥皇太子乃奉皇祖母尊。間人皇后并率皇弟等。住居于倭飛鳥河辺
　　　行宮。于時公卿大夫。百官人等皆随而遷。由是天皇恨欲捨於国位。
　　　令造宮於山碕。‥‥

孝徳天皇と不和になった中大兄皇子が、皇極上皇（母）、間人皇后（同母妹）、皇族・群臣たちを連れて難波を去り、飛鳥に戻る件である。天皇は間人皇后に去られた衝撃が大きく、天皇位を捨て隠棲しようと考え、山碕に宮を造らせた。天皇が当地を選んだのは間人皇后と関わりの深かい土地だったからといわれている。

　山碕宮は天王山南東麓一帯に比定されているが、正確な位置・規模など、詳細については何もわかっていない。山崎の表記は「碕」（「曲がる岸、長い水辺」などの意味）の字を使うが、使用例としては少ない。これに続く「山崎」の主な記載例をあげると、

　　　①『行基年譜』聖武天皇2年（神亀2年・725）
　　　　　久修園院　　山埼　　　九月起
　　　　　在河内国交野郡一条内、‥‥行到山埼川、‥‥従同月十二日
　　　　　始度山埼橋‥‥
　　　　　　　　（中略）
　　　　　山崎橋　在乙訓郡山崎郷、神亀二―九月十二日始起
　　　②『行基年譜』聖武天皇8年（天平3年・731）
　　　　　　　山埼院　在同国乙訓郡山前郷无水河側[8]
　　　③『山背国司移　東大寺奴婢帳』（天平13年・741）
　　　　　奴与止麻呂　年廿四
　　　　　奴藪原　年十三
　　　　　　　　右二人、乙訓郡山埼里戸主間人造東人戸口所貫、
　　　④『大安寺伽藍縁起幷流記資財帳』（天平19年・747）
　　　　　山背国三処

乙訓郡　一処在山前郷
⑤『大宅朝臣可是麻呂貢賤解　東大寺奴婢帳』（天平勝宝元年・749）
　　婢千継売年十一　巳上六人山背国乙訓郡山埼里戸主間人造東人戸口
⑥『続日本紀』宝亀4年（773）11月条
　　勅。故大僧正行基法師。‥‥河内国山埼院二町。‥‥
⑦『続日本紀』延暦3年（784）7月条
　　仰阿波。讃岐。伊予三国。令進造山埼橋祈材。
⑧『日本紀略』延暦4年（785）9月条
　　‥‥及射種継者桴麿木積麿二人斬於山埼椅南河頭。‥‥
⑨『日本後紀』大同元年（806）9月条
　　遣使封左右京及山埼津難破津酒家甕。以水旱成灾。‥‥

となり、表記で圧倒的に多いのが「埼」の字である。「埼」は﨑・碕と同義語で、「陸地が海や湖などの中へ突き出た所、山や丘が平地に突き出た所」の意味をもつ。古代、"やまざき"の表記は「山埼」「山崎」が一般的だったようだ。

ここで注目すべき資料が②と④だろう。壬申の乱の「山前」と同じ表記である。「山前郷」はいずれも乙訓郡の郷として記載されており、大山崎町域（一部、島本町域を含む可能性も）と見て問題はない。時代は下がるが、長元7年（1034）5月に賀陽院水閣で開かれた歌合の記録『賀陽院水閣歌合』の文中にも、「山前」（‥至于淀津乗舟。‥戌剋於夫山前着岸。先参石清水。‥廿二日。於山崎橋下乗舟。‥）(9)が登場する。奈良時代から平安時代にかけて、山崎の表記に「山前」は確かに使われていた。しかも、奈良時代には「山前」に乙訓郡の山崎を指す認識もあったようである。

上記の表記例で、もう一つ気掛かりな箇所がある。「山崎」の範囲に関わることだが、資料①と⑥は行基が各地に造営した寺院の一つに、河内国交野郡の「久修園院」「山埼院」（同一寺院と推定）をあげている。前者は寺院名に続けて、所在地の「山埼」を載せ、後者は寺院名に「山埼」を使う。特に、資料①から、久修園院と山崎橋は同時に造られた可能性が極めて高く、両者の密接な関係がうかがわれる。同院は山崎橋東詰に位置する(10)と見てよく、その地は八幡市・枚方市境付近と考えられ、枚方市楠葉中之芝町所在の久修園院がその法燈を受け継ぐ寺院だと伝えている。しかも、同院は「天王山木津寺」といい、表門は淀川に面した西側にあり、対岸の天王山が望める位置に建つ(11)。また、寺名の木津は、津、すなわち港の存在を示す字句で、まさに淀川や対岸の山崎の地を意識した名といえる。さらに、やや遅れるが、山

崎橋西詰の乙訓郡山前郷にも同名の寺院（山埼院）が営まれる（資料②）。これらのことから、枚方市楠葉から八幡市橋本にかけての地域が、古代に「山崎」と呼ばれていたのは明らかであり、久修園院の山号・寺号や山前郷の同名寺院の存在が、当地と対岸の大山崎・島本町域との緊密な関係を示しているといえる。

<付記>
　平成11年に、ＪＲ京都線山崎駅から少し京都側へ戻った線路沿いの山手側（通称"御霊山"の東側中腹付近、京都府乙訓郡大山崎町大山崎字上の田）で、住宅開発に伴う事前の発掘調査（山城国府跡第54次調査）が行なわれ、明確な建物遺構は確認できなかったが、造成跡や溝跡などの遺構とともに、白鳳～奈良時代の大量の遺物が出土した。遺物には、平城宮式の軒丸瓦とともに、白鳳期の単弁八葉蓮華紋軒丸瓦があり、当遺跡が白鳳期まで遡る寺院跡であることが明らかになった。その他に、塑像片（如来・菩薩像など3躯以上）や火頭形三尊塼仏片、鴟尾片、文字陰刻瓦、さらに大量の焼瓦、焼土、焼けた壁材などが含まれていた。
　このことから、当遺跡は、白鳳期創建になる寺院が一時衰退し、のち奈良時代に入り再興されたが、9世紀前半の火災で焼失したものと推定され、特に後者は、行基建立になる「山埼院」の可能性が高いといわれている。（『山城国府跡第54次調査（7XYS' UD-4地区）現地説明会資料』大山崎町教育委員会　1999）

　山崎の範囲は、上記の表記例などから、三川合流地点の両岸、すなわち天王山山麓（大山崎町～島本町山崎）から男山丘陵裾（八幡市橋本～枚方市楠葉）にかけての、かなり広い地域を含むと見てよい。そして、その表記には「山前」の字句も使われていた。ただ、「山前」の場合は、奈良時代、いずれも乙訓郡の山崎郷を指すことから、「山埼」「山崎」とは異なり、淀川右岸の限られた地域を表わした時期もあったようである。

5．二つの「山前」の位置

　前項で取り上げた「山崎」の表記例や三川合流地点両岸の類似した地形などから判断して、「山崎」は、三川合流地点の両岸を含むかなり広い地域を指す地名とするのが妥当のようである。淀川右岸の天王山山麓一帯も、左岸の男山丘陵裾一帯も「やまざき（やまさき）」と呼ばれていた。表記は「山埼」「山崎」が一般的だったが、奈良時代～平安時代のいくつかの文献に「山前」の表現も確かに存在する。

　では、乱の中のもう一つの「山前」（大友皇子終焉の地）はどう考えればよいのだろうか。三川合流地点の「山前」と乱最後の激戦地瀬田橋との位置関係（図3）を見ると、直線距離にして22km余り離れている。この両者を結ぶ最短ルートは、音羽山系越えの道で山科の小野・醍醐に出て、西麓を南下する奈良街道で巨椋池北東岸（宇治市六地蔵付近）に向かい、ここから同池北岸を桃山丘陵の南裾に沿うように西行し、下鳥羽（京都市伏見区下鳥羽）

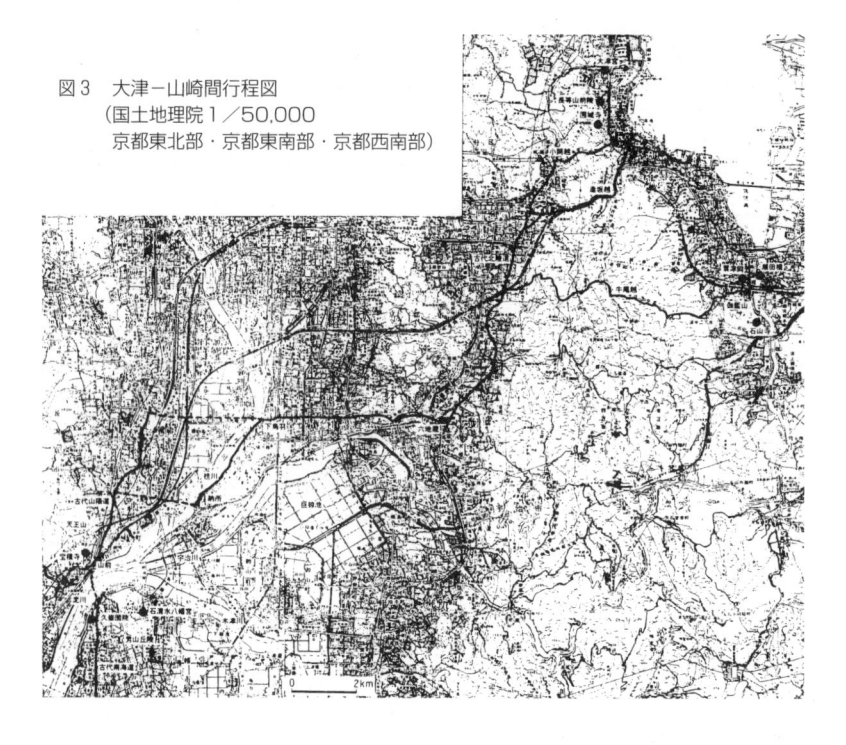

図3　大津－山崎間行程図
　　（国土地理院1／50,000
　　　京都東北部・京都東南部・京都西南部）

付近で桂川を渡河するか、桂川左岸沿いに納所まで行って渡河し、桂川右岸の古代山陽道などを使い[12]、「山前」に到る行程が考えられる。六地蔵付近から船で淀川へ漕ぎ出すことも可能だろう。音羽山系越えの道の中で、瀬田橋西詰から最も近いのは、石山寺が建つ伽藍山の北を国分に出て、牛尾観音（法厳寺）から音羽川沿いを下り山科の小山に至る「牛尾越」である。山越えの道は山裾で幾筋もの道に枝分かれすることがよくあり、ここでも牛尾観音から真っ直ぐ小野か大宅に下る道があったと考える。3時間～3時間半で奈良街道（古代北陸道[13]）に合流し、そこから先は前述した通りだが、全行程、1日あれば踏破は可能だろう。「山前」に着けば、淀川右岸の古代山陽道か、再度淀川を渡河（奈良期、山崎橋が架かる）、左岸の古代南海道を利用し、西国や南河内・紀伊に向かうことができる[14]。三川合流地点は、陸路でも主要道が交差する重要な地点であった。

　当地には、現在「山崎」の地名が残り、古代に「山前」の表記もあったことは、先に見た通りである。逆に、大津には、いま「山崎」という地名はなく、古代の文献にも、大津のいずれかの地点が「山崎」「山前」と呼ばれていた証拠は見い出せない。さらに、2つの「山前」の記述には共通点があり、

掲載箇所も近接し、大津－山崎間は1日で行ける距離にあることなどから、これを同一地点とし、三川合流地点にあてることは難しくないだろう。

瀬田橋の戦いで大敗し、大津宮の防衛が無理と判断した大友皇子は、一刻も早く当地を離れようと、瀬田橋→（牛尾越）→小野→（奈良街道）→六地蔵→下鳥羽→（桂川左岸道）→納所→（渡河）→（桂川右岸道＝古代山陽道か）→「山前」のルートで、当地を目指した可能性は充分にあり、1日で到達可能な距離である。だが、前日（7／22）には大和方面軍が「山前」へ進駐しており、大友皇子一行が三川合流地点にさしかかる頃には、淀川左岸を中心に展開する敵方の軍勢が目に入ったことだろう。皇子は戻ることもできず、先へも行けず、もはや逃げきれないと覚悟を決め、死地を求めて「山前」に分け入り、自ら命を絶ったのではないかと考えている。

おわりに－結論にかえて－

明治3年（1870）、明治天皇は大友皇子に"弘文天皇"の名を送り、同10年、大津市長等の地（現、御陵町）に御陵（長等山前陵）を決定した[15]。この過程で、候補地の一つに京都府大山崎町の宝寺門前古墳があがっていたことはあまり知られていない[16]。いま、現地に該当する古墳はないが、宝寺所蔵の境内絵図[17]に「大友皇子御陵」と記す箇所がある。この場所は定かでないが、ＪＲ山崎駅の北、宝寺への道を少し登った右側の雑木林が地元で"御霊山"と呼ばれており[18]、同地付近と考えられる（写真5）。いつ頃、このような伝承が成立したのか不明だが、古代の「山前」の地に、大友皇子の墓と伝える場所が残る事実には興味深いものがある。伝承がどれほどの史実を反映したものなのか疑わしいが、少なくとも江戸時代には、大友皇子終焉の地を当地だとする伝承が語られていたようだ。

先に見た表記例から、「山前」は奈良時代、乙訓郡の郷名として登場し、やや時代が下って、

写真5　通称〝御霊山〟（京都府乙訓郡大山崎町）

11世紀半ばにも「淀川の山前に着岸し、先に石清水八幡宮へ参拝した」云々という、文面から見れば、淀川左・右岸のいずれとも取れる記述が載る。さらに、続けて、翌日、山崎橋下から乗船したとあるように、「山崎」と「山

前」を使い分ける状況もうかがえる。確かに、そういう視点から「山崎」の表記を見直すと、「山崎橋」や「山崎津」に「山前」を当てた例はない。「山前」と「山崎」の場所は微妙に異なり、区別していた可能性もある。「山崎」が三川合流地点の両岸を含む広い範囲を指すのに対して、「山前」には限られた地域を指す場合があったようである。

壬申の乱を始めとする5箇所の「山前」には、「山前」とだけ記述する例と、乙訓郡山前郷と明確に位置を示す例の二通りがあり、時代や記述内容などによって、広範囲を指す場合と、限られた地域を指す場合とに使い分けられていたと考えている。だが、前者の表現が広い地域を指し、後者のそれが限定された地域を指すといったように単純には決められず、「山前」とだけ記述する場合にも、三川合流地点両岸の広い範囲を指す場合と、天王山山麓の大山崎町域一帯を指す場合があったのではないか。一応、大友皇子終焉の地「山前」は、これまでの検討の中で、三川合流地点とするのが妥当と結論づけたが、その位置については、大海人皇子軍の配置や大津から「山前」に到るルートなどから、淀川右岸の天王山南東側山麓の地を考えて見たい。

「山前」に関する研究については、文献史料が少なく、歴史地理分野によるところが大きい。その成果をもとに、地名・伝承や地理的環境などからの検討も加え、一つの仮説を展開してきた。古代史学や歴史地理学に門外漢の小生が、これまでの先輩諸氏の研究成果もかえりみず、文献の解釈やルート設定にあたって、大胆、かつ独善的な推測に終始してしまい、そこにかなりの飛躍があることも承知している。諸先輩方のご批判を賜れば幸いである。なお、最後になりましたが、小論をまとめるにあたり、大山崎町歴史資料館の福島克彦氏、㈶滋賀県文化財保護協会の神保忠宏氏には資料提供とともに、多くの貴重なご教示を賜った。記して謝意を表するものである。

＜注＞

1　『日本書紀』の引用文は『日本古典文学体系68‐日本書紀下‐』（岩波書店　1965）による。
2　大友皇子終焉の地は大津付近とするが、「山前」は固有の地名ではなく、一定の土地に比定するのは無理だとする説（藪田嘉一郎）などがある。
3　大津説と三川合流地点説に分かれる。前者には①三井寺背後の長等山「山前」説（伴信友、松下見林など）、②大津宮近傍の「山前」と呼ぶ土地で死去したとする説（直木孝次郎）、③瀬田橋近傍の粟津岡付近説（足利健亮、遠山美都男）、後者には①枚方市三矢「山崎」説（河村秀根）、②交野市郡津の福田字「山崎」説（敷田年治）、③京都府大山崎町説（大西源一）などがある。

4　直木孝次郎『壬申の乱　増補版』(塙書房　1992)
5　①京都府大山崎町説が一般的だが、②枚方市三矢の「山崎」説(河村秀根・藪田嘉一郎)、③三川合流地点両岸説(『大山崎町史』本文編　1983)などがある。
6　秀吉の命令で文禄3年(1594)、伏見城建設が始まると、淀地域でも淀堤を築き、巨椋池から宇治川を分離する工事などが進められ、淀の景観も一変する。なお、明治期には、元年(1868)に木津川、同31年から淀川の改修が行われている。
7　『大山崎町史』史料編(大山崎町　1981)記載の史料(1～6頁)から抜粋した。
8　「无水河」は現在の水無瀬川で、記述通りであれば、山城国が同川付近まで広がっていたことになる。
　　古代の山城・摂津国境は、京都・大阪府境とほとんど変わらないと考えられており、『行基年譜』は正確さを欠くといわれている(『大山崎町史』本文編)。だが、この記述を重視し、同川近くまで山前郷が広がっていたとする説(足利健亮『日本古代地理研究』　大明堂　1985)もある。山埼院も河内国交野郡の山埼院とは別の一院と考え、山崎橋を挟んだ"対の寺院"と見る。
9　『群書類従』第12輯－和歌部(続群書類従完成会　1987)　33～37頁
10　足利健亮「都市としての山崎の復原」(『日本古代地理研究』　大明堂　1985)
11　久修園院発行の寺院案内パンフレットによる。
12　桂川右岸道の一つ、久我縄手道は長岡京域を斜めに横断することから、長岡京以後に造られた道だといわれている。
13　大津宮遷都前の北陸道は、飛鳥→中ツ道→宇治橋→山科→小関越で大津に下り、琵琶湖西岸を北上するルートを想定。遷都後の山陽・北陸道も先のルートを踏襲し、山陽道は大津宮南辺を出て、小関越の旧北陸道を逆行し山科へ向かったとする。
　　足利健亮「古代の交通」(『草津市史』第1巻　草津市　1981)
14　大津－山崎のルートは、長岡京・平安京時代の古道に基づき記述したものだが、大津宮の時期、都を中心とする主要道はある程度整備されていたと考える。
15　弘文天皇陵選定関連史料としては『公文録－教部省之部・内務省之部』(国立公文書館蔵)などがある。
16　法傳寺所蔵『茶臼山御陵考(弘文帝山陵私考)』(明治29年2月)に載る。
17　軸装(本紙タテ172cm×ヨコ234cm)で、「山崎銭原寶寺　聖武皇帝勅願所行基大菩薩開基　打出小槌宮并諸伽藍等如先規再興之書図」とあり、寛永年間以降の作だという。
18　大山崎町歴史資料館の福島克彦氏のご教示による。

第4章　壬申の乱以後の近江の変貌

　　１．平安京遷都と大津
　　２．川と道を見据え城郭配置
　　３．園城寺善法院庭園の発掘

平安京遷都と大津
― 瓦から見た大津の変貌 ―

1．はじめに

　大津宮に関連した南滋賀町廃寺や崇福寺跡の発掘調査で、白鳳期の瓦に混在して奈良時代後半～平安時代前半頃の瓦類が多く出土することは、これまであまり注目されることがなかった。なかでも軒先瓦の紋様には、近江国府跡（以下、「国府」「国庁」という）やそれに関連する遺跡から出土する瓦に共通するものが多く、なぜこのような時期の、しかも国府に共通する瓦が大量に出土するのか、かねてから疑問に思っていた。この時期に寺院の改修が行われたことはわかるが、その原因が何なのか、答えが出せないままであった。

　ここでは、この疑問に対する一つの考え方として、桓武天皇の登場に伴う「大津」の地位の変化に着目し、瓦を通して平安京遷都前後の大津での官衙・寺院施設の変貌をながめ、その原因を検討していきたいと思う。

2．桓武天皇と長岡・平安京遷都

　天武天皇の即位（673）以降、100年余り続いた天武系の天皇に代わり、天智天皇の孫にあたる光仁天皇（天智天皇の皇子施基皇子の第6子）が神護慶雲4年（770）10月に即位し、天智系の天皇が復活する。光仁天皇は在位が10年余りと短く、その跡を継ぎ、天応元年（781）、皇位についたのが、皇太子の山部親王（光仁天皇の長子）、すなわち桓武天皇であった。

　だが、即位直後から、氷上川継の謀叛事件の発覚、凶作、疫病の流行と、世情が安定しなかったため、年号を「延暦」と改め（782年）、同3年（784）、山背国乙訓郡への遷都（長岡京）を行った。ところが、翌年、遷都の中心人物であった藤原種継が暗殺され、皇太子早良親王（光仁天皇第3子、桓武天皇の同母弟）を廃する事件が起こると、同12年（793）、再び遷都を決意し、翌年10月、「平安京」に移った。新都の地として、いずれも近江に隣接する京都の地を選んだのには、曾祖父天智天皇の都「大津宮」への強い思いがあったのだろう。その後の天皇の行動に、それを窺い知ることができる。

　長岡京遷都の2年後、近江国滋賀郡（大津宮の地）に梵釈寺を建てた記事

が載る（『続日本紀』など、写真１）。これは、長岡・平安両京の造営に前後する時期にあたり、両者の不可分の関係が想像できる。平安京遷都以後、この傾向は一層顕著になり、「大津」を意識した行動が頻繁に見られる。

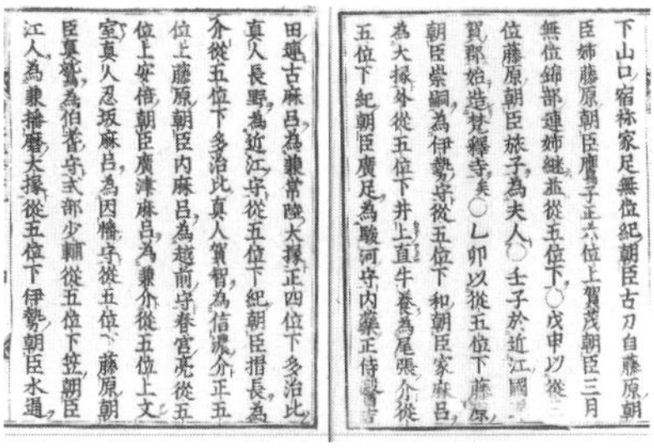
下山口宿祢家足無位紀朝臣古刀自藤原朝
臣姉藤原朝臣鷹子正六位上賀茂朝臣三月
無位錦部連姉継並従五位下○戊申以従
位藤原朝臣旅子為夫人○壬子於近江國
賀郡始造梵釋寺矣○己卯以従五位下藤原
朝臣崇嗣為伊勢守従五位下和朝臣家麻呂
為大掾外従五位下井上直牛養為尾張介従
五位下紀朝臣廣足為駿河守内薬正侍医
田連古麻呂為兼常陸大掾正四位下多治比
真人長野為近江守従五位下紀朝臣揖長為
介従五位下多治比真人賀智為信濃介正五
位上藤原朝臣内麻呂為越前守春宮亮従五
位上安倍朝臣廣津麻呂為兼介従五位上文
室真人忍坂麻呂為因幡守従五位下藤原朝
臣真鷲為伯耆守式部少輔従五位下並朝臣
江人為兼播磨大掾従五位下伊勢朝臣水通

写真１　『続日本紀』延暦５年条

平安京遷都の翌月（延暦13年11月）８日に出された詔に、

> 丁丑。詔。･･･（中略）･･･宜改山背国為山城国。又子来之民。謳歌之輩。異口同辭。號曰平安京。又近江国滋賀郡古津者。先帝舊都。今接輦下。可追昔號改稱大津。云々。

（吉川弘文館『新訂増補国史大系10－日本紀略－』から引用）

とある。これによると、新都を「平安京」と名付け、山背国を「山城国」に改め、近江国滋賀郡の「古津」を「大津」と改称している。「古津」は先帝（天智天皇）の都があった地で、平安京に接する土地であることから、かつての呼称の「大津」に戻すとあり、天智天皇を強く意識した施策といえる。さらに、この後の近江に関わる主な事項を見てみると、

○延暦14年（795）	8.15	近江国相坂剗の廃止（『日本紀略』）
○同　上	9.15	梵釈寺に禅師十人を置き、水田百町、封戸百戸を施入し、寺容が整備される（『類聚国史』）
○延暦16年（797）		この年、最澄が宮廷の内供奉十禅師となり、近江国の正税が比叡山寺の維持費にあてられる（『叡山大師伝』）
○延暦20年（801）	3	桓武天皇が近江国大津に行幸（『日本紀略』）
○同　上	4.11	同　　上　（『日本紀略』）
○延暦22年（803）	3.24	桓武天皇が近江国志賀可楽崎に行幸（『日本紀略』）
○同　上	4.9	同　　上　（『日本紀略』）
○同　上	閏10.16	桓武天皇が近江国蒲生野に行幸（『日本紀略』）
○延暦23年（804）	2.24	桓武天皇が近江国可楽崎に行幸（『日本紀略』）
○同　上	6.26	山城国山科駅を廃止、近江国勢多駅にその駅馬が加えられる（『日本後紀』）

などがあり、桓武天皇の近江行幸が目立つ。唐崎、蒲生野といった天智天皇

に関わり深い土地への行幸であり、それが晩年に集中するのも、"近江"、"大津"、そして"天智天皇"への思いが日毎に強くなっていった現れなのだろうか。桓武天皇のこのような行動が相坂劃や勢多駅の記事に見られるように、大津地域の官衙や寺院に大きな影響を及ぼしたことは充分に推測できる。そこで、章を改めて、当地の主な官衙や寺院の変化の状況を瓦などの出土遺物から眺めていくことにする。

3．官衙・寺院の変貌－国府及び大津宮関連遺跡－
(1) 近江国府－国庁－

　国府の中心をなす国庁は昭和38年（1963）・40年の発掘調査で、中枢部政庁域の建物配置（図１）が明らかになり、その後の国府研究の指針となった。国庁は瀬田三大寺の丘陵上の一画（大津市大江三・六丁目ほか）にあり、中枢部の政庁は前・後殿を中心に、前面左右に南北に細長い脇殿を配し、周囲に築地塀を巡らせていた（一度大規模な改修を実施[1]）。また、平成８年から始まった史跡整備に伴う事前の発掘調

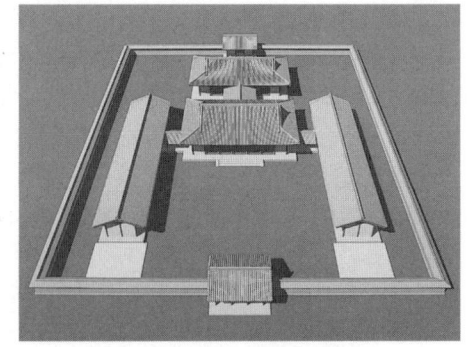

図１　近江国庁政庁域建物復原図
（大上直樹作図、大津市歴史博物館提供）

査で、政庁域の北西側及び東側から、柵や築地塀などで囲まれた区画が見つかり、北西区画では５期にわたる建物群（８世紀中頃〜12世紀頃[2]）が、東区画では木製外装基壇をもつ大規模な建物が確認される[3]など、国庁の全容が解明されつつある。

　昭和38年・40年の発掘調査で出土した瓦類は、軒丸瓦が10類18型式、182個体を確認している（A〜J類は国庁の分類に従い、国庁で未検出の瓦はK〜O類に分類、図２）。飛雲紋瓦（A類、出土率28.6％）、先端が尖った小さな舟型状蓮弁を十六葉配するもの（C類、30.2％）、先端が尖り気味の蓮弁を八葉配するもの（D類、11.5％、南郷田中瓦窯焼成瓦と同笵）、丸味を帯びた小型蓮弁をもつ複弁系瓦（F類、20.3％）の４種類が中心で、全体の90.6％を占める。

　報告書に基づいて少し詳しく見ていくと、B類は紫香楽宮使用瓦と同一で、宮廃絶後、石山寺増改築時頃に混入した瓦と位置づけている。出土量が最も

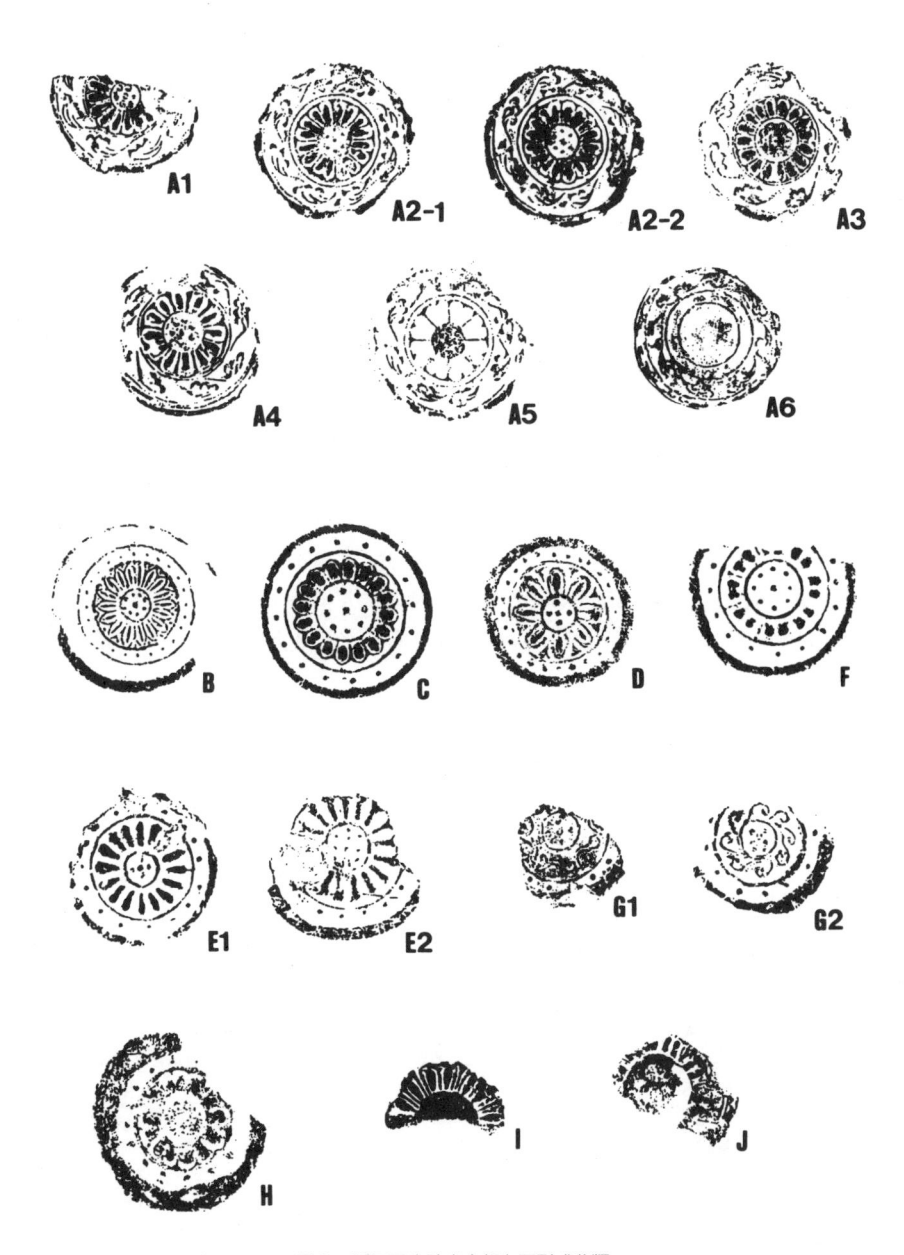

第4章 壬申の乱以後の近江の変貌 291

図2 近江国庁跡出土軒丸瓦形式分類

多いC類は、京都市右京区峯ケ堂出土例（平安時代前期）と同系であることや、セット関係にある軒平瓦D類の時期（京都市西賀茂鎮守庵瓦窯出土例と同類、平安京創建期）から平安時代初頭頃を、またD・E・F・G類も平安時代前期の範疇に入るものと考えている。最後に、政庁建物の創建瓦とする飛雲紋瓦（A類）は、同系瓦が平城宮跡・長岡宮跡・下野国分寺跡・下野薬師寺跡や木津川河床などから出土し、なかでも、木津川河床例が平城京から長岡京への運搬途上のものと考えられることから、長岡京遷都時（784）には確実に存在したとし、780年頃まで遡らせることができるという。さらに、平城宮跡や下野薬師寺跡の出土例は薬師寺に戒壇が設けられた時期（761）頃には存在したとみており、両者の紋様と国庁例との比較、先のB類（紫香楽宮使用瓦）との関係から、A類を天平宝字6年（762）頃のものと結論づけている。

　出土する土器は、平城宮跡SK219の要素をもつ一群の須恵器（750～60年頃）以降のものが中心で、それ以前の土器はほとんどなく、8世紀末頃にかけての須恵器が多いことから、この時期に一つのピークがあったようである。この後、須恵器の出土量が激減し、9世紀以降は椀・杯・皿を中心とする土師器が主流を占める。創建時期の問題は残るが、土器・瓦を見る限り、国庁は8世紀末～9世紀初頭に大きな変革期があったと考えてよい。

<付記>
　近江国府跡周辺地域では、国府に関連する遺跡の発掘調査も行なわれており、近年、新しい発見が2箇所の遺跡で報告されている。
① 惣山遺跡（大津市神領二丁目字惣山ほか）
　近江国庁跡の東約400mに立地する遺跡で、平成8年・9年の発掘調査により、東西4間（6m）×南北7間（21m）の瓦葺き総柱式礎石建物（倉庫跡）が南北に12棟、300m余りにわたって一直線に整然と建ち並ぶことが判明した。なお、その性格については、文字資料がほとんど出土しなかったため、明らかにできなかった。（『惣山遺跡現地説明会資料』　大津市教育委員会　1997・98）
② 青江遺跡（大津市神領二丁目字青江）
　近江国庁跡の真南に位置しており、平成11年・12年の発掘調査で、築地塀に囲まれた方形区画が確認され、その内部から3時期（8世紀後半～9世紀中頃）の変遷がたどれる瓦葺き建物跡（最終時期の建物は礎石建ち）などを検出した。また、方形区画の東側に沿って、幅24mの道路状の遺構も見つかっており、これが国庁政庁域建物の南北中軸線に乗ることから、国庁から真南に延びる道路ではないかと考えられている。（『青江遺跡現地説明会資料』　大津市教育委員会　2000）

(2)　堂ノ上遺跡－勢多駅家－
　国庁跡の南西約700mに広がる小規模な丘陵上（大津市神領三丁目）にあり、昭和48年（1973）以降、数次の発掘調査で、瓦葺き礎石建物群と掘立柱建物群が発見されている[4]。両者は同時に存在したのではなく、まず、前者

第4章 壬申の乱以後の近江の変貌　293

が丘陵全体に建てられており、西地区では築地塀が囲む区画内に、正殿や後殿らしい2棟の東西棟建物を南北に配し、南東側に脇殿と考える南北棟建物を置く、国庁の政庁域に似た建物配置が見られる。その後、後者に建て替えられ、何回か改修されたらしい。

　これらの遺構群は、出土須恵器から、奈良時代後半でもやや遅い時期に始まり、奈良時代末～平安時代初頭頃に最盛期（同時期の須恵器が圧倒的に多い）を迎え、「承和十一年六月」銘の平瓦（写真2）の出土から、少なくとも承和11年（844）まで存在していたことがわかる。その後、掘立柱に変わり、10世紀前半には廃絶した

写真2　「承和十一年六月」銘平瓦
（『近江の古代を掘る』より転載）

図3　堂ノ上遺跡出土軒丸瓦

らしい。この遺構の変遷や立地状況などから、勢多駅家とする説が有力視されている。

　瓦類（図3）も土器類とほぼ同じ時期を示し、奈良時代後半に遡る例もあるが、概ね奈良時代末～平安時代前半の範疇に入ると考えられている。飛雲紋瓦（A類、2-1～4）、先端が尖り気味の蓮弁を八葉配するもの（D類、南郷田中瓦窯焼成瓦、2-6）、菊花状の肉厚な蓮弁を十六葉配するもの（E1類、2-7）、丸味を帯びた小型の退化複弁を八葉配するもの（F類、2-8）、蕨手状唐草紋瓦（G類に類似、2-10）などがあり、やや細い蓮弁を十二葉配する線鋸歯紋縁瓦（K類、2-11）を除き、いずれも国庁と同型式である。この中で、A・K類の出土量が他を圧倒しており、瓦葺き礎石建物の創建瓦をこの2種の中に求めている。だが、A類の時期は、平城宮跡・長岡宮跡・木津川河床例との比較や製作技法から検討を加えているが、長岡京造営期～承和11年頃の幅広い可能性を指摘するにとどめている。

(3)　南郷田中瓦窯跡

　瀬田川へ緩やかに傾斜する低丘陵上（大津市南郷二丁目）に営まれた瓦窯跡で、昭和63年と平成4年の発掘調査により、平窯2基を確認。1号窯及びその周辺から4種類の軒丸瓦が出土した[5]（図4）。

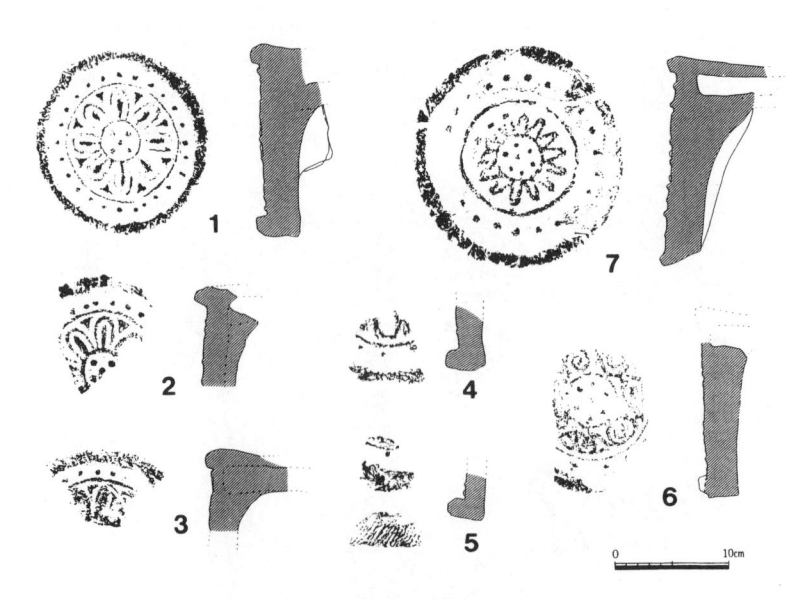

図4　南郷田中瓦窯跡出土軒丸瓦

一つは国庁Ｄ類（4－1・2）で、南滋賀町廃寺や崇福寺跡、堂ノ上遺跡などから同じ瓦が出土している。この他にも、蕨手状唐草紋瓦（国庁例とやや異なる、南滋賀町廃寺・堂ノ上遺跡ほかで出土、4－6）や、弁端にわずかな切り込みがある単弁八葉蓮華紋瓦（Ｌ類、南滋賀町廃寺・崇福寺跡ほかで出土、4－4）、他に例を見ない蓮弁が極端に小さくなった単弁十四葉蓮華紋瓦（Ｍ類、4－7）があるが、国庁及び関連遺跡で見られる飛雲紋瓦は出土せず、ここでは作られなかったらしい。なお、土器がほとんど出土しなかったため、瓦の時期は特定できなかった。

(4) 南滋賀町廃寺

　南滋賀集落内に立地する同廃寺は、昭和3年・13年の発掘調査と、国史跡指定後の現状変更に伴う発掘調査などで、川原寺式伽藍配置（西金堂を塔とし、東西に塔を配する薬師寺式とする説もある[6]）が明らかになった。だが、主要堂舎の配置が判明し、大津宮に最も近接する寺院でありながら、寺歴についてはほとんどわかっていない[7]。

　平安時代前半に位置づけられる軒丸瓦類（図5）は、金堂や講堂などの主要堂舎周辺や、その東側一帯から、白鳳期の瓦類に混ざって出土する。その紋様をみると、①弁端が尖り気味の単弁八葉蓮華紋瓦（Ｄ類、5－2）、②蕨手状唐草紋瓦（Ｇ類に類似、南郷田中瓦窯跡・堂ノ上遺跡・崇福寺跡から出土、5－7・8）、③弁端が尖った舟型を呈する小型単弁十四葉蓮華紋瓦（Ｃ類に類似、5－5）、④国庁と雲の形状が異なる飛雲紋瓦（Ａ類、5－6・9）をはじめ、⑤弁端に少し切り込みが入る単弁八葉蓮華紋瓦（Ｌ類、南郷田中瓦窯焼成瓦、5－1）、⑥弁端が尖った単弁八葉蓮華紋瓦（Ｎ類、5－3）、⑦細い凸線で蓮弁及び子葉を表現する単弁十二葉蓮華紋瓦（Ｏ類、5－4）などがある。⑤～⑦は国庁での出土は確認されていないが、①

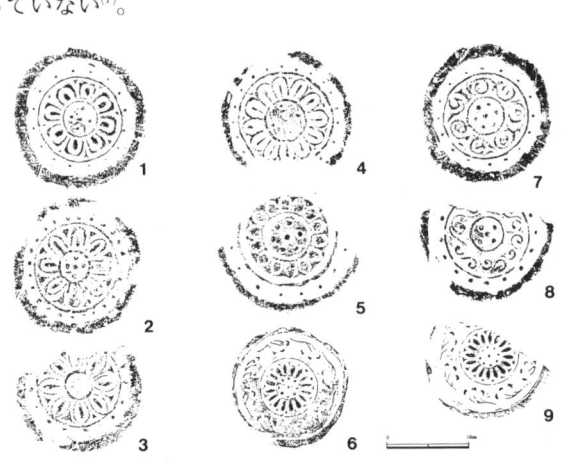

図5　南滋賀町廃寺出土軒丸瓦

〜④は国庁との関連を推測させる瓦といえる[8]。また、国庁E1・F類も少量だが出土している。だが、戦前の発掘調査のため、伴出土器が明確に捉えられなかったことから、時期は特定できなかった。

(5) 崇福寺跡 — 梵釈寺の建立 —

　滋賀里集落の西方山中に立地する寺院で、天智天皇の勅願により天智7年（668）1月に建立された崇福寺とする（『扶桑略記』、平安時代後半成立）。東西に延びる3本の尾根の先端部を整地し、金堂・講堂（南尾根）、小金堂・塔（中尾根）、弥勒堂（北尾根）などの建物を配置しており、昭和3年と13年〜15年に発掘調査が実施されている[9]。

　この調査では、白鳳期の瓦類の出土は少なく、特に南尾根付近からはほとんど見つかっていない。南尾根では、平安時代前半の瓦類が多く出土すること、建物群の主軸[10]（座標北に対しN－3°5′－E）が中・北尾根のそれ（座標北に対しN－7°8′〜7°30′－E）とやや方位を異にすることから、一群の建物を桓武天皇建立の梵釈寺とする説が有力である。平安時代前半の軒丸瓦は、金堂跡付近や南尾根北側斜面からD・E1・F・G・L類が出土するが、南滋賀町廃寺で見られた飛雲紋瓦は確認されていない。

4．出土瓦の年代について

　前項で大津市域の官衙・寺院の中から代表的な遺跡を取り上げ、その変遷と軒丸瓦の時期を眺めてきた。そこで問題となるのが、飛雲紋瓦（A類）の時期である。この瓦は、蓮弁数や雲の形状で10種類近くに細分可能で、国庁では軒丸瓦が7種類、軒平瓦が4種類確認されている。だが、伴出土器との関係がつかめず、土器からの時期の特定ができないため、ここでは、先に取り上げなかった野畑遺跡（大津市瀬田三丁目ほか）と、前述の堂ノ上遺跡から検討していくことにする。

　野畑遺跡は堂ノ上遺跡の南約400m地点の丘陵上に立地し、国庁や堂ノ上遺跡と同一

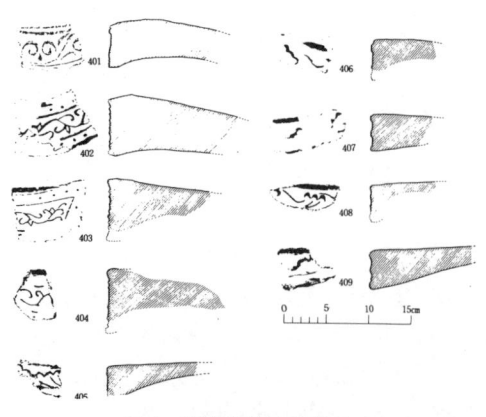

図6　野畑遺跡出土軒丸瓦
（Ⅰ型式401，Ⅱ型式402〜404，Ⅲ型式405〜409）

方位をもつ8世紀後半〜9世紀前半の掘立柱建物群と一緒に、平窯1基が見つかっている。瓦類（図6）は窯前庭部堆積土から3種類の軒平瓦（軒丸瓦は未確認）が出土し、このうちⅢ型式が飛雲紋瓦で、これとセット関係にある軒丸瓦が国庁A2類（図2）にあたる。いずれも破片だが、うち1点が第2次操業時堆積土の上層で出土しており、同層の出土土器から9世紀前半の時期が与えられている[11]。

一方、堂ノ上遺跡では、軒丸瓦A・K類のうち、A類を9世紀前半、K類は線鋸歯紋縁をもつことから、A類より遡る可能性を指摘し、奈良時代後半の要素をもつ瓦と位置づけている。これにより、瓦葺き礎石建物の創建瓦をK類とし、A類を改修時の瓦とするが、K類が同遺跡と密接な関係にある国庁から出土しないなど、問題が残る。

国庁政庁域建物の創建瓦とするA類は、前章で見たように、他地域の出土例やB類（紫香楽宮使用瓦）との関係から、760年頃の時期を想定しており、野畑遺跡例との間で半世紀余りのズレ（760年頃か、800年代初頭か）がある。だが、この瓦は蓮弁数や雲の形状から10種類近くに細分可能で、ある程度の時期幅が考えられる。さらに、堂ノ上遺跡では、国府と密接な関わりをもつ遺跡といわれながら、創建瓦とするK類が国庁で使われていないなどの問題も含んでいる。ここでは、飛雲紋瓦を国府と深く関わる瓦とするならば、これを堂ノ上遺跡の創建瓦とするのが妥当なように思う。しかも、10種類前後に細分できることから、ある程度の時期幅をみた方がよいだろう。

そこで、各遺跡の軒丸瓦出土状況一覧（表1）を見ると、A類（飛雲紋瓦）は国府及び周辺の関連遺跡や南滋賀町廃寺から出土するが、国府に瓦を供給

表1　軒丸瓦各型式出土状況

	近江国庁	堂ノ上	南郷田中	南滋賀	崇福寺	石山国分	惣山	青江	野畑	備考
軒丸瓦A類	○	○	-	○	-	-	○	○	○	飛雲紋
B	○	-	-	○	-	-	-	-	-	単弁十七葉、紫香楽宮使用瓦
C	○	-	-	-	-	-	-	-	-	単弁十六葉
D	○	○	○	○	○	-	-	-	-	単弁八葉、南郷田中瓦窯焼成瓦
E	○	-	-	-	-	-	-	-	-	単弁十六葉
F	○	-	-	-	-	-	-	-	-	複弁八葉
G	○	○	○	-	-	-	-	-	-	唐草紋、南郷田中瓦窯焼成瓦
H	○	-	-	-	-	-	-	-	-	複弁八葉
I	○	-	-	-	-	-	-	-	-	複弁八葉？
J	○	-	-	-	-	-	-	-	-	複弁八葉、線鋸歯紋外縁
K	-	○	-	-	○	-	-	-	○	単弁十二葉、線鋸歯紋外縁
L	-	-	○	○	-	-	-	-	-	単弁八葉、南郷田中瓦窯焼成瓦
M	-	-	-	-	-	-	-	-	-	単弁十四葉
N	-	-	-	○	-	-	-	-	-	単弁八葉
O	-	-	-	○	-	-	-	-	-	単弁十二葉

した南郷田中瓦窯と崇福寺跡では確認されていないことがわかる。また、南郷田中瓦窯焼成瓦では、M類を除く瓦のいずれもが南滋賀町廃寺と崇福寺跡に供給されているが、そのうちL類だけは国庁や周辺の関連遺跡から出土していない。

　以上のことから、L類の問題はあるが、南郷田中瓦窯跡は国府及びその関連遺跡や南滋賀町廃寺・崇福寺跡に瓦を供給するために築かれたと考えてよく、そこでA類が焼かれてないのは、両者間に時期差が存在する可能性を示しているといえる。したがって、南郷田中瓦窯焼成瓦（D・G・L類）が9世紀初頭頃に位置づけられることから、A類はそれよりやや遡ると見てよいだろう。

5. 桓武天皇と大津－天智天皇への追慕－

　これまでに、国府やその関連遺跡から出土する瓦類の年代設定を試み、一応、国府及び周辺の関連遺跡に共通する飛雲紋瓦は、南郷田中瓦窯焼成瓦との比較で、やや時代を遡らせるのが妥当と判断し、760年前後が適当とした。一方、南郷田中瓦窯焼成瓦はやや時代が下がり、8世紀末～9世紀初頭の時期を与えた。

　この年代設定と並行する8世紀後半～9世紀初頭の歴史の流れを見ると、この時期、大津に直接関わるか、あるいは、間接的に大きな影響を与えた出来事として、保良宮造営と、これに伴う石山寺の増改築、続いて起こった藤原仲麻呂の乱、そして桓武天皇の登場と長岡・平安京遷都があげられる。

　保良宮造営には近江守を兼ねていた藤原仲麻呂が中心にいたことは確かだろう。彼は近江に特別の思いをもっていたと考えられ、これに合わせるように石山寺の増改築が進んでいる。この時期、周辺の官衙や寺院も整備されたことは充分にありえることで、いま、その使用瓦を飛雲紋瓦とする可能性を検討したいと思っている。なお、南滋賀町廃寺は、雲の形状は異なるが、飛雲紋瓦が出土することから、当時、国府の下に官寺として位置づけられていた可能性があり、同瓦が出土しない崇福寺跡とは性格を異にした寺院だったと考えられる。

　だが、保良宮造営直後に起こった藤原仲麻呂の乱により、保良宮は短命の都で終わる。それから20年余りの後、天智系の天皇位が復活し、桓武天皇が即位すると、再び大津が注目されるようになる。長岡・平安両京への遷都は、多分に大津を意識した施策と受け取れ、長岡京の廃都後も、なお新都を同じ京都の地に求めたことが、その現れのように思う。

桓武天皇は長岡京遷都直後から、目立って大津を意識した行動を取るようになる。なかでも、晩年の大津への度重なる行幸は異様に映る。そこには曾祖父・天智天皇への強い思いが感じ取れる。この一連の行幸のなかで、国庁政庁域の大改修や勢多駅家の拡充をはじめとする、大津及び周辺地域の官衙・寺院の整備が行われたとしても不思議ではない。そして、この整備時の使用瓦として、南郷田中瓦窯を中心とする一群の瓦があてられたのではないかと考えている。

　桓武天皇の登場は、大津を取り巻く情勢を大きく変えていった。長岡・平安京遷都とともに、大津は新都の外港的性格を備えるようになり、東海道・東山道・北陸道などの陸路と湖上交通の要衝として、その地位はより重要度を増すことになる。それに相応しい施設の整備が、9世紀初めの時期に集中して行われたことは充分考えられ、その根底には、桓武天皇の大津への熱い思いが流れていた。天皇の原点は大津、もっと言えば天智天皇にあったのかもしれない。

6．おわりに

　古代の大津には、いくつかの大きな画期がある。その最大のものは天智天皇による大津宮遷都だとする考えに異議を唱える人はいないと思うが、もう一つ、桓武天皇の登場もあげてよいと考えている。一面では、桓武天皇の登場と長岡・平安京遷都は、大津にとって、大津宮造営以上に大きな影響を与えたともいえる。この時期、大津の情景は大きく変わった。その変化を出土瓦類から推測してみた。

　だが、奈良〜平安期の大津を代表する瓦として著名な飛雲紋瓦は、先に見たように、その時期について統一した見解が出されているわけではない。ここでは、一つの年代設定を試みたが、今後の発掘調査の進展により、設定時期が大きく変わることも当然予想される。そのような状況が生じれば、ここで展開した考え方も修正しなければならないだろうが、現時点における一つの説として拙稿を見ていただければ幸いである。

　　＜注＞
　1　『史跡近江国衙跡発掘調査報告』（滋賀県文化財調査報告書第6集　滋賀県教育委員会　1977）
　2　『史跡近江国庁跡第2次発掘調査現地説明会資料』（滋賀県教育委員会　1998）
　3　『平成11年度史跡近江国庁跡現地説明会資料』（滋賀県教育委員会　2000）
　4　「大津市瀬田堂ノ上遺跡調査報告」（『滋賀県文化財調査年報』－昭和48年度・50年度－　滋賀県教育委員会　1975・1977）

5 『錦織・南志賀遺跡発掘調査概要Ⅷ－付・南郷田中瓦窯・石山寺境内遺跡発掘調査概要－』(滋賀県教育委員会　1994)
6 『図説大津の歴史』上巻（大津市　1999）
7 肥後和男「大津京址の研究」(『滋賀県史蹟調査報告』第2冊　滋賀県　1929)
　柴田実「大津京阯（上）」(『滋賀県史蹟調査報告』第9冊　滋賀県　1940)
8 松浦俊和「南滋賀町廃寺・崇福寺跡出土の軒丸瓦－奈良・平安期軒丸瓦の形式分類－」(『大津市歴史博物館研究紀要』2　大津市歴史博物館　1994)
9 肥後和男「大津京址の研究」(『滋賀県史蹟調査報告』第2冊　滋賀県　1929)
　同上　「大津京阯の研究－補遺－」(『滋賀県史蹟調査報告』第3冊　滋賀県　1931)
　柴田実「大津京阯（下）－崇福寺阯－」(『滋賀県史蹟調査報告』第10冊　滋賀県　1941)
10 　各建物の方位については、正確に測った資料はなく、遺跡の地形測量を行なった際の座標値から復原したものであるため、数値にややばらつきはあるが、いずれも1度前後か、それ以下で、大きな問題はないと思われる。
11 「大津市野畑遺跡第二次調査報告」(『滋賀県埋蔵文化財調査年報』－平成4年度－滋賀県教育委員会　1994)

川と道を見据えた城郭配置
― 瀬田川筋の中・近世城郭群 ―

1．瀬田川と城

　琵琶湖南湖から流れ出る唯一の河川「瀬田川」は、下流で宇治川（京都府域）、淀川（大阪府域）と名前を変え、大阪湾に注ぐ大河で、早くから近江と京・大坂、さらには奈良をつなぐルートとして重要な位置にあった。特に、都が京都に移ってからは、その重要性はより増大し、この川を押えることが、その時の権力者にとって最大の関心事であったことは、歴史の流れが明確に示している。大津宮があった時、壬申の乱最後の戦いは瀬田橋で行なわれ、藤原仲麻呂の乱で、仲麻呂がまず抑えようとしたのは瀬田橋であった。明智光秀が本能寺の変後にとった行動もしかりである。
　瀬田川を抑えることは、結果的に、この川に唯一架かる瀬田橋を抑えることになる。従って、瀬田川筋に立地する中・近世の城郭を考える時、瀬田川、そして瀬田橋との関わりで見ることは至極当然なことといえる。

2．瀬田城の位置と性格

　瀬田川筋には、中世から近世初頭の時期、いくつかの城が築かれている（図1）。その中で中核的な存在として位置づけられるのが瀬田城（大津市瀬田二丁目）である。この城は16世紀から17世紀前半にかけての史料に比較的多く見え、ある程度、城の変遷をたどることができる。
　『寛政重修諸家譜』（寛政年間（1789～1801）に江戸幕府が編修した家系譜の書、以下『家譜』という）によると、瀬田城は、甲賀郡毛牧村（現在の甲賀町）に居を構え、のち瀬田に進出した山岡氏の居城として登場する。以下、『家譜』から、その変遷を追っていくと、本拠地の甲賀郡を離れたのは山岡景通の時といわれ、栗太郡大鳥居村（現、大津市上田上大鳥居町）に居住したとある。そして、三代のちの資広（景広）が永享年間（1429～41）に「勢多邑」を平定し、瀬田の「山田岡」の地に城を築き、当地に移ったという。ところが、のちの享保19年（1734）編纂の『近江輿地志略』には、瀬田城主山岡景隆画像の賛文を引用し、建武年間（1334～38）の景房の時に、瀬田城が築かれたと記されており、築城時期については、定まった見解があるわけ

302

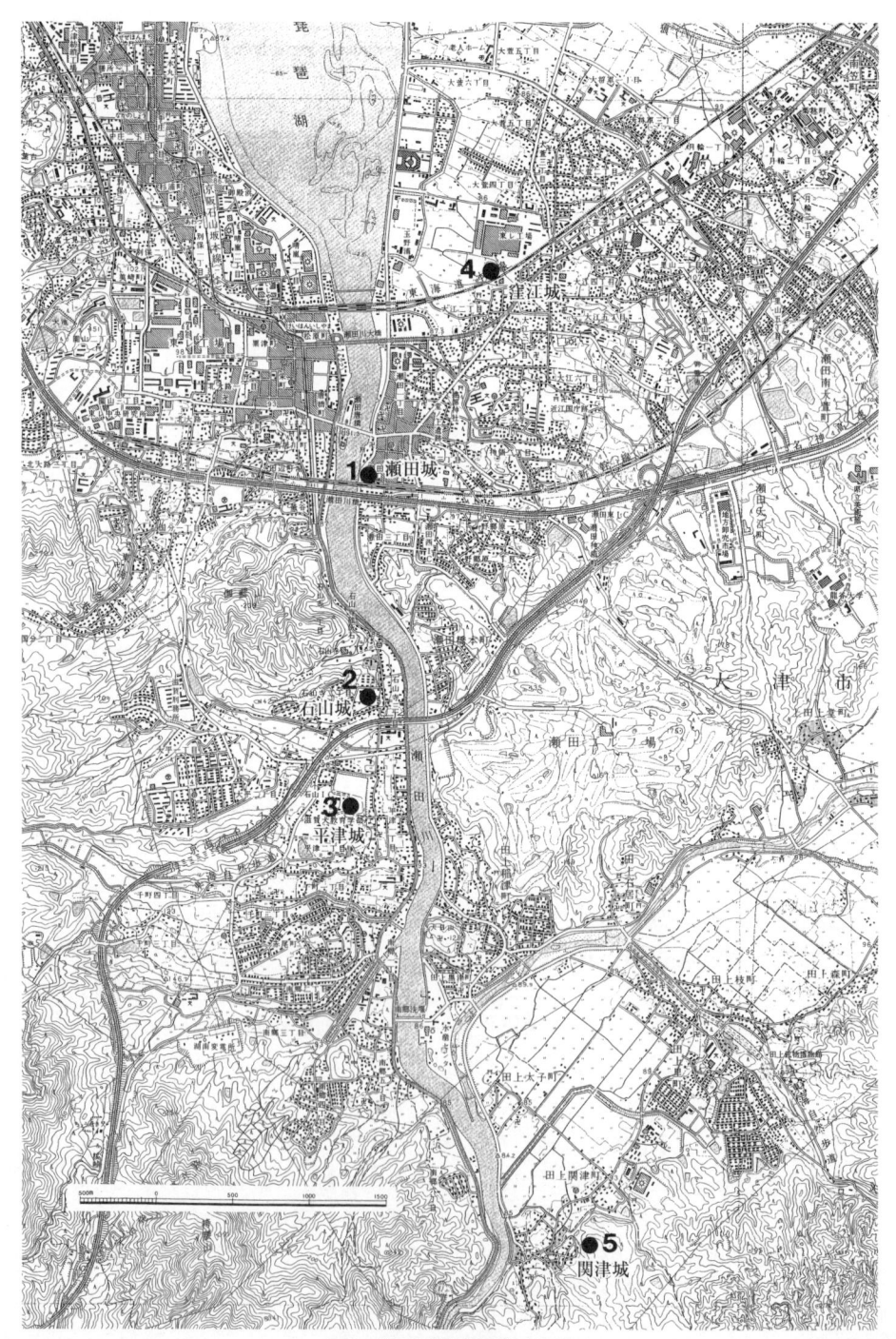

図1 瀬田川流域城郭分布図(1)

ではない。

　さて、瀬田城を築いた山岡資広は、その後、城を長男景長に譲り、自らは「石山の古城」に城を築いて、そこに移っている。そして、剃髪後、光浄院と号して園城寺に一宇を建立し、そこで余生をおくったという。これが現在の園城寺光浄院であり、この時から山岡氏と園城寺の関係が始まったようである。室町時代、瀬田橋警固の役に園城寺があたるようになったのも（『園城寺文書』）、山岡氏との繋がりがあったためだと思われる。

　一方、家督を継いだ景長は六角氏に属し、近江南部の旗頭として活躍し、当主は代々瀬田城を継いでいる。そして、最後の瀬田城主山岡景隆も、はじめは室町幕府の将軍足利氏に仕え、かつ六角氏の有力家臣の一人として活躍していたが、六角氏の居城観音寺城（蒲生郡安土町、神崎郡五個荘町）の落城を前に織田信長の軍門にくだり、以後信長の家臣として行動する。だが、足利義昭と信長の間に不和が生じるようになると、景隆の立場は微妙なものとなり、たいへん苦しい状況に追い込まれていたと推測されるが、両者の亀裂が決定的になった時、景隆は信長側に付くことを選び、以後は、その配下の武将として行動をともにしている。そして、本能寺の変（天正10年・1582）で信長が倒れると、秀吉の傘下に入るが、なぜか賤ケ岳の合戦（天正11年）で敵方の柴田勝家に内通したとして、瀬田城を追われたとある（『多聞院日記』）。その後、没落し、天正13年に甲賀町毛牧村で没したといわれている。

　この後の瀬田城は、天正11年（1583）8月、賤ケ岳合戦の戦後処理で、浅野長吉（長政）に与えられている（『多聞院日記』）。だが、浅野長吉の在城期間は短く、同年中には坂本城へ転じており、これ以降、瀬田城はしばらく史料から姿を消す。そして、大坂夏の陣のさなかの元和元年（1615）5月4日に、京都付近の庄屋の妻子を人質として瀬田城へ連れて行ったという記録（『義演准后日記』）があり、その名が再び登場するが、これが瀬田城に関する最後の記録となる。

　その後、城は荒廃したようだが、『近江栗太郡志』（大正15年刊行）によると、天寧和尚が当地を膳所藩主から賜って一庵を建て、臨江庵と称したとある。そして、本多家第6代藩主本多康桓（在位期間：1747〜1765）の代に、この地

写真1　瀬田唐橋から瀬田城跡を望む
　　　（矢印が瀬田城跡）

を城主の別荘とし、宝暦9年(1759)、新たに館を建て静養の地としたという。だが、明治維新後は個人の手に移り、幾多の変遷を経て、現在は旅館となっている（写真1）。

瀬田城の位置については、『家譜』に「瀬田の山田岡」とあるだけで、他の史料にも具体的な場所の記述はない。ただ、当地がのち僧侶の庵、そして膳所藩主本多家の別荘、さらに明治維新後、多くの人の手を経て、現在旅館になっているという経緯から、瀬田橋東詰を南へ150mほどくだったところに建つその旅館付近一帯が瀬田城の旧地であったと見られている。大正期の終わり頃、当地には高い堤や深い堀があり、内側は鬱蒼とした竹林となっていたという。戦時中にも、北・東・南の三方に、まだ深い堀が残っており、東西140m×南北150m程度の広がりがあったらしい。明治25年作成の地図（大日本帝国陸地測量部発行、縮尺1/20,000）を見ると、当地は、瀬田丘陵から派生し、北西方向に延びる小丘陵が瀬田川に張り出した部分にあたり、城跡推定地は、周囲が水田を呈するのに対し竹藪地となっている（図2）。城跡の西側に道はなく、東側に、瀬田橋を通る東西の道路（旧東海道）から直角に曲がって南下する南北道が記入されていることや、堀の残存状態、瀬田川との位置関係からみて、城の西側は瀬田川に接していた可能性が強い。

瀬田城の様子を知る比較的早い時期の記録に、連歌師宗牧(?～1545)が著した『東国紀行』（天文13年9月から翌年3月まで、京都から東海道を通って江戸浅草に至る道中記）がある。それによると、宗牧は天文13年(1544)、京都から東国へと旅立つが、その途上、逢坂山を越えて大津へ入り、打出浜から舟に乗って、石山寺に参詣している。そして、そこから再度舟で瀬田川を北上し、「昔の橋二、三くちのこりたるあたりにさしとめてみれば・・・。せたの城よりつかいあり、・・・山岡方使案内者して城へをとづれ侍れば・・・」とあることから、瀬田橋近くに舟を留めて、瀬田城からの使者に案内されて城に入り、そこで山岡氏の接待を受けたようである。直接舟を城の中へ入れたという記述はなく、瀬田城入城時の詳しい様子はわからないが、内容から見て瀬田橋東詰にほど近いところに瀬田城が位置していたことは確かだろう。

当時の瀬田橋の位置については、昭和62年(1987)～平成元年(1989)に行われた瀬田川浚渫工事に伴う唐橋遺跡の発掘調査で、現唐橋付近から、南80mほどの間の川底から、白鳳・奈良・鎌倉（13世紀以降）・江戸期の橋脚遺構（白鳳期の橋が最も南に立地）が見つかっており、おそらく16世紀中頃の橋も白鳳期のそれのやや北にあった可能性が強い（図3・4）。そう考えると、

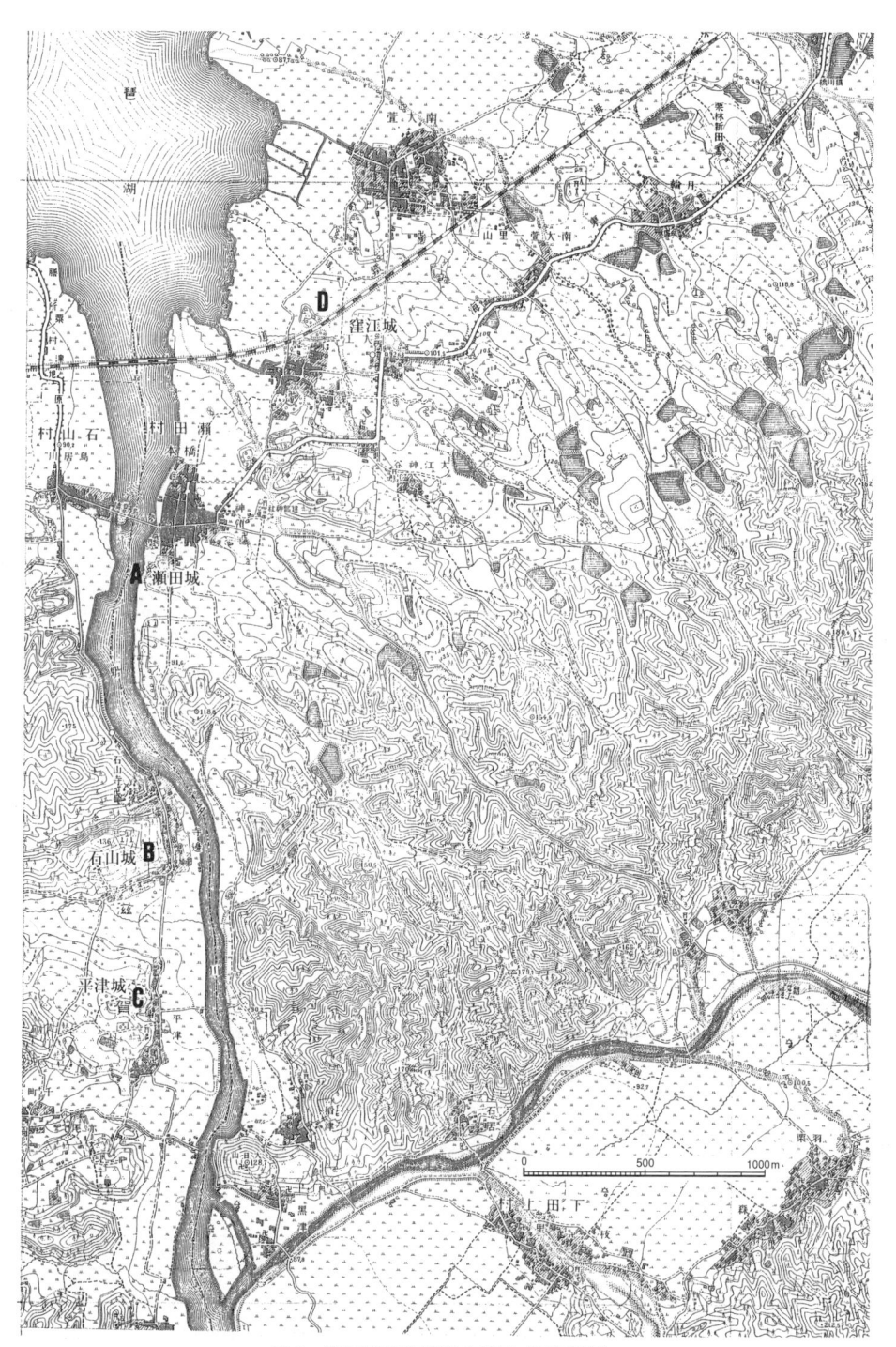

第4章　壬申の乱以後の近江の変貌　305

図2　瀬田川流域城郭分布図(2)（明治25年）

図3　瀬田橋位置復原図1（参考文献5による）

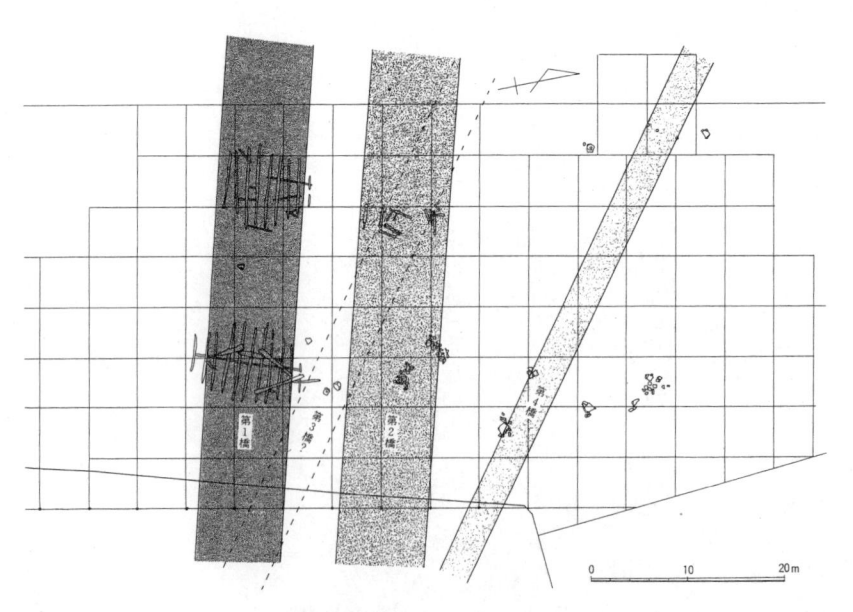

図4　瀬田橋位置復原図2（参考文献5による）

まさに瀬田橋東詰に接するように瀬田城が築かれていたことになる。その規模については、明治25年作成の地図や周囲の地形などから、北辺は、現在の雲住寺（大津市瀬田二丁目）付近、すなわち旧瀬田橋東詰の地点から東へ延びる東西道、東辺は橋本の集落内を南北に走る道、南辺は判然としないが、東海道新幹線や名神高速道路付近で低丘陵の張り出しが終わり、小さな谷が入り込む地形になるように見受けられることから、この付近を南限とすると、東西約150m×南北200〜250mの範囲が想定される

写真2　瀬田城跡空中写真（米軍撮影　R22-1　110　1948年）

（写真2）。まさに、瀬田橋及び東海道、さらには琵琶湖南湖を抑えるために、瀬田川を利用して築かれた城といってよいだろう。

3．瀬田城と石山・窪江両城

　瀬田城の前面を南流する瀬田川筋には、瀬田城のほかにも、いくつかの中世郭が築かれている。その中に、瀬田城主山岡氏に関わりのある城が2カ所存在する。一つが瀬田城の南、石山寺の寺域に南接するように位置する石山城、もう一つが瀬田城の北東、琵琶湖南湖を臨む大江の地に築かれた窪江城である。

　石山城は、大津市石山寺二丁目の関西日本電気㈱石山寮が建つ地（標高110m前後、図5）にあったといわれており、当地は昔から「フロシロ」

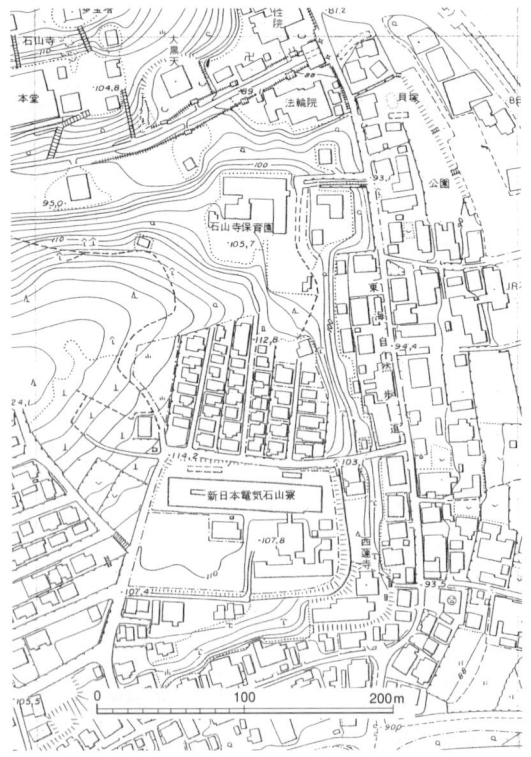

図5　石山城跡位置図（図1-第2地点）

写真3　文政4年石山寺境内領内絵図部分
　　　－石山寺伽藍と内前－（石山寺蔵）

（「古城」の転訛か）と通称されていた。例えば、寛文12年（1672）の「寺辺村検地帳」（『石山寺文書』）には「古城の下」という地名が記載されており、文政4年（1821）の『石山寺境内領内絵図』にも、境内伽藍の南側に「古城」の記載がある（写真3）。地元の話によると、石山寮が建つ前は周囲に高い堤を巡らせた2反ほどの平坦地があったらしい。外周には堀が巡り、堀の底幅は5～7mで、底から堤の上部まで2～3mはあったという。

この城は、山岡資広（前掲載）が瀬田城築城後、同城を長男景長に譲り、「石山の古城」に城を営んだことに始まるといわれている（「古城」とあることから、これより以前に当地に城があった可能性はあるが、詳細不明）。資広から4代のちの景綱も「石山城に隠居」したとあり、景綱から3代のちの景隆（最後の瀬田城主）の弟景猶も瀬田から石山城へ移り住んでいる。また、山岡氏と石山寺の関係も深

く、景綱の弟尊賀は出家して石山寺に住み、景猶の弟景光も石山寺世尊院の住職となるなど、瀬田城と石山城・石山寺との関係はかなり緊密だったようである。

なお、石山城は、元亀4年（1573）2月に起こった石山での織田信長と足利義昭との戦いの主戦場としても登場する。この時の城が先に見た山岡氏の営んだ石山城と同一だとする確証はないが、合戦時、石山城は足利義昭方の城として、山岡景隆の弟で、園城寺光浄院第5代住持の暹慶（山岡景友）が守将となり、信長軍に抵抗したとある（『信長公記』『増補筒井家記』など）ことから、園城寺及び山岡氏との繋がりが考えられ、史料の記述内容にやや齟齬はあるものの、同一の城と見てよいのではないだろうか。ただ、石山寺背後の伽藍山頂上（標高236.1m）から少し下った丘陵尾根上（標高180～197m付近）に、堀切や竪堀などの遺構が確認され、城跡の可能性が指摘されていることから、例えば、先に見た元亀4年の合戦時に、足利義昭方が築こうとした砦がこれにあたる可能性もまったくないとはいいきれない（図6・7）。

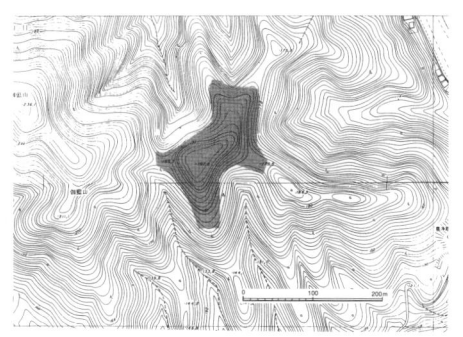

図6　伽藍山山頂付近城郭位置図（参考文献4による）

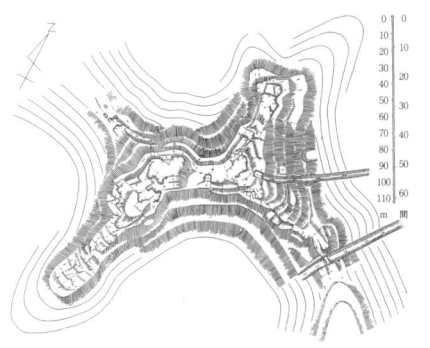

図7　伽藍山山頂付近城郭遺構図（参考文献4による）

石山城が築かれた位置は、前面に瀬田川を臨み、すぐ北に山岡氏と深い繋がりをもつ石山寺があり、かつ前面を南下する道を西にとると、岩間寺・醍醐寺を越えて山科南部の地に至る山越えの道（醍醐越）となることから、瀬田川と道を抑え、石山寺を守護する性格を持っていたと考えてよいだろう。

次に、窪江城は、東レ㈱瀬田工場の敷地内（大津市大江一丁目）にあり、城の南半部は、明治22年（1889）の国鉄東海道線敷設により削られてしまっている。明治25年作成の地図（国鉄敷設後に作成されたもの）を見ると、瀬田丘陵から北西方向に派生する低丘陵の先端部（標高100m前後、水田面と

の比高10m前後）に、琵琶湖を臨むように築かれているのがわかる（図2）。城跡の眼下には水田が広がっており、現在でも湖面との高低差がほとんどなく、当時はもっと近くまで湖が入り込んでいた可能性もあり、例えば城跡の南を西流する小河川などを利用して、舟を湖から直接城の直下まで引き入れることもできたのではないだろうか（写真4）。

写真4　西側水田から窪江城跡を望む
（手前の河川が城跡南側を西流し琵琶湖に注ぐ）

　この城は、享保19年（1734）成立の『近江輿地志略』や文政3年（1820）刊の『栗太郡志』などによると、当初高野甲斐守なる人物（名は慶秀、それまでは栗太郡六地蔵城主という）が城主であったが、同氏の滅亡後、瀬田城主山岡景隆の弟対馬守景祐が入城して、これを守ったと記載されている。

　山岡景祐は、兄景隆とともに、六角氏に属していたが、のち織田信長に仕え、各地に出陣している。信長が本能寺で明智光秀に討たれた時、堺にいた徳川家康が急遽岡崎へ戻る際、兄景隆とともに、信楽の山中を道案内し、伊賀国境まで家康を守護したという。だが、賤ケ岳合戦の時、兄景隆とともに敵方の柴田勝家に内通したとして秀吉から領地を没収され、窪江城からも追放されたらしい。その後、家康に仕え、駿府で死去したといわれている。

　窪江城の立地場所は、琵琶湖南湖及び瀬田川入口を一望に見渡せる丘陵先端部にあたっており、加えて城の東側は東海道から分岐して北進する芦浦街道に接していることから、湖・瀬田川入口、さらには東海道及び芦浦街道を抑える地点を占拠していたといってよい。

　以上、2つの城を瀬田城との関わりで見る時、瀬田城を中心に石山・窪江両城が有機

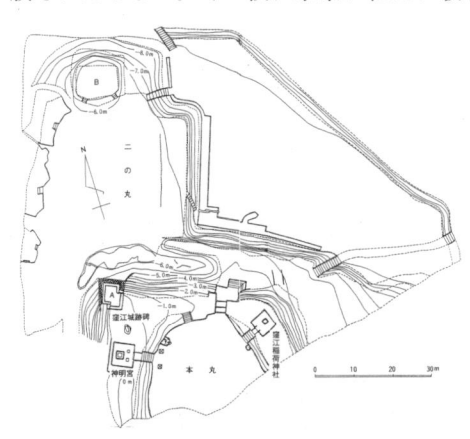

図8　窪江城跡遺構平面図（参考文献1による）

的な繋がりをもって配置された可能性が浮かび上がってくる。

4．関津城の場合

　瀬田川筋には、先に見た瀬田・石山・窪江城の他にも、いくつかの城跡が確認されており、石山城の南に位置する平津城、南流する瀬田川が流れを大きく西方に変える地点（佐久奈度神社付近）を見下ろす丘陵上に築かれた淀城、そして田上関津の地に築かれた関津城などがある（図1）。

　なかでも、関津城は、現在も土塁などが残っており、城の面影をよくとどめている。場所は、関津集落の高台にある平安台と呼ばれる住宅団地（大津市関津三丁目）の裏手（標高100m前後）にあたり、高さ2m前後の土塁を周囲に巡らせた平坦部（曲輪）が3カ所で確認されている。その一つには出入口と考えられる土塁の切り込みがあり、その前面に、城郭の防御施設の一つである枡型に似た遺構も残る（図9）。

　このように遺構が比較的よく残っている城だが、その履歴については、ほとんどわかっていない。発

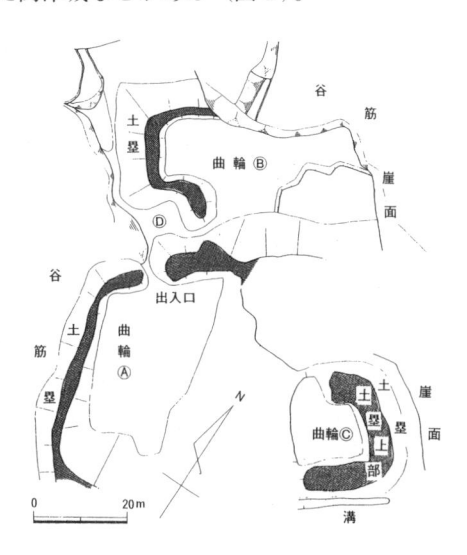

図9　関津城跡遺構平面図（参考文献1による）

掘調査はもちろん、測量調査も行われておらず、本格的な調査の手がまったく入っていないため、築造時期や存続期間、正確な規模など、いっさい不明である。もちろん、文献史料にもほとんど登場せず、わずかに江戸期の『栗太郡志』（文政3年刊）や『膳所藩明細帳』、大正15年（1926）刊行の『近江栗太郡志』などに、城主として「宇野美濃守」「宇野土佐」「宇野源太郎」といった宇野氏の名やその事歴がわずかに記載されているだけである。

　宇野氏は清和源氏の流れをくむ家柄といわれ、承久の乱（1221）頃、源太郎守治が戦功をたて、鎌倉幕府から関津城を賜ったとある。その後、子孫が当地に住み、関津城を守護したようで、八幡神社（大石龍門三丁目）や称名寺（関津三丁目）には宇野氏ゆかりの棟札（「天文9年（1540）」「田上関津宇野美濃入道」の記載がある）や五輪石塔（宇野氏の墓と伝える）が残っている。

この内容からみて、関津城は少なくとも13世紀前半から16世紀中頃までは存続していた可能性が考えられる。

　この関津城が立地する地点は、城跡の西方、瀬田川に沿って、関津集落から関津峠を越え大石方面へ抜ける道（宇治田原を経て南山城地域に至る道や、信楽方面への道に通じる）が走り、北方の丘陵裾部には田上里町への道（里町で右折して信楽方面へ通じる）があることから、両道の合流点を見下ろす場所にあたっている。「関津峠」は平安時代の天安元年(857)に大石関（「天安の三関」の一つ）が置かれた場所と推定され、古代から山城と近江を繋ぐルートの一つとして重要な位置にあった。

　さらに、江戸時代、瀬田川筋の黒津と関津には津（舟着場、いずれも場所不明）が置かれていた。関津については、慶長19年(1614) 2月、膳所藩主から大石富川村に対して出された関津浜での木柴商いを保障する黒印状（藩主が押印して発給した文書）が残っており、黒津浜とともに、近村から出る木柴などの林産物を大津町に積み出す浜として、膳所藩の公認を得ていたことがわかる。いずれも「浜」とあるだけで、積み出し場の施設がどのようなもので、どの程度の規模だったのか判然とせず、いずれの時期まで遡れるのかもわからないが、関津城が存続していた時期、関津浜が舟着場としての機能をもっていた可能性はあり、当城は「道」、さらには「瀬田川」と「関津浜」を抑える性格を備えていたと考えてもよいだろう。

5．その他の瀬田川筋の城郭

　最後に、関津城と一緒に挙げた平津城と淀城についても、簡単に触れておこう。

　まず、平津城は、滋賀大学教育学部（大津市平津二丁目）の敷地内に建つ平津ケ丘寮付近（石山城の南約900mの地点、標高108m付近）にあったといわれている。一帯には「城山」の小字名が残

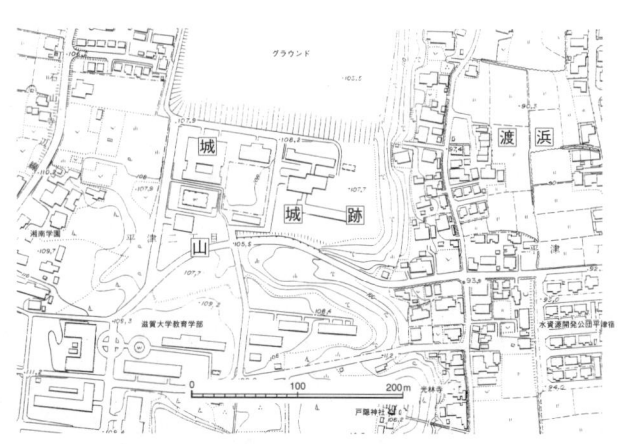

図10　平津城跡位置図（参考文献１による）

り、周囲に「原屋敷」など「○○屋敷」と通称される場所が数カ所あったらしい（図10）。地元の話によると、平津ケ丘寮一帯は、かつて高さ約1.8mの土塁を周囲に巡らせた広さ３反余りの平坦地で、東西の２カ所に出入口らしい切れ込みがあり、土塁の外側には堀が巡っていたという。これは、明治14年（1881）刊行の『平津村誌』に、「本村北山上ニアリ。樹木中東城戸・西城戸・廃堞及ビ濠渠、今尚存在ス」とある記載内容にも符号している。

　この城の事歴も、関津城同様、ほとんどわからないが、享保19年（1734）成立の『近江輿地志略』や先に見た『平津村誌』に、井上越前守の屋敷跡、井上越前守重尚の堡塞跡として記載されているものにあたるようである。井上重尚は天正年間（1573～92）頃の人で、石山寺奉行を務め、寺領のうち８千石を支配していたが、織田信長に追われて（元亀４年、信長と足利義昭との間に起こった石山城の合戦か）、京都へ逃れたといわれており、同城も石山城とともに石山寺に深く関わった城であったことがうかがえる。ここには瀬田城主山岡氏との繋がりは記されてはいないが、石山寺を通じて山岡氏との関わりも当然考えられ、瀬田城に関連する城の一つとして位置づけてよいかもしれない。今は、当地からの見通しは悪いが、明治25年作成の地図を見ると、城の東側を南北に走る道から瀬田川まではまったく民家は見あたらず、水田が一面に広がっており、瀬田川を一望できたことだろう。すぐ北にある石山城とともに、瀬田川を航行する舟を監視するには格好の地だといえる。

　次に、淀城は、瀬田川に流れ込む大石川に架かる高橋を渡った左前方に見えるこんもりとした山（標高110m付近、図11）にあり、今も「城山」という小字名が残っている（大津市大石淀二丁目ほか）。当地はすでに造成が行われてしまっており、かつての地形を復

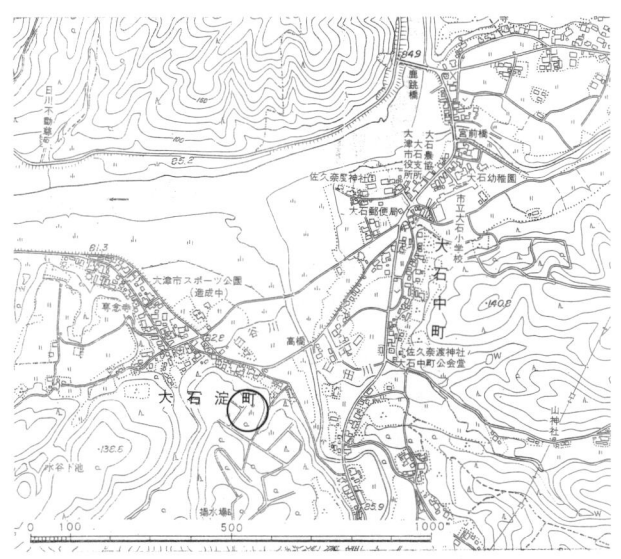

図11　淀城跡位置図（○印）

原することは難しいが、造成前には土塁跡らしき土盛りがあったという。今も人工的な平坦部が少し残っており、かつてそこに城が築かれていたことをわずかだがうかがうことができる。当城の履歴についてはほとんどわからないが、『近江輿地志略』や『近江栗太郡志』、さらには地元の伝承で、山口玄蕃頭が守備した城だといわれている。この人物は、豊臣秀吉に仕え、加賀大聖寺城（石川県加賀市）6万石の城主となった山口正弘のことであるが、彼と淀城との関係について具体的に書かれたものは何もない。

　当地は、瀬田川に沿って、近江から山城へ抜ける2本の山越えの道、すなわち「曽束越」と「宇治田原越」の分岐点に近く、それを抑える最適の地であることは、誰が見ても明らかである。また、瀬田川を見下ろす位置にもあることから、川を監視する目的も併せ持っていたのだろう。

6．川・橋・道と城郭配置

　これまで、瀬田城を初めとする瀬田川筋に築かれた6カ所の城跡を見てきたが、そのいずれもが、瀬田川と道、それも道の分岐点を抑える配置をとっていることが浮かび上がってきた。しかも、関津城や淀城は別として、それが瀬田城を中心に、瀬田橋と瀬田川筋、さらに東海道及びそれから分岐する道を抑え確保するために、各城が有機的に繋がっているように受け取れるのである。

　瀬田城主山岡氏は、戦略上重要な瀬田橋を抑える地点に本拠を置くことで、その存在をより大きなものにしていった。さらに、山岡氏は園城寺や石山寺との繋がりをもち、それをより強固なものにするにつれて、信長にとっても、一目置かざるをえない存在になっていったのではないだろうか。

　山岡氏が甲賀郡から

写真5　瀬田橋遠景（中島省三撮影）

瀬田の地に進出した理由はわからないが、京・大坂と東国を結ぶルートの中で軍事上最重要地点の一つである瀬田川及び瀬田橋（写真５）を抑えたことは、同氏にとって大きな転換期となったことは確かだろう。それ以後の動き、すなわち周辺地域において新たに城を築いたり、従来からあった城を勢力下に置いたことなどを見ていると、意識的に瀬田川筋を抑えようとしていたことは明らかなように思える。
　すなわち、山岡資広が瀬田城を築いてすぐ、瀬田城を長男に譲り、石山寺のすぐ南の高台に石山城を築き、入城している。この地は、瀬田城とは瀬田川を挟んで対岸になるが、南約1.4kmに位置することから、同城の築城により、瀬田川を行き来する舟や、山科から醍醐寺・岩間寺を越えて、平津の地に入る山越えの道（醍醐越）、さらには瀬田川西岸を北上する道などの監視ができるようになったといえる。さらには、瀬田橋を抑えた時、唯一瀬田川を渡ることができた「供御瀬」が、同城の南1.5〜2kmの地点（大戸川との合流点付近から大日山にかけての地域）にあり、これを監視する目的も大きかったのではないかと考えている。供御瀬は、元亀４年（1573）２月の石山城の合戦で、足利義昭方に与した石山城を織田信長方の軍勢が攻める時、柴田勝家率いる一隊が土地の者の案内で田上方面から供御瀬を渡り、北上して搦手から石山城へ向かったことからもわかるように、瀬田橋が落とされたり、抑えられたりした場合、戦略上重要な役割を果たしていた。
　これは、石山城のすぐ南に位置する平津城についても同じことがいえる。同城は、瀬田城主山岡氏との直接の繋がりは確認できないが、石山寺を介して行き来があったことは充分に予想され、石山・平津両城で南からの敵方の動きを監視する役目を担っていたのではないだろうか。
　一方、瀬田城の北東約1.5kmに位置する窪江城は、山岡景隆の時、弟が入城して城を守ったとあることから、北方、すなわち湖上の舟の行き来や湖東方面からの人・物の動きを監視するために勢力下に置いたものと考えている。いずれの城も瀬田城からほぼ等距離にあって、瀬田川及び湖で繋がっているのである。瀬田城は川に面し、川から堀に直接水が引き込まれていた可能性があり、城内から舟で直接瀬田川、あるいは琵琶湖へ漕ぎだせたことも充分に考えられる。また、石山城では、近くに「寺津」という字名があることからもわかるように、石山寺の前面には寺への参詣のための舟着場があり、平津城では、「平津」という地名と、城の東側にある「渡浜」という小字名から、城の直下に津（舟着場）の立地が考えられ、両城とも瀬田城とは舟による行き来もできたようである。もちろん、窪江城は、先に見たように湖・

川から直接城の直下まで舟を乗り入れられた可能性があり、いずれの城とも道だけではなく、舟による行き来もできる位置に築かれているといってよい。

このように見てくると、山岡氏は東海道における軍事上最重要地点の一つである瀬田橋の東詰に接して瀬田城を築くことにより、一挙に橋と東海道を抑え、瀬田川及び琵琶湖南湖における舟の行き来を監視できるようになった。そして、それをより強固なものにし、本城を中心とした完全な監視体制を作りあげるために、石山や窪江といった城を配置していったのではないかと推測しているのである。

いずれの城も、これまで発掘調査の手が加わっていないため、その存在時期が判然としない現状では、多くを語るのは差し控えたい。ここでは、それぞれの城に関する文献史料や地形、立地などから検討を加え、そこから導き出された一つの考え方を示した。今後、本格的な発掘調査が行われれば、当然それぞれの城を取り巻く状況も大きく変わることが予想され、新たな考え方が出されることだろう。

【参考文献】
1 『大津の城－ふるさと大津歴史文庫2』(大津市　1985)
2 『新修大津市史第3巻－近世前期』(大津市　1980)
3 『新修大津市史第9巻－南部地域』(大津市　1986)
4 『滋賀県中世城郭分布調査9－旧滋賀郡の城』(滋賀県教育委員会　1992)
5 『唐橋遺跡－瀬田川浚渫工事関連埋蔵文化財発掘調査報告所Ⅱ－』(滋賀県教育委員会　1992)
6 『図説大津の歴史』上巻（大津市　1999）
7 『古絵図が語る大津の歴史』（開館10周年記念企画展図録　大津市歴史博物館　2000）

園城寺善法院庭園の発掘

1. はじめに

　近江の名刹・園城寺は、一般に三井寺の名で多くの人たちに親しまれている。その創建は古く、白鳳時代、すなわち大津宮が造営された時期にさかのぼる。寺伝によれば、大友皇子の子、与多王が父の菩提を弔うため、かつて大友皇子が住んでいた邸宅跡を寺とした。それが園城寺であるという。だが、その後衰微し、荒れ果てていたのを、第5代の天台座主円珍（智証大師）が貞観8年（866）に天台別院として再興し、園城寺隆盛の基を築いたといわれている。

　この寺院を"三井寺"と呼ぶのは、「御井」、すなわち法会の際の仏前に供える閼伽に使ったことから「閼伽井」の名で親しまれている湧水からきており、天智・天武・持統三帝の産湯として使われた聖水だという伝承をもつ。その内容はともかくとして、「御井」が三井となり、三井寺という寺名になったという伝承は、園城寺が渾々と湧き出る水を中心に営まれた寺院であったことを端的に物語っているといえる。

　いま、金堂の西側（山手側）に、その寺名伝承にまつわる湧水を覆う閼伽井屋（重要文化財）が建つ。この湧水が御井にあたるかどうかはわからないが、この辺には古くから池泉庭があったらしい。だが、いつごろか池泉は埋もれ、いまは石組だけが残っており、閼伽井屋内部とその北側にある石組がそれだという。建物内部の石組は蓬莱式石組風、外の石組は須弥山式石組とみられ、かつては付近一帯に「須弥山式庭園」があったといわれている。作庭時期を特定することは難しく、奈良時代まで遡らせ県下最古の庭園遺構とする説もあるが、その真偽は別にして、園城寺境内には、閼伽井屋庭園のほかにも、豊富な湧水や清らかな渓流の水を利用した庭園が数多く作られている。

2. 園城寺境内庭園群

　滋賀県教育委員会が刊行した『滋賀県の庭園』第1集（昭和57年3月）には、園城寺境内に先の閼伽井屋庭園をはじめとする20ヵ所の庭園が記載されている。ここには国指定の2ヵ所の庭園は含まれておらず、それを加えると、実に22ヵ所の庭園が園城寺境内に所在することになる。このなかには廃寺と

なって、庭園も荒廃してしまったものが数箇所あり、実際に見ることができる庭園は15ヵ所余りである。

主な庭園としては、国の名勝史跡の指定を受けている光浄院庭園、フェノロサの墓所として著名な法明院の庭園、国宝の勧学院客殿に南面して作られた庭園、新羅善神堂庭園、普賢堂庭園、法泉院庭園、龍泉院庭園などがあり、桃山時代初頭から江戸時代にかけての庭園を研究する貴重な資料を提供している。

＜光浄院庭園＞　客殿とともに慶長6年（1601）に山岡宮内卿法印道阿弥（光浄院第6代住持）が作庭したと伝える庭園で、客殿南庭となっている。だが、縁の下の池泉や石組が変化していることや、全体の構成・手法からみて、庭園はもう少し古く桃山時代初期の作とする説もある。

庭園は西側の山畔を利用して下部に枯滝を組み、池泉の東部に亀島を作る。客殿縁先の池中には夜泊石とみられる3つの岩が直線的に配置されており、復古的意匠が取り入れられている。昭和9年（1934）、国の名勝史跡の指定を受ける。

＜法明院庭園＞　法明院は園城寺境内より北へやや離れた山腹にある園城寺北院に含まれる寺院で、江戸時代初めに創建され、一時廃絶したが、享保9年（1724）に義瑞和尚が再興したと伝える。庭園もこの時期の作と考えられている。

庭園は書院前面に広がる芝生地と、一段下った東側に設けられた池庭から構成され、前面に横たわる琵琶湖を借景として取り入れた雄大な作庭となっている。芝生地には大きな景石をゆったりとした間隔に配し、ここから9段余りの石段を下りたところに南北に細長い池を掘り、南寄りに2ヵ所の中島を設け、西岸から丸太材を横並べにした橋を架け、中島間にも石橋を配する。池畔には所々に立石があり、覗き石も見られるが、護岸の石組に使用された石材は全体的に小さく、中島の石積みも明治時代以降に改修されたようである。

＜勧学院庭園＞　唐院の南に、園城寺の教学と信仰の中心道場として重要な位置を占める勧学院がある。その名が示す通り講学のための学寮として重要な役割を果たしてきた子院で、格式も高い。現在の客殿は上座の間の床張壁の板に残された墨書から、慶長5年（1600）に豊臣秀頼の命で毛利輝元が奉行となって建立した建物であることが明らかになり、その南に広がる庭園も原形は桃山時代末から江戸時代初期の築庭とみられるが、後世の手が入り、かなり様相が変わっている。

庭園は南側を限る石垣を利用して築山とし、その裾に東西に細長い池を掘

る。かつてはもっと大規模だった池も、明治時代に客殿前の岸から埋め立てられ、かなり規模が小さくなっている。池中に小さな岩島を配し、山畔部にはスギ・ヒノキ・カエデなどの大木を植え、景石を配しており、当初の庭園の景観とはかなり変わっているが、奥行きの深さを感じさせる庭である。

　＜新羅善神堂庭園＞　園城寺北院の中心をなす新羅善神堂にも文珠堂の南に庭園が作られている。庭園はもともと西の山から水を引いた池庭であったが、いまは水も涸れ、涸池となっている。池中には中島と小さな浮石を配し、西側の護岸は後世の手が入り改修されているが、築山裾にあたる東側の護岸は原形をよくとどめる。護岸の石組も高く、大きな立石2個を脇石とする枯滝組があり、築山には平天2個の景石を配する。江戸時代初期の作庭。

　このように、園城寺庭園の多くは、桃山時代から江戸時代初頭にかけての作庭と考えられ、同時期に庭園群の原形が形作られたとみられる。このなかに、江戸時代、すでに近江の名庭の1つにあげられ、昭和9年、光浄院庭園とともに国の名勝史跡の指定を受けたが、その後の不慮の災害により荒廃してしまった善法院庭園がある。

3．善法院庭園

　園城寺子院の一つである善法院は、大門（仁王門）を入り、金堂前を通って、三重塔と経蔵の間の道を山手へ登りつめたところにあり、昭和30年代までは建物の一部が残っていたというが、いまは廃寺となり、わずかに石段や石垣が当時の面影をとどめているだけである。その一画に「名勝及史跡善法院庭園」と刻まれた石碑がひっそりと立っているが、庭園は荒廃し、雑草の生い茂る荒地が広がるのみで、かつての優美な庭の姿は見る影もない。

　庭園は光浄院庭園とともに園城寺を代表する近江の名庭として、享保年間（1716～1736）に刊行された北村援琴の『築山庭造伝』にすでに庭の写生図が載せられている。それによると、画面中央に長い大きな池を配し、右手の岸に枝を長く池面にのばした大きな松、中央付近の対岸に塔らしき石造物、左手に滝が描かれ、美しい庭園であったことが伺える。この松のことは享保19年（1734）成立の地誌『近江輿地志略』（寒川辰清著）にも、「善法院八十石、此の院に腰掛松と号する長さ十四間の松有り。仮山の泉水に横たわる甚だ佳観なり」とあり、よく知られていたようである。

　さらに、国の名勝史跡の指定を受けた直後の昭和11年（1936）、重森三玲氏により作成された善法院庭園の平面図（以下、「図面」という）が残されてお

り、荒廃する直前の庭園の姿を図上で把握することができる（図1）。それによると、庭園は旧書院（早く失われ、その跡は昭和30年代まであったといわれる書院・庫裡の北に芝生地として残る）の北側一帯に作られており、山を背にして前面に池を掘る。池は、東西にやや長く広がる大きな池（北池）の南側に細長くのびる小さな池（南池）がとりつく形で、北・南池それぞれに2ヵ所の中島を設けた、いわゆる「心字形」の池泉廻遊式庭園の形態をとる。西側の山を築山にみたて大型の石を数個置き、その中

図1　善法院庭園図（昭和11年、重森三玲氏作図）

心に巨大な舟石を据え、水はこの築山の南側の谷から引いて滝とし、池には常に豊富な水が注がれていた。北池の2つの中島は石橋でつながり、西側の中島とその対岸、北池と南池の境付近の2ヵ所に土橋が架かる。池の周囲にはマツやサクラ・カエデなどの樹木が植えられ、池面に美しい姿を映していた。

　だが、池に水を注ぎ入れる西側の山の渓流は、降雨時に水と一緒に多量の土砂を流すことが多く、重森氏が図面を作成した時期には、すでに滝口に近い部分が大半陸化していたらしく、庭園の荒廃が進んでいたようである。そして、国の名勝史跡の指定を受けてから7年余りたった昭和16年（1941）6月25日、滋賀県地方を襲った集中豪雨で発生した山津波により、庭園は一瞬のうちに土砂に埋もれ、現在にいたっている。

4．庭園発掘調査

　善法院庭園が昭和16年の集中豪雨により発生した山津波で埋没してから、すでに半世紀近い年月がたつ。園城寺は、荒地のままで放置されてきた庭園

の現状を憂い、何とか昔の美しい庭園の姿を復活させたいと願望し、関係機関に働きかけた結果、その努力が実り、国庫補助事業として昭和63年度から善法院庭園復元整備事業が着手されることになった。

写真1　善法院建物跡全景（調査中）

　初年度は、山津波による土砂の堆積状況や庭園に与えた被害程度などを把握する目的で試掘調査を行い、最も厚い個所で2mに達する土砂の堆積がみられたが、庭園の北池部分にあった2つの中島や池畔の石組などは埋没前の姿をよくとどめており、被害はさほど大きくないことが明らかになった。この試掘調査結果を基にして、平成元年と2年度で、庭園遺構及び書院・庫裡跡（当初の書院跡も含め）の検出を目的とした発掘調査（平成元年7月〜11月、平成2年4月〜5月）を実施し、庭園遺構とその南に位置する書院・庫裡跡の全容をほぼ明らかにすることができた（写真1）。

　庭園の中心をなす池は、「図面」に描かれていたように、北池の滝口付近から2ヵ所の中島周辺にかけて淡黄色砂層が厚く堆積し、北池東半部に比べ、底がかなり高くなっており、埋没直前には北池西半部の大半は陸化していたようである。池畔の護岸石組は「図面」とほぼ一致するが、「図面」に描かれていなかった石組が見つかるなど、細部でやや異なる個所もいくつか見られた。

　例えば、北池最奥部には、築山を背景にして、2mに達する巨石を中心に両側にやや小型の石材を縦位置に据え、三尊石を意識したような配列をとる。さらに、北池では北岸を除いて池畔に護岸石組が施されているが、池尻にあたる東岸の石組は小規模な割石を2〜3段積んだ簡単な石積みで、築庭当初のものとは考え難く、後世に新たに築いた可能性が強い。池畔の護岸石組が認められない北岸は、北側斜面の一部が崩壊し、土砂が岸近くまで押し寄せてきているため、築庭当初の様相とはかなり異なっている。

　南池には護岸石組はないが、西岸は露出岩盤をうまく取り入れて池畔を作

写真2　善法院庭園北池中島全景

りあげている。この南池の南端から、東方向に石組の水路（全長約8m、幅40cm前後）がのび、南側に広がる書院・庫裡の建物に附属する坪庭の池（長さ4.5m、幅1.2～1.7mの瓢箪形、写真5）に続いていた。水路は南池へ向かって徐々に深くなるので、坪庭の池の水を南池へ流す役目を持っていたと思われる。続いて、発掘調査により明らかになった庭園の諸施設について見ていくことにしよう。

　＜滝口遺構＞　池への水は西側の山の渓流を引いて階段状の石組を流れ下って池に注ぐ（写真3）。だが、山津波による土石流により、渓流部分には幅1.5m、深さ50cm前後の溝が新たに掘られ、築庭当初とは大きく様相が変わっている。したがって、滝口部分の石組も池への注ぎ口の両側に据えられた2つの石材が残る程度で、庭園の中でもっとも保存状態が悪かった。なお、「図面」には描か

写真3　善法院庭園滝口付近

れていなかったが、滝口部分は池から1m前後引き込んだ形に作られていることが今回の発掘調査で新たに判明した。

　＜中島＞　北・南池でそれぞれ2ヵ所ずつ作られている（写真2）。まず、北池のうち西側の中島は、東西5.4m×南北6.2mの楕円形を呈し、書院から見る方向、すなわち東南側には巨石を配した石組が作られているのに対し、反対側には、石組はまったく認められなかった。全体に亀甲のような中央部

分が少し盛り上がった形をとっており、扁平な感じを受ける島である。これと石橋でつながれた東側の中島は、東西5.4m×南北5.0mのほぼ円形で、裾部全域に石組を配し、中央に立石を置く。さらに、立石と裾部との間にも円形に石材を配した石組があり、2段に島を作っているように見受けられる。池底から立石頂まで優に1.5mはあり、西側の中島とは大きく異なり、立体的な感じを受ける島である。

南池にも2ヵ所に中島がある。いずれも露出した岩盤を巧みに利用して作られた島で、北池の中島とは異なった作りといえる。南側の中島は長さ3.7m、幅1.1～1.8mの不整楕円形、北側のそれはひとまわり小さく、東西1.3m×南北1.1mの小判形を呈する。

＜橋＞　北・南池で合わせて3ヵ所に架けられている。北池の2ヵ所の中島を結ぶ石橋（写真4）は長さ3.2m、幅75cm、厚さ35cmの立派な一枚石が用いられており、土石流による影響は全く受けていなかった。他の2つはいずれも土橋で、北池の西側中島と対岸、北池と南池との境にそれぞれ

写真4　善法院庭園飛び石、杭列、排水口付近全景

架けられていた。土石流により破壊され残っていなかったが、土橋が架けられていた両岸は比較的大きな石材を丁寧に積んでおり、頑丈なつくりになっている。

＜沈石（飛び石）＞　北池から2ヵ所発見されている（写真4）。ひとつは東側の中島と北側の対岸との間に据えられたもので、「図面」にも見え、タテ80cm×ヨコ50cm程度の比較的大きな石材が1m余の間隔で3個配されている（「図面」には4ヵ所描かれている）。これに加えて、今回の発掘調査で、先の飛び石のちょうど反対側、東側の中島と南側の岸との間に新たに飛び石が発見された。「図面」には載っていない遺構で、タテ50cm×ヨコ25cm前後の大きさの扁平な石材が5個、60～90cmのほぼ等間隔に並ぶ。

＜杭列＞　「図面」にはまったく描かれていない杭列が、北池の3ヵ所から新たに発見されている。一つは石橋の北側に沿って打ち込まれたもので、

直径4〜5cmの細杭が7本、35〜40cmの等間隔に打たれ、それぞれにやや細い補助杭が添えられている。さらに、杭列に沿って、これにからませるように竹材が並べられていた。次に、東側の中島の北で発見された杭列は、飛び石の西側に沿って対岸との間に設けられており、直径3cm前後の細杭が50〜70cmの等間隔に7本打たれている。

　もう1ヵ所は、北池の北岸に沿って設けられた杭列で、3〜5cmの細杭が50cm前後隔てて2列に打ち込まれている。いずれもその目的は不明だが、先の2箇所の杭列は池の一部を堰止めるために打ち込まれた可能性が強い。

　＜排水口＞　北池東北隅に設けられており、排水口両側には、40cm×20cm程度の面をもつ石材を2段に積み上げた簡単な護岸石組がみられる。排水口北側の石組は2m余で終わり、あとは自然の汀線となる。排水路は排水口から4m余のところまで石組が続くが、その後は素掘りの溝となり、東側の一段低くなった平坦地へと水を導いている。なお、排水口から2mの地点に、長さ1m、幅30〜40cm、厚さ10〜25cmの石橋が架かる。

　＜書院・庫裡跡＞　庭園南側に位置する書院・庫裡跡については、「図面」には入っていないが、昭和14年（1939）9月作成の建物図面（略図）があり、それにほぼ一致する遺構が検出された。北側に書院、南側に庫裡、山手側（西側）に護摩堂を設けており、これに伴う礎石や葛石などはほとんど抜き取られることもなく、ひじょうに良好な保存状態にあった。さらに、礎石や葛石の表面には建築時につけられた墨線や墨書が明瞭に残っており、建築時の状況がよく把握できる。建築時期は玄関部分の立面図などからみて、江戸時代後期から末頃にかけてのものとする説が有力視されている。

　なお、書院・庫裡跡には、先の坪庭のほかにもう1つ書院・庫裡と護摩堂に囲まれた場所に庭があり、石組が残っているが、今回の発掘調査で、この庭と南池とをつなぐ幅50cm前後の素掘りの溝が検出された。そして、建物の礎石はこの溝を埋めたのち据えられていることから、建築時（江戸時代後期から末頃）以前に、この庭に、南池と溝で結

写真5　善法院書院跡坪庭全景

ばれた何らかの遺構（おそらく池か）が作られていた可能性が強くなってきた。

このような調査結果からみて、当初の書院が今回検出された書院・庫裡跡と池との間の空間地にあったとする説が、より現実性をおびたものとなってきたといえる。さらに、南池と石組の溝でつながれた坪庭も、当初から作られていたものが、南側に新たに書院を建てる際に、その内部に取り込んだとも考えられる。旧書院跡については、今回の発掘調査で明瞭な遺構は検出されなかったが、縁石とみられる石材も見つかっており、建てられていた痕跡を確認することができた。

5．おわりに

善法院庭園復元整備事業に伴う事前の発掘調査により、戦前に作成された庭園や建物の図面ではわからなかった多くの事実が明らかになってきた。そのなかで、書院・庫裡跡の下層に、北側に広がる庭園に付属した遺構の存在が指摘されたことは注目すべきであり、当初の書院及び庭園の姿を復元する重要な手掛かりを得ることができた発掘調査であったといえる。さらに、庭園の復元整備とともに、善法院という寺院の姿の復元もあわせて進めていく必要があることを痛感させられた発掘調査でもあった。

終りになりましたが、小稿をまとめるにあたって、園城寺から多くの資料の提供をいただき、心から感謝の意を表する次第であります。

第5章　近江と埋蔵文化財

1．大津考古学事情
2．琵琶湖の湖底遺跡を考える

大津考古学事情
― 近年の発掘調査成果から ―

1．はじめに

　近年の発掘調査による考古学研究の進展は目を見張るものがあり、従来の定説を覆すような新事実が次々と明らかになってきている。ここ2、3年を例にとってみても、縄紋時代最大級の集落跡として注目を集めている三内丸山遺跡（青森市）、縄紋時代後・晩期の大規模な環状盛土遺構が発見された寺野東遺跡（栃木県小山市）、中国の歴史書『魏志倭人伝』に載る「一支国」の中心集落と推定される三重の濠を持った原の辻遺跡（長崎県壱岐郡芦辺町・石田町）、弥生時代中期の玉飾漆鞘を伴った銅剣が出土した柚比本村遺跡（佐賀県鳥栖市）、弥生時代中期前半と推定される製鉄炉が発見された庄原遺跡（福岡県田川郡添田町）、表・裏にそれぞれ銅矛と銅鏡を彫り込んだ鋳型が出土した飯倉D遺跡（福岡市）、青龍3年（237）銘の方格規矩四神鏡が出土した大田南5号墳（京都府竹野郡弥栄町・中郡峰山町）、蕨手紋様などを赤色顔料で描いた家形石棺を埋葬した穴神1号横穴墓（島根県安来市）、伯耆国庁管理の大規模な倉庫群と位置づけられた不入岡遺跡（鳥取県倉吉市）など、数多くの貴重な発見が報告されている[1]。

　滋賀県下においても、近年、県や各市町村の教育委員会が実施する発掘調査の件数が増加しており、最近の5年間を見ても、平成元年455件、同2年358件、同3年416件、同4年332件、同5年290件で、毎年300件前後の調査が行われている。これに伴って、雪野山古墳[2]（八日市市）、紫香楽宮とみられる宮町遺跡[3]（信楽町）、推定栗太郡衙の岡遺跡[4]（栗東市）、唐橋遺跡[5]（大津市）、粟津湖底遺跡[6]（同）、穴太廃寺[7]（同）など、新聞の第一面を飾った貴重な発見も多い。ここでは、特に、滋賀県の中で琵琶湖南端に位置する大津市に焦点をあて、ここ数年を中心とした近年の考古学事情を紹介する。

　<付記>
　最新の資料を見ると、滋賀県では、発掘調査件数が平成13年度445件、埋蔵文化財担当専門職員が平成14年度167人（県51人、市町村116人、全国16位）となっている。（『平成14年度滋賀県記念物等担当者会議配布資料』より）

2．大津市域の発掘調査状況

　大津市では、昭和50年（1975）から教育委員会に埋蔵文化財担当の専門職員を配置し、本格的な遺跡の発掘調査を開始して以来、今年でちょうど20年になる。この間、滋賀県教育委員会と連携を取りながら、多くの発掘調査を手掛け、大きな成果をあげてきた。その最初が「大津宮跡」の発見である。これにより、「大津」という土地が全国的に知られるようになり、大津の歴史を見直す機会となった意義は大きいといえる。そういう意味でいえば、大津市にとって"昭和50年"という年は「考古学元年」といえるかもしれない。

　昭和49年暮れ、大津市錦織一丁目の住宅街のいっかくで、大津宮のものと見られる大規模な掘立柱建物（推定南北2間×東西7間、内裏南門を想定）が発見されてから20年、滋賀県教育委員会が中心となって進めてきた発掘調査がようやく実を結びつつある。この間、先の内裏南門の他に、内裏正殿（写真1）、回廊、塀（一本柱列）、長廊状建物、朝堂院西第一堂、倉庫などと考えられる掘立柱建物が次々に検出されており[8]、最も新しい発見例としては、平成5年（1993）に推定内裏正殿建物の北約70mの地点から、内裏正殿よりやや規模は小さいが、南面に廂（東・

写真1　大津宮推定内裏正殿
（『図説大津の歴史』上巻より転載）

写真2　大津宮廂付き建物
（『図説大津の歴史』上巻より転載）

西・北面は不明）をもつ大型建物（廂の出が内裏正殿より狭いことから、やや規模の小さい建物を想定、写真2）が見つかっている[9]。天皇の私的な生活空間での中心的な建物とする説もあり、大いに注目される遺構といえる（昭和54年に国史跡）。

　このような調査の進展から、いまでは、おぼろげながらではあるが、大津宮の中枢部の建物配置が復原できるまでになり、それが前期難波宮の建物配

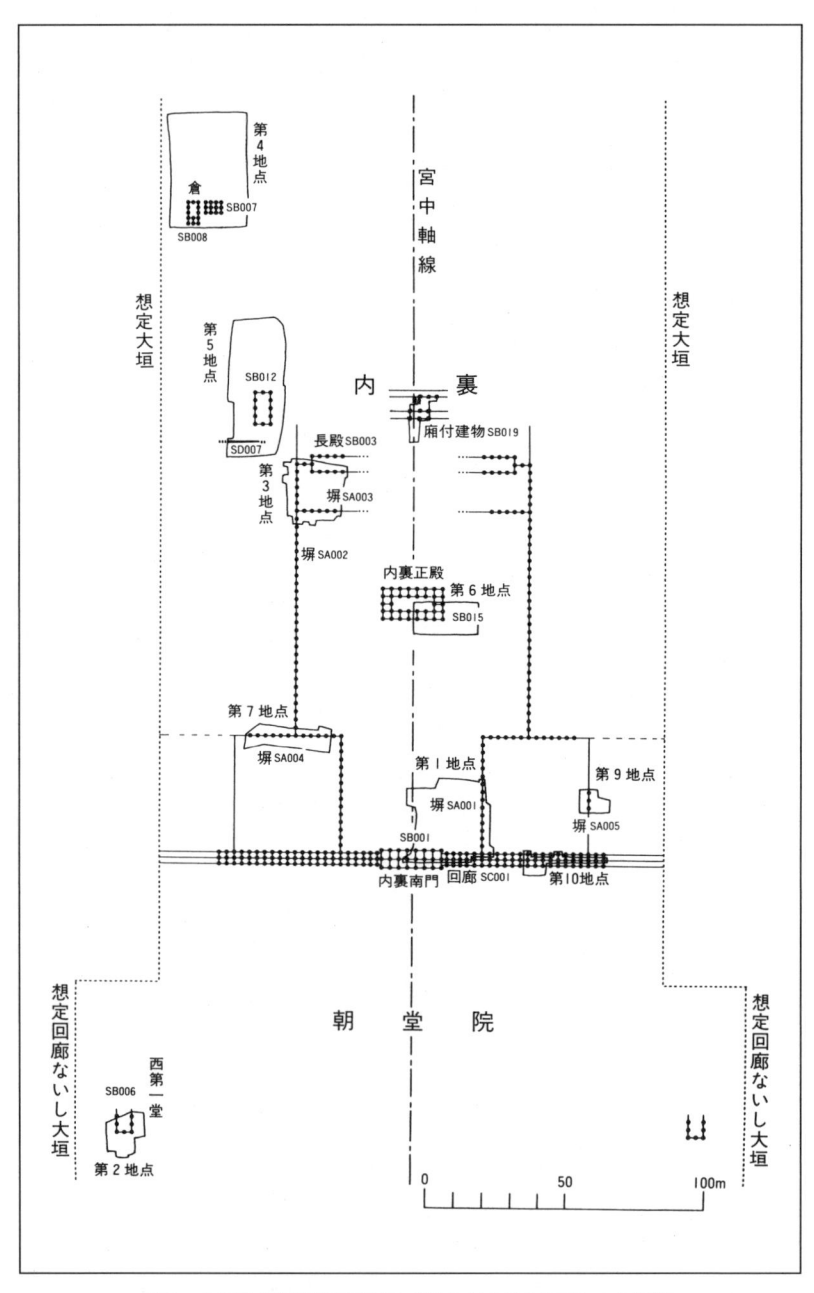

図1　大津宮中枢部建物配置図（『よみがえる大津京』より転載）

置に似かよっていることまでわかってきた（図1）。そして、平成6年からは、大津市教育委員会が大津宮跡関係の発掘調査を引き継ぎ、いまも地道な発掘調査が続けられている。

　ここで、昭和50年以前の大津市の状況を簡単に振り返っておくと、大津市域は、県内でも比較的早くから発掘調査が実施されてきた。戦前の昭和3年と13年には、大津宮研究で常に注目されてきた崇福寺跡（昭和16年に国史跡）と南滋賀町廃寺（昭和32年に国史跡）の発掘調査があり[10]、戦前から戦後にかけての昭和10年代～20年代には、淡水産貝塚としては我が国最大級といわれる石山貝塚の発掘調査が数次にわたって行われた[11]。昭和30年代末には、大津市三大寺の瀬田丘陵上から、のちの国府研究の指針となる近江国府跡の発見があった。この調査では、国府の中心に位置する国庁（東西2町×南北3町）の中枢部分である政庁域の建物配置（前殿と後殿を中心に、その前面に南北に細長い脇殿を東西に配する）が明らかになり、たいへんな注目を集めた[12]（昭和48年に国史跡）。

＜付記＞
　平成8年度から開始された近江国庁跡整備事業に伴う遺構確認調査で、国庁の中枢にあたる政庁域の東側から、「木製外装基壇」（東西23.9m×南北13.28m）をもつ特異な建物を中心とした区画が見つかるなど、新しい事実が次々と明らかになり、近江国庁の全体像が復原できるようになってきた。

　ところで、昭和30年代後半になると、戦後の復興が一段落し、生活にも徐々にゆとりが出てくるのにあわせるように、各地で大規模な官・民の開発事業が本格化してくる。大津市域においても、名神高速道路・国鉄東海道新幹線など幹線交通網の整備が始まり、これに伴って周辺部の開発も活発化していった。昭和40年代中頃以降、この傾向が顕著になり、それに連動するように発掘調査件数も急増することになる。特に、昭和40年代後半の国鉄（現JR）湖西線敷設に伴う発掘調査（昭和46年・47年）は、路線が琵琶湖西岸の平地部分を南北に走るため、大津宮に関連した遺構が発見されるのではないかと注目を集めた。残念ながら、大津宮に直接関わるような発見はなかったが、滋賀里遺跡から縄紋時代晩期の貝塚や墓地、古墳時代の集落などが発見され、湖岸近くにおける縄紋時代から古墳時代にかけての生活環境がある程度復原できるようになったことは大きな成果であった[13]。

　そして、昭和50年代に入ると、先に見たように大津市教育委員会が本格的に発掘調査に着手するようになり、滋賀県教育委員会とともに、一般国道161号西大津バイパス建設、琵琶湖総合開発、さらには滋賀丘陵地などにおける大規模な住宅開発に伴って、多くの遺跡の発掘調査を手掛けてきた。この20

年間の主な発掘調査例としては、先の大津宮跡の他に、白鳳期の方位の異なる2つの寺院跡が見つかった穴太廃寺[14]（県・市調査）、縄紋時代早期〜中期に及ぶ集落が明らかになった粟津湖底遺跡[15]（県）、壬申の乱に遡るとみられる瀬田橋遺構が見つかった唐橋遺跡[16]（県、写真3・4）、滋賀里遺跡[17]（市）、推定勢多駅家の堂ノ上遺跡[18]（県、昭和53年に国史跡）、7世紀中頃〜8世紀初頭頃の群集墳である横尾山古墳群[19]（県）、大津北郊地域に立地する古墳時代後期の群集墳である太鼓塚古墳群[20]（市）、大通寺古墳群[21]（県・市）、穴太野添古墳群[22]（市、写真5）、県下で最古に属するという衣川廃寺[23]（県・市、昭和52年に国史跡）、明智光秀の坂本城跡[24]（市）、坂本廃城後、浜大津一帯に築かれた大津城跡[25]（市）などがあり、多くの貴重な遺構・遺物が発見されている。

ところで、昭和50年代から60年代前半の時期

写真3　瀬田橋橋脚基礎遺構（『琵琶湖と水中考古学』より転載）

写真4　瀬田橋（白鳳期）復原模型（滋賀県文化財保護協会蔵）

写真5　穴太野添古墳群（大津市教育委員会提供）

は、各時代の重要な遺跡が集中する坂本～錦織地区と、近江国府及びそれに関係する遺跡が集中する瀬田丘陵地区の2カ所に主眼を置いて発掘調査が進められてきた。しかしこれでは、大津市全域の遺跡の状況や、歴史の流れなどが把握できないため、4・5年前からは、大津市域全域を見据えた、より細かい発掘調査を行うようになり、これまでほとんど未調査だった地域から、新しい発見が報告されるようになってきたことも、近年の大きな特色といえる。ここで、最近の大津市発掘調査最新情報を紹介しておこう。

3．大津市発掘調査最新情報－最近の発掘調査成果から－

　大津市域における最近の発掘調査の傾向を見ると、従来からの大津北郊地域（坂本～錦織地区）や瀬田丘陵地域だけでなく、大津全域を見据えた発掘調査を行うようになったことから、真野・堅田・仰木・雄琴地区や石山・南郷地区、さらには田上地区でも発掘調査件数が増加してきており、新しい発見が相次いでいる。

　まず、真野～雄琴地区では、丘陵上の2遺跡から縄紋時代の良好な資料が得られた。一つは真野城遺跡（真野六丁目）で、中世の城跡と考えられていた遺跡から、古墳時代後期の古墳などとともに、縄紋時代早期の押型紋土器片や石鏃・石匙・石錘・削器・磨製石斧・敲石・すり石などの豊富な石器類が多量に出土した（遺構は未検出）。石鏃の中には、ひじょうに珍しい水晶製石鏃が1点含まれており注目を集めている[26]。

＜付記＞
　平成7年・8年に実施した真野城遺跡で、新たに4世紀末から5世紀初頭頃の円墳（真野古墳、直径約20m）が見つかっている。墳丘中央に長大な割竹形木棺（長さ8.2m）が据えられており、内部から捩紋鏡、玉類とともに、埴製舟形容器、同樋形容器に入れられた状態で、衝角付冑、ミニチュア短甲、鉄刀、鉄剣などが出土した。（『図説大津の歴史』上巻　大津市　1999）

　もう1カ所は、JR湖西線雄琴駅東方の丘陵地に位置する雄琴段々遺跡（雄琴三丁目）で、近接して立地する出口古墳群（円墳・方墳が各1基）の発掘調査の際に新しく発見された。ここでも残念ながら遺構は未発見に終わったが、縄紋時代早期の押型紋（山形・楕円形）土器片とともに、石

写真6　雄琴段々遺跡石製品（大津市教育委員会蔵）

鏃・石匙・石槍・磨製石斧・敲石・すり石などの石器類や土器の材料とみられる水晶・黒曜石・サヌカイトの石材が一緒に出土している[27]（写真6）。

この2カ所の遺跡はいずれも標高130m前後の丘陵地に立地しており、いままで縄紋時代の遺跡がまったく発見されていなかった地域であった。大津市域における縄紋時代の遺跡は、従来から湖辺地域に集中すると考えられていたが、この2遺跡の発見で、縄紋時代の生活領域をもう一度見直す必要が出てきたといえる。

この地域では、仰木地区からも、近年、新しい発見が報告されている。仰木から奥比叡ドライブウェイに向かう道路沿いに立地する上仰木遺跡は、源満仲の館跡だと伝えられていた地点で、古くから「御所の山」と呼ばれていた。このいっかくで、平成4年に発掘調査が行われ、12世紀後半〜13世紀初頭頃の堀（幅7m以上、深さ2m以上）と、15世紀頃の池・井戸・建物などが検出された。この堀から、多量の土師器や輸入陶磁器が出土したが、その中に薙刀と僧兵と見られる人物や女性などが描かれた墨画土器（土師器皿、写真7）や、日本ではひじょうに珍しい緑釉白地掻落牡丹唐草紋瓶と呼ぶ中国磁州窯産の陶磁器片（写真8）が含まれていた[28]。この地は、当時、延暦寺の荘園があったところで、出土遺物の内容から、延暦寺に関連した有力な人物の居館跡ではないかといわれている。

写真7　上仰木遺跡墨画土器（大津市教育委員会蔵）

写真8　上仰木遺跡緑釉白地掻落牡丹唐草紋瓶
　　　（大津市教育委員会蔵）

＜付記＞
　大津市中部の、これまでほとんど発掘調査が行われなかった浜大津地区や

膳所地区においても、近年、新しい発見が相次いでいる。前者は、大津城本丸跡（豊臣秀吉により築かれた城）や大津廃寺（白鳳時代の寺院跡）、後者は聖武天皇の東国行幸（伊賀→伊勢→美濃→近江→山城）の際に宿泊した禾津頓宮ではないかといわれている大規模な掘立柱建物跡（膳所城下町遺跡）などが代表的なものである。

一方、大津市南部の石山・南郷地区や田上地区からも新しい発見が報告されている。石山・南郷地区では、千丈川と呼ばれる小河川の北側に広がるゆるやかな傾斜面に立地する平津池ノ下遺跡の異なる2カ所の地点から、注目される遺構が検出された。一つは、千丈川に近接する千町一丁目の住宅街のいっかくから発見された遺構で、やや蛇行する溝（幅10m前後、小河川の可能性あり）から、古墳時代前期の土師器類（壺・小型丸底壺・小型器台など）とともに、板状木製品や、先端が焼け焦げた多量の棒状木製品、管玉などが出土しており、当時の祭祀（まつり）の場ではないかと考えられている[29]。

もう一カ所は、先の地点から北へ約400mのところ（平津一丁目、石山中学校北東側）に位置しており、民間

写真9　平津池ノ下遺跡製鉄炉跡（大津市教育委員会提供）

の宅地開発に伴う発掘調査で、南北方向に縦位置に並んだ2基の製鉄炉が発見された（写真9）。出土土器から8世紀後半頃の遺構とみられ、2基の製鉄炉の間及び両側には鉄滓などを捨てる廃滓坑を設けていた。製鉄炉本体は鉄を取り出す際に壊すため残らないが、赤く焼けた炉床（偏平な石材を据え、その上に粘土を貼る）の範囲は、南の1号炉が全長約2.4m、幅60～65cm、北の2号炉は全長約2.7m、幅60～65cmを測る。草津市野路小野山遺跡例などの並列型の炉に比べ、直列型の炉は全国的に珍しく、廃滓坑などの位置からみて、作業空間が少なくてすむという利点があると考えられている[30]。本遺跡では、昭和56年（1981）に行われた発掘調査（本地点から北へ100m余りの地点）でも多量の鉄滓が出土しており、製鉄遺跡であることは知られていたが、今回初めて遺構が確認されたことにより、南郷地区における鉄生産の状況、さらには近江国府との関連性などを知る上で新しい資料を提供することになった。

一方、田上地区では、大戸川と瀬田川の合流点付近に立地する里西遺跡（里二丁目ほか）から、縄紋時代の溝や平安時代の掘立柱建物などの遺構とともに、縄紋時代の溝内からサヌカイト製の石鏃とその剥片が多量に出土し、中世の水田の下層からは和同開珎が1枚見つかっている[31]。この付近では、本格的な発掘調査が行われたことが少なく、田上地区の古代の歴史を解きあかす資料として、今後の調査が大いに期待される。

この他にも、大津市域では、近江国分寺跡や保良宮跡の推定地の一つである石山国分遺跡[32]（国分一丁目ほか）の調査、穴太廃寺（穴太二丁目ほか）の寺域確認調査[33]、史跡整備に伴う衣川廃寺（衣川二丁目）の遺構確認調査[34]、現状変更

写真10　南滋賀町廃寺金堂二重基壇
（大津市教育委員会提供）

に伴う南滋賀町廃寺[35]（南志賀一丁目ほか、写真10）・近江国庁跡[36]（三大寺・大江六丁目ほか）の調査などが行われており、多くの成果が報告されている。

<付記>
　瀬田地区では、近江国庁跡だけでなく、周辺部に立地する関連遺跡から新事実の発見が相次いでいる。主なものをあげると、
　① 青江遺跡（神領二丁目字青江）

平成11年・12年の発掘調査で、8世紀後半～9世紀に作られた築地塀に囲まれた方形区画と、その内部から3時期の変遷が見られる建物跡（掘立柱形式→礎石建ち）が見つかっている。さらに、その築地塀から東へ24m余りの地点で南北にのびる別の築地塀が確認され、この間に近江国庁政庁建物の南北中軸線がのること、この間に遺構は存在せず、空閑地のような状況であることなどから、近江国庁からまっすぐ南へ延びる道路の可能性が指摘されている。平成12年に国史跡。
②　惣山遺跡（大江六丁目字惣山ほか）
　平成8年・9年の発掘調査で、南北に12棟が一直線（約300m）に並ぶ礎石建ち建物群を確認。建物規模はすべて同じで、東西4間（6m）×南北7間（21m）の総柱形式を呈することから、瓦葺きの倉庫建物と考えられている。8世紀後半～10世紀。平成10年に国史跡。
③　源内峠遺跡（瀬田南大萱町）
　平成9年・10年に発掘調査（びわこ文化公園関連事業に伴う）が行われ、7世紀後半の製鉄炉跡4基をはじめ、排滓場や作業場などが見つかり、これに伴って、鉄鉱石・木炭・鉄塊・炉壁・鉄滓などが多量に出土している。製鉄炉はいずれも長方形炉で、長さ2.5m前後、幅50cm前後の規模をもつことが明らかになった。（『滋賀埋文ニュース』No.218・221号　滋賀県埋蔵文化財センター　1998）

4．おわりに

　発掘調査は、地味でひじょうに時間のかかる気の遠くなるような作業だが、その積み重ねが地域の歴史を明らかにしていくことになり、その意味では小規模な調査でもおろそかにすることはできない。滋賀県下では、現在、埋蔵文化財調査を担当する専門職員は100名を越えており、彼らの毎日の作業が、それまで定説となっていた歴史の流れをくつがえすような大きな発見につながっていくことになる。今後の発掘調査に期待したい。

<注>
1　『月刊文化財発掘出土情報』1994．4月号・8月号・12月号（ジャパン通信社　1994）ほか
2　『雪野山古墳発掘調査概報』（八日市市教育委員会、雪野山古墳発掘調査団　1993）ほか
3　信楽町教育委員会「宮町遺跡第15次発掘調査」（『滋賀埋文ニュース』No.180　滋賀県埋蔵文化財センター　1995）ほか
4　『岡遺跡発掘調査報告書－1次・2次・3次調査－』（栗東町教育委員会　1990）
5　『唐橋遺跡』（滋賀県教育委員会　1992）
6　『粟津湖底遺跡』（滋賀県教育委員会　1992）
7　『穴太廃寺』（滋賀県教育委員会・大津市教育委員会　1987）、平成9年に国史跡となる。
8　『錦織遺跡－近江大津宮関連遺跡－』（滋賀県教育委員会　1992）
9　「大津市錦織遺跡」（『滋賀埋文ニュース』No.158　滋賀県埋蔵文化財センター　1993）
10　肥後和男「大津京阯の研究」（『滋賀県史蹟調査報告』第2冊　1929）ほか

11 『石山貝塚』(平安学園 1956)
12 『史跡近江国衙跡発掘調査報告』(滋賀県文化財調査報告書第6冊　滋賀県教育委員会　1977)
13 田辺昭三ほか『湖西線関係遺跡調査報告』(滋賀県教育委員会　1973)
14 注7に同じ
15 注6に同じ
16 注5に同じ
17 『滋賀里遺跡発掘調査報告書』(大津市埋蔵文化財発掘調査報告書26　大津市教育委員会　1994)ほか
18 『昭和48年度・50年度滋賀県文化財調査年報』(滋賀県教育委員会　1975・77)
19 『横尾山古墳群発掘調査報告書』(滋賀県教育委員会　1988)
20 大津市教育委員会「太鼓塚古墳群」(『滋賀埋文ニュース』No.143　滋賀県埋蔵文化財センター　1992)ほか
21 「大津市大通寺古墳群」(『滋賀埋文ニュース』No.144　滋賀県埋蔵文化財センター　1992)ほか
22 『埋蔵文化財包蔵地分布調査報告書（Ⅲ）』(大津市埋蔵文化財調査報告書22　大津市教育委員会　1992)
23 『衣川廃寺発掘調査報告』(滋賀県教育委員会　1975)
24 吉水眞彦・松浦俊和「坂本城の発掘調査」(『日本歴史』No.387　吉川弘文館　1980)ほか
25 『大津城跡発掘調査報告書（Ⅰ）』(大津市埋蔵文化財発掘調査報告書1　大津市教育委員会　1981)ほか
26 大津市教育委員会文化財保護課調査担当者のご教示による。
27 大津市教育委員会文化財保護課調査担当者のご教示による。
28 大津市教育委員会「上仰木遺跡」(『滋賀埋文ニュース』No.164　滋賀県埋蔵文化財センター　1993)
29 大津市教育委員会文化財保護課調査担当者のご教示による。
30 大津市教育委員会「平津池ノ下遺跡」(『滋賀埋文ニュース』No.180　滋賀県埋蔵文化財センター　1995)
31 大津市教育委員会文化財保護課調査担当者のご教示による。
32 大津市教育委員会「石山国分遺跡」(『滋賀埋文ニュース』No.146　滋賀県埋蔵文化財センター　1992)
33 「穴太遺跡」(『滋賀埋文ニュース』No.142　滋賀県埋蔵文化財センター　1992)
34 　平成6年度から史跡整備に伴う遺構確認調査を開始し、史跡整備工事は平成7年度から着手している（確認調査は平成8年度まで行い、史跡整備工事は平成11年度に完了予定である）。
35 大津市教育委員会「史跡南滋賀町廃寺跡発掘調査概要」(『滋賀埋文ニュース』No.181　滋賀県埋蔵文化財センター　1995)
36 大津市教育委員会「史跡近江国庁跡」(『滋賀埋文ニュース』No.178　滋賀県埋蔵文化財センター　1995)ほか

琵琶湖の湖底遺跡を考える
― 企画展「琵琶湖と水中考古学」の開催から ―

1. はじめに

　滋賀県の象徴、県面積の約1/6を占める琵琶湖は、周辺に生活する人々に大きな影響を与えてきた。人々は琵琶湖から多くの恵みを得て、豊かな生活を送ってきた一方で、地震や洪水などの災害により、生活の場が一瞬のうちにその姿を変えてしまうこともあった。

　琵琶湖周辺で発掘調査を行っていると、マグニチュード7を超える大規模地震により引き起こされた噴砂跡が時折見つかる[1]。これが地盤の隆起・沈降、地すべり、山崩れ、湖水面の上昇・低下を誘発し、集落が姿を消してしまうこともあった。寛文2年（1662）の大地震で、比良山系の西側、安曇川沿いに位置する葛川地区（大津市）の町居の集落が、背後の山の崩壊で一瞬のうちに土砂に埋まったことはよく知られている[2]。また、志賀・高島両郡の田畑85町余りが沈下水没した記録もあり、琵琶湖辺でも自然の災害が頻繁に地形の変化を引き起こしていた[3]。

　近年、琵琶湖辺の発掘調査で、何らかの自然環境の変化により、水没したと見られる集落跡が数多く見つかっている。これは、水中の遺跡を調査する「水中考古学」の進展により、水底から多くの情報がもたらされるようになった結果だといえる。だが、この「水中考古学」の発展に、琵琶湖が大きく関わっていたことを知る人はほとんどいないだろう。

　大津市歴史博物館が開催する開館10周年記念企画展「琵琶湖と水中考古学－湖底からのメッセージ－」（会期：平成13年3月3日〜4月15日）は、このように日本の水中考古学の発展に深く関わってきた琵琶湖の湖底遺跡の調査を通して、琵琶湖の歴史の一端を紹介するとともに、現在行われている湖底遺跡調査の最新情報をあわせて紹介する展覧会である。展示は3部構成とし、第1部で、琵琶湖の湖底遺跡の原点ともいえる葛籠尾崎湖底遺跡を取り上げ、第2部で、「琵琶湖総合開発事業」に伴う発掘調査の成果を出土品からながめ、第3部で、現在滋賀県立大学が行っている水没村伝承遺跡（千軒遺跡）調査の最新情報を通して、琵琶湖湖底遺跡研究の近況を紹介している[4]。ここでは、この展示を通して、琵琶湖における湖底遺跡調査の現状と

2. 葛籠尾崎湖底遺跡の発見
－日本の水中考古学は琵琶湖から始まった－

　大正13年（1924）12月、葛籠尾崎の東、水深50m前後の湖底から、東浅井郡朝日村尾上（現湖北町尾上）の漁夫が曳くイサザ漁の網に引っかかって、10点余りの縄紋土器や弥生土器が見つかり、初めて葛籠尾崎湖底遺跡の存在が明らかになった。その後も、縄紋時代～平安時代の土器が次々と引き揚げられ、その特異な出土状況や土器に極めて長い時期幅があることから、学界が注目するところとなった（写真1）。

写真1　葛籠尾崎湖底遺跡出土縄紋土器（個人蔵）

　イサザ漁は、冬場、水深40～60mの湖底一帯に棲息するイサザ（ハゼ科の小型魚）を網で捕獲する漁法で、尾上の漁民は余呉川河口から葛籠尾崎南端を見通した線以北の湖面を主な漁場としていた。土器が引き揚げられた地点もほぼこれに重なっており、葛籠尾半島東麓で、地元の人たちが「テラゴロー（テラガウラ＝寺ケ浦）」と呼ぶ小さな入り江の東沖を中心に、南北1km余りの水域に限られている（現在は、周辺水域からも遺物が見つかっており、遺跡の範囲は当初より広がる傾向にある）。

＜付記＞
　湖北町教育委員会では、昭和58年～平成元年に葛籠尾崎湖底遺跡の潜水調査を行い、今も遺跡の現状確認を目的とした潜水調査を続けている（写真5）。葛籠尾崎湖底遺跡が立地する湖底谷の地形は光を透しにくく透明度が悪いため、水深が40m前後にもなると、水中ライトで照らし出される1～2mほどの範囲しか観察できないという。さらに深い水域にも遺物が分布しているが、現状では調査員による潜水調査は極めて困難だといわれている。（湖北町教育委員会調査担当者のご教示による）

　これまで引き揚げられた遺物の主なものは、地元の尾上公民館（湖北町尾上）に大切に保存されており、その中心となる土器は縄紋土器32点（早期～晩期のすべての時期を含む）、弥生土器22点（中・後期）、土師器34点（多くは9世紀後半以降）を数える。他に、石斧、鹿角製品、モリなどがあり、引き揚げられた遺物の総数は200点近くに及ぶという。

　そして、この特異な遺跡に早くから注目したのが、地元湖北町尾上出身の小江慶雄[5]（1911～1988、元京都教育大学学長）であった。氏は昭和20年代

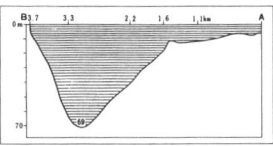

図1　葛籠尾崎付近湖底等深および断面図
　　（『水中考古学入門』より転載）

写真2　小江慶雄
　　　（1911－1988）

前半から、近江の縄紋時代遺跡の調査を精力的に行う中で、葛籠尾崎東方の湖底から出土する縄紋土器に注目し、以後、その遺跡成立の解明に力を注いでいく。そして、昭和34年（1959）、びわ湖学術研究会の『琵琶湖総合科学調査』に参画し、歴史・考古学部門を担当、葛籠尾崎湖底遺跡などの調査にあたることになる。この調査は、アクアラングによる潜水調査、水中カメラによる撮影、音響探査、ボーリング、ドレッジなど、当時の最新技術を駆使し、琵琶湖の本格的な科学調査を行おうとした初めての試みであった。これにより、葛籠尾崎東方水域の湖底地形が初めて明らかになり、土器の分布も確認されるなど、大きな成果が報告されている。

琵琶湖北端のほぼ中央、南北に細長く延びる葛籠尾半島は標高290～450ｍの丘陵性地形を呈し、現在、東浅井郡

写真3　「琵琶湖総合科学調査」で引き揚げられた遺物を調査する小江氏
（京都新聞社提供）

写真4　ケタ網を引き揚げる調査団
（京都新聞社提供）

湖北町、伊香郡高月町・西浅井町の3町に分かれている。同地域には西麓の菅浦の他は集落がなく、東斜面は所により50〜60度の急傾斜で湖に没する。湖中でも湖棚を形成せず、かなりの急傾斜で湖底に達し、東沖600〜700mで水深70m前後を測る。一方、対岸の湖北町尾上付近の地形は緩やかな傾斜で湖に没し、西沖1,500m付近で20m前後の水深であった（図1）。また、幅約2mのケタ網（大型の貝曳き網）を使ったドレッジ調査（写真4）やボーリング調査で、この湖底谷に土器が分布すること（写真3）、琵琶湖でも有数の湖成鉄の産出地であること、引き揚げられた土器の表面に固着していた粘土紐状のものが湖成鉄だったことなどがわかった。

　このように、水深70mにも達する深水域で、縄紋時代〜平安時代というひじょうに長い時期幅をもつ土器が出土するという極めて特異な現象は、早くから学界の注目を集め、その成立原因について多くの見解が出されてきた。①**地盤沈下説**（地すべり、陥没）、②**祭祀遺跡説**（湖神に土器を奉賽）、③**土器運搬船沈没説**、④**二次堆積説**（湖辺の遺物が湖流などの影響で湖底の1カ所に沈積）、⑤**碇泊港・避難港説**[6]などだが、いずれも決め手になる物証がなく、説得力に欠けるというのが現状である。

　だが、土器は日常生活に使っていた什器と同じもので、出土状況も、他地点から湖流などの影響で当水域に運ばれてきたとは考えにくく、多くの土器を残した人たちの生活の場はどうしても葛籠尾半島地域に求めざるをえないのである。いま、当地域に広い土地はなく、地震により地殻変動が起こったような痕跡も見つかっていないようだが、ある時期、地殻変動により生活の場がなくなったという説を再度検討し、綿密な地質調査を行う必要があるのではないかと考えている。

写真5　葛籠尾崎湖底遺跡遺物出土状況
　　　（湖北町教育委員会提供）

　近年、琵琶湖湖底の音波探査やボーリング調査（調査地点：今津沖）で湖底堆積土の分析を行っている愛媛大学理学部井内美郎教授の研究によると、琵琶湖では頻繁に地すべりの痕跡が確認できるという。これは震度4〜5程

度の地震で発生するといわれ、地すべりの引き起こされた年代が、8世紀から現在までの地震（文献で確認できるもの）の発生時期に近い数値を示しており、70年前後の間隔で起こっていることもわかってきた[7]。私は、この研究成果が葛籠尾崎湖底遺跡など、深水域に立地する遺跡成立のメカニズムを解く突破口になるのではないかと考えており、琵琶湖湖底全域での調査がまたれるところである。

3. 琵琶湖湖底遺跡の調査 −最近の発掘調査成果から−

　昭和47年（1972）、淀川下流域の増大する水需要を確保する目的で「琵琶湖総合開発特別措置法」が成立し、琵琶湖の利水・治水・保全に関する事業が具体化すると、開発区域の埋蔵文化財調査が工事に先立って行われた。この事業は湖岸や河川の河口部分を対象としていたため、発掘調査も湖岸から湖中にまで及び、これまでの陸地の調査とは異なった手法が取られることになった。

　調査は、昭和48年度実施の湖辺地域分布調査[8]（一部で潜水調査も実施）結果に基づき、調査区を設定し発掘を行っていった。調査区には一部湖中が含まれるため、多くの場合（湖辺近くの水深2〜3mまでの湖底）、調査地点の周囲に一重ないし二重に鋼矢板を打ち、内側を排水し陸化した後、地層を掘り下げていく方法（陸化調査法）を取った。だが、水深が3〜4mを超える湖底では、水圧などの問題で先の方法が取れないため「潜水調査法」が採用され、調査員が調査区域に潜水し、各種器材を使い遺構・遺物の検出及び実測、写真撮影、遺物の引き揚げなどの作業を行った。

　現在、琵琶湖で湖底遺跡として報告されている遺跡は80カ所をこえている（図2）。遺跡は琵琶湖のほぼ全域に見られ、その立地は大きく次の4つのパターンに分かれる[9]。

　① 湖岸の砂地とそれに続く浅瀬上に立地するもの
　② 湖中の浜堤状の浅瀬に立地するもの（陸地と浅瀬の間に数mの深みがある）
　③ 内湖に面する浜堤上に立地するもの
　④ 水深10mを超える深水域の湖底に立地するもの

　まず、①の遺跡には、針江浜遺跡（高島郡新旭町）や尾上浜遺跡（東浅井郡湖北町）がある。前者は針江浜水泳場沖が極端に遠浅で、約100m沖まで遺物（弥生時代〜平安時代）が分布する。後者は尾上集落北側の湖岸から湖中にかけて広がっており、最大で約200m沖まで遺物が確認できる。②には

344

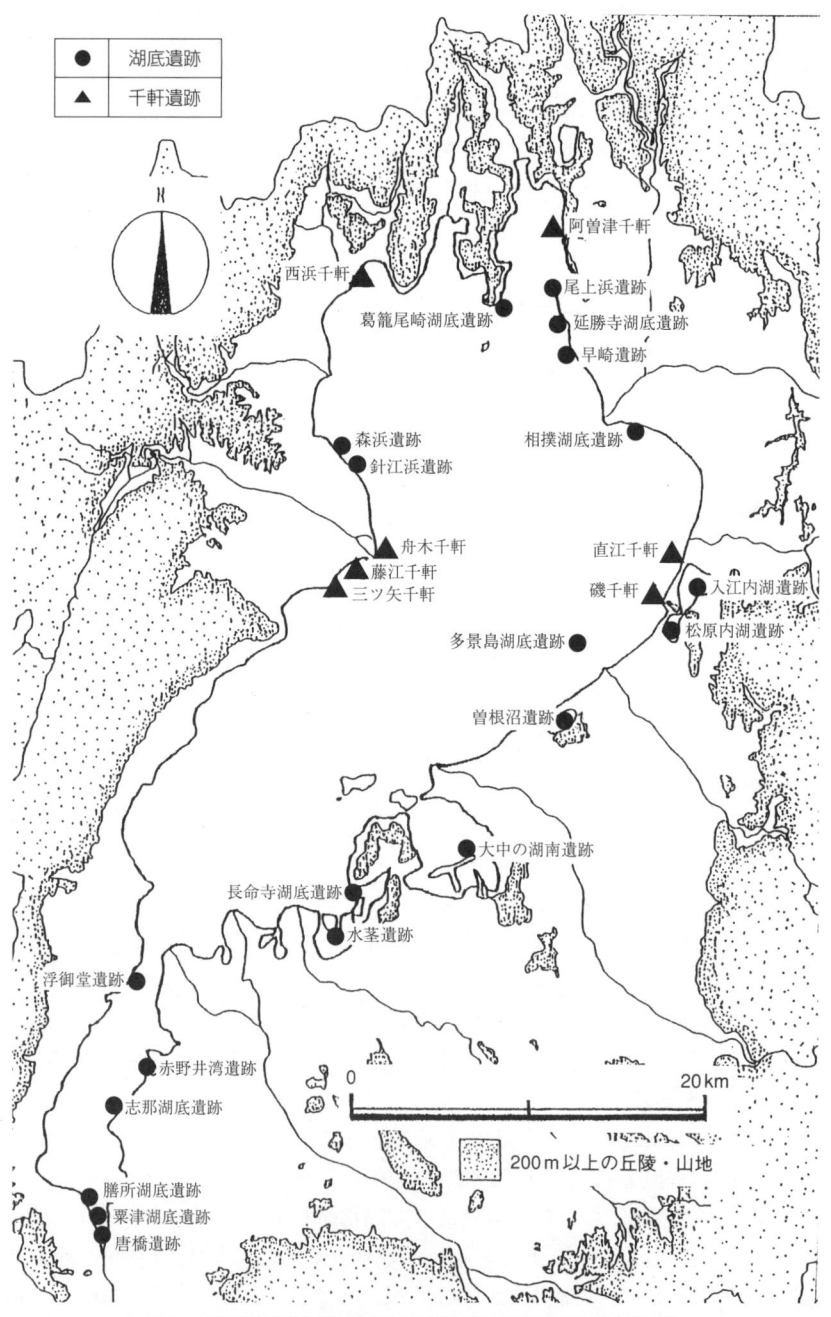

図2 主な琵琶湖湖底遺跡分布図（『図説大津の歴史』より転載）

森浜遺跡（高島郡新旭町）がある。この遺跡は、地元で「かくれ道」と呼ぶ、森浜地区の湖岸から木津沖にかけて弓状に延びる浅瀬（幅40〜50m）に立地しており、条件が良ければ先端部まで歩いていけるという。浅瀬のほぼ中間点（湖岸から約700m沖）が最も浅く、かつて付近から大木の根が引き揚げられたこともあったらしい。③には、津田内湖遺跡（近江八幡市）などがあるが、この遺跡が水没した場合、②の立地になることから、同グループに含めてよいだろう。また、④には、先の葛籠尾崎湖底遺跡とともに、阿曽津千軒遺跡（伊香郡高月町・木之本町）があげられる。ここで、発掘調査（一部で潜水調査法を採用）で明らかになった湖底遺跡の主なものを簡単に紹介しておこう。

(1) 粟津湖底遺跡（大津市）

琵琶湖から流れ出す瀬田川の入口一帯に広がる縄紋時代早期〜中期の遺跡。昭和27年（1952）に、地元漁師の網に引っかかって土器が引き揚げられたことで、初めて遺跡の存在が明らかになり、昭和55年（1980）から潜水試掘調査による遺跡の範囲確認作業が行われた。その後に、南湖粟津航路浚渫工事が具体化し、工事で影響を受ける区域を対象に、平成2年（1990）から本格的な発掘調査が始まった（写真6）。調査は陸化調査法（2カ所の調査区を設定）が取られ、北調査区（東西約72m×南北約124m）で縄紋時代中期初めの貝塚や、さらに古い縄紋時代早期前半〜前期の遺構が見つかり、これに伴って土偶、ヘラ状骨角器（装身具）、編み籠、漆塗り竪櫛、骨針・刺突具などの多種多様な遺物や、食料とした動・植物遺体が大量に出土した。当時の生活面は現水面下2.5〜3.4m（標高81.0〜81.9m）にある。（『粟津湖底遺跡第3貝塚（粟津湖底遺跡Ⅰ）』　滋賀県教育

写真6　粟津湖底遺跡（『琵琶湖と水中考古学』より転載）
　　　上　遺跡遠景　下　北調査区第3貝塚全景

委員会　1997、『水中考古学ニュース』№ 8　水中考古学研究所　1997、など）

(2)　赤野井湾遺跡（守山市）

　赤野井湾の水深1～2mの湖底に位置する遺跡で、湾の浚渫工事に伴い発掘調査が実施された。調査は、潜水調査法で遺跡の範囲を確認したのち、湾内及び湖辺部に調査区を設定し、陸化調査法で行われた。その結果、舟の積荷が荷崩れを起こしたような状態の瓦群（約80点、7世紀後半）が見つかったほか、水田面に残る当時の人たちの足跡（古墳時代初め）、焼けた石が詰まった集石遺構（炉跡、縄紋時代早期後半）など、注目すべき遺構（遺構面の標高80.8～82.8m）とともに、大量の木製道具類（鋤・鍬・杵・櫂など）や土製人形・土鈴、木製琴、石剣などが出土し、湖辺での生活の様子の一端が明らかになった。（『赤野井湾遺跡』　滋賀県教育委員会　1998）

(3)　長命寺湖底遺跡（近江八幡市）

　長命寺（西国三十三所観音巡礼第三十一番札所）の参道下にある船着場の湖底に広がる遺跡で、港の改修に伴う発掘調査が陸化調査法で行なわれたが、遺構は未確認に終わった。だが、縄紋時代後期～平安時代末頃の遺物が出土し、なかに縄紋時代晩期の丸木舟2艘（うち1艘は全長6.2m）や古墳時代の準構造船の船首と見られるものが出土している。なお、遺物の発見面は標高約81.8mを測る。（『長命寺湖底遺跡発掘調査概要』　滋賀県教育委員会　1984）

(4)　多景島湖底遺跡（彦根市）

　多景島は彦根市八坂町の湖岸から5km余りの沖合に浮かぶ東西約200m×南北約70mの小島（標高105.2m）で、周囲は断崖となって湖に没し、湖中でも同様の地形を呈する。遺跡は現水面下3～4mにあり、ジェットリフト（圧縮された水をホース内に送り、その時生じる水流で土砂を吸い上げる）を使って調査区を掘り下げる潜水調査法が取られた。近・現代の遺物を含む層の下位から平安時代の遺構・遺物（標高81.0m付近）が、さらに、

写真7　多景島湖底遺跡潜水調査
（『琵琶湖と水中考古学』より転載）

その下位から古墳時代前期の炉跡（標高80.5m付近）が確認され、古墳時代や平安時代の一時期、当地が陸化していたことが判明した。（『多景島湖底遺跡Ⅰ』　滋賀県教育委員会　1983）

(5)　針江浜遺跡（高島郡新旭町）
　現湖岸の沖140〜200m地点で、約30mの幅に鋼矢板を打って湖中を仕切り、矢板の内側に土砂を充填し補強したのち、陸化調査法で発掘を実施した。その結果、杭や板で護岸された畦道状遺構・畑跡・水田跡（古墳時代、標高約82.3m）、噴砂跡・灌漑用溝跡・堰跡（弥生時代中期、標高約81.8m）、竪穴住居跡や掘立柱建物跡・柵跡・炭化米（弥生時代前期、標高約81.5m）などが見つかった。なお、弥生時代前期の生活面は現水面下約2.9mにあり、さらに下層の標高約81.0mの面から、わずかだが縄紋時代後期〜晩期の土器も出土している。（『針江浜遺跡』　滋賀県教育委員会　1990）

(6)　尾上浜遺跡（東浅井郡湖北町）
　尾上集落に鎮座する小江神社のすぐ北側の湖岸から湖中にかけて広がる遺跡で、東西約300m×沖合約200mの範囲に、弥生時代〜奈良時代の遺物が散布している。一帯は北方に突き出るような浅瀬状の地形を呈しており、余呉川河口に形成された三角州と推定される。丸木舟をはじめ、斎串・人形代・馬形代などの木製祭祀品が出土し、これを使った平安時代前期の水辺の祭祀遺構（標高81.8〜82.0m）が見つかっている。

(7)　唐橋遺跡（大津市）
　琵琶湖から流れ出る瀬田川の河底にもいくつかの遺跡がある。その代表は唐橋遺跡だろう。ここからは、瀬田川浚渫工事に伴う発掘調査（陸化調査法と潜水調査法を併用）で、旧瀬田橋の橋脚基礎遺構が明らかになった。最も古い遺構は、沈下防止のためにカシ材を縦横に並べて下部構造とし、その上にヒノキの角材を六角形に組んだ橋脚台を据えたしっかりしたものであった。ここに橋脚となる柱を立ち上げるのだが、この台を覆うように、さらに石材が積み上げられており、基礎部分の流失を防止する工夫と見られている。この遺構は周囲から出土した遺物や台材の年輪年代測定から、7世紀後半と考えられ、壬申の乱時、最後の激戦が繰り広げられた瀬田橋の戦いは、この橋で行われた可能性が高いという。橋の規模は幅約9m、橋脚間約18m、橋脚数10基前後と推定されている。

なお、この橋に平行するように、すぐ北側から、8世紀代の橋も見つかっており、幅約9ｍ（橋脚間の長さは不明）に復原されている。(『唐橋遺跡』滋賀県教育委員会　1992）

＜付記＞
　上記の遺跡以外にも、琵琶湖及び瀬田川地域では、森浜遺跡（高島郡新旭町）、志那湖底遺跡（草津市）、大中ノ湖南遺跡（蒲生郡安土町）、松原内湖遺跡（彦根市）、入江内湖遺跡（坂田郡米原町）、螢谷川底遺跡（大津市）などの発掘調査が行なわれており、大きな成果をあげている。

4．よみがえる湖底の村－千軒遺跡を追う－

　先に見たように琵琶湖には80カ所をこえる湖底遺跡が確認されているが、その中に「○○千軒」と名付けられた遺跡が10カ所余りある。その分布は琵琶湖北湖、それも北半分に集中し、南湖にはまったくないという特徴を示す。いずれも中・近世の集落が水没したといった伝承（何の根拠もないのだが）をもつ遺跡で、どの地元でも、何々の時の地震で集落が水没したとか、湖中に井戸や木の切り株があったとか、大津波が村を襲い、家などが流失したという口伝が残っている。だが、詳細な現地調査が行われていないため、これが事実なのか、単なる伝承にすぎないのか、判断する資料がこれまでまったくなかったのが現状であった。

　いま、この謎の多い千軒遺跡の実態を解明しようと、平成9年（1997）から毎夏、滋賀県立大学人間文化学部林研究室が中心となって潜水調査が進められている[10]。ここで、江戸時代の琵琶湖岸を描いた絵図や伝承を参考にしながら、調査成果の概略を紹介しておこう。

(1) 三ツ矢千軒遺跡（高島郡高島町）

　『高島郡誌』（昭和2年刊行）の大溝町永田の項（第一編「地誌」の第二章「町村」）に、「勝野の北に在り。…（中略）…枝郷に青冷寺、鯰川あり。…（中略）…鯰川は元は大三ツ矢と称す。古、大三ツ矢、小三ツ矢とて湖辺に二村あり。大三ツ矢は船持問屋もありて、永田村より寅卯にありて葭（葭か）島より百間許も沖に在りし

写真8　平成6年渇水時に露出した石塁遺構
（高島町歴史民俗資料館提供）

写真9　石塁中の石仏出土状況
（滋賀県立大学林研究室提供）

なり。其村址は水底に石垣一町斗もあり、石橋もあり、旱水の時は五尺許の水底なり。某年今地に移りて鯰川と称す。小三ツ矢は青柳村大字下小川の三ツ矢なり。」とあり、「大三ツ矢」という村が昔、湖辺にあったが、今は葭（葭）島から約百間（約180ｍ）も沖の湖底にあり、石垣や石橋などが残っているというのである。

　滋賀県立大学が実施した潜水調査及び水中ロボット探査で、永田浜地区の沖20～35ｍ付近から、湖底面にしっかりと立つ角柱や杭、柳の株、石列などが、そこから北東へ約200ｍの湖中では沖に延びる石塁跡が確認された（写真8・9）。これが「大三ツ矢村」にあたるのか即断はできないが、伝承を解く資料が初めて得られたといってよい。

(2)　尚江（直江）千軒遺跡（坂田郡米原町）

　筑摩神社（米原町朝妻筑摩）に伝わる1枚の絵図（『近江国坂田郡筑摩社並七ケ寺之絵図』、写真10）に興味ある内容が描かれている。画面のほぼ中央に筑摩神社本殿、その左右に朝妻・筑摩と磯の集落が描かれるが、その湖岸寄りに現存しない「西邑」「神立」という2つの集落と、楼門前の鳥居から西に延びる六丁の参道、その先の湖辺に大鳥居がある。この絵図は正応4年（1291）に描かれたものが、後に数回模写されており、当時の筑摩神社周辺を正しく伝えたものか意見の分かれるところだが、地元では朝妻と筑摩の間にある「中島」集落が「西邑」の後身で、「西邑」は陥没により湖底に沈んだ

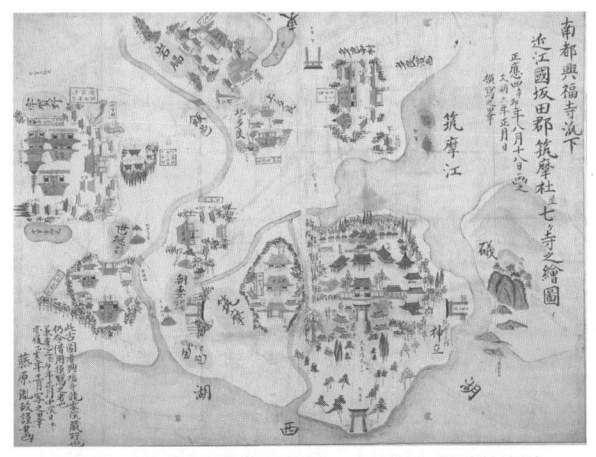

写真10　近江国坂田郡筑摩社並七ケ寺之絵図（筑摩神社蔵）

という伝承がある。

　滋賀県立大学の潜水調査で、筑摩神社の沖約310m、水深約3.8mの湖底から、人為的にもたらされた割石群（写真11）が初めて確認され、朝妻筑摩の集落の沖からも、人工的な石材群や遺物が見つかっており、地元に残る伝承の解明に大きな期待がもたれている。

　なお、筑摩神社のすぐ南にある磯集落の沖にも**磯千軒遺跡（米原町）**があり、平成10年夏の潜水調査で、溝状の落ち込みや加工痕が残る木材、縄紋土器片などが見つかっている（沖約200m、水深約3.5m）。当地にも、沖合に浅瀬があり、湖水が澄んだ条件の良い日には、井戸跡などが見られるという伝承が残る。

写真11　割石群の密集状況
（滋賀県立大学林研究室提供）

(3) 阿曽津千軒遺跡（伊香郡高月町・木之本町）

　地元の伝承によると、「昔、西野山を越えた湖岸に阿曽津という村があり、多くの人が住んでいた。その中に村一番の大金持ちの老婆がいて、村人に貸した金の取り立てが厳しく、恨みをかっていた。ある日、我慢できなくなった村人たちが老婆を湖に投げ込んでしまったが、まもなく大津波が村を襲い、家が流失してしまったため、人々はここを捨て七里村に住みついた」という。

　西野山丘陵西麓の湖岸に鎮座する有漏神社の南・北にある小さな入り江を中心に潜水調査が行われ、北側入り江の沖約50m、水深約15mの湖底から石垣状遺構（写真12）が、さらに沖約70m、水深約18mの湖底で弥生時代末〜古墳時代初めの甕片が見つかっている。検出地点はいずれも傾斜面で、過去に大きな地殻変動があったことを推測させる地形だといわれ

写真12　石垣状遺構（滋賀県立大学林研究室提供）

ている。

　このように、滋賀県立大学では、平成9年度から毎夏、地元に多くの伝承が残る水没遺跡（千軒遺跡）の実態調査を継続して行なっている。しかし、これはあくまでも、遺物の散布や湖底に現れている遺構を確認して、遺跡の広がりを調査する、いわば分布調査のようなもので、陸地部での発掘調査にあたる本格的な調査が行なわれているわけではない。これには多くの時間と多額の経費が必要になり、一つの大学で実施するのには限界がある。
　今後は、早期に、産・官・学が共同して調査機関を設立して、水中での調査が実施できるような体制を整備していく必要があるだろう。

5．一つの提言－おわりにかえて－

　琵琶湖の湖底に眠る遺跡の本格的な調査が始まって、ようやく半世紀が過ぎようとしている。琵琶湖では、湖辺近くの浅い水域にある湖底遺跡を中心に調査が行われてきた。水深が3m程度までは、陸化調査法（潜水調査法も併用）で陸地での調査とほぼ同じ手順で発掘を行うことができる。そのため、湖辺地域では新しい遺跡が次々と明らかになり、そこで生活していた人たちの様子や湖岸の変化などが明らかになってきた。
　だが、水深が4～5mを超える湖底では、水圧等による危険が伴うため、陸化調査法は行えず、潜水調査法を取ることになる。この調査法は、調査員が実際に潜水して、遺構・遺物の検出や実測、写真撮影を行うのだが、そこには多くの障害がある。調査時間や調査人数の制約、透明度の問題（水の汚れに加え、作業中に巻き上がる泥による透明度の悪化）、藻の繁茂（特に、湖辺近くの浅い水域）、さらに10mを超える深水部での調査方法など、乗り越えなければならないハードルは多い。いま、各方面で潜水調査法・調査用具類の開発や改良が進められている[11]と聞くが、一日も早い調査方法の確立が望まれるところである。
　また、地震などの地殻変動が原因で水没したと考えられる水中遺跡の調査では、考古学だけで解明できない部分が数多くあり、地質学や地震学・物理学・動物学・植物学といった自然科学分野の研究者との共同研究体制が必要となる。また、水中での調査の場合、地上で行なう機器類とは仕様の異なるものや、まったく新しい器材の使用も必要となることから、その分野を専門とする民間の企業や研究機関などの協力も得なければならない。
　このように、水中に所在する遺跡は、特殊な状況下で行なわなければなら

ない調査になるため、調査費も陸上の調査に比べ、比較にならないほど高額になり、かつ調査期間もかなり長期にわたること、調査を行なえる人材が少ないことなどから、地方公共団体が単独で継続した調査を行うには大きな困難が伴う。したがって、国や大学、民間の企業・研究機関などが協力して、調査方法や器材の開発、調査や保存・整備を担当する人材の育成などを行なう専門の調査機関を設置し、それに調査を必要する地方公共団体が参加できるシステムが確立されれば、水中での遺跡調査はもっとスムーズに進むだろう。このような協力体制のもと、水底に眠る遺跡の調査を行い、それを保存し、整備も行い、それをダイビングや水中観察船などで多くの人たちが見学する・・・、これを夢で終わらせることなく、ぜひ実現させたいものである。

<注>
1 　噴砂跡は、のちに取り上げる針江浜遺跡の他に、県内では、北仰西海道遺跡（高島郡今津町）、螢谷川底遺跡・穴太廃寺（以上、大津市）、津田江遺跡・烏丸崎遺跡・襖遺跡（以上、草津市）、五斗位遺跡（蒲生郡日野町）、正言寺遺跡（長浜市）、堤遺跡（野洲郡野洲町）などから見つかっているが、穴太廃寺や五斗位遺跡では、地割れ跡も一緒に確認されている。
2 　『新修大津市史』第3巻－近世前期－（大津市　1980）
3 　秋田裕毅『びわ湖湖底遺跡の謎』（創元社　1997）
4 　企画展図録『琵琶湖と水中考古学－湖底からのメッセージ－』（大津市歴史博物館　2001）
5 　小江慶雄『琵琶湖底先史土器序説』（学而堂書店　1950）
　　小江慶雄『水中考古学研究』（京都教育大学考古学研究会　1967）
　　小江慶雄『琵琶湖水底の謎』（講談社現代新書　1975）
　　小江慶雄『水中考古学入門』（ＮＨＫブックス　1982）
6 　小笠原好彦『近江の考古学』（サンライズ出版　2000）
7 　愛媛大学理学部生物地球圏科学科井内美郎教授（理学博士）のご教示による。
8 　『琵琶湖岸・湖底遺跡分布調査概要』Ⅰ（滋賀県教育委員会　1973）
9 　『琵琶湖と埋蔵文化財』（水資源開発公団　1984）
　　林博通『古代近江の遺跡』（サンライズ出版　1998）
10 　『琵琶湖がつくる近江の歴史』－環琵琶湖地域の生態、文化と保存修景研究成果報告書第1冊－　滋賀県立大学　2000）
11 　『水中考古学ニュース』№1～№14（水中考古学研究所　1993～2001）
　　　この会誌には、日本をはじめ、世界各地で行なわれている水中遺跡調査の情報、潜水調査法や調査用具類などの現状が詳しく紹介されている。

第6章　博物館を考える

新しい試み『ミニ企画展』の開催について

新しい試み『ミニ企画展』の開催について
― 大津市歴史博物館の取り組み ―

1．はじめに

　大津市歴史博物館は、平成2年（1990）10月28日に開館し、21世紀を直前にひかえた平成12年10月にちょうど10周年を迎える。この間、30回をこえる特別展・企画展をはじめ、ほぼ毎土曜日に各種の催し物（「土曜講座」「親子歴史講座」「ふるさと大津歴史教室」など）を開催するなど、この10年で71万人をこえる観覧者が訪れている。

　だが、いっこうに改善の様相を見せない昨今の景気低迷は、徐々に地方自治体の財政状況を悪化させ、それが教育や福祉だけでなく、文化事業にも大きな影を落しつつある。いずれの館でも年々予算が厳しくなり、館が主催する自主企画の展覧会の回数・規模とも縮小を迫られ、これに伴う観覧者の大幅な減少が現実問題化してきている。なかでも、常設展示については、いつ行っても展示内容が同じで、展示に変化がまったくないという状況が大きく影響して、リピーターがあまり期待できず、観覧者数が年々減少しているという声をあちらこちらの館でよく耳にする。

　残念ながら、当館においても、この傾向は認められ、開館当初、多い年で10万人を越えていた観覧者は、最近では4万～5万人程度に留まっており、なんとかこの観覧者の減少傾向に歯止めをかけなければならないという危機感から、職員間で種々の施策を検討し、すでに実施しているものもある。その一つが『ミニ企画展』事業である。

2．常設展示「大津の歴史と文化」の概要

　当館では、「大津の歴史と文化」というメインテーマのもとに、大津の歴史的特色をふまえた常設展示を行っている。展示室（面積687㎡）は1階（454㎡）と2階（233㎡）に分かれた二層形式（展示室内に階段を設置）をとっており（図1）、1階全部と2階の一部で、大津の特色ある地域や事象を取り上げた6つのコーナー（「諸浦の親郷・堅田」「比叡とその山麓」「大津百町」「膳所六万石」「近江八景」「大津京と近江国府」）からなる『テーマ展示』を行い、2階の残りの区画で、大津全域の歴史の流れを時代順にたど

る『歴史年表展示』(「琵琶湖の変遷」「原始・古代」「中世」「近世」「近代」「現代」の6コーナー)が見られるという配置をとり、その中に映像(12面マルチビジョン・展示解説ビデオ)や精巧な大型模型(「堅田の町並」「坂本里坊の町並」「大津町の町家群」「膳所城と城下町」「大津宮跡」)などを効果的に据えることにより、変化を持たせた、楽しめる展示構成としている(図1・上)。

　大津市は、前面に琵琶湖、背後に比良・比叡・音羽・田上などの山並みを配した風光明媚な土地であり、かつ日本の東と西を結ぶ交通の要衝として早くから歴史の表舞台に登場していた。加えて、市域が南北に細長いという地理的特徴から、各々の地域で、それぞれ異なった独自の歴史と文化を形成し、それが大津の歴史と文化をより豊かなものにしてきたといわれている。

　当館の常設展示では、このような本市の歴史的特色をふまえて、まず地域を視点とした6つのコーナーからなる『テーマ展示』において、大津の各地域で展開してきた特色ある歴史と文化を紹介し、続く『歴史年表展示』で、大津全域の歴史の流れをあらためて時代順にたどるという構成とした。すなわち、『テーマ展示』が歴史のヨコ糸だとすれば、『歴史年表展示』はそのタテ糸といえ、この二つが織り込まれて、初めて大津の歴史の全貌が明らかになるように設定している。加えて、各種の町並み模型や当時の生活を復原したイラスト、映像などを随所に取り入れ、展示内容をよりわかりやすく、親しみのあるものとした。

3．常設展示の改装

　この展示の流れは、いままでの常識(原始・古代から現代まで、時代を追って資料を展示する手法)を打破するやり方として、その実施方法(コンペ方式の導入、そして建物設計の前に展示コンペを実施)とともに、常設展示のあり方に一石を投じたものと自負していた。だが、決して良い面ばかりではなかった。というのも、当館の常設展示は、各コーナーで一つのストーリーの下に、それぞれの展示資料にあったケースを作り、配置していることから、一部のコーナーを除い

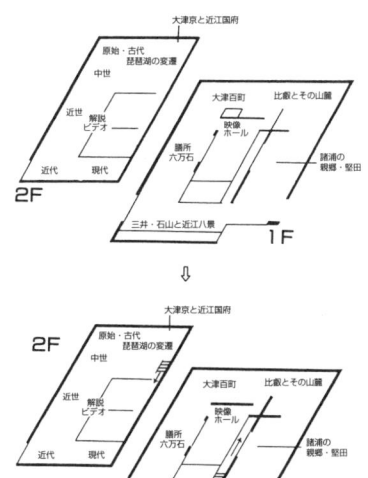

図1　常設展示室平面図

て、資料の展示替えがひじょうに難しく、同種で、しかも似通った法量をもった資料がないと、同一資料を長期に展示せざるを得ないという状況が生じてくる。

　だが、開館して10年も経過すると、写真パネル類は退色が目立ち、レプリカにも傷みが目立つようになる。それは、とりもなおさず実物資料にも傷みが生じてきているということの証明でもある。さらに、開館時に制作した映像資料には、現在の市域の状況と合わない箇所が多々みられるようになり、開館後に収集した新資料や、発掘調査で明らかになった新しい事実が展示に反映されていないこともあって、多くの人々から常設展示に関する要望や指摘が寄せられるようになってきた。

<付記>
　開館時、当館が来館者に提供していた映像機器には、エントランスホールでのビデオシアター（100インチビデオで「大津の空景」を上映）、ビデオコーナー（ブース4台、9種類のビデオを上映）、大津歴史クイズ・大津歴史ガイド（タッチパネル式パソコン）、常設展示室で12面マルチビジョン（江戸時代の大津市域の町並模型と連動した「大津の歴史と現代」のイメージビデオを上映）、展示解説ビデオ（ブース4台、静止画）があった。

　確かに、いずれの館も、開館当初は、建物は美しく、展示も目新しく、かつその時点の最新資料や最新の映像情報機器を揃えており、来館者には充分に納得していただける内容になっていると思う。だが、これが5年たち、10年が経過しても、同じ展示内容であり、同じ映像が流れているだけであれば、その時々の来館者のニーズに即応できなくなり、常設展示の入場者は確実に減ってくる。たとえ常設展示室の展示物を定期的に替えていったとしても、観覧者にはほとんどわからないだろう。それは、館側のPR不足があることも確かだが、"常設展示はいつ行っても同じ"というイメージが固定化してしまっている現状では、その固定観念を根本から打破することはなかなか難しい。

　この問題は、何も当館だけに限ったことではなく、いずれの館でも直面していることだといえる。だが、この問題を解決するのは、ある意味ではひじょうに簡単なことである。すぐに常設展示室を改修し、展示内容を一新すれば、一挙に解決する。だが、これには当然多額の経費を必要とし、現在のような財政状況では、すぐの実現はなかなか難しい。

4．新たな試み－『ミニ企画展』の開催－

　全国の状況を見ていると、開館後10年～15年で、常設展示の全面、あるいは一部の改装を行っている館が多い。当館においても、開館10周年を目処に

常設展示室の全面改装を考え、館内で検討を加えていたが、折からの財政状況の悪化で延期せざるを得なくなった。そこで、常設展示室の改装が行なわれるまでの暫定的な措置として、常設展示に常に話題性を与え、新収蔵資料も積極的に活用できるような企画ができないものかと考え、常設展示室の一部（1階の「三井・石山と近江八景」コーナーの一部）を撤収し、そこに、館蔵品を中心とした、大津の歴史を特色づける資料をテーマごとに展示する『ミニ企画展』コーナー（展示総延長約14m、図1・下）を新たに設けることにした。展示期間は資料保護の面から最長2カ月、絵画などの美術資料の場合は1カ月とし、展示テーマも同系統のものが重複することをさけ、年間7～8回の展示替えを行うようにした。

　この『ミニ企画展』は、平成11年4月から開始し、これまでに行った展示、及び今後の予定は表1のとおりである。

　『ミニ企画展』の開始に伴う常設展示観覧者数の推移を見ると、企画展期間中は、企画展の観覧者数によって常設展示のそれも大きく変わるため、単純に前年度の同時期と比較することはできないが、企画展が行われていない時期の常設展示観覧者数の対前年比を見てみると、4月～7月の3カ月間で約35%増の数字が出ている。新しい企画だったため、新聞・テレビなどのメディアが比較的頻繁に取り上げたこともあり、数字だけですべてを判断することはできないが、『ミニ企画展』という新たな試みを行ったことで、常設展示において常に新しい情報を提供しようとする姿勢が少しは評価されたのではないか、と考えている。

　この企画は、財政状況の悪化により、常設展示室の改装計画が延期になったという事情の中で、常設展示を何とかしなければならないという学芸員たちの危機感から生まれたものである。従って、そのための予算はほとんどなく、展覧会の案内パネルや作品解説パネル、展示解説シートはすべて自作で、展示台も表面の破れや汚れを補修して使用しているといった具合に、まさに学芸員による手作りの展覧会といってよい。

　次年度以降も、幅広いテーマによる展示を行っていきたいと考えており、平成12年度には、「東海道や中山道などの街道」「大津絵」「大津の民俗芸能」「縄文時代の大津を代表する遺跡・石山貝塚」などを取り上げた展示を予定している。

＜付記＞
　平成12・13・14年度の『ミニ企画展』のテーマは次の通りである。
［平成12年度］：『宿場と名産』『大津絵の世界』『かんじょう縄と田遊び－大津の伝統行事Ⅰ－』『上田上の古文書』『牡丹江市寄贈コレクション－現代中国の水墨

画と書-』『大津の仏教文化』『石山貝塚のくらし-大津の遺跡シリーズ1-』

［平成13年度］：『近江の書』『大津の雨乞い-大津の伝統行事Ⅱ-』『近江国府と東海道』『描かれた東海道』『紀楳亭-近江の画人1-』『近江のパノラマ絵画』『大津の仏教文化2』『大津の自治-江戸時代の古文書1-』

［平成14年度］：『滋賀里遺跡-大津の遺跡シリーズ2-』『新知恩院の十六羅漢』『近代大津の引札』『大津絵』『石山寺の新発見資料-大津の仏教文化3-』『大津百艘船-江戸時代の古文書2-』『近江八景』

5．常設展示のあり方-企画展と常設展示-

　一つの企画展を開催しようとする場合、展示室の広さや展覧会の規模・内容などにより、その経費は大きく変わる。国内外の一級資料を展示するような大規模な展覧会の場合、作品借用費、作品運搬費、展示作品保険料、展示設営費、図録・ポスター等製作費、広告費等々、かなりの経費負担となり、地方都市の公立博物館では、近年、徐々に開催が困難になってきていることも現実問題として起こっている。確かに、博物館の主たる業務の一つとして、展覧会の開催事業があり、国内外の貴重な資料を展示し、一般に公開することは、市民の文化的教養を高め、他地域の歴史・文化に触れ、それを理解する絶好の機会ともなり、有意義な事業であることは誰もが認めるところである。

＜付記＞

　博物館・美術館の世界で、近年、企画展の観覧者数に大きな「偏り」が目立ってきている。例えば、今年（平成14年）を見ると、「プラド美術館展」（国立西洋美術館）が約52万人、「ニューヨーク近代美術館名作展」（上野の森美術館）が約37万人、「マルク・シャガール展」（東京都美術館）が約36万人、さらに東京国立博物館で開催された「雪舟展」と「横山大観展」が、それぞれ約30万人と約28万人といった状況で、多くの人数が入った展覧会はいずれも会場が東京・上野、マスコミとの共催展という共通点がある。（「回顧2002美術」　朝日新聞2002/12/12夕刊）

　これは、何も東京圏に限ったことではなく、関西圏でも同じような傾向が指摘できる。国立や一部の大規模な公立館では、マスコミとの共催展が多くの観覧者で賑わっている光景をよく目にする。奈良国立博物館においては、秋の「正倉院展」に多くのファンが詰めかけ、春の「東大寺のすべて」展（4/20〜7/7）には約42万人が訪れたという。京都国立博物館の「雪舟展」でも同じ光景が見られ、大阪市立美術館などでもしかりである。

　一方、地域に根ざしたテーマを掲げた企画展には、充実した内容のものが多くあるにもかかわらず、思うほど観覧者数が伸びない。その差が年々広がっているというのが現実だろう。大規模なマスコミとの共催展ができる館では、毎年、多くの観覧者をむかえているが、それができない地方の多くの公立館では、年々来館者が減少している。

　だが、それだけでは、特に地域の公立博物館の場合、館の機能を充分に果たしているとはいえないだろう。そこには、館が設置されている地域の歴史や文化を調査・研究し、その成果を展示などに活用していくというもう一つの大きな役割がある。これは、大規模な展覧会のように話題性があるわけではなく、マスコミもあまり取り上げないが、これが地域に根ざした公立博物館にとっては大切なことであり、おろそかにすることがあってはならない仕

第6章 博物館を考える

表1　平成11年度「ミニ企画展」一覧

回数	展覧会名称	期間	内容　（主な展示物など）
第1回	広重『人物東海道』のすべて	4／6〜5／9	広重の「東海道五十三次」シリーズの一つで、街道を行く人物を中心に描いた「人物東海道」と通称される作品全56点を初公開。
第2回	大津のやきもの	5／11〜7／11	近世から近代にかけて、大津の地で生まれたやきもの－膳所・梅林焼・三井御浜焼・瀬田焼（門平焼）など約20点－を展示。
第3回	近江八景－名所風俗図の魅力－	7／13〜9／12	屏風などに名所風俗図として描かれた近江八景に的をしぼり、多くの人々が行き交い、賑わう大津の姿などを紹介。
第4回	幻の曳山 －大津祭神楽山の幕飾り－	9／14〜10／31	毎年10月に行われる大津祭で巡行する曳山の一つであった神楽山（現存せず）の懸装品4点（見送り、胴幕、前懸）をはじめ、曳山の図面など、あわせて8点の資料を展示。
第5回	瓦の美－大津の古瓦－	11／2〜12／26	大津宮に関連する白鳳時代の寺院跡（南滋賀町廃寺・穴太廃寺・園城寺遺跡など）から出土した瓦類を中心に、近江国府跡出土瓦や近世の大津城跡出土の金箔瓦など約40点を展示。
第6回	仏教美術の名品（写真1）	1／6〜1／30	当館に収蔵する優れた仏教美術の作品のうち、県指定文化財「聖観音立像」（九品寺蔵）、「観音菩薩立像」（延暦寺蔵）、重要文化財「天台大師像」（西教寺蔵）、両界曼荼羅図（当館蔵）など10点を展示。
第7回	近江八景と広重	2／1〜2／27	広重の傑作の一つである保永堂版「近江八景」をはじめ、浮世絵を中心に、近江八景作品約30点を一挙公開。
第8回	工芸意匠にみる近江八景	2／29〜4／9	近江八景作品のうち、蒔絵・陶磁器・染織品などの工芸品約10点を紹介。

事なのである。

　一般的にいって、博物館が実施する地域の文化財調査で得られた成果は、館が企画する展覧会で公開するのが通有の方法だが、これだと公開までにかなりの時間が経過してしまう。これも当然行っていかなければならないことなのだが、今の博物館で最も遅れ

写真1　ミニ企画展「仏教美術の名品」

ているのが、新しい情報をリアルタイムに市民へ伝えることではないかと思っている。新聞・テレビなどのマスコミで報道されたものが、次の日には博物館で実物が展示されているといった速報性、これはあまりにも極端な言い方かもしれないが、そのような積極性が、現在の博物館に求められているのではないだろうか。このような市民のニーズに即応できる体制づくり、組織の柔軟性がこれからの博物館に必要なことであり、今後の常設展示のあり方を検討するうえで、考えておかなければならないことだといえる。

＜付記＞
　大津市歴史博物館では、ここで取り上げている『ミニ企画展』以外にも、新しい試みを展開している。その一つが、他の機関と連携して事業を企画し、実施していることである。

平成13年度には、東海道整備400年を記念して、旧東海道沿いの2市5町（大津市・草津市・栗東町・石部町・甲西町・水口町・土山町）が協力して、東海道に関する展覧会を企画し、平成13年7月～11月の期間に、順次実施していった。これは共同で図録やポスターを制作したり、見学会を開催するなど、初めての試みで、自治体ごとに予算などの事情が異なり、たいへん苦労したが、これからの展覧会の一つのあり方を示したものとして大きな意義があったと考えている。平成14年度には、これが引き継がれ、中山道沿いの市町が同じ企画を行なっており、今後広がっていくことを願っている。
　この他にも、平成14年度には、浜大津の地元商店街と協力して、明治～昭和期の広告をテーマにした企画展『広告博覧会』を行い、展覧会の期間中に、地元の各商店でも、所蔵の資料を展示していただくなど、関連したイベントも取り入れた事業を展開した。さらに、夏休み期間中には、地元の大学（成安造形大学）との連携で、江戸時代のおもちゃをテーマにしたワークショップを行い、多くの子供たちで賑わったと聞いている。
　このような傾向は、近年、多くの館で見られるようになり、埼玉県立近代美術館では、「美術館物語展」で美術館の舞台裏を見せたり、兵庫県立美術館では、「未来予想図展」で観客と交流する現在進行形の展示を行なうなど、来館者やボランティアなどの人たちといっしょに一つの事業を展開していく例が数多く報告されている。

6．おわりに－これからの博物館像－

　一般の人々は、博物館の常設展示について、どのようなイメージをもっているのだろうか。おそらく"いつ行っても同じ"と考えている人が多いと思う。極論を言えば、このイメージを打破しないかぎり、常設展示の未来はないといってよい。博物館の関係者であれば、誰しも常設展示の将来のこと、さらには博物館の将来のことを危惧しているとは思うのだが、では、どうすればよいのかが具体的な姿となって見えてこないのである。
　当館においても、常設展示の改装計画を策定する中で、今後の常設展示のあるべき姿について検討を加えていた。その過程で、館が行った地域の資料調査の成果や、新しく収蔵した資料を常設展示に反映できる方法として、展示室の中に自由に使える、まとまったスペースを確保する考えが出されていた。それを先取りして始めたのが、この『ミニ企画展』である。これは、先にも述べたように、常設展示を活性化し、市民の知的要求にこたえようとする試みの一つであり、今後も『ミニ企画展』の内容を充実させていくことは勿論であるが、これ以外の方法についても、外部からの意見を積極的に取り入れながら、検討を加えていかなければならないと考えている。
　これまでの博物館は、一つの館で展覧会や講演会といった各種イベントのすべてを企画・実践する傾向が強く、他の博物館や大学・研究機関、さらには企業や地元の民間団体などと協力して、事業を展開していくことがほとんどなかった。財政状況が良好な時は、予算をかけた展覧会や変化に富んだ各種イベントが企画でき、先に見たことも表面化することはなかったが、財政状況が悪化し、予算が削減され、大きな企画が行えなくなると、外部との連

携をほとんど取ってこなかったことが大きな問題となってきている。財政悪化によるこのような状況が長く続けば、館の事業も急速に新鮮味を失い、魅力のないものとなり、来館者の足がさらに遠のいていくのは目に見えている。これが、いま、地方都市の公立博物館が置かれている現実である。このままの状態がさらに続けば、残念ながら、博物館の未来はないといってよい。

　これからの博物館は、広く門戸を開き、外部からの知的・人的な協力を積極的に受け入れ、常に新しい刺激の中で、事業を行なっていく必要がある。そのために、いま、博物館は、他の機関との共同事業（展覧会・調査研究など）がやりやすくなるような環境整備を早急に進めていかなければならない。これが実現すれば、いままでにない、斬新な事業の展開が可能となり、それぞれの博物館の活性化につながるものと信じている。いままさに、博物館内部からの変化が求められている時なのである。

掲載論文初出一覧

本文に掲載した論文の出典については、下記の通りである。

<序　章>－新　稿
<第1章>
 1－『史想』第20号（京都教育大学考古学研究会　1984.1）所収
 2－『湖国と文化』第42号（滋賀県文化振興事業団　1988.1）所収
 3－平成13年度春季特別展図録『韓国より渡り来て』
        （滋賀県立安土城考古博物館　2001.4）所収
 4－『田辺昭三先生古稀記念論文集』（真陽社　2002.8）所収

<第2章>
 (1) 大津宮の原風景
  1－『近江地方史研究』第6号（近江地方史研究会　1977.12）所収
  2－『歴史読本―特別増刊24―』第18巻34号（新人物往来社　1993.11）所収
  3－『大津市歴史博物館研究紀要』第5号（大津市歴史博物館　1997.12）所収
  4－『びわ湖』No.48（滋賀県建築士事務所協会　2002.5）所収
  5－藤井直正氏古稀記念論文集『摂河泉とその周辺の考古学』
        （真陽社　2002.12）所収

 (2) 大津宮と寺院
  1－『史想』第18号（京都教育大学考古学研究会　1979.6）所収
  2－安井良三博士還暦記念論集『考古学と文化史』
     （還暦記念論集刊行世話人会　1994.12）所収
  3－宇野茂樹編『近江の美術と民俗』（思文閣出版　1994.3）所収
  4－『大津市歴史博物館研究紀要』第1号（大津市歴史博物館　1994.2）所収
  5－『大津市歴史博物館研究紀要』第2号（大津市歴史博物館　1994.12）所収
  6－『大津市歴史博物館研究紀要』第4号（大津市歴史博物館　1996.12）所収

<第3章>
 1－木村至宏編『近江の歴史と文化』（思文閣出版　1995.11）所収
 2－『地図と歴史空間』－足利健亮先生追悼論文集－（大明書房　2000.8）所収

<第4章>
 1－西田弘先生米寿記念論集『近江の考古と歴史』（真陽社　2001.12）所収
 2－「琵琶湖がつくる近江の歴史」研究会編『城と湖と近江』
       （サンライズ出版　2002.7）所収
 3－『佛教藝術』192号（毎日新聞社　1990.11）所収

＜第5章＞
　1-開館5周年記念企画展図録『近江の古代を掘る』
　　　　　　　　　　　　　（大津市歴史博物館　1995.10）所収
　2-『月刊文化財』平成13年2月号（第一法規　2001.12）所収
＜第6章＞
　1-『博物館研究』Vol.35　No.2（日本博物館協会　2000.2）所収

　※本書の論文は、それぞれの出典に掲載された内容と基本的には変わらないが、
　　一部に加筆・修正を加えている。また、新資料については、「付記」という形で、
　　できる限り記載した。

あとがき

　私が考古学に興味をもち、大学で考古学を専攻しようと考えるようになったのは、高校に入った頃だったように思う。この時期、私が通っていた高校に、日本史の教諭として木村捷三郎先生（故人）が赴任されていた。当時の私は、木村先生が考古学界で著名な方であることなど、まったく知るよしもなかったのだが、もともと歴史が好きだったということもあって、先生の授業を通して、知らず知らずのうちに、考古学の魅力に引き込まれていったようである。大学に入り、考古学を専攻し、参加した遺跡の発掘調査現場で、木村先生にお出会いした時、ほんとうにびっくりした。高校時代のお話をさせていただくと、生徒の中に、私がいたことを覚えているとおっしゃっていただき、たいへん感激したことを昨日のことのように覚えている。これが出発点となり、考古学との長いつきあいが始まることになる。

　それから、早いもので、もう35年余りが経とうとしている。その間には、大学卒業後、大津市教育委員会文化財保護課に入り、大津宮の発見という歴史的瞬間に立ち会え、高地性集落遺跡（雄琴・新池北遺跡）や大津を特徴づける古墳時代後期の群集墳（滋賀里・大通寺古墳群、同・太鼓塚古墳群など）の発掘調査にも携わることができた。さらには、歴史博物館建設に、その準備段階からかかわり、開館後も、展覧会の企画（「よみがえる大津京」「近江の古代を掘る」「琵琶湖と水中考古学」など）や博物館資料の収集など、文化財保護行政ではできない貴重な経験もすることができた。

　このように恵まれた環境の下で仕事をしていくなかで、最近、これまでの自分がやってきたことを一つにまとめて、これからの自らが進むべき方向性を見極めるための区切りにしたいという思いが自分の中で大きくなってきていた。このような思いを強く持ちはじめた時に、たまたま成安造形大学学長の木村至宏先生をはじめ、周囲の多くの方々から、これまでの論文をまとめて一冊の本にしたらどうかというお話をいただき、これがきっかけとなってできあがったのが本書である。

　本書を作るにあたって、あらためてこれまでに書いた文章を読み返してみると、その時々の自分の考え方の変化が読み取れ、新鮮な感じを受

けたが、その一方で、このようなはずかしい文章をよく発表したなという思いが強くなったことも、また確かである。それが一冊の本として完成できたことは、諸先輩方や友人をはじめ、多くの皆様の叱咤激励があったからだと思っており、ここにあらためて感謝を申し上げたい。

　最後になりましたが、本書の発刊にお付き合いいただいたサンライズ出版㈱の岩根順子社長、編集などの作業を根気よくやっていただいたスタッフの方々、そして快く資料を提供していただいた文化財関係者の方々に感謝を申し上げる。さらには、本書の出版がきっかけとなって、"歴史の面白さ、楽しさ"を知っていただき、「近江の歴史」に関心をもつ人が一人でも多くなれば、これに勝る幸せはない。

　　2003年6月

　　　　　　　　　　　　　山崎、天王山山麓の自宅にて

　　　　　　　　　　　　　　　　　　　　　　松　浦　俊　和

■著者略歴

松浦　俊和（まつうら・としかず）

- 1950年生まれ　京都教育大学教育学部卒（1973年）
- 専攻　日本考古学
- 1975年に大津市教育委員会文化財保護課に入り、1992年から大津市歴史博物館に勤務、同博物館副館長をへて、2002年7月から大津市教育委員会文化財保護課長。
- 京都芸術短期大学（1993～2000）、京都市立芸術大学（1994～2002）で非常勤講師を務める。
- 主な著書
  『近江の山』（共著　京都書院　1988）
  『近江の川』（共著　東方出版　1993）
  『古代を考える─近江』（共著　吉川弘文館　1992）
  『日本歴史地名体系25─滋賀県の地名』
  　　　　　　　　　　　　（共著　平凡社　1991）
  『近江観音の道─湖南観音の道・湖北観音の道─』
  　　　　　　　　　　　（共著　サンライズ出版　1999）
  『城と湖と近江』（共著　サンライズ出版　2002）
  特別展図録『古代の宮都・よみがえる大津京』
  　　　　　　　　　　　　（大津市歴史博物館　1993）
  企画展図録『近江の古代を掘る─土に刻まれた歴史─』
  　　　　　　　　　　　　（大津市歴史博物館　1995）

古代近江の原風景（こだいおうみのげんふうけい）

2003年7月1日　初版第1刷発行

　　　著　者　松　浦　俊　和

　　　発行者　岩　根　順　子

　　　発行所　サンライズ出版
　　　　　　　滋賀県彦根市鳥居本町655-1 〒522-0004
　　　　　　　電話0749-22-0627　振替01080-9-61946

　　　印刷・製本　渋　谷　文　泉　閣

©TOSHIKAZU MATSUURA　落丁・乱丁本は小社にてお取り替えいたします。
ISBN4-88325-227-2　　　定価はカバーに表示しております。

城と湖と近江

「琵琶湖がつくる近江の歴史」研究会 編

中世から近世初頭にかけて、琵琶湖や内湖岸、河川沿いには城館・城郭が次々と築かれた。その意味を追求した論考と各城の基本資料を収録。

4500円+税

古代近江の遺跡

林 博通 著

滋賀県下の縄文時代から平安時代にいたる主要な遺跡八〇〇の概要を、地図・写真・図版とともに収録。これで近江の古代がわかる！

3800円+税

徹底討論 銅鐸と邪馬台国

銅鐸博物館 編

"銅鐸のまち"滋賀県野洲町で平成十年十月に行われた、国内有数の研究者による講演と討論の模様を収録。これが銅鐸研究の最前線。

1600円+税

近江の考古学

小笠原好彦 著

琵琶湖湖底遺跡の形成過程、渡来系氏族の軌跡など、二九の論考を収録。平城京や飛鳥の考古学調査に関わった経験をふまえ、近江の普遍性と固有性を視る。

4600円+税

日本文化のかなめ
―つがやま市民教養文化講座二十年の記録―

高橋正隆・高谷好一・舟橋和夫 編

守山市の下之郷遺跡・伊勢遺跡はクニの成立を探る鍵であり、野洲の銅鐸群は古代文化の象徴である。滋賀県の野洲川流域からのぞく日本文化史。

2200円＋税

弥生のなりわいと琵琶湖
―近江の稲作漁労民―

淡海文庫19

守山市教育委員会 編

野洲川河口近くに出土した弥生時代の環濠集落・下之郷遺跡から発掘された稲・魚の骨・生活用具などをもとに、弥生時代の人々の暮らしを探る。

1800円＋税

縄文人の淡海（おうみ）学

淡海文庫19

植田文雄 著

東日本中心とされてきた縄文時代の遺跡が、近年滋賀県でも次々発見されている。出土したさまざまな道具などから、縄文人の生活の知恵と精神を学ぶ。

1200円＋税

琵琶湖
―その呼称の由来―

淡海文庫21

木村至宏 著

琵琶湖の名の由来は、形が楽器の琵琶に似ているからだけなのだろうか？竹生島に祀られた弁才天に注目し、その名が定着する過程を検証。

1200円＋税